迈向卓越

——大变革中的上海及中国城市建设和管理之思考

乔延军 著

文匯出版社

图书在版编目（CIP）数据

迈向卓越：大变革中的上海及中国城市建设和管理之思考/乔延军著．--上海：文汇出版社，2021.2
　ISBN 978-7-5496-3435-4

Ⅰ．①迈… Ⅱ．①乔… Ⅲ．①城市建设—研究—中国②城市管理—研究—中国 Ⅳ．① F299.23

中国版本图书馆 CIP 数据核字（2021）第 025768 号

迈向卓越
—— 大变革中的上海及中国城市建设和管理之思考

作　　者 /	乔延军
责任编辑 /	乐渭琦
特约编辑 /	郑　红
装帧设计 /	薛　冰
出 版 人 /	周伯军
出版发行 /	文汇出版社
	上海市威海路755号
	（邮政编码200041）
经　　销 /	全国新华书店
照　　排 /	上海歆乐文化传播有限公司
印刷装订 /	上海颛辉印刷厂有限公司
版　　次 /	2021年2月第1版
印　　次 /	2021年2月第1次印刷
开　　本 /	720×960　1/16
字　　数 /	490千字
印　　张 /	25

ISBN 978-7-5496-3435-4
定　　价 / 78.00元

自　序

见证辉煌，不懈探索

改革开放 40 多年来，中国的城市化进程突飞猛进，波澜壮阔，成就辉煌。进入 21 世纪，中国城镇常住人口超过总人口的 50%，中国革命性地从农业型社会进入城市型社会，其对中国和世界的意义都难以估量。城市文明的建立，某种意义上是现代化中国形成的标志。而城市型社会，对整个国家的治理体系和治理能力都提出了新要求。从制度层面来讲，国家治理面临着重大的转型机遇和挑战。探索新时代中国特色的治理之路，任重道远。

上海作为我国重要的超大城市和综合实力上的超级城市，对中国的城市发展具有重要的示范意义。改革开放后，昔日的远东第一城市，重新焕发勃勃生机。城市建设更是日新月异，从 20 世纪 80 年代的弥补历史欠账，到 90 年代的"一年一个样，三年大变样"，再到 21 世纪初期枢纽型、功能性和网络化基础设施体系的率先基本建成，树立起城市建设的历史丰碑。同时，从 20 世纪 80—90 年代的城市建设为重，到 21 世纪初的"建管并举"，再到世博会后的"管建并举"，城市管理不断提升；尤其是党的十八大后，着力推进城市综合管理和管理信息化，强化基层治理，到"城市管理应该像绣花一样精细""一流城市要有一流治理",努力探索超大城市治理的新路子。城市管理和社会治理方面的深入探索,为卓越的全球城市建设提供支撑,体现了上海城市发展上的示范引领和国家使命担当。

  本人有幸见证了上海 20 多年的大成长、大发展,是上海国际化大都市辉煌成就的千千万万见证人之一,也是受益人之一。因为工作关系,本人还有幸参与了上海城市建设和管理改革发展一些政策性问题的调查研究,虽属沧海一粟,但仍感自豪。其间,断断续续形成了一些思考性文字,虽然浅薄,但反映了个人的心路历程,凝聚着与大上海一起成长的浓浓记忆。可以说,这次的结集是一份总结、一种怀念,是一个普通人向惠及全体人民的改革开放的致敬!同时,借此对迈向卓越的全球城市的大上海,致以美好的祝愿,并继续在平凡的岗位上助力,认真思考,不负韶华,只争朝夕。

2020 年 6 月于沪上

目 录
CONTENTS

001　自序：见证辉煌，不懈探索

01　城乡建设

003　以美好生活为导向的城市设计
　　　——2020年后的东京图景及上海借鉴
009　提高无障碍设施建设标准，建设最便捷上海
013　疫情期间上海城市建设和管理的几点思考
017　上海城市变迁40年基本脉络
026　要坚定公益性宗旨，也要坚持市场化手段
　　　——关于上海旧区改造和公交改革的个人感想
033　固民本、强功能、树形象、创和谐
　　　——北蔡镇新一轮城乡建设与管理研究
038　瑞典，可持续发展的理想世界
045　我是谁
　　　——上海角色之探
069　探寻城市保护与资源利用的制衡之道
　　　——两省三市地面沉降与地热资源研讨会综述
078　天下常熟
　　　——一个江南"小城"的雄心
084　昆山之路五题

02　综合管理

091　以标准化建设为突破口推进我国城市管理精细化研究

目 录
CONTENTS

- 101 上海与东京，城市管理精细化对话
  ——2019 上海－东京城市管理精细化研讨会综述
- 108 东京都城市管理的启示
- 114 无锡安全事故思考：强化"能作为"刻不容缓
- 117 新时代网格化精细化城市管理的新使命
- 135 黄浦江两岸滨江公共空间综合管理标准研究
- 141 上海城市综合管理法规体系框架研究
- 153 推进上海地下空间管理工作的六项建议
- 157 充分发挥基层组织在住宅小区综合治理中的作用研究
- 177 关于建立街道镇城市综合管理中心的研究
- 185 上海城市管理综合执法领域市场化社会化管理长效机制研究
- 201 由集权到分权：上海城市管理体制改革 30 年组织体系构架

03 管理信息化

- 207 信息"共享"≠信息"全享"
- 210 贵阳市以"数据铁笼"提升政府治理能力
- 213 城市管理从数字化向智能化提升的几点趋势
- 215 运用互联网促进社会市民参与城市管理研究
- 220 智慧城市建设的中外借鉴与佛山提振
- 229 城市管理信息化的基础是以人为本

04 垃圾治理

- 237 上海生活垃圾管理进入精细化治理时代

245	环境共保　污染联治　市场共建
	——长三角垃圾治理一体化的初步思考
254	上海生活垃圾分类工作需要循序渐进
256	上海生活垃圾治理基本历史情况
267	以用促分，推进本市生活垃圾分类体系建设研究
273	生活垃圾分类不畅的症结在利用薄弱
275	成都市中心城区餐厨废弃物资源化利用基本情况和启示
278	深圳市拆房建筑废弃物资源化利用经验与启示

05　房屋土地管理

287	上海 10 年，"房""产"争位？
303	上海住房制度改革评析和未来政策建议
334	农村土地流转问题之探讨
349	上海商品住宅可持续发展要解决的几个问题

06　建筑业管理

361	我国建筑业改革发展的方向探析
380	坚定方向，稳妥操作，迎接建造师时代的到来
387	以"短名单（承包商选优）"制度推进上海建筑市场诚信建设研究

01
城乡建设

以美好生活为导向的城市设计

——2020 年后的东京都未来图景及上海借鉴

2016 年 12 月,东京都政府制订了名为《新东京、新明天——面向 2020 年行动计划》,计划涵盖了从 2017 财年到 2020 财年的时间段,提出了"一个中心、三个城市"的理念和总目标,即以东京市民为中心,实现"安全城市""多元城市""智慧城市",成就"新东京"。在此基础上,进一步明确了东京 2020 年以后的发展道路,提出了"Beyond 2020——面向东京的未来"的东京都未来图景(以下简称"未来图景")。尽管 2020 年世界性新冠肺炎疫情灾难,给东京都未来发展带来诸多新的挑战,但图景中描绘的以美好生活为最终目的的城市发展理念和具体设想,仍然具有其重要的价值和意义,值得上海在"十四五"发展规划编制过程中参考借鉴。

一、未来图景积极呼应时代变革

东京都未来图景基于深刻的时代变革。一是自动驾驶技术、人工智能(AI)等科学技术令人眼花缭乱的进步。二是相应的人们工作观念的重大变化,人们开始重新考虑劳动和生活,实现工作与闲暇的平衡。三是随之而来的人们的人生价值观的重大改变,与其"拥有"事物,不如"共享"和"行动",构筑相互尊重的人际关系。同时,东京都面临地震等灾害频繁和经济变动、人口减少和超高龄化社会的挑战。据预测,到 2025 年后,东京人口将迎来减少局面,少子老龄化进程将会加速。

面对时代变革,东京都未来图景中提出,东京都能够持续发展下去,重要的是广大市民要有洞察未来的眼睛,不断提高站位，正确地应对急速的社会变化，做出面向未来的安排。通过透析科学技术的进步和个人意识的巨大变化，描绘光明的未来图景。其中，生活是最重要的，只要生活在东京，人在工作，各种各样的城市活动在进行，东京这个城市就是永久的。

二、四大场景描绘东京的未来

东京都未来图景以东京都都市计划审议会答复的"关于2040年东京的城市形象及其实现的道路"（2016年9月）等作为参考，从四个场景生动地描绘东京的未来。

1. 充满活力的生活和工作

（1）工作场景。采用远程办公，不必天天去。早上的时间，可以和孩子们一起悠闲地吃早饭，一家人团聚在一起度过。家务由机器人来承担。难得坐电车上班，可以在电车里悠闲地度过。可以按照自己的意愿在自己喜欢的地方工作。管理人员一半是女性。公司内部有很多优秀的海外人才，因为有了自动翻译机，"不擅长语言"不是问题，交流不会感受到压力。

（2）日常生活场景。下班后可以和同一天上班的同事去喝酒，分别乘坐自动驾驶巴士回家。睡觉前和宠物猫一起度过治愈时间。城市本身充满了娱乐，大楼的墙面和河面上有数码艺术，街道上有体育影像。在家观看国外职业足球联赛，因为有了VR（虚拟现实）技术，可以近距离观看心仪选手的比赛。"到海水浴场步行10分钟"的公寓人气很高。在自家附近的农园种植的江户蔬菜又新鲜又好吃。东京产的蔬菜和利用它的各种料理，在世界上声名大振。

（3）休假和旅行。每年一次，一家人一个月的假期出门成为惯例，包含东京的岛屿巡游之旅，还有宇宙空间之旅。宇宙旅行用的火箭使用了东京中小企业的高技术。羽田机场开通了超低噪声超音速客机。

2. 城市建设中新技术和传统文化的融合

（1）城市的面貌。随着自动驾驶技术的进步，道路拥堵一去不返。住在郊外的高龄者，无论什么时候，去哪里，也完全没有感到不便。城市中心正在进行利用空中空间的城市建设。

超高层建筑之间纵横连接，地表的开放空间里蔓延着绿色。灵活运用轻质、高强度新材料和新技术，地下空间变得更大。以前的高架公路被重新打扮，成为城市居民和游客的休息场所，慢跑和骑自行车享受快乐的人们来来往往。体育据点采用社会所有人的通用设计。道路上林立的电线杆，缠绕在一起的蜘蛛网一般的电线消失了，东京的天空现在变开阔了，但保存着古代街道的部分地区留下了电线杆，作为怀念的风景，被用作电影、电视剧的外景地。曾经运转的发电站和清扫工厂，现在变成了完成使命的产业遗迹，人们去参观，成了观光景点。

（2）能源友好。石油和煤炭等化石燃料消失。使用微波的无线输电，宇宙中"太阳光发电卫星"实用化，人类获得无穷无尽的能源的日子逐渐到来。大地震的前兆和气象的观测精度有了飞跃性的提高，人的损失为零的同时，储藏和利用自然灾害拥有的巨大能量。低成本高发电效率的新一代太阳能电池在城市的各个地方都有。在住宅和各类大厦中，引进太阳能、风力、地热等可再生能源，最优且有效率地消耗能量。控制整个建筑物的能源利用智能家居普及市内所有家庭，家庭的电费为零。现在"垃圾"这个词，已经成了一个死词，在日常生活和工作中，一个完全循环型的社会正在形成。

3. 医疗、教育、福利的个性化满足

生活在未来东京的市民，健康寿命延伸，教育等社会系统充实，每个人都能过上更有自己风格的生活。

（1）健康保障。根据时钟型传感器和厕所内置传感器，每天检查血压和血糖值，早期发现身体异常，不容易生病。根据再生医疗等医疗技术和药物的进步，可以治疗曾经困难的疾病。达到年龄伴随的疾病和症状的烦恼也变少，"健康寿命≈寿命"。老年人利用自己的经验和知识，一生都在工作、参加志愿活动等，支撑着社会。即使身体虚弱，也有像穿衣服一样的功能辅助套装，可以过独立的生活。即使需要护理，也能利用各种各样的服务，在当地人和机器人的帮助下，直到临终前都在地区安心生活。生病疗养中的朋友，为了转换心情，用VR和孙子一起去海外旅行。

（2）育儿的环境。可以通过远程网络在家办公，所以工作也能同时育儿，毫不勉强地享受。三个兄弟的家庭也变多了。城镇各处都有保育设施和孩子们的住所，老年人和孩子的交流也变得频繁等，城市全体支持育儿。曾经是大课题的"待机儿童"现在是一个死词。3岁开始的幼儿教育成为义务教育，所有的孩子利用托儿所和幼儿园等。幼子虽然上幼儿园，但不用交保育费。所有的孩子都抱着对未来的希望学习，对学生进行符合个人意愿的教育。小学里的创业教育和编程教育正在进行。与过去不同，发展个性的教育和能力，因为配合的课程被编制，跳级也不稀奇。有体验歌舞伎等日本传统文化的课程，每个人都把日本文化的优点作为教养来掌握。

（3）残疾人生活的社会。功能辅助机器人等的使用，帮助无障碍地度过日常

生活。整个城市被完全无障碍化，实现了心灵的无障碍，每个人都要仔细考虑，每个人都要珍惜，对谁现在都成了生活舒适的社会。在各种各样的领域，有障碍的人和没有障碍的人一起工作，积累价值，谋求自我实现。

（4）**互相守护、支持的城市**。在街上看到有困难的人的时候，自然会伸出援手，成了人们互相支持的和善的社会。凭借能够指路和守护的移动式机器人和ICT技术，整个地区的老年人、儿童、残疾人等形成了关注的机制。

4. 都市产业革新和魅力培育

已经确立未来国际金融和经济大都市地位的东京，正在通过从世界各地汇集人力、物力、财力和信息等资源，创造出更多新的附加价值，持续在世界经济中发挥引领作用。

（1）**引领日本成长的东京**。在无现金社会，源自东京的虚拟货币等，利用令人放心和安全的基础技术，被各国的企业广泛利用在各种商务中。采用活用人体认证技术的人脸识别决算手段及其他智能化手段进行资产运作等，新型金融服务形态，已经从东京相继诞生。通过活用iPS细胞和生物3D打印技术等手段，大幅度提高新药的开发效率等，源自东京的治疗认知症、粉症等疾病的新药已经开始在全球普及。在AI技术创新发展导致机器人产业急剧扩大的浪潮中，东京都内的风险投资企业发明的机器人，大幅度提高了国内外企业的生产效率。

（2）**继续活跃的东京中小企业**。东京都内的中小企业通过与大学和研究机关合作，开发成功的纳米机成为国际标准，从而使癌症等疾病的治疗方法出现戏剧性的长足进步。采用最先进技术的东京都内中小企业提供的优质产品和服务，加入满足扩大了的亚洲市场需求的队伍之中，进一步提高了东京的地位（存在感）。

（3）**世界上营商环境最好的东京**。通过活用经济特区，东京正在积极吸引外国企业投资。东京，对于外国人来说，在衣食住行等各个方面，生活最为便利，在世界城市排名中首屈一指。东京成为世界上最为开放的经济大都市。在东京，无论是行政机关还是企业，大家都可以共享来自国内外的优质丰富的大数据，以解决面临的防灾和老龄化等各种各样的难题。

（4）**吸引全世界的东京**。对比伦敦、巴黎、纽约等世界各国城市，东京成了最好的观光地。传统文化、饮食、服务，成为焦点优势。通过自动驾驶等交通手段的提高、特产加工等，自然丰富的多摩·岛屿的魅力被国内外广泛认可。因为有很多游客，所以很热闹。通过人脸认证迅速办理出入境手续，各种语言与语言对应的自动翻译器，自动驾驶汽车没有道路交通堵塞等，东京是世界上最舒适的旅行环境。大型邮轮、磁悬浮新干线等多种移动方式交通手段，以东京为中心，帮助外国人旅行访问全国各地，享受各地区的魅力。具备东京饮食和娱乐的最棒的度假村诞生，亚洲的MIC是中心地。

三、对上海的启示

同一个世界同一片天空,上海与东京一样,面临着剧烈的时代变革,包括新技术突破带来的变革,也包括社会价值观转变带来的变革。同时,还有日益严重的老龄化,以及难以预测的各种灾害。上海在今后的发展中,需要积极主动顺应和适应这些变革,以实现自己建设卓越的全球城市的目标。东京都城市发展的愿景设计,为上海今后的发展规划,提供了许多有价值的启示和参考。

1. 在发展理念上突出"生活本位"

从以市民为中心,进一步聚焦到以市民生活为中心。生活在,人在,城市在,体现以人为本的精髓。党中央提出"以人民为中心"的思想,提出着力解决"人民对美好生活的向往与不平衡不充分的发展之间的矛盾",实现更高质量的发展,也为城市发展"生活本位"提供了政策基础。从经济发展提高人民生活水平,到提高人民生活水平,推动经济高质量发展,人民对安全、健康、舒适的生

活追求,将成为产业调整的方向,也将是城市发展的方向。

2. 在生活品质提高上突出"精神含量"

生活品质,是物质和精神、生理和心理的双重满足。2020年新冠肺炎疫情,给世界和中国带来重大灾难。灾难正在深深改变人们的人生观、价值观。在病毒面前,人们意识到了生命的脆弱,意识到了亲情友情的价值,也对盲目的物质追求进行反思,更加尊重自然,更加重视精神的价值,更加重视身心的健康。与精神有关的文化和体育生活,越来越为社会所注重。一个注重精神的年代,正代替一个过度看重物质利益的年代。城市的发展,需要积极回应这些重大转变,在涉及文化、教育、医疗、体育和休闲等方面,提供更多的基础设施支撑。

3. 在推动科技进步上强调"和谐共生"

从科技作为掠夺自然、征服自然的工具,到科技支撑人与自然关系的修复,建设环境友好型生态。生态技术、智慧技术、绿色能源技术,在提高发展质量的同时,克服污染的危害,减少对自然万物的干预和掠夺,形成循环经济的完整链条。与自然共生,可持续发展,是最大的安全保障。

4. 在优化城市设计上体现"公平公正"

规划设计作为一种公共政策工具,本质上是社会权利的分配和再分配。倡导通用设计,通过突出公共和公益的空间分配,面向全体的基础设施的无障碍设计,体现权利的平等和社会的公正,让所有人共享发展成果。通过公共信息的透明开放,让全社会共享大数据,推进发展机会的平等。塑造包容和有活力的都市,让每一个人有机会、受尊重。大力扶持培育小微创业公司,激发"草根"活力。

5. 在城市魅力塑造上发掘"温情记忆"

推动"技术"和"记忆"的完美融合。通过最前沿的技术,重塑和活化优秀的历史文化。构筑"纪念的风景",丰富都市的内涵,塑造文化厚重的魅力都市。挖掘优秀的制造业、服务业历史品牌,发扬光大。

(本文写于2020年6月)

提高无障碍设施建设标准，建设最便捷上海

中共上海市委《关于面向全球面向未来提升上海城市能级和核心竞争力的意见》提出，要打造令人向往的品质生活新高地，使高品质生活成为提升城市能级的助推力。进一步完善各类基础设施，全面提升市民出行的便捷度和通达率，是其中重要的内容。

上海作为国际化大都市，一直高度重视城市的便捷度建设。21世纪初开始，上海就积极推进无障碍设施建设，出台了本市第一部无障碍设施建设和使用管理的政府规章，开展了无障碍设施建设规划、无障碍设施设计标准编制和实施工作，

成立了市级层面的无障碍设施建设推进工作联席会议，重要公共建筑无障碍设施建设逐步实现了全覆盖，成为首批全国无障碍设施建设示范城市之一。

但是，对标国际先进城市，上海城市的便捷度仍存在诸多不足，原来主要针对残障人士的无障碍设施建设存在系统性衔接不够顺畅、显性化程度不够高、人性化服务不精细等问题；同时，随着上海城市管理进入精细化新时代，城市便捷度面临惠及全体市民和外来旅游访问者的新要求，需要实现服务能力的整体提升。

日本东京都早在20世纪80年代初就以国际残疾人年为契机，着手进行无障碍城市建设。1995年，制定《东京都福祉城市建设条例》。2009年，进一步推行通用设计理念，把设施便利化服务范围扩大到"人人"，强调设施的公平适用、操作方便、安全可靠、功能完善。该条例及条例的实施细则和标准，成为东京都推进精细化管理，建设安全、安心、舒适的国际化大都市的重要工作指南。

上海市委领导指出，迈向卓越的全球城市，需要上海对标国际最高标准、最好水平。因此，建议在对标东京等国际先进城市基础上，着眼于补齐上海城市便捷度建设短板，以原有的无障碍设施建设相关标准规范为基础，编制并实施更高要求的便捷度建设标准，进一步增强上海市民的获得感和幸福感。

借鉴东京都相关经验，提出推进上海城市便捷度相关标准建设建议如下：

一是根据不同设施服务功能细化分类。根据分类，提高标准编制的针对性和精准性。东京都把城市设施分为建筑、道路、公园绿地、公共交通设施、路边停车场5大类，每一大类再细分若干小类，其中建筑物分成学校、医疗机构、娱乐表演、集会、展览、住宿、福祉、运动、文化、地下街、复合设施等22小类。上海城市设施在分类时，一要进一步突出与广大市民公共活动密切相关的设施，如交通集散地、医疗卫生机构、文体活动中心、休闲旅游场所的服务设施等；二是突出近年来增长较快的设施，如地下空间设施、园林绿化设施、公共停车设施等。

二是细化各类设施的便捷度"要点"。根据广大市民出行的多样化和个性化需求，对各类设施人性化服务的着力点进一步细化完善。东京都的公共交通设施服务标准，包括了无障碍化路线、出入口、停车场、中央大厅、售票问讯处、阶梯、坡道、电梯、扶梯、厕所、旅客候车室、门、诱导标记牌等19处。上海在设施便捷度着力点的完善方面,也需要体现这种"无微不至"的关怀。

三是突出不同设施间的"无缝衔接"。 上海的无障碍设施总体规模已经不小,但体验度不够高,一个明显的短板是设施之间的关联衔接不够,转移困难。东京都在标准建设中,首要的一条就是保障设施之间无缝衔接,如规定住宅区内道路和建筑之间、建筑内部房间与卫生间之间、公共走廊与内部无障碍停车位之间,都要有一条以上没有台阶而且宽度容易通行(包括轮椅使用者)的"顺利化通道";设施的出入口,如果有设置门的情况,应该是自动开闭的构造,方便轮椅使用者开闭,而且门的前后没有高低差,防止碰撞摔倒。上海需要发扬"绣花"精神,通过"小修小补",打通设施间的各种"梗阻",实现各种设施间转换的顺利化。

四是切实解决"爬坡难"。 需要上下移动的场合,如上坡、过天桥、下地道,台阶的设置、代替台阶的坡道和电梯的配置,要考虑所有人的轻松和便利。东京都标准规定,有台阶的地方必须设置扶手,台阶表面要用粗糙不易打滑的材料,台阶脚踏末端和周围亮度和颜色要差异大容易识别,台阶高度18厘米以下,脚踏面尺寸26厘米以上。不可避免设置台阶的地方需要同时为轮椅使用者以及老年人和婴儿车通行设置斜坡,坡度超过1/12或者高度超过16厘米倾斜部分要设置扶手,高度超过75厘米还要设置宽度150厘米的休息平台。电梯应该设置在最容易识别和最容易利用的地方,不能"躲猫猫"。电梯轿厢和升降厅的结构充分考虑轮椅使用者和视觉障碍者,乘电梯处按钮高度为轮椅使用者容易操作的100厘米。借鉴东京经验,上海需要响应社会诉求,对为数不少又高又陡的过街天桥和一些又高又深的轨道交通进出台阶,进行平缓度处理,或者补充设置电梯装置,解决上下坡难题。

五是让人行道成为最舒适的行动路线。 打造顺畅、便捷、安全、舒适的人行道,营造绿色出行的环境,提升市民生活品质。东京都强调人行道与车道的分离,保证人行道上的安全;确保人行道的有效宽幅在2米以上(轮椅使用者与行人可以擦肩而过),并且保证上方有2.5米以上的连续空间;即使盲道经过斑马线,也必须设置45厘米或者60厘米宽的盲道带,不能中断;提升人行道路作为休息、交流场所功能,创造安全舒适的空间,根据需要设置休息长椅,等等。上海需要

通过标准建设，给予人行道更多"路权"，让人行道多起来、宽起来、畅起来、休闲起来。

六是保证任何人使用卫生间"高枕无忧"。如厕无小事，尤其是残障人士、老年人、孕妇和携带婴儿者。东京都的标准是让任何人轻松使用卫生间。如设置老年人和残疾人能顺利使用的便座和冲洗设备；设置有婴儿椅和婴幼儿座位的厕所间和换尿布设备；卫生间地面用不易打滑的材料；门开关轮椅使用者容易操作等。上海需要在既有的基础上，扩大高标准公厕的布局，特别是进一步提高郊区和乡村的公厕建设水平。

七是让标志和引导装置值得信赖和依赖。设置简单易懂的标志，包括残障人和外来人（外地人和外国人）也能轻易获得和理解。东京都交通设施引导标志为老年人和残疾人等着想，使用字体较大的文字，采用简洁的表现形式。文字指南同时使用汉语、英文等多种文字，必要时使用拼音字母。为了做好引导，东京都专门有"引导用图形符号"（系列）、"色觉障碍者特征和颜色选择方法""触觉指南图的信息内容和形状及其表示方法""视觉障碍者引导用模块的形状"等，为做好各类人群的引导服务，提供技术基础。上海的标志建设，轨道交通积累了丰富的经验，四通八达，指引清晰，可进一步推广到其他各类设施。

八是让标准编制实施的过程同时成为社会动员行动。建议进一步提高标准编制和实施的透明度，让市民充分了解、理解和支持便捷度建设，增强主动承担责任和义务的主动性和积极性。同时，政府有关部门要加大无障碍设施建设和维护的监管力度，加大无障碍设施挤占、挪用、毁坏等问题的执法力度，让无障碍设施真正发挥其应有作用。可以把标准建设和实施工作，与正在开展的城市管理精细化三年行动计划紧密衔接，作为行动计划的拓展和深化，依托既有的运行体制和机制，加快推进。

（本文系 2020 年 5 月作者应邀为上海市住建委科技委撰写的"专家建议"）

本文摄影：张同林

疫情期间上海城市建设和管理的几点思考

2019年末2020年春的新冠肺炎疫情，对我国经济、政治、文化、社会、环境治理的影响，是深刻和全方位的。抗击疫情，也促使我们对城市未来的发展理念、方向和路径，进行深入思考，其中，整体性的安全保障功能的提升，将是城市发展的着力点。对上海这样的超大型城市，更需要在城市建设和运行方面做到安全可靠，防范风险于未然。为此，需要进一步强化风险意识，提高基础设施科学防控能力，进一步加强城市管理与社会治理协同融合，共同推进实现城市的更高质量发展。

一、疫情给我国的城市发展带来的影响

（一）疫情对我国求"大"求"全"的城市发展模式是一次重要提醒

这次疫情，首先发生在超大城市武汉，然后扩展到全国，因为人口密集活动频繁，给全国许多城市的秩序带来极大冲击，特别是大城市。疫情促使我们对城市发展理念、方向和路径，进行深入思考。首先，大城市特别是超大城市以及城市群的发展，在集约资源的同时也汇集高风险，风险防控要求高。其次，在大城市内部，高度集聚的发展方式（如综合交通枢纽、城市综合体、TOD等），在安全角度需要重新评估。大家认识到，大中小城市均衡发展更符合国家城市化发展的方向，区域一体化要更强调安全，把应急一体化摆在先行位置。同时，城市既有的应急体系需要大规模升级改善。城市基础设施建设和运行的理念和手段，需要在安全上更加着力。

（二）疫情凸显信息技术作用

疫情防控中，疫情信息的实时掌握和跟踪，充分运用大数据手段；各种"疫情车次查询""疫情小区查询""在线疫情统计上报系统"等小程序，为防控工作提供了便利。互联网医院为民众提供免费在线义诊，有效缓解了线下医院的就诊压力与交叉感染的风险。基于信息平台的外卖、快递成了支撑日常生活的重要依托。微信沟通抗击疫情信息，同时也成为居家心理沟通和构建精神生活的重要载体。信息技术及相关服务行业的超常规发展指日可待。

（三）疫情是对上海城市建设和管理能力的一次大考

上海在疫情防控中，城市建设和管理能力经受住了考验。水、电、气、通信等基础设施保证了整个城市运转的平稳有序。社区管理显示了基层的威力。同时看到，作为超大城市，今后多风险的叠加将成为常态，自然灾害、社会风险以及公共卫生危机并存，管理的综合性和精准度要求需要进一步提高。

二、对上海城市下一步发展的思考

疫情的教训是深刻的，亡羊补牢，为时不晚。着眼未来，努力弥补短板，完善城市治理体系，建立起强大的风险防控和应急管控体系，实现更高质量发展，是我国城市今后的努力方向。

着眼"十四五"和更长远目标，上海需要在建设和管理多方面继续着力，特别是突出安全城市、再生城市的理念，提升基础设施的人性化和智慧化水平，营造人与自然和谐相处的环境品质；充分激活民间自治意识，提高自我管理和互助管理能力；强化基础设施运行风险应对，实现韧性城市的均衡发展和平衡发展。

（一）着眼"十四五"规划的几点建议

1. 更加健康的建筑

进一步推进绿色建筑发展，提高综合性环保标准要求，特别是提高建筑对公共安全的"自防控"能力，如更加好的自然通风、更强大的病毒清除能力和预警功能，引进先进的自动消毒设备和材料，等等。在建筑设计上，加强可分可合的弹性空间设计，减少大规模的聚集性空间布局；强调快速疏散功能，增加备灾品存储空间；提升公共建筑智慧化服务水平。

2. 更加智慧的基础设施

按照中央要求，以整体优化、协同融合为导向，统筹存量和增量、传统和新型基础设施发展，打造集约高效、经济适用、智能绿色、安全可靠的现代化基础设施体系。

◎ 胡鹰 摄

（1）进一步着力提高水、电、气等公用设施的智慧化自运行能力、自动避险能力。大幅提高城市上水道和下水道作为生命工程的环保标准和技术要求。

（2）强化信息化基础设施建设，强化让城市的人、信息和物资能够"动起来"的基础设施，包括互联网、交通、物流等。

（3）建设应对危机物资储备和应急避难场所，特别是医疗物资和隔离诊疗场所。建设全民卫生运动的支持系统和应急联动的支撑系统（自然灾害、社会犯罪、突发公共卫生事件）。

（4）创新社会基础设施，发挥安全防控新功能。强化文、教、体设施的安全防控功能。学习日本，拓展便利店等网点密集商业设施的安全防控功能。

（5）对存量设施进行精细化整备。更加人性化，体现通用性；倡导再生城市、回归自然的理念，与自然和谐相处。

3. 更加强大的社区

（1）重构市、区、街镇、村居管理生态，强调市级部门宏观决策和政策支撑，区级管理部门统筹协调和专业指导，基层管理联合抓落实的良好生态。

（2）推进城市管理和社会管理深度融合，做大社区网格化综合管理大平台，整合城管、卫生、民政等有形、无形网格资源，实现各类事务及时发现、协调指挥、科学评估、前瞻预判"一网统管"。借鉴区块链思维，实现无等级信息互联互通。为社区减负，实现多条线"一表"共享。管理人、财、物资源进一步下沉。加快立法，依法下沉。

（3）固化疫情防控时期形成的全民动员机制。强化"家园"共识，激发自立和奉献精神，建设包括社区工作人员、医护人员、志愿者等的应急梯队，以及相关知识和技能的培训和普及。着力完善激励机制。

（二）近期工作建议

1. 以抗疫为契机，固化优化管理体系

（1）及时总结有效的管理体系、模式和路径；剔除无效、冗余的管理环节、组织，形成畅通的管理生态系统，为进一步推进体制机制变革打下基础。

（2）探索韧性城市综合管理新模式，平战结合，突出事件为中心，以事系人，根据事件要求，配置管理资源，形成科学的牵头主体、配合主体和参与主体的"作战"格局。

（3）在长三角一体化、自贸区新片区建设阶段，构筑整体性安全防控网络。

2. 以抗疫为契机，固化优化应急管理机制

抗疫是上海治理能力的一次大考，在充分实践和不断完善的基础上，积累了一些有效有益的经验做法（实战经验），可以固化，成为城市应急管理体系建设的重要内容。如市委、市政府主要领导挂帅的防控联席会议制度；提高风险信息透明度，发布及时信息的新闻发布会制度；抓住要害问题精准管控机制；政民互动优化管理机制；"话语权"专家引导疏导机制；宣传先进鼓舞士气的机制；志愿者发动、机关党员模范带头机制；依法防控机制；基层工作规范化机制等。

（本文写于2020年5月）

上海城市变迁 40 年基本脉络

改革开放以来的 40 年，上海城市面貌发生了天翻地覆的变化。通过城市功能定位的提升，实现从综合性工业城市，向经济、金融、贸易和航运中心城市转变，生产力得以大大解放；通过不间断制度创新，弥补历史欠账，进而率先基本建成枢纽型、功能性、网络化现代化城市基础设施体系；通过全市人民坚韧不拔的努力，"撸起袖子加油干"，为城市打下坚实的硬件基础，积累了丰富的管理经验，塑造了城市建设和管理的时代精神。

一、城乡建设"破冰"期的探索（1978—1990）

1. 沉重的欠债

1978 年，改革开放的春风，吹进作为中国重要工业基地的上海，建设一个更加开放、外向型和多功能的上海，成为时代的呼唤。与此同时，上海却面临着城市建设严重滞后的尴尬窘境，市区人均居住面积只有 4.5 平方米，人均道路面积 1.57 平方米，人均公共绿地面积 0.47 平方米，家用煤气普及率仅 38.70%，全市每天有 400 万吨未经处理的污水排入苏州河和黄浦江，苏州河全年黑臭，黄浦江水黑臭期每年达 150 天左右。作为共和国"养家大哥"，上海城市建设，积累了厚厚的历史欠账。

2. 重要改革举措

统一思想。政府部门和社会市民展开了广泛讨论，"解决住房困难、交通拥挤、环境污染、公用设施供应短缺等突出问题，实施城市改造振兴"成为全市共识。

列入政府"大事"。1986年3月，中国共产党上海市第五次代表大会提出，"七五"期间，上海市人民政府要把加强城市基础设施建设，改善投资环境和人民生活环境，作为努力办好的"三件大事"，集中财力、物力和人力加快推进。加快城市建设，成为上海市委、市政府向人民的郑重承诺，同时也是上海改革开放的重要基础。

多措并举筹资金。1986年，上海对外商投资企业开征土地使用费，1988年，上海首次以土地批租形式出让虹桥经济开发区第26号地块。1986年，上海市成立"94专项"基金，用于加强城市基础设施建设；1988年，上海市成立上海城市建设基金会，集中管理政府用于城市建设和维护的各类资金。财政的活力，为城市建设提供了基础保障，1980—1990年，全市用于基础设施改造和建设投资达到225亿元，相当于前30年总投资的7倍。

创新机制破障碍。确立"住宅建设实行国家统建和企业自建相结合，住宅建设和城市改造相结合，新建和挖潜相结合"的原则。住房商品化改革、试点出售公房、推行侨汇商品住房、外汇商品房建设等陆续开展，住宅建设与旧区改造紧密结合。建筑业体制改革实现由计划分配向市场调节过渡，建筑市场逐步推行建设工程招投标。规划、建设等在1990年实施市、区"分权明责"，"统一领导、分级管理"提升城市管理活力。市重大工程建设办公室为城市建设提供了有力保障。

3. 初步成就

建成一批重大市政工程。包括上海铁路新客站一期工程、虹桥国际机场候机楼、沪嘉和莘松高速公路、延安东路隧道（北线）、黄浦江上游饮水一期工程、浦东煤气厂一期工程等，开工建设南浦大桥。其中，沪嘉高速是我国大陆第一条按高速公路标准设计、施工的高速公路，改写了上海没有高速公路的历史。1988年8月开工建设合流污水治理一期工程，是当时中国规模最大的污水治理工程，投资16亿元（含世界银行贷款1.45亿美元），是第一个利用世界银行贷款进行建设的市政工程。1990年建成的上海老港废弃物处置场一期工程，改变了上海垃圾分散处置为主的历史。

大力改善居住条件。1981—1990年的10年间，上海共完成住宅投资131.63亿元，相当于1980年前31年总投资的7.6倍。10年间，建成住宅4000多万平方米，相当于31年前总面积的1.8倍，市区人均居住面积达到6.6平方米。

二、城乡建设"突破期"的飞跃（1990—2000）

1. 角色历史性转换

20世纪90年代，上海适应浦东开发开放和城市功能定位重大转折。1990年，中共中央、国务院决定开发开放浦东，标志着我国新一轮改革开放的开始。1992

◎ 南浦大桥　孙伟忠　摄

年10月，党的十四大提出"以浦东开发开放为龙头，进一步开放长江沿岸，尽快把上海建成国际经济、金融、贸易中心之一，带动长江三角洲和整个长江流域地区经济的新飞跃"。上海在全国发展中的地位，由后卫变前锋。

2. 重大改革举措

基础设施先行方针。1992年，上海市九届人大常委会第三十八次会议通过《上海市浦东新区总体规划方案》，同年12月，中共上海市第六次党代会确立了"城市基础设施建设先行"的方针。1993年，上海市人民政府编制以"一个龙头、三个中心"的现代化国际城市为目标的跨世纪城市总体规划，城市基础设施建设被列为上海经济发展的"三大战略重点"之首。

投融资体制改革。1992年成立上海市城市建设投资开发总公司，专门从事市政基础设施资金的筹措、使用和管理。按照"自筹、自借、自用、自还"的原则，成功地利用世界银行、亚洲开发银行和外国政府的贷款，建设重大基础设施项目。率先尝试对具有收费能力的基础设施，进行部分经营权转让和运用BOT等形式盘活存量，筹集资金用于新项目的建设，城建投融资逐步形成"多元投资、多元还贷"的良性机制。

重大工程建设。20世纪90年代初，上海城市建设浦东、浦西齐头并进。浦东新区集中力量进行内环线浦东段、杨高路拓宽、浦东煤气厂二期、凌桥水厂一期、外高桥电厂一期等十大基础设施项目的建设。浦西建设黄浦江越江工程，建设南浦大桥、杨浦大桥、徐浦大桥；开工建设内环线、南北高架道和延安路高架；继续推进建设合流污水治理一期工程，改善苏州河水质；实施外滩、人民广场等大面积绿化工程。90年代中期，塑造城市功能，大力开展现代化基础设施体系建设：以深水港建设为突破口加快形成联系世界、服务全国、城乡协调的综合交通运输体系和市政设施框架；推进航空港建设，建设上海浦东国际机场一期工程，打造形成"一市两场"格局；建设沪宁高速公路和沪杭高速公路上海段，构建高速公路路网；加快轨道交通网建设，着力构建中心城区"申字形"高架和"三纵三横"主干道以及"十字加北半环"轨道交通线组成的立体化交通体系。

旧区改造。上海利用土地批租加快旧区改造和住房建设。1991年上海颁布《上海市住房制度改革实施方案》，提出住房商品化发展方向；1992年中共上海市第六次党代会确定到20世纪末完成365平方米改造目标，提出通过土地批租，拆除旧房，建造商品房；1998年上海全面停止住房实物分配，住房市场化配置成为供应主渠道。在土地制度改革和住房商品化的共同推动下，上海房地产市场逐步发展壮大，为上海旧区改造和住宅建设注入大量资金。到2000年，累计出让土地面积1.755亿平方米，竣工房屋约11600万平方米。

开放和繁荣建筑市场。将"三限制"调整为"三开放"，建立项目法人责任制、招标投标制、工程监理制、合同管理制等制度，建立规范的有形建筑建材市场。

3. 突破性成就

多轮"一年一个样，三年大变样"。到2000年，航空旅客吞吐量1768万人次，货邮吞吐量88万吨，10年分别增加3.4倍和5.9倍。港口货物吞吐量超过2亿吨，增长46.4%。市区人均道路面积由2.28平方米提高到7.17平方米。高架道路和轨道交通从无到有，建成使用的分别达到70公里和63公里。市区家庭宽带覆盖率达到95%。城市污水处理能力由296万吨/日增加到550万吨/日。人均公共绿地面积由1.02平方米增加到4.6平方米，绿化覆盖率由12.4%增加到22.2%。全市7.2万户人均居住面积4平方米以下住房困难家庭在1999年提前解困。市区人均居住水平从1990年的6.6平方米提高到11.8平方米。

建筑市场空前繁荣。建设施工队伍常年保持在百万人左右，其中外省市队伍超过一半，1990—1995年（"八五"期间），施工生产产值连年翻番，1996—2000年（"九五"期间）建安工作量达3161.31亿元。

◎ 世博夜景　李预端　摄

三、城乡建设"率先期"的蝶变（2000—2010）

1. 承接国家使命

2001年5月11日，国务院批复原则同意《上海市城市总体规划（1999—2020）》，指出：到2020年，把上海建设成为国际经济、金融、贸易、航运中心之一。在城市建设方面，总体规划要求按照中心城、市域以及上海为中心的长江三角洲城市群三个层次统筹考虑重大基础设施建设、生产力布局和城镇体系调整；注重城乡一体协同发展；物质文明和精神文明建设并举。2002年，上海申办世博会取得成功，为上海城市进一步发展提供重要契机。2006年，在全国人大十届四次会议期间，党中央从全国发展全局和上海在全国所处的位置出发，向上海提出了"四个率先"的新任务、新要求。

2. 重大战略布局

率先基本建成体系。2006年8月，上海编制完成《上海市城市近期建设规划（2006—2010）》，目标在于构筑"四个中心"基本框架，推进长江三角洲区域协调发展，优化人口、产业、城镇、基础设施布局，完善现代化基础设施体系，加快社会主义新农村建设，举办一届成功、精彩、难忘的世博会，最终为21世纪上海社会主义现代化国际大都市建设奠定坚实的基础。2006年上海市政府工作报告明确提出，到2010年，以三港两网为重点，"基本建成现代化城市基础设施体系"。

三港两网重点建设。加快深水港洋山港建设，建设浦东国际机场二期扩建工程、虹桥国际机场二号航站楼及第二跑道工程，塑造4座航站楼、5条跑道亚太航空枢纽港格局。加快建设信息港，推动三网融合应用。完善城市快速路网，突出轨道交通在城市公共交通中的地位，形成轨道交通基本网络体系。建设沪宁城际铁路、沪杭客运专线、铁路南站等一批场站设施，构建"2主3辅"共5个客运站格局，建设虹桥综合交通枢纽工程。

◎ 进博会会场　胡鹰　摄

郊区城镇和中心村建设。城乡一体化迈出实质性步伐。2001年，市人民政府印发《关于上海市促进城镇发展试点意见的通知》，推进郊县试点城镇建设，试点实行土地计划单列。2005年，上海确定市域"1966"四级城镇规划体系，将市域范围内的城镇规划确定为1个中心城、9个新城、60个左右新市镇、600个中心村。

改善民生。在中心城区范围启动二级旧里以下成片房屋改造。着眼整体性生态环境改善，在水环境治理、大气环境治理、固体废物处置、重点工业区综合整治和绿化建设五个方面力求突破。

管理水平上台阶。以政府职能转变为核心，责任政府、服务政府、法治政府建设，落实大部制改革，大力推进行政审批制度改革。

3. 整体成就

到2010年，上海枢纽型、功能性和网络化的基础设施体系基本建成，服务能力跨入世界先进行列。上海港码头泊位超过1100个，集装箱吞吐量2900万标箱，货物吞吐量6.5亿吨，居世界前列；机场进出港旅客7188万人次，货邮吞吐量371万吨，跻身世界超大型机场，具备成为亚洲地区航空枢纽港的硬件基础；城市信息化发展达到发达国家中心城市水平。市域道路（含公路）总里程达1.6

万公里，人均道路面积提高到 18.13 平方米；黄浦江越江桥隧达 23 处，中心城形成 "4 桥 12 隧" 格局，其中全市高速公路里程达到 776 公里；轨道交通网建设，形成 12 条线、运营线路总长 452.6 公里的基本网络，在世界大城市中名列前茅。城区绿化覆盖率提高到 38.2%，人均公共绿地面积提高到 13 平方米。10 年新建住宅 3.81 亿平方米，市区人均居住面积达到 17.5 平方米。

四、城乡建设"新时代"的创举（2010—2018）

1. 新时代

2012 年 11 月，党的十八大召开，中国特色社会主义进入新时代。2012 年 11 月 29 日，习近平首次提出中国梦。2013 年 11 月，党的十八届三中全会审议通过全面深化改革若干重大问题决定。明确总目标，即完善和发展中国特色社会主义制度，推进国家治理体系和治理能力现代化。2014 年 12 月，习近平提出"四个全面"战略布局。

2017 年 10 月，党的十九大召开，从全面建成小康社会到基本实现现代化，再到全面建成社会主义现代化强国，做出新时代中国特色社会主义发展的战略部署。2018 年 9 月，中央深改委审议通过《关于推动高质量发展的意见》。2018 年 11 月，中共中央、国务院印发《关于建立更有效的区域协调发展新机制的意见》，实施区域协调发展战略。

2. 新要求

2014 年 3 月 5 日，习近平总书记参加十二届全国人大二次会议上海代表团审议时强调，要加强和创新社会治理，关键在体制创新，核心是人，只有人与人和谐相处，社会才会安定有序。社会治理的重心必须落到城乡社区，社区服务和管理能力强了，社会治理的基础就实了。

2017 年 3 月 5 日，习近平总书记在参加上海代表团审议时强调，走出一条符合超大城市特点和规律的社会治理新路子，是关系上海发展的大问题。城市管理应该像绣花一样精细。

2017 年 5 月，习近平总书记在 "一带一路" 国际合作论坛上宣布，中国将从 2018 年起举办中国国际进口博览会。

2018 年 11 月 5 日，习近平总书记在首届中国国际进口博览会开幕式上的主旨演讲提出，支持长江三角洲区域一体化发展并上升为国家战略，着力落实新发展理念，构建现代化经济体系，推进更高起点的深化改革和更高层次的对外开放，同 "一带一路" 建设、京津冀协同发展、长江经济带发展、粤港澳大湾区建设相互配合，完善中国改革开放空间布局。

2018 年 11 月，习近平总书记考察上海，了解上海在推进城市精细化管理方面的做法。他强调，城市管理搞得好，社会才能稳定、经济才能发展。一流城市要有一流治理，要注重在科学化、精细化、智能化上下功夫。强调"垃圾分类工作就是新时尚，上海要把这项工作抓紧抓实办好"。

2019年11月，习近平总书记考察上海时指出，城市是人民的城市，人民城市为人民。无论是城市规划还是城市建设，无论是新城区建设还是老城区改造，都要坚持以人民为中心，聚焦人民群众的需求，合理安排生产、生活、生态空间，走内涵式、集约型、绿色化的高质量发展路子，努力创造宜业、宜居、宜乐、宜游的良好环境，让人民有更多获得感，为人民创造更加幸福的美好生活。

3. 新目标

2017年12月15日，《上海市城市总体规划（2017—2035年）》（简称"上海2035"）获得国务院批复原则同意，是中国特色社会主义进入新时代的指导上海城市发展的纲领性文件。

上海的城市性质：上海是我国的直辖市之一，长江三角洲世界级城市群的核心城市，国际经济、金融、贸易、航运、科技创新中心和文化大都市，国家历史文化名城，并将建设成为卓越的全球城市、具有世界影响力的社会主义现代化国际大都市。

上海将坚决按照努力当好新时代改革开放排头兵、创新发展先行者的总要求，主动服务"一带一路"建设、长江经济带发展等国家战略，坚持以人民为中心，坚持可持续发展，坚持人与自然和谐共生，坚持在发展中保障和改善民生，进一步彰显功能优势，增创先发优势，打造品牌优势，厚植人才优势，努力把上海建设成为卓越的全球城市，令人向往的创新之城、人文之城、生态之城，具有世界影响力的社会主义现代化国际大都市。

4. 新举措

（1）高质量发展

推进长三角发展一体化，加强区域基础设施互联互通。沪通铁路、国省干线和省界断头路建设、G1501沿江通道、G228、G320、G346等项目按计划推进，全面推进长湖申线、平申线等长三角高等级内河航道网建设。加强区域能源互保供给，加强区域生态环境联防联控，构建沿江绿色生态廊道。加快推进绿色生态城区建设，编制《绿色生态城区评价标准》。大力发展绿色节能建筑，新建建筑实现100%执行绿色建筑标准。2016年起，全市符合条件的新建民用、工业建筑全部实施装配式建筑，单体预制率不低于40%或装配率不低于60%。推进城市垃圾综合治理，出台《上海市生活垃圾管理条例》，生活垃圾全程分类体系基本形成。

（2）精细化管理

实施城市管理精细化三年行动计划。2018年开始，以"全覆盖、全过程、全天候和法治化、社会化、智能化、标准化"为着力点，推进"美丽街区、美丽家园、美丽乡村"建设，实施14大项42项重点任务。

5. 新成效

到2018年，"五违四必"连续开展三轮，共50个市级重点地块、666个区级重点地块及一大批街镇级重点地块"五违"整治，全市累计拆除量达1.6亿平方米，腾出土地约90平方公里，开展无违建居村（街镇）创建得到拓展。坚持多元共治，2016—2017年，全市累计整治"群租"4.62万户，整治率97%，全市累计挂牌"无群租小区"5704个。以城市有机更新理念推进旧区改造和旧住房修缮改造，由"拆改留"转为"留改拆并举，以保留保护为主"，更加突出历史风貌保护和城市文脉传承，更加突出城市功能完善和品质提升。

推动执法重心下移和执法力量下沉，各区单独设置区城管执法机构，实现"区属街管街用""镇属镇管镇用"的模式，创建标准化大队18个、规范化中队228家、示范中队35家，建成5303个社区工作室。网格化管理实现了市、区、街镇、村居四级全覆盖和全连通，包括1个市级数字化中心、16个区级城市网格化综合管理中心、214个街镇城市网格化综合管理中心和5902个村居工作站，全市划分5204个责任网格、40260个单元网格。

洋山四期工程建设、吴淞邮轮码头、浦东机场第五跑道主体工程、国际旅游度假区工程等陆续完成，浦东机场三期卫星厅、虹桥机场T1航站楼改造、北横通道、虹桥商务区建设等有序推进。黄浦江上游水源地金泽水库、郊区垃圾无害化处理设施相继建成。启动崇明世界级生态岛等景观生态设施建设。黄浦江两岸实现核心段杨浦大桥至徐浦大桥之间45公里岸线全程贯通，新增滨江绿地和公共空间305公顷，新建亲水岸线22公里，"宜居、宜业、宜游的世界一流滨水区域"初显风貌。制订海绵城市建设专项规划，推进全生命周期管理。临港国家试点形成管理制度体系，公园与绿化、建筑与小区、河道水系、生态保护与土壤修复等100多个建设项目得到推进，海绵城市约80亿元。

助力营商环境优化。认真优化营商环境，着力推进住建领域"放管服"改革等工作，为打造"具有国际竞争力的一流营商环境"发挥作用。以工程建设项目行政审批为核心的改革取得突破，2018年，通过对项目、流程、事项的全覆盖改革，推动全流程审批时限压缩至100个工作日以内。在世界银行公布的《2019年全球营商环境报告》中，上海的施工许可指标综合评价指数为67.71分，有力促进我国施工许可指标排名提升了51名。

（本文系作者于2019年为上海市住房城乡建设管理委
所写专题稿的详细提纲，部分内容作为2020年
市城乡建设交通发展研究院"四史"学习汇报提纲）

要坚定公益性宗旨，
也要坚持市场化手段
——关于上海旧区改造和公交改革的个人感想

2009年春，上海在改善民生方面，接连迈出大步。3月18日，上海市旧区改造领导小组办公室召开旧区改造基本情况通报会，介绍市政府《关于进一步推进本市旧区改造工作的若干意见》的主要精神，以及实行旧区改造征询制度的总体考虑。在此之前，上海市已经选择杨浦区河间路南块基地、浦东新区塘桥社区塘一塘二地块进行事先征询制度试点，"民有所呼，我有所应"，阳光行动，和谐动迁，取得了积极的成果。3月28日，上海市政府召开"推进公交优先发展工作会议"，宣布新一轮公交改革正式启动，在此之前，市政府已经批转了市交通港口局制订的《进一步深化本市公交改革的方案》。会议上，统领上海浦西地区地面公共交通的上海巴士公交有限公司正式挂牌，而在去年底，统领浦东地区地面公共交通的浦东新区公交公司也正式挂牌。今后，郊区将以"一区一骨干"为模式推进公交整合，最终形成"2+7"模式。

这轮改革，无论是旧区改造还是公交改革，都着重强调了"公益性"特色。旧区改造机制上，强调"建立以政府主导、各方参与的新机制，突出旧区改造公益性特征"；公交改革指导思想上，也倡导"深化公交行业体制改革，进一步突出行业公益性"。的确，改善民生，必须在公益性上着力，这是"服务政府"的核心工作。近年来，上海在改善民生方面尽管做了大量努力，但仍然存在诸多不足，尤其在一些涉及民生的公益性事项中，过多地强调了市场的作用，"不找市长找市场"，造成了公共产品供应中的种种欠缺。甚至出现一些打着市场经济的幌子，与民争利，损公肥私的现象，严重损害了政府的形

◎ 中远两湾城全景图　胡鹰　摄

象。如今，在旧改中突出"住房保障"的意义，在公交改革中突出"公交优先"，正是对过去工作不足的积极修正，体现了科学发展观倡导的以人为本、文明法治、公平正义、稳定和谐的社会目标。

当然，良好的意愿必须配合以科学的举措，方能可持续发展。公益性的实现，需要大量的智力和物力的支撑，必须与切实可行的措施相配套，必须立足于上海发展的实际，否则，就容易沦落为美好的口号，或者只是昙花一现的"形象工程""面子工程"。

今年恰逢新中国成立 60 周年，又刚刚经过改革开放 30 周年，实际上给了我们一个很好的思考机会，60 年中，我们有过许多美好的理想，也付出了许多的努力，但不可否认，很多理想，有了改革开放政策后，特别是市场经济确立后，才逐渐变成现实。市场经济强调公平的游戏规则，强调效率和责任。在我国，市场经济有一个逐渐完善的过程，近年来，一些势力打着市场经济的招牌，违背市场经济游戏规则专谋一己之私，严重损害公众利益，使得市场在民众中"妖魔化"，造成了民间的一些反市场情绪。应当认识到，当前出现的一些问题，正是市场经济不完善的产物。而公益性，并不完全排斥市场化的实现渠道，相反，如果没有市场的力量，没有市场经济的价值和准则，公益性实现的广度和深度都将大打折扣，甚至陷入误区。旧区改造和公交改革也不例外。

一、旧史重温：为什么要走向"市场"

1. 旧区改造：8 年与 100 年

上海刚解放时，全市旧房屋量大面广，旧区改造主要依靠政府出资，由于当时财力非常有限，难以进行大规模的开发。20 世纪 90 年代初，全市有 30 多万户人均居住面积低于 4 平方米，还有 3 万多户人均居住面积不足 2.5 平方米。居住拥挤，成了上海市民的一大心病。让广大市民走出蜗居，事关广大市民最现实、最关心、最直接的利益，成为政府不可推脱的历史责任。1992年12月召开的上海市第六届党代会，正式提出了到20世纪末完成市区365万平方米危棚简屋改造的目标，从而标志着大规模旧区改造的开始。但如此大规模的改造，钱从哪里来？按照当时政府的财力，完成目标起码要100年的时间！政府决策层想到了"市场"。

作为先行先试，上海提出了盘活土地资源，将旧区改造与房产开发结合起来，多渠道、多形式吸引和筹集国内外资金的办法。一着棋活，全盘皆活，市场充足的资金来源，使上海的旧区改造真正走上了快车道。8年后，即2000年底，上海基本完成了"365"危棚简屋改造，拆除各类房屋2787万平方米，64万上海市民圆了新居梦，解决了人均4平方米以下住房困难户，城镇居民人均居住面积达到10平方米以上，旧区改造深入人心，成为广受赞誉的"民心工程"。2000年以后，上海市政府按照"政府扶持、市场运作、市民参与、逐步改善"的要求，继续加大旧改力度，通过"拆、改、留"多种方式进行改造，共拆除二级旧里以下房屋700余万平方米，广大市民的居住质量有了新的提高。

2. 公交改革：8亿到1.68亿

20世纪80年代，乘车难与住房难一样，是上海市民生活中的老大难。车次不足，一平方米站12个人成为笑谈；车况差，抛锚严重，经常有"人推车"现象；司售人员服务差，市民反应强烈。究其原因，首先是"吃大锅饭"的恶果。整个浦西地区的地面公交，由上海公交总公司垄断经营，8万职工捆在一起统收统支吃大锅饭。对外没有竞争压力，满足于得过且过。同时，价格与价值严重背离，造成经营亏损，1994年，全面亏损达到8亿元。政府补贴机制也不合理，没有区分政策性亏损和经营性亏损，也使企业缺乏挖掘潜能的积极性。如不改革，不仅政府财政难以承受，公交企业的经营也将难以为继。改革的出路，在于借助"市场"的力量。

1996年，上海公交推行"三制"改革。首先，票制改革为突破口，取消月票，实行普票，打破企业吃大锅饭的局面，为各企业运能围绕客流转走，司售人员围绕乘客转。其次，机制改革，变暗补为明补，促使企业通过挖潜增能、分流人员、提高运营收入来增加效益。再是体制改革，撤销独家垄断经营的上海公交总公司，其下辖13个运营单位实行独立核算，同时鼓励区县、企业、社会办公交。1998年，公交行业进行资产重组，大量引进包括上市公司在内的各种社会资金，全行业多元化投资，市场化程度大为提高。经过改革，企业的服务观念明显增强，活力大大增加，司售人员服务质量也有了明显进步，1987年以来连续10年的大幅度亏损得到遏制，财政补贴从1995年的8亿元减少到2000年的1.68亿元。

2001—2003年，公交行业又进行了第二轮改革，完善公交管理体制，政府部门从"办公交"到"管公交"，完成政企分开。同时完善市场格局，整合公交运营企业，支持骨干公交企业与社会公交以及社会公交企业之间的兼并、重组和联合。经过两轮改革，公交车总量增加39%，日营运里程增加83%，日均客运量增加21%，基本满足了市民的出行需求。运营效率也大幅提高，公交线网得到优化，运营车辆有了质的提高，服务水平得到改善。

重温历史，无论是旧区改造提高市民的居住质量，还是公交改革提高市民的出行质量，其"公益性"的实现，都是立足于上海经济发展的现实条件，充分发挥市场的作用，取得了卓有成效的结果。

二、"公益"害了"市场病"？

然而，不知从何时起，为广大市民赢得实惠的"市场"，渐渐为人们怀疑、惧怕。市场化，仿佛成了公共利益的"大敌"。旧区改造中的动拆迁，成了对民众切身利益的掠夺行动；一些公交车的脏乱差，仿佛一夜回到从前。"公益"害了"市场病"？其实不然。

1. 旧改的多重目的"冲淡"了公共保障

1991年，上海市政府发布《上海市城市房屋拆迁管理实施细则》，分配以实物分配为主，按照被拆迁房屋建筑面积结合居民家庭户口因素确定安置面积。1997年4月，市政府发布《上海市个体工商户营业用房安置补偿办法》，提出了"适当提高被拆迁人原居住水平"和"房屋产权利益完整保护"原则；同年12月发布《上海市危棚简屋改造地块居住房屋拆迁补偿安置试行办法》，开始采用货币化补偿安置，并确立了自住私有住房所有人和公有住房承租人既得利益完整保护原则。"穷人翻身靠动迁。"广大拆迁户得到了切切实实的实惠。旧改机制上，结合房地产开发，通过毛地批租将旧改地块让给房地产企业开发，所谓以房（房地产）养房（保障房）。

但紧接着，"大"发展就压倒"小"保障。上海迎来了轰轰烈烈的大发展时期。启动了大规模的基础设施和环境建设，轨道交通、道路桥梁、绿化环境建设带动了旧区的改造；住房建设被统统看作房地产业，房地产业成为支柱产业之一，旧区改造承担了重要的经济发展功能。在这种背景下，旧区改造的住房保障意义渐渐淡化。"不找市长找市场"的住房解决模式，加上一些重大工程动迁安置房多安排在荒郊野外，缺少生活条件，使得拆迁户陷入困境，引发了不满；房地产发展带来的房价高升，使得动迁补偿远远不能解决动迁户的居住保障，还影响了他们的生活保障，使得旧区的市民由盼望动迁走向恐惧动迁。

重大工程旧改并不完全等同保障性旧改。许多生活在"水深火热"中的旧区市民，注定沾不上重大工程的光，但他们是最需要改善的群体。

2. 公交改革亏了谁

1996年以来的公交改革，也是好景不长。20世纪初开始，一度大为缓解的"乘车难"，竟然在上海卷土重来。不但公交拥挤不堪，服务质量也急剧下降，司售人员服务简单粗暴，公交车乱抢道、乱停靠严重，甚至发生了惨重的交通事故。广大市民意见很大。

其实，受苦的何止是普通市民，还有那些被大家指责为服务差的普通司售人员。公交改革，他们非但没有成为受益者，而是成了最直接的受害者。1995年，公交职工年均收入9689.27元，比当年全市职工年平均收入9280元高4.41%；到2002年，公交职工收入平均19894.40元，比全市23959.00元低了16.96%。由此造成的是职工生活质量较差，公交男青年找对象、结婚难，职工队伍年龄偏大，文化程度偏低。2007年，笔者到杨浦区一家公交公司调研，在简陋的办公室里，公交职工的强烈反映：市场化害惨了他们。

公交难道不赚钱？改革之初，连外资（港资）也积极参与，相信外资不会做赔本的买卖。公交题材的板块能上市融资，相信社会投资人也不会做亏本投资。后来真正提出亏本的，往往是常规公交。常规公交（区别于专线公交）亏在哪里？到底亏了多少？是市场害惨了常规公交？

其一，票制的不合理造成了常规公交和社会公交的不公平竞争。改革之初，常规公交实行单一票价，而专线公交实行多级票价，使常规公交在价格竞争中处于劣势，而常规公交由于体制等方面的原因，运营成本往往偏高。结果是专线公交收益率高于常规公交，经营状况普遍较好。

其二，过多公益性要求和补偿不到位造成常规公交的亏损。虽然公交已经企业化，但政府的管理方式有时没有转变，往往赋予企业过多社会责任，而缺少系统性补偿机制。常规公交由于是政府的"亲儿子"，用起来顺手。他们也碍于种种限制，不得不勉强承担。

其三，票制改革不到位，没有随着经济的增长相应调整。

其四，对公交管理层监管不力造成公交内部严重的权责不对称。一个不容易被提及的事实是，公交行业亏损，普通公交职工受过，但理应承担更多责任的管理层，却没有亏损，相反，成为改革的受益者。公交行业的支出，50%是人工。很少有分析，这50%中多大比例属于管理层，多大比例属于普通司售人员。企业化后，政府干预企业内部分配是不合理的，问题是政府有责任制定公交行业服务标准，管理层必须切切实实履行达标责任，不能在享受权利的同时，漠视责任，一有危机就转嫁给普通职工。

由此看出，市场化不是公交改革问题的根源，而是市场规则的欠缺和不完善。

当然，"出行难"不但是公交内部问题，更是一个路权分布不公的问题。当地面路权大部分倾向于小汽车时，当普通市民的路权被富人肆无忌惮掠夺时，公交改善的空间是很有限的。"公交优先"首先是路权问题，是民权分配问题。

三、好的市场经济与坏的市场经济

邓小平同志曾经指出，市场是一种手段，无关姓"资"姓"社"。确实，人类文明发展到今天，市场经济已经远远超出了"经济"的范畴，成为一种普世的价值和理念。其本质在于：通过竞争提高效率，通过服务获取利益（价值），通过承担责任明确权利。西方资本主义曾经有过一个野蛮的市场经济阶段，主要通过掠夺而不是服务获取利益，通过弱肉强食而不遵循一定的游戏规则谋求生存。我们称之为坏的市场经济。随着资本主义的自我修正和完善，市场经济越来越走向规则，走向法治，重视社会的公正和结构的平衡。这是一种好的市场经济。在好的市场经济下，民权得到了充分的尊重。在中国，作为公权象征的政府，应该是最充分代表了公民的利益，而不能有自己的私利。有了这个准确定位，则市场实在是一种好的手段，随着市场规则的不断完善，必然带来服务的高质量。

改革开放30年，我们确立了市场经济基本框架，也逐渐形成了市场经济下的发展观：通过社会化解决供给不足；通过市场化解决效率不高；通过多元化解决特权和垄断，最终还权于民，还政于民，还利于民。我们必须坚决按照这样的方向走下去，最终达到公平和谐的社会。

四、立足现实，公益性的实现不可能完全排斥市场化

今天，无论是旧改还是公交改革，我们都要先清楚，和20世纪的改革相比，现在有哪些根本不同。改革的目的，依然是改善民生。改革的方式呢？就资金保障来讲，虽然经过了多年的发展，但肯定没有富裕到完全靠政府大包大揽的程度。也正因为如此，借助社会和市场的力量是不可绕过的。上海的决策层保持着清醒的头脑。

1. 旧改离不开以"房"养"房"

旧改方面，市政府《关于进一步推进本市旧区改造工作的若干意见》就提出，要加大政策扶持力度，在资金支持政策方面，市区政府给以土地储备项目不低于总投资30%的预算安排；旧改地块出让收入先拨付后结算等；对银行和民间资金研究规范化操作程序，多样化融资等。在土地政策方面，市区要做好动迁安置房用地供应；鼓励利用"退二进三"土地建设安置房等。审批手续支持方面，进一步简化审批程序，提高效率。

对政府的举措，我们尤其关心的还是一个社会资金的吸引问题。政府旧改资金主要来源，还是来源于土地，而土地市场的盘活，靠的是社会资金的进入。可以说，土地市场盘活最终决定旧改资金的保证。为此，上海房地产业的长久健康发展，意义重大。以"房"（房地产）养"房"（保障房）过去是有效的，现在依然有效。其间的波折，是在两"房"之间做了切割。现在应该重新"关联"起来。

当然，以"房"养"房"，长远角度，还包括征收物业税等方式补贴住房保障。"奢侈"是有代价的，这就叫公正。

另外，保障房的具体操作，不一定政府亲力亲为，应该充分利用市场和社会的力量。

2. 公交：不是一"控"就灵

这一轮公交改革，政府是下了大决心的，各路诸侯逐一"招安"，统一在国资的大旗下，据说委实费了一番大力气，当成了一个大的政治任务，令人感动。"2+7"模式，可以使政府在管理上更加从容，数量少，抓得住。但也正因为如此，我们不免有些担心，如果满足于数量少，体制单一，政府好"控制"而进行改革，则实在是容易滑入计划经济下政府直接管理企业的泥沼（虽然形式上显得不同）。实践一再证明，政府是不长于直接管理企业的，政企分离，我们曾经花了很大的气力进行探索。另外，浦西一家总公司的格局，很容易令人想到计划经济时代的上海公交总公司。

尽管上海市有关管理部门提出，这次改革的特点是既突出公交行业"公益性"，同时提倡"运营、运作市场化"。但对市场化问题明显有所"顾忌"，提公交改革原则是"国资控股、资产整合、适度竞争和公益补贴"。"适度竞争"的提法用心良苦。但一家总公司下的"适度"和多家公司的"适度"，是大不一样的。

政府花大力气的，还应该是探索科学的监管模式。既然公交不能全部由政府埋单，就要考虑市场化的运作机制。如何提高公交行业服务质量？如何真正优胜劣汰？如何对行业的合理亏损进行补贴？补贴的长期资金来源如何保障？都要有科学的、可持续的、可操作的政策措施。市交通主管部门也已经认识到，只有完善考核评价体系，建立优胜劣汰机制，才能规范企业经营行为和市场秩序，但是对公交行业的长期补贴来源，语焉不详。

当然我们也不能忘记，交通是个"大市场"，公交之外，还有控制了相当比例路权的小车交通。他们在享受路权便利的"权利"的同时，也必须为自己的"奢侈"（占用过多的路权）付出义务，在他们的燃油税里，在他们的拥挤收费里，应该拿出一部分，去补贴公交。所谓"以车养车"，这还是公正！

五、小结

公益性追求公共利益的最大化。在我国，政府是公共利益的代表。

市场是一种好手段。市场中的博弈者通过履行义务来达到享有权利。市场提高效率。

好的市场规则是互惠多赢的。

旧区改造和公交改革需要坚定公益性宗旨，也需要坚持市场化手段。

（本文发表于《上海城市发展》2009年第3期，
特别鸣谢唐磊先生、潘强先生、曹朔先生）

固民本、强功能、树形象、创和谐

——北蔡镇新一轮城乡建设与管理研究

一、北蔡镇的建设和管理正站在新的历史起点上

（一）浦东新区行政区划调整使北蔡有幸列为大浦东的"心脏地带"，使北蔡镇未来发展有了良好的"定位"。浦东新区新一轮的城市建设，必将充分"照顾"到北蔡镇。

（二）世博会以及"后世博效应"将为北蔡发展提供难得的机遇。世博会"城市，让生活更美好"的理念，将有力推进北蔡镇的未来建设。世博会展示的管理精神，也将使毗邻世博园的北蔡镇长远受益。

（三）浦东综合配套改革的深化和推进将为北蔡发展提供良好的外部环境，解放思想，大胆创新，使北蔡镇的建设和管理有了强大的精神动力。

（四）上海"四个中心"建设新政策、新举措为北蔡镇新一轮发展提供新契机。位于陆家嘴金融区和临港新城中间的北蔡镇，可携金融和航运中心之便，谋求更大发展，这为北蔡镇新一轮建设和管理工作指明了方向。

二、北蔡镇城乡建设和管理的既有优势和存在的问题

（一）既有优势

1. 依托上海市和浦东新区重大基础设施建设，北蔡镇的面貌日新月异。

如今的北蔡镇，北贴龙阳路内环线，南贴外环线，中环线东西向横贯北蔡镇镇域，沪南路、罗山路上海两大南北交通大

动脉贯穿北蔡镇域范围。距磁悬浮列车及地铁2号线1公里,地铁7号线经过北蔡镇并设有2个站点。

北蔡镇也为城市建设投入大量资金,全面启动了世博配套的中环线、高青路、高科西路等9条道路的工作,完成了中汾泾等6条河道整治、疏浚工程。生态建设和环境保护力度不断加大,成功创建为"全国环境优美镇"。新农村建设有序推进,郊区城市化水平进一步提高。

2. 浦东新区以网格化管理为抓手的精细化管理模式,为北蔡镇全面提升自身管理创造了良好的条件。

如今,浦东新区实现了建成区范围城市网格化管理的全覆盖。北蔡镇作为浦东新区三林世博功能区域的试点单位,按照新区综合配套改革试点的要求,在应用城市网格化管理经验的基础上,结合北蔡镇镇管社区的实际,对城市网格化管理进行了大胆的探索和拓展,形成了具有自身特色的社会管理网格化,在社区综合管理水平、社区服务和保障、政府职能转型等方面取得了一定的实效。

同时,城市管理综合执法力度进一步加大,预警体系和应急机制建设切实加强,有力地维护了城市秩序。

(二)存在的问题

1. 基础设施的服务功能尚不能完全满足人民群众的需要。涉及民生的交通、环境等设施,还存在着一定的不足。尤其是大环境不断改善的情况下,镇域范围的小环境如何跟上,衔接配合好,还需要智力、物力方面的积极投入,以及有关政策的积极争取。

2. 城乡管理水平尚欠缺。信息化手段虽然极大提高了管理效率,但由于制度、体制机制等方面的制约,仍存在着管而不深、理了又乱的尴尬局面。大建设带来的一些破坏环境的疑难杂症,如渣土乱倾倒、污水乱排放等,还需要从长计议,拿出可持续的方案,否则将遗患无穷。另外,要高度重视流动人口的管理工作。

3. 城乡协同发展的建设和管理模式尚不完善。北蔡作为一个镇,既有城市区,也包括不小的农村地区(农村人口占到近16%)。如何实现城乡的统筹发展,也是下一步要着力考虑的问题。同时,城乡管理模式也需要进一步改进完善。

三、以科学发展观为指导,做好新一轮城乡建设和管理工作

未来的十多年,是北蔡镇城乡建设和管理工作实现新飞跃的关键年。北蔡镇必须紧密依托国家和上海发展战略,尤其是大浦东建设和管理的新战略。要以深入学习贯彻科学发展观为工作主线,加强调查研究,针对阻碍北蔡科学发展的突出瓶颈和问题,持续解放思想,用于改革创新,不断提出解决问题的新方法、新思路。

（一）"固民本"是根本原则

科学发展观的核心是以人为本。按照党中央的要求，上海要实现"四个率先"，特别是率先构建社会主义和谐社会，切实保证社会主义现代化建设顺利进行。身处改革开放龙头浦东新区中的北蔡镇，工作的着力点和落脚点，必须是大力提高人民群众的文化生活水平。因此，不论过去、现在和将来，以人为本，解决人民群众最关心、最直接、最现实的利益问题，是北蔡镇城乡建设和管理的出发点。要做到改革的成果由人民共享，以破解各类民生热点问题作为工作的着力点。今后相当长时间内，努力提高公共配套水平、提高人民群众的居住和出行质量、提高城乡生态和环境质量、提高政府规划管理服务水平，都是重要的主题。

（二）"强功能"是主要内容

1. 建成城乡统筹协调的基础设施服务网络

基础设施是一个地区人民群众生产生活必需的物质基础条件。要实现良好的发展，必须具备功能齐全、运转高效、技术先进、组织严密的基础设施服务网络。为此，首先，要进行科学的调查和严密的规划。新形势下，要充分考虑城乡的统筹发展，要把握好城市和乡村对基础设施需求的共同点和不同点；要体现经济与社会、人与自然的协调发展，体现规划的前瞻性和可持续性，切忌"短期行为"。其次，要确保规划落地，认真夯实基础。要做好与市、新区及各专业管理部门的衔接、协调工作，努力争取有力的建设和管理大环境。近期内，基本建成北蔡集镇、御桥社区两大商业中心；全面建设集镇、鹏海、大华等区域居住小区；骨干道路框架基本形成；北蔡地区污水纳管、水网改造基本完成。远期目标，形成枢纽型、功能性、网络化的城乡基础设施服务体系。

2. 形成较完善的城乡管理集成体系

大力提高城乡基础设施的管理水平，形成科学的管理评估体系。近期在城乡社会环境综合整治、河道整理、环境美化等方面务求大的提高；充分利用城市网格化管理渠道，进一步完善镇社会网格化管理的作用；努力转变政府职能，探索城乡管理中社会团体和民间的作用。远期形成政府民间协同、技术先进、高效及时的城乡管理集成体系。

当前北蔡镇社会管理网格化已经将管理领域拓展到了社会管理领域，并建立了一定的公众参与渠道（比如倾听民意诉求等），但总的来看，其依托的资源和组织体系仍然以政府公共部门为主。北蔡镇的社会网格化管理中心已经成为镇层面的公共服务供给与整合中心，依托更大范畴的组织网络与资源体系，更好地整合公共部门、市场力量、社会力量是北蔡镇社会管理网格化当前发展的重要战略定位。

在多元网格要素逐步成形的条件下，北蔡镇社会管理网格化下一步可以尝试着形成数字前台的新接口。

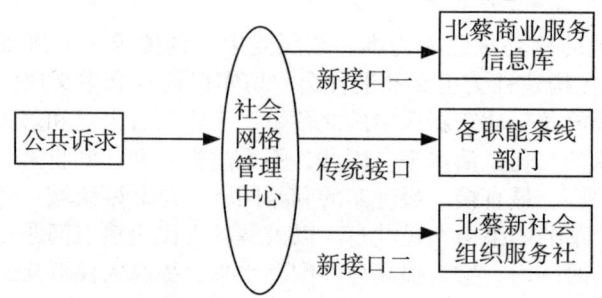

3. 形成可持续的生态环境体系和节能减排制度

形成符合自身的节能减排标准和目标,在全镇倡导节能理念。大力提高建筑节能推进水平,进一步强化监管,推进项目竣工验收前的能效测评;按计划推进政府办公建筑和大型公共建筑节能监测平台建设,落实能耗审计、能效公示等工作。深入推进交通节能,大力支持高能耗、高污染运输工具淘汰更新,支持超级电容、电电混合等新能源技术在交通和建设工程、环卫特种车辆等方面的应用和推广。

同时,深入开展生态环境建设,努力实现林、草、花的科学配置。要充分用好镇内河流,建设良好的水环境、水生态;要巧妙用好高架路,推动立体生态建设。

(三)"树形象"是重要抓手

科学发展观的第一要义是发展。北蔡镇要努力打造有利于经济发展的城乡环境。与周边的花木、张江、三林、南码头等街镇相比,北蔡镇没有行政区所在地的优势,也没有市重点高科技园区、位于世博园区等的有利条件,要想在发展经济尤其在招商方面赢得有利,必须充分挖掘自身潜力,搞好形象建设,筑巢引凤。

1. 充分利用"三环"(位于内环、中环、外环间,尤其是中环贯穿)"五线"(18号线纵贯北蔡南北,11号线、13号线横穿北蔡东西,7号线紧贴北蔡最北端的高科西路,6号线紧临北蔡镇)的交通优势,努力打造交通便捷的营商和居住环境。

2. 巧妙利用地区差,在周边商务成本、生活成本较高的背景下,打造物美价廉的生活和工作环境。发展"白领房产",瞄准陆家嘴、临港白领人群,提供高品质居住服务,进而带动相关服务产业。

3. 努力营造镇域小环境,主动衔接浦东新区大环境、大交通建设,搞好镇内的小环境、小交通,努力打造"宜居镇"。结合新区综合执法,大力整治镇容镇貌,努力打造"安静镇"。完善外来人口管理关心制度,打造包容多元的"和谐镇"。

4. 充分挖掘北蔡作为历史文化名镇的价值，通过系统的文化整理，通过历史遗址遗迹和优秀建筑、街区的发掘、整理、修复、改造，大力提高北蔡的文化品位，使之成为北蔡的一张亮丽的"文化名片"。

（四）"创和谐"是最终目的

发展的最高境界是和谐，是经济良性发展、环境生态优美、社会祥和温馨、人民安居乐业、文化持续繁荣。为此，北蔡的城乡建设和管理，要高点起飞、制度保障、政策护航、社会推动，为和谐社会创造良好的基础条件。

1. 基础设施为百年大计，要长远布局，统筹考虑，形成科学的发展指标。北蔡镇要紧密结合上海市、浦东新区等发展要求，紧密结合自身的经济社会发展目标，制定切合自身的量化、细化的基础设施发展指标。尤其要充分考虑地区经济承载量、人口规模、城乡不同的特点和要求。城乡管理要充分利用信息化、数字化成果，做到"管理对象数字化、管理过程数字化、管理评价数字化"，实现真正的精细化管理。细节决定品质，未来北蔡的城乡建设和管理，要在精微处见精神。

2. 制度是长远发展的保证，北蔡镇的城乡建设和管理，要严格遵守国家和上海市及浦东新区有关法律、法规、条例，并在此基础上，建立自己的有关制度。政府部门尤其要依法行政，确保建设和管理的工作走上法治化的轨道。

3. 北蔡镇的建设和管理，需要得到上海市和浦东新区的大力支持，尤其是建设规划、基础设施配套、综合管理等方面，要积极争取上级部门的支持。同时，要做好与邻近镇区的衔接工作，共同携手，创造一流的社会环境。

4. 针对建设和管理中一些涉及民生的突出问题，要充分利用民间智慧，发挥民间团体的积极作用。要在制度、物力等层面鼓励、推动民间参政议政，人民城市人民建，人民城市人民管，共建和谐。北蔡镇莲溪文学协会编印《热土恋情》讴歌家乡改革开放，不但改变了北蔡人的精神面貌，增强了北蔡人的感情认同和凝聚力，而且大大提高了北蔡在社会上的知名度，这种方式值得发扬光大。

5. 特别强调新农村建设。新农村建设，对于全面建设小康社会，开创中国特色社会主义事业新局面，具有重大而深远的意义。北蔡镇要努力把农村建设成为广大农民的美好家园，切实改善农民生产生活条件。要科学制订村庄建设规划，加快农村水、电、气、公路建设，推进农村能源建设，积极推广可再生能源。搞好农村清洁工程，加快改水、改厕、改厨、改圈，开展垃圾集中处理，不断改善农村卫生条件和居住环境。做好农村河道的治理工作，还农民水清、岸绿的生活环境。结合"农家乐"等的建设，挖掘和弘扬具有地方特色的乡土文化，推进不同地域之间、城乡之间的文化交流。

（本文写于2009年6月）

瑞典，可持续发展的理想世界

北欧，广袤的原野，田园牧歌的生活，人间的童话世界。

瑞典，经济发展，社会和谐，这使他们有足够的基础，对未来的人类社会发展模式，进行先行先试的探索。强烈的忧患意识，使他们最早去研究人类发展面临的一系列生存困境，并在可持续发展的政策、技术和规划层面，进行了卓有成效的实践。他们的"童话"故事，正在人间流传。

题一："神奇"的生物燃料（Biogas）

牛粪和汽车？两者有什么关联呢？富有想象力的瑞典人化腐朽为神奇，他们把粪便变成了原料，制出了神奇的生物燃料，可以取暖、发电，还是汽车的"饮料"。用了生物燃料的汽车，再也不喷毒气了。

生物燃料产生于无氧条件下有机物的微生物分解，比如在沼泽、湿地中。在生态燃料生产厂，是通过一个相似条件的分解室完成，主要成分是甲烷和二氧化碳。当用作发动机燃料时，甲烷的浓度要达到97%左右。生物燃料的燃烧不产生污染。

生物燃料的基料非常广泛，这些有机废物可以来自污水处理、屠宰场、乙醇车间或者农作物，这就为生物燃料生产提供了广阔前景。生物燃料可以用来制热、发电，或者用作石油燃料的替代，减少对气候的影响。同时，生物燃料的生产还可以产生一种非常高质量的生态肥料，取代现有的化学肥料。这样，生物燃料实际上完成了一个有机的生态循环。

总之，生物燃料的生产为未来提供了一套完整的方案，包括减少对气候的负面影响，减轻对石油的依赖，并促进新的就业。

瑞典生物燃料公司在这方面进行了 15 年的探索，他们在研发、示范和大规模建设方面的投入超过 3200 万欧元。2006 年，他们为各种机动车提供了 600 万立方米的生物燃料。也因此，他们帮助他们的家乡提前实现了欧盟 2010 年环境目标。2007 年，他们期待完成 850 万立方米的惊人目标。

在瑞典，机动车使用生物燃料开始于 20 世纪 90 年代，至今，投入使用和在建的生物燃料工厂达到 30 家，世界领先。有 11500 辆车使用甲烷燃料，它们可以用生物燃料，也可以用天然气。生物燃料用于大规模的交通系统，有些城市如克里斯蒂安斯塔德（Kristianstad），所有的公共汽车使用生物燃料。机动车对生物燃料需求旺盛，2006 年比 2005 年增加了 50%。尽管大部分的生物燃料仍通过地方加油站获得，但国家级加油网点也积极开拓。

瑞典的生物燃料主要产于污水处理厂。2005 年，全国生物燃料产量 1.3TWH，其中 43% 产于 139 个污水处理厂中。同时，到 2005 年，已经有 13 个合作污物排放厂，包括粪便、工业废物、家庭垃圾等。农作物也被看成是很有前途的燃料。

尽管生物燃料用于机动车的份额在增加，但大部分还是用于厂、厂附近建筑或社区的取暖，2005 年，只有 12% 的产量用于机动车燃料。

2006 年，瑞典实现了机动车使用生物燃料量第一次超过天然气的突破，占到了 54%。2400 万立方米的生物燃料，代替了相当于 2500 万升的石油。

在瑞典，为充气站送气，除了利用国家和地区管网外，还可以通过罐装车，到 2006 年，全国 70 个充气站，20 个是通过罐装车，这主要针对没有国家管网，或者不可能有地区管网的地方，如斯德哥尔摩。

机动车用生物燃料的推广，得益于政府和地方的努力。许多制造厂得到了 30% 的政府投资，今天被称为气候投资项目（Klimp）。另外，2006—2007 年度，一项 1500 万欧元的特别投资宣布用于充气站建设。

机动车使用生物燃料免税，使用天然气的税只有 0.13SEK/KWH，而使用石油是 0.70SEK/KWH。对公司轿车使用者来说，将有 40% 的使用税减免，一年就是 16000 克朗（SEK）。一些城市如哥德堡（Gothenburg），对生物燃料车和其他环境友好车，实行免费停车。至于生物燃料的价格，提供商承诺将保持比石油价格低 20%~30%。

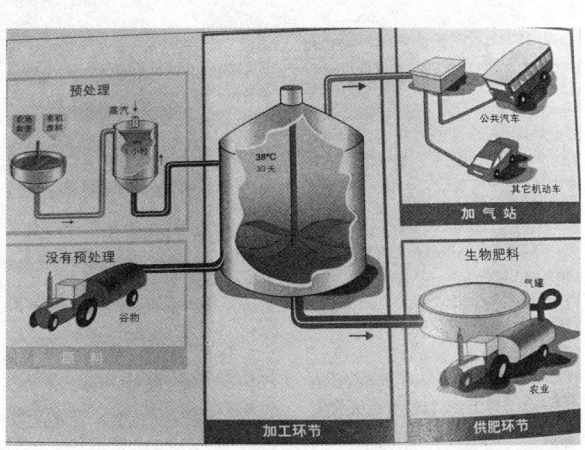

机动车使用生物燃料，是20世纪90年代由政府发起的。今天，商业公司开始进入，但政府仍然扮演主要角色，他们在污水处理厂制造了大部分的生物燃料，并对燃料提纯厂提供投资决策。政府还可以影响公共交通。至于生物燃料的销售和充气站建设，私人资本扮演了重要角色。使用甲烷气，特别是生物燃料，瑞典人越来越自信。瑞典燃气联合会已经宣布，到2010年，将达到500个充气站、70000辆机动车使用的目标。

题二："没有废品"

初到瑞典，为了生计，你可以到马路上捡饮料瓶，然后到食品店，投进回收的机器中，白花花的钱币就吐出来了。

瑞典的循环利用系统（Sweden Deposit system）（塑料和金属）是世界上最成功的循环利用系统之一，形成了完整合理的循环利用链，不同部门、企业分工合作，体现了极高的协调性和整体性。每年超过10亿的饮料包装的回收再利用，使瑞典人有充分的骄傲，他们确实为地球有限资源的保护做出了贡献。

这套系统缘于20年前，在处理饮料瓶乱丢弃基础上产生。其间，包装物生产商、软饮料生产商以及零售商，都表达了维护环境的意愿，议会于1982年通过了决议，推动实现软饮料包装的再利用，1984年，成立了RETURPACK公司（Norrk·ping/北雪平市），标志着循环利用系统实质性运转。10年后，一种特殊的PET（透明塑料饮料瓶）瓶被引进，并有了RETURPACK-PET公司。RETURPACK和RETURPACK-PET公司一起，负责整个循环系统的行政指导以及合作协调工作（ADMINISTRATION AND CO-ORDINATION）。

RETURPACK在整个循环中处于中心位置，一方面，它要联系包装生产商、软饮料生产商，另一方面又要联系零售商。当然，消费者是循环的关键。为了让消费者主动把用过的瓶子或者易拉罐投入循环系统，他们在超市（零售店，当时的报告英文"零售店"一词指的是超市）安装专门的回收机，消费者只要投入瓶、罐，就能得到一克朗或相应的支付。零售店回收包装运到RETURPACK，会得到公司支付，而支付款来自饮料生产商。公司把包装经过严格的分拣、压缩、打

RETURPACK公司的饮料瓶分解打包车间

包，然后运送处理厂，有些处理厂（针对 PET）就在附近，经过消毒、粉碎、压缩、熔化等技术处理（这项处理不在 RETURPACK 完成），回归包装生产厂进行熔化和重新生产利用，完成一个循环。

上面只是饮料包装的例子。瑞典的再利用分工已经非常细。如果是重型金属或电子产品、皮革制品，如废机动车、电脑、轮胎、电子器件等，则交给一家叫 SIMS GROUPD 的英国公司，已经国际化了。

题三："理想国"与"隐身"垃圾

看看不知道，听了吓一跳。这里的房子是无毒材料建设的，取暖是用太阳能的，冲水是用雨水的，屋顶、桥梁是绿色的，汽车是用生物气的，垃圾只能在地底下随空气舞动。

斯德哥尔摩市的 Hammarby Sjostad 区距离市中心只有几公里，原来是工业区和码头。15 年前，随着传统产业的衰落，市政府开始考虑它的再发展。他们决定把它作为世界领先的可持续发展的示范区。为此，他们进行了精心规划。从建筑建材到交通配备，从供水取暖到垃圾处理，颠覆传统社区概念。如今，示范区初具规模。四面环水、绿树葱茏，8000 套新公寓和 40 万平方米的商店和写字楼正在拔地而起。环绕房屋的水渠不但出于景观的考虑，而且能够用于灌溉。这里采用太阳能嵌板形成氢气，然后将氢气转化为燃料电池中的能量，绝对环保。

示范区的一个目标是，与斯德哥尔摩其他同类郊区比较，将能量消耗和对环境的影响降低 50%，为了实现这个艰巨目标，首先要减少区域内的机动车行驶。为此，他们为居民建立了相互搭车和共乘体系（City Club），环保的公共交通系统也延伸到了船舶和有轨电车。全区 30 辆公共汽车，20 辆使用生物燃料。当地交通，75% 通过步行或者自行车。

这个区域还提出要"埋葬"垃圾。他们不希望看到重型卡车占据街道，制造噪声、污染空气，著名的 ENVAC 公司为他们设计了利用空气地下运输垃圾的完整系统。分三类（有机物、纸张、其他）收集垃圾，垃圾收集点集中在公共庭院的中心位置或住宅楼楼道中，这些垃圾通过地下传输到垃圾集中处理站，处理站经过科学的分类，实现垃圾分类处理和再利用。这套系统实践证明具有经济可行性，它节约了街区规划中垃圾管理的面积，平均每户 0.5 平方米，仅土地一项就有不小的经济利益。

全方位创新使该示范区得到世界关注，成为城市可持续发展的一个典范。他们积极输出自己的经验，已经在加拿大多伦多市和中国内蒙古的乌海市进行试点。

ENVAC 公司发明了改变全球垃圾管理的创新技术——第一个密封的地下垃圾收集系统。对于城市而言，安装垃圾收集系统，就像安装地下污水管道、供

一个采用 ENVAC 的自动化垃圾收集系统。

水管道、供电线路和电话线一样自然。这套垃圾系统能运行 30~40 年或更长时间，但更重要的是对环境的极大促进，传统的垃圾储存敞开式和重型卡车运输，噪声和空气污染越来越严重。从 1961 年开始，他们在世界上 30 多个国家安装了 600 多套系统，其中 30 套系统良好运转超过 35 年。中国上海的松江泰晤士小镇，在大陆地区第

题四："自己当自己的法官"

瑞典的法律对企业说：你们自己监督自己，自己有什么问题主动交代。

瑞典环保制度运行 30 年，实现排放物巨量减少，但没有减弱企业的竞争力。这套制度有几个大的特点：独立、完整的许可程序；地方环境和污染物排放的自我监督；工厂向主管部门提交月度和年度报告；外部专家的年度审计；主管部门的守法检查；违法者的制裁和罚款；面向大众。

该制度旨在要求或推动：企业和政府内高素质的员工；企业担负自己的责任，比如企业管理中把环境问题一并考虑；预防性措施强于事后处理；不同的利益相关者坦诚互信，角色明确；监督与许可之间的实践交流。

1969 年，遵照瑞典的环境保护法，已经建立了一套完整的污染防治和控制制度。法令规定，执照发放机构必须对计划中的设施建设进行潜在的环境影响评估。这要求该机构必须独立并高度专业，不论是法律还是技术层面。1999 年 1 月 1 日前，对 A 类工程（大型工程）发放属于发证委员会，分五个不同的部门。现在，属于五个分散的环境法庭，工作类似。全部 A 类工程在 300~400 个之间。

瑞典环保局是环境事务的中心管理机构，但不是发证机构。瑞典有 21 个地方管理机构，叫县行政委员会，里面都有专门的环保部门。对 7000 个 B 类（中型）工程，也有独立的发证机构。县委员会负责 A 类和 B 类项目的监督。当然，在瑞典的 300 多个城市里，还有地方的健康和环境委员会，那些 C 类（小工程）必须通知他们并接受监督。

申请许可（Permit）源于可能影响环境的新厂房建设、厂房扩建、改建。为了获得许可，申请者必须提交环境评估报告，并提供现状和长久建议细节：为什么选点是最好的？来往交通；原材料、能源和化学品消耗；生产过程；内在和事后措施，有效性，多领域影响和代价；全过程环境释放；废物的生产和处理；土地填

充；噪声及对策。

在送出申请之前，申请者必须首先告知县行政委员会或其他相关部门，以及工程附近居住者。各方会就此展开对话，关于哪些措施能够和应该采取，申请者可以把建议加入自己的申请和环评报告，其有效性取决于行政机构对法律和企业行为的良好认知。

收到申请后，法庭可以咨询国家环保局、县行政委员会或者地方环境机构，如果他们想了解申请者的进一步信息。很快，申请者就会被要求提供另外信息，比如利用最有效的技术，其经济和环境后果如何。这些信息添加后，需要在两家当地报纸刊登广告，告知公众。然后，要求行政部门和公众向法庭提交书面陈述，讲明哪些是合适的措施。

法庭做决定之前，必须举行听证会和现场检查。法庭做出的决定可以向环境上诉法庭去上诉，过去发证机关的决定，也可以到政府上诉。

一个法庭由四人组成。每一项申请都必须当庭向四位法官陈述。他们中一位是司法法官，一位在环保技术和科学方面受过教育并有相关经历，另两位，一位是企业家，一位是从事过环保局相关业务的专家。如果申请被接受，决议上会注明被允许的最大产出量和条件。四位法官依据的是联合专家判断。

有时，有些许可会有一定的考验期。在此期间，申请者需要努力研究减少排放的途径，通过内外措施效率比较，或者内部措施改良。

完善的环保许可程序，使1969年至1999年期间工业排放减少了大约90%，产出却相应增加了。

监督检查是整个环境保护制度中的重要部分。

排放物监督。为了防止损害和差错，项目执行者会不断计划和控制自己的行为，这叫自我监督。监督条理是县行政委员会公布的，但是根据却是项目执行者的建议。公司自己取样分析，或者取样送交外面的实验室，结果每月向县行政委员会提交一次。对大项目，一个独立的专家组每年检查一次自我监督流程、取审计样本、评估对许可的执行情况，并对改进工作提出建议。县行政委员会通常每年至少一次巡查。公司要在4月1日前提交年度环境报告，这些报告向大众公开。通常，监管的开支来自收费。

环境影响监督。项目执行者对自己的行为造成的环境影响进行监督是法定的。按照污染支付原则，他们必须承担对应的监督费用。监督包括地表水、地下水、空气、土壤等。

大项目和小项目建设者经常发现，彼此联合起来共同监督会更实惠，所以联合监督成为今天的主要形式。

如果县行政委员会怀疑企业违反了许可的规定，就会告知检察官。这些怀疑可以通过实地检查或者企业月度或者年度报告证实。警察会与检察官一起行动。当有人有意或者无意违反规定，就会被大法院判刑、罚款，甚至进监狱。

除了判刑，还对各种违法行为进行惩罚性收费，即使有些违反是无意或者粗心导致的。收费不能代替刑罚。惩罚收费从 5000 到 100 万克朗不等。一个项目开始时没有得到许可会罚 60 万克朗，在规定期限不按时上交年度报告，会罚 5000 克朗。

主要参考资料：

1. Swedish Biogas International AB.
2. BIOGAS—a renewable fuel for the transport sector for the present and the future（Swedish Gas Center）.
3. Returpack and Our Deposit System（DVD）
4. ENVAC 公司介绍（中英文）
5. Swedish experience of integrated permit procedures（by Erik Nystr from Swedish EPA）.
6. The Swedish Environmental Code（Ministry of the Environment）.

（本文发表于《上海城市发展》2007 年第 3 期）

我是谁
——上海角色之探

2200多年前,松江哺育两岸的子孙,从华亭镇到青龙镇到上海镇,以港兴商,以商兴市,商业文明萌动。

清末及20世纪上半叶,特殊的历史境遇唤醒了滔滔的黄浦江水,编织了一段辉煌的东方梦想,"上海滩",成为一时国际化都市的精神写意。

2005年12月10日,经过了6年论证3年施工,一条32公里的长虹——东海大桥,将上海引向东海,开启了崭新的旅程。

上海是"海",是"滩",这是它的本性。它注定要开放,海纳百川,波澜壮阔。上海寻找自我的过程,正是"海派"回归和再塑的旅程。

一、"浪流浪奔"上海滩——海派本性探源

1. 江河的馈赠——海派的"集体无意识"

——地区的文化是地区的个性,地区的个性是地区社会实践积淀下来的"集体无意识"。

"浪奔/浪流/万里滔滔江水永不休/淘尽了/世间事/混作滔滔一片潮流……"近20年前,一部《上海滩》,让不少人留下了对近代上海最刻骨铭心的印象。那是一个感情激荡的上海,一个"是喜/是愁/浪里分不清欢笑悲忧/成功/失败/浪里看不出有未有"的大浪淘沙的上海。

大约从唐朝开始,上海靠近江河的地理优势开始显现。当时的母亲河是吴淞江,今天的苏州河。华亭镇,借助吴淞江水运,沟通了苏州。上海地区的水稻、海盐、渔产等,以华亭为

集散地。五代时，还开启了与日本、高丽、契丹的通商之路。南宋时，青龙镇崛起，紧临大海，成为商业贸易咽喉，"烟火万家"，繁荣持续百年。之后随着吴淞江的不断淤积，商贸重地转移到了吴淞江一条支流上海浦。上海镇异军突起，成为主要港口。1292年上海正式建县，人口30万。到明代，吴淞江的淤积已经危及苏松地区，政府启动巨大的治浦工程，黄浦江取代吴淞江，成就了以后的上海港。"上洋襟江带海，生齿十数万，号东南壮县。"（明嘉靖《上海县志》）1685年清政府解除海禁，准许海上贸易，上海迅速成为区域性政治和经济中心，拥有了日后走向世界的基本条件（《2002年上海社会发展蓝皮书》）。"上海的发展离不开朝廷政策背景，没有海禁开放，上海襟江带海的地理优势便不能充分发挥。"（耿忠平《城以港兴——古代上海城市形成的轨迹》，《上海城市发展》创刊号）

上海的社会环境也开始逐步远离自然经济的生存方式，"一座买卖的城市。它为这个目的建立起来的，而买卖始终是它的主要特征"。买卖带动了人的流动，"形成了上海社会的多元性格及对不同文化的宽容、处变不惊、敢于破除陈习和取他人之长的内在基因"。商业性、开放和多元文化，上海在开埠后迅速超越广州，成为中国乃至亚洲最大的经济枢纽和人口聚居中心（《2002年上海社会发展蓝皮书》）。

2. 东方"梦工厂"——海派的造就

黄浦江上百舸争流，外滩建筑万国博览，南京路彩灯如雨，大世界群雄聚"艺"，跑马场人声鼎沸，百乐门血色罗裙，证券交易所大喜大悲……描述近代上海的繁华与残酷，不知道要难煞多少文人墨客。

"上海，造在地狱上的天堂。"（穆时英《上海的狐步舞》）

从开埠到20世纪30年代不到百年的时间里，上海造就了一个前无古人、后无来者的神话。

她是无可争议的经济中心。进出口贸易占全国的一半以上，其中进口占六成以上。开辟了与欧洲、美洲、澳大利亚及日本、东南亚的航线，是世界十四大港口之一，吞吐量占全国的四分之一。形成了内河、长江、沿海、外洋四大航运系统，出入上海的轮船和吨位占到全国的五分之一以上。沪宁、沪杭铁路运营，1929年后联结国内外各大城市航空线路的开通，使之成为全国最重要的交通运输枢纽。中国最主要的银行总部都设在上海。全国工业资产和产值的六成以上出自上海。汇集了中国主要的商业活动……

它是无可争议的文化娱乐中心。西学输入中国，大半通过上海。1925年，上海有中文书籍出版机构121家，外文出版机构12家。出版《上海新报》《万国公报》《申报》《新闻报》等报刊，数量之大，影响之大，全国之最。它是全国文化人才最为密集的城市。中国有成就的教育、新闻、出版、学术、艺术等方面的人物，大多在上海活动过。城市造就了一大批中国杰出的教育家、出版家、文学家、艺术家、律师、政治家等。拥有圣约翰大学、南洋公学、沪江大学、徐汇公学、中西书院、中西女中、上海中学等著名学校。美术、戏剧等得到长足发展，中国油画、漫画、话剧等滥觞于此。它是时尚中心，一部近现代中国电影史，大半由上海写成。新式画报，文明新剧，开设模特儿临摹美术教育，在全国率先举办文明婚礼，紧追世界潮流。它是全国最大的文化消费城市。戏院、茶楼、剧院、电影院、报馆、跑马厅、跑狗场等各种文体设施，京剧、新剧、沪剧、越剧、淮剧、滑稽戏等各种戏剧和电影，外国马戏、杂耍，争奇斗艳。文化事业发展齐全，网点集中，形成著名的福州路文化街。文化名人与国际、国内文化联系密切，交流频繁，成为文化发育成熟的标志（《上海通志·总述》）。

3. 珍贵的遗产——"海派""上海人"

近代上海留给我们的城市形态和基础设施，特别是社会和文化传统，已成为我们今后发展的宝贵财富。

近代城市骨架和精神。随着经济的发展，城市建设也史无前例。宽阔的道路代替了狭窄的巷道，极大地改善了城市交通。20世纪，在国内最早出现汽车、公共汽车、有轨电车、无轨电车、有线电台、无线电台等。上海成为全国市政近代化程度最高的城市（《上海通志·总述》）。尤其是租界范围内，市政设施有计划开展，道路桥梁等公共设施有章法，出规模，初步奠定了近代城市的基本框架。地下管线等设施的建设和规划，到现在都使上海人受益，并成为当代上海大建设的重要基础和参考，这也是国内其他城市难以比拟的。

近代城市建设同时伴随着近代化的城市管理理念和方法，培育了上海人的民主意识、法治意识和公共意识。早在1854年，英、美、法租界就成立了租界的自治政府——工部局，采取了完全不同于清政府的政治体系和行政制度的"三权分立"的政权形式。19世纪末，租界就有了卫生条例、违警条理条理，依法治市逐渐深入人心。受租界的影响，华界地区的地方自治运动也一度活跃。1900年，闸北绅商联合宝山等地方人士组织成立"闸北工程总局"，建造桥梁，兴筑马路。1905年，南市开始地方自治，建立"上海城厢内外总工程局"。1909年，清政府推行立宪改革，颁布《城镇乡地方自治章程》，"上海城厢内外总工程局"改为"上海城自治公所"。这些组织都效仿租界，设立代议机关和执行机关两个层次，是华人城市管理学习西方的积极尝试（《2002年上海社会发展蓝皮书》）。

"海派"和"上海人"。上海开埠后，移民迅速增加。全国各地的人口纷纷迁移到上海，上海似乎对任何人都没有藩篱。同时，良好的创业和生活环境也吸引了大批国际移民。不同背景、不同种族、不同民族人群的集合碰撞融合，形成了独特的"上海文明"。"上海的特点是混乱，乱七八糟地将国内外的一切集合在一起，而上海的力量便是这种容受力……人常讥上海是四不像，不中不西，亦中亦西，无所可而又无所不可的怪物，这正是将来文明的特征。将来文明要混合一切而成，在其混合的过程中，当然表现无可明言的离奇现象。但一经陶炼，至成熟纯净之后，人们要惊叹其无边彩耀了。"（转引《租界的上海》，马长林主编）这就是海纳百川的上海。

文明的载体是人。上海文明造就了"上海人"。"上海人"是中国市民的雏形，他们无论是在城市生活还是经济活动中，都树立了良好的法制观念和诚信观念，遵纪守法成为他们的优秀品质，这种性格到现在也广为称赞。激烈的市场竞争使他们养成了良好的学习习惯，勤奋学习蔚然成风，工作之余读书一度成为一种社会风尚。另外，商业的繁荣也为他们提高生活质量提供了良好的条件，来自世界的五花八门的消费产品和方式激活了他们潜在的人生欲望，而相对宽松的社会环境又使他们的追求少有牵扯。"上海人是中国最讲究生活、最爱消费的一群，也是善计划、能盘算的一族。尤其是城市的中产阶级职员，创造了一种生活张弛有序，讲究情趣，舒适但不奢华、追求时髦但不失个性的生活方式。"（《2002年上海社会发展蓝皮书》）

这里的"中产阶级职员"，可算是中国白领的前身，对一个城市的发展有不可取代的作用。专家在分析中国近代金融业发达原因时就指出："经营决策固然决定于上层，但要完成这些意图，则必须逐级往下推进，借重于有文化修养的中下层职员尤其是中层职员的能否善体此意而加以贯彻。上述金融机构在社会变化中各项作用的发挥，正是在这批白领阶层队伍不断扩大、素质逐渐提高、凝聚力更为增强中完成的。"（《20世纪的上海金融》，洪葭管著）

一个开放、包容，崇拜规则和秩序，注重个性和勤勉学习的市民阶层，是上海创造文明的社会基础。

二、养家的"大哥"——改革开放前的上海

新中国成立后，外国势力彻底退出，上海成为中国的上海，从此领受"中国使命"。

刚成立的中国百废待兴，上海的支援责无旁贷，而国外环境的封锁使上海的国际金融、国际贸易、国际航运等功能受到很大制约。工业，作为国内的迫切需要，受到决策者的高度重视，一个服务全国的工业基地的蓝图，进入决策者的视野。上海如同一个贫困家庭里忍辱负重的老大哥，注定承担起养家的重任。"国家""国营""计划""服务"成为上海发展的关键词。自由商业、开放和多元的秉性逐渐萎缩，单一封闭的发展环境压缩出了与"上海人"似乎不协调的"听命"本性和"小家子气"。

时　　期	主要方针	主要措施	重要结果	主要国家贡献
恢复国民经济（1949—1952）	恢复经济	1.建立国营金融、工业、交通运输、贸易系统。2.扶持私营工商业。3.统一财政收支、物资调度和现金管理。	1.1952年工业总产值66.60亿元，国有经济主导地位。2.农业总产值3.43亿元。3.国营商业成主导。	1.1950年，完成税收占全国22.2%，上缴国家占全市85.2%。2.1952年国营商业调往外地工业品较1950年增长81%。
"一五"（1953—1957）	维持、利用、调整、改造	1.私营大型工厂公私合营。2.排除私营批发商。3.减少过剩消费性行业，奠定生产城市基础。4.制止外地人口流入。	1.国营和公私合营企业占91.3%，管理高度集中。2.商业统一经营、单一渠道和封闭式。3.重工业产值占工业产值提高到29.0%。4.外贸出口17.46亿美元，年均增长29.9%，与世界80多个国家和地区发展贸易，出口商品7000多种。	1.参加协助鞍钢、长春一汽、西北石油、安徽水库等。2.轻工、纺织资金、技术、人才一次性转移。外调21万人。3.外调工业品202.7亿元。4.为国家积累资金189.4亿元，是全国基本建设投资实际完成数的36%。
"二五"（1958—1962）	建立完整的工业体系，在支援国家建设上发挥更大作用。	1.大钢铁、大机械、大水利。2.卫星城和新工业区建设。3."高、精、尖"技术培育。	1.钢铁增4.2倍，重型机械20倍，动力机械14.5倍。2.基本拥有国内所有工业门类。3.集成电路、激光、原子能、电子计算机、半导体成果。	1.生产、生活资料90%和70%调往全国。2.支援内地干部、技术人员和工人40万。
国民经济三年调整（1963—1965）	调整工业结构，发展"高、精、尖"。	1.压缩基建规模。2.压缩重工业。3.厂长负责制和职工代表大会制度。4.高温合金和精密合金、石化和高分子材料、半导体和电子设备、精密仪器仪表等6个重点新兴产业。	农业、轻工业比重上升。	
"三五"（1966—1970）	大力支援内地，向国家提供更多产品和建设资金，加强国防。	运载火箭、人造卫星、核电站、大型客机研制。	1.投资失衡，住房、交通矛盾加剧。2.科研水平与国际差距拉大。3.日用品和副食品供应紧张。	1.军工产品和常规武器生产。2.为攀钢、二汽、南水北调等提供机械设备。3.援助亚非国铁路及350余家工厂。

（续表）

时期	主要方针	主要措施	重要结果	主要国家贡献
"四五"（1971—1975）	以战为纲多快好省建设社会主义	1.原材料基地建设。2.上海石化总厂、铁路新客站、上海电视台、上海体育馆项目。3.生产性投资比重90.9%，工业投资65.2%，其中重工业83%。	1.造船工业进一步发展。2.上海港改造、扩建16个万吨级泊位，吞吐能力提高60%。3.基础设施矛盾进一步突出。	支援大小三线完成搬迁项目304个（1964年至1973年）。员工15万人。
"五五"（1976—1980）	大干快上	行业改造	1.轻工产值比重上升到55.3%。2.纺织工业积极发展高中档产品；电视机、收音机、录音机产量大幅度上升。3.住房、交通、污染、就业难题。	

（资料来源：《上海市人民政府志》）

据统计，1949年至1978年间，上海以大约1/1500的土地、1/100的人口，提供了全国财政收入的1/6，年均上缴高达上海财政的87%，同时提供了1/10的工业产值（康燕《解读上海1990—2000》）。

三、"十年一觉"——面对开放的尴尬

20世纪80年代，中国人心目中的上海已经不再是"冒险家乐园"和"灯红酒绿"的旧上海，而是毛料服装，是大白兔奶糖，是上海牌手表、凤凰牌自行车、蝴蝶牌缝纫机，再以后是金星牌电视机、水仙牌洗衣机、上菱牌电冰箱……上海，成了那个年代社会主义成就的化身，成了社会主义"时尚"的化身，也造就了上海人新的优越感，但这种优越感维持了不到10年……

时期	方针	产业	城建	成果及不足	国家战略
"六五"（1981—1985）	1.提高经济效益为中心；2.保证国家财政；保证人民生活改善。3.对内对外开放。	1.突出消费品生产，食品、纺织品等优先。2.机械、电子、冶金、石化、建材五大基础工业。3.浮法玻璃、桑塔纳轿车、彩色电视。	铁路新客站、电信大楼、越江隧道等骨干工程。	1.投资超前30年总和，住宅投资前28年2倍。2.外资企业和合资企业。3.基础设施薄弱。4.三产发展缓慢。	1.沟通国内外。2.新技术、新产业。3.发展第三产业为全国服务。4.高度文明。

（续表）

时　期	方　针	产　业	城　建	成果及不足	国家战略
"七五"（1986—1990）	1.经济体制改革。2.提高质量和降低消耗。3.进一步开放。4.科教战略地位。	1.大力引进外资。2.企业承包经营和政企分开。	越江工程、地铁、高架道路。	1.工农业总产值较1980年翻一番。2.引进外资是"六五"的20倍。	全国设5个办事处，横向联系。

　　20世纪80年代，当中国的南方，因为一个小渔村奇迹般成长为现代化城市和世界窗口的神话感召，一场轰轰烈烈的变革迅速展开。作为中国工业老大的上海，虽然也提出了改革为先的口号，加大消费品市场投入，积极改善城市基础环境，引进外资等，但似乎只是海面上的清风，在根深蒂固的国有经济的主流圈子里，并没有激荡起多少浪花。跟着中央走，跟着政府走，政府计划一切，一切太平。直到有一天，上海的产品突然出现了卖不动的"怪事"。来自广东的饼干，来自浙江、江苏、山东的电器，以一种非计划手段，挤上了中国人的消费舞台，质量好，价格便宜，服务热情，款式新颖的"土包子"企业，毫不留情地打败了大上海的正规军。"市场"，给了上海一个响亮的耳光。"开放"，让本来最具有开放传统的上海人尝到了优胜劣汰的苦酒。这一切，就在10年间。"在荟萃全国各地3万多种商品的天津劝业场，1978年以前，经营的上海产品占全商场总量的25%，到1990年已降到了1%。"经济增长也远远落后一些开放省市。"七五"期间，上海GDP年均增长5.7%，广东12.5%；人均国民生产总值，上海平均递增4.5%，广东为10.6%；外向型经济，上海累计外贸进出口总额337亿美元，年递增7.5%，广东579亿元，年递增24.8%；外商直接投资，上海累计16亿美元，广东95亿美元（康燕《解读上海1990—2000》）。

　　曾经为中国大家庭呕心沥血的"大哥"上海，似乎患上了贫血症。笔者20世纪90年代初来到上海，曾大为吃惊，一个灰色的上海，厂房破旧肮脏，道路狭窄布满棚户，公交车破旧拥挤不堪，苏州河又黑又臭，许多市民身上散发着弄堂深处特有的霉味，但也一听到外地口音就是异样的眼神……

四、我是谁？——"龙头"震撼

　　成龙一部非常出色的电影《我是谁》，一个身怀绝技的人突然自我迷失，在经过了一番英勇的搏杀后，才恢复了记忆。

　　20世纪90年代中期，笔者在上海某大型国有企业工作时，有一个忘年交，是一家分公司的总经理。但从认识他那日，发现他就不太热心工作。"听局里（该企业原来是某行业管理局，后挂牌为集团公司，但人们一直没有改口）的国有企业就是这样。"其实他所负责的公司已经有大量员工下岗，产品积压。他在办公室的常规动作是手拿一只BB机按个不停，研究股票。他的一个手下悄悄告诉我，他前几年买了股票认购证，如今有多少万的身价了。现在玩玩股票，收入比工资高。难怪他那么气定神闲。他倒也有感慨的时候，给我讲了两个故事。一个是他妹妹的故事，上海外国语学院毕业，进了外企，刚开始家里不同意，给资本家打工不保险，如今成了高管，嫁了外国人，住进了高档外销房，世界满天飞，才知道外面的生活真精彩。一位是他的同学，技校毕业找不到合适的工作，成了在马路上混荡的小K，老人见了直摇头，忽然做起了个体户，还跑到了江苏常熟摆地摊。可不过几年，西装革履，油头粉面，成了老板，请他到上海最好的地方吃大餐。

20世纪90年代初的浦东，处境就像上面故事里的小K，甚至就是一块不毛之地。但它却是一块未开发的宝地，在长江的入海口，在中国南北海岸线的中点，正如一条苍龙的龙头，携中国飞向海洋，飞向世界。浦东开发，在上海宛如注射了一针强心剂，财富与梦想的辉煌记忆似乎重来。浦东是一片"滩"，仿佛当年的外滩一样，现实跟着梦想疯长。

产业：一产，城郊型农业；二产，汽车、通信设备、钢铁、电站设备、石油化工、家用电器等六大支柱；三产，金融、商贸、交通、通信等。

十项骨干：南浦大桥、杨浦大桥、外高桥港区和电厂一期、桥机场扩建、合流污水治理工程、外滩交通综合改造、高架内环线道路、轨道交通一号线、煤气工程和供水工程。

时期	方针、目标	产业	城市建设	社会转型	对外开放	成就与不足
"八五"（1991—1995）	1.振兴上海，开发浦东，服务全国，面向世界。2.外向型、多功能、产业结构合理，科技先进。3.现代化国际城市。4.1992年"一个龙头，三个中心"。	1.产业"三、二、一"。2.现代企业制度试点。3.证券、债券市场。	1.十项骨干工程。2.陆家嘴、金桥、外高桥、张江开发。3.南京路等重要商业区大改造。4.投融资改革。	1.完善社会保障。2.住房商品化方向。3.市区两级政府、两级管理，郊区两级政府、三级管理。	1.世界牌，中华牌，长江牌。2.外资引向三产。3.扶持企业走出上海。	1.三产比重提高到40.1%。2.陆家嘴崛起。3.90%的职工养老保险。4.国企负债高，转制难，转移就业大。

如果用几个关键词来概括20世纪90年代初的上海，那就是："建设＋证券＋外资＋国企改革（下岗）＝雄壮＋悲壮"。建设，到处都是工地，从浦东到浦西，开放的窗户一打开，才发现城市的基础太薄弱了，需要恶补。证券，从恐惧、冷

漠到疯狂，一开始的认购证摊派到最后的股疯，炒股成了全社会的作业。外资、外国人带着美元回来了，举止高雅，消费高档，让封闭了太久的上海人羡慕不已，嫁外国人，以外国人为人生理想，甚至国有企业头头、政府官员，也动辄"人家外国怎么怎么"，学生求职进外企如同进天堂。国有企业在民营、外地企业的围逼下，尤其在政府的号召下，进行改革，分流职工，创造了"下岗"一词。从纺织、仪电等开始，对高能耗、高污染、低效益的企业进行关、停、并、转。许多职工为离开工作了多年的老厂而失魂落魄，人生没有了方向。从国家人变成社会人，感觉被抛弃。大建设的轰鸣，大证券的疯狂，大分流的悲愤，构成了那个时期上海的交响……

五、我是谁？——"筑巢引凤"背后

20世纪90年代中期，外地人到上海旅游的借口多起来了：到上海看高度，陆家嘴的风韵日益丰满，东方明珠成了世界第三高，国际会议中心"大珠小珠落玉盘"，世界第一的金茂正在矗立，高楼林立如纽约。到上海看速度，跨江大桥，越江隧道，地下铁，海边的国际机场。到上海看灯火，外滩装饰一新，灯火璀璨，南京路灯红酒绿，淮海路美女如云……到上海去！全国建设学上海！

时　期	方　针	建　设	经　济	社　会	开　放	评　估
"九五"（1996—2000）	1.速度效益相统一。2.改革、发展、稳定。3.率先建立社会主义市场经济。4.浦东龙头作用。5.强化区县政府职能。	1.组织修编城市总体规划，建设世界一流中心城市格局。2.三港建设。3.现代化道路交通网络。4.提高抗灾能力。5.治水、治气、增绿。	1.通用汽车。2.发展民营科技企业。3.健全证券、外汇、期货等要素大市场。4.咨询、审计、法律、会计等中介机构迅速发展。	1.再就业工程。2.城镇老保98.5%，农村92%。	1.吸引大集团、大企业总部。2.增强为长三角和沿江地区服务。	1.GDP年均增长11.4%。2.三产比重超50%，支柱产业超工业50%。3.人均居住11平方米。

时　期	一　产	二　产	三　产	支柱产业
"八五"	城郊型农业	汽车、通信设备、钢铁、电站设备、石油化工、家用电器等六大支柱	金融、商贸、交通、通信等	（同二产）

（续表）

时　期	一　产	二　产	三　产	支柱产业
"九五"	都市型农业	汽车等六大支柱。现代生物医药、计算机和大规模集成电路、新材料三高产业争取成为新支柱产业	金融保险、商品流通、交通通信、房地产、旅游和信息咨询6个重点	（同二产）
"十五"		电子信息产品、汽车制造、石油化工、精品钢材、成套设备制造、生物医药	交通运输、仓储和邮政业、信息传输、计算机服务和软件、批发和零售业、住宿和餐饮业、金融业、房地产业	信息产业、金融、商贸流通、汽车制造、成套设备制造、房地产
"十一五"		先进制造业（同上）	现代服务业重点：金融、现代物流、文化、中介服务、信息服务业	

20世纪90年代中期，上海风起云涌。城市面貌焕然一新，久居海外的上海人回来感慨找不到过去的记忆，现代化的硬件设施建成或正在建设，整个城市发生了历史性变化：经济体制由传统的计划模式转向市场，城市性质从工商城市转向经济中心，城市建设从还历史欠账转向建设枢纽功能性设施，经济运行由封闭转向全方位开放，经济发展重心从"调整中发展"转向"发展中调整"，社会事业由量的扩大转向质的提高，城乡人民生活由温饱型转向小康型，人的活动由"单位人"转向"社会人"（《上海市国民经济和社会发展第十个五年计划纲要》）。

笔者印象中，"九五"期间，是上海人脸上春天最多的时期。吃得好了，告别了咸菜泡饭的岁月，工资改革得实惠，收入大幅度提高，吃"胆"大了，中式、西式，麦当劳、肯德基家家火爆。穿得好了，比牌子，尤其是洋牌子；住得变好了，单位分房，单位建房，单位补贴公积金贷款买房，几世同堂少起来了；出行方便了，公交换了新车，取消了月票，地铁准时，急事找出租，出上海有豪华大巴；用得好了，自来水水质好，管道天然气进家庭，电话电脑拉近了与世界的距离；玩得好了，懂得休闲了，出门天蓝、水清、地绿，臭气熏人的苏州河可以游艇了。

繁荣的原因如下：

一是多项重大基础设施的带动效应。上海市政府深刻体会到，经济的发展，城市基础设施要先行。重大设施建设，带动了上海建筑市场的超常规发展，进而又带动与建筑有关的咨询、设计、勘查、建筑材料等的发展,而建设领域的投融资改革带动了相关金融、信托等行业的发展。另外,作为一支潜在的生力军,房地产业正在政府的引导下发力,由此带动的相关产业也非常巨大。上海,成了中国建设的样板,才有了后来全国许多城市克隆东方明珠、浦东国际机场、南京路步行街的好看场面。

二是再就业取得了初步成果,国有企业的负担大大减轻,负债率降到了46.5%,通过艰难的调整,国有企业暂时站稳了脚跟。

三是金融市场的拉动作用。尤其是证券市场的火爆,给许多上海人提供了投资和投机的机会。上证综合指数开盘从1996年的550.26点上升到2000年的1368.69点,收盘从917.02点上升到2073.48点。

四是外资的拉动作用。五年累计吸引外资突破300亿美元。2000年底各地在沪企业1.5万家。不但提供了众多就业机会,而且创造了大量的税收。

但"九五"也留下了许多问题,有些是深层次的问题,一直影响到今天。比如全市范围的建高楼、大招商冲淡了浦东的"龙头"作用。比如国有企业的长远发展问题并没有真正解决,创新能力、市场服务意识、管理意识、资金技术、产品质量差、人员素质等多方面因素制约着国企的发展。面对强大的国际产品和全国各地民营企业产品的冲击,上海企业仍然缺乏还手之力。许多只是"维持会",靠出租或者卖地生存。比如金融市场服务仍然非常单薄,基本要素缺乏。最亮点证券市场投机成分越来越明显,酿成日后的一蹶不振。比如,吸引外资方面没有很好研究长三角其他兄弟城市的影响和冲击,等等。

尤其值得一提的是,上海城市建设的辉煌,确实是全国人学习的表率,但同时,也不能不产生一种隐忧:政府规划下的大建设,难免会唤起、滋生甚至助长上海人几十年计划经济培育起来的对"计划"的迷信。一位建筑公司的老总曾开玩笑说:市领导是上海建设的总经理,我们不过是包工头,一切听上面的。确实,上海一些大型国有建筑企业,很多工程都是"受命"之作,他们那里最强的部门是施工,最弱的部门是市场,老总都有行政级别,一转身就是官员。城市建设的高潮,不但会使这种"皇家"建筑公司丧失警惕,而且为以后产业转移和升级留下了阴影。上海上百万建筑工人,等到上海需要人才更新的时候,不知道如何应对。

"受命"建设还容易感染其他行业对"政策"和"计划"的期待心理,并对政府职能的变革造成影响。同时,大建设时期大手笔的纵横捭阖,也容易让某些政府部门产生自身万能的假象……

六、我是谁?——"一匹黑马"的尴尬

2001—2005年,股票跌入深渊,房产一路井喷,似乎就是这点热闹。尽管也有超霸级磁悬浮和F1,似乎不更热烈。亮点是上海人中出了个中国首富,不亮点

是路越修越拥挤了，房子越多越买不起了，生活越过越不容易了。这是一个市民的感觉。

2002年，股票终于跌了。被一位经济学家称为"赌场"的股市，终于赌了个筋疲力尽。游资在重新寻找方向，而可怜的国内投资渠道让他们费尽脑筋。终于，他们发现了房地产。

上证综合指数

对比项	2001	2002	2003	2004	2005
开盘	2077.08	1643.49	1347.43	1492.72	1260.78
收盘	1645.97	1357.65	1497.04	1266.50	1161.06

上海为解决多年的住房困难，在20世纪90年代逐渐引入了市场化、商品化的思路，并且很快尝到了甜头。房地产，既能解决居住难题，而且搞活市场，带动消费，太神奇了。2000年上海制订"十五"计划时，把房地产也列入了六大支柱产业，政策、金融的支持尤其是内外销的并轨，使上海的房产市场迅速成为中国和世界的市场。游资找到了新的"股市"。几年的时间，上海的房产规模就实现了井喷。房地产和基础设施建设一起，成了上海最大的投资点，由此带来的丰厚回报，其光环迅速掩盖了一向引以为豪的汽车、金融，成了政府和企业的钱袋，成为助推上海发展的"一匹黑马"。

十五期间产业贡献率比较："一匹黑马"的诞生

时间	三产比重和经济增长贡献率（%）	三产增加值构成（%）						
		交通运输、仓储、邮政	信息传输、计算机服务和软件	批发和零售业	住宿和餐饮业	金融业	房地产业	其他
2001	50.7	13.9		21.9		21.2	13.6	29.4
2002	51.0	13.9		21.9		21.2	13.6	29.4
2003	48.4/33.3	10.3	7.4	18.8	4.6	20.8	15.3	22.8
2004	47.9/45.2	10.2	7.3	17.1	5.0	20.8	17.5	22.1

六大支柱产业增加值占上海市生产总值比重（%）

产业/时间	2000	2001	2002	2003	2004
总比重	43.7	44.5	44.8	47.5	47.4
信息产业	7.4	8.5	9.0	10.0	11.4
金融业	15.1	12.5	10.8	10.1	10.0
商贸流通业	9.5	9.9	9.8	9.1	8.2
汽车制造业	3.6	4.4	5.3	7.3	5.4
成套设备制造业	2.9	3.1	3.3	4.0	4.3
房地产业	5.5	6.4	6.9	7.4	8.4

到2003年和2004年，房市的疯狂让人想到了当年风云一时的股市，而股市毕竟不是房市，股票可以不炒，但房子不可以不住。普通百姓的心揪紧了。为了稳定，国家和上海市政府采取了一系列稳定措施。2005年底，一番多头的较量，房价开始下跌，但几乎同时，政府和国有的银行就感到了潜在的压力。维系部分政府30%的财政来源，部分银行四分之一利润的房地产，让这些部门爱恨交加。

房地产业是上海建设的延伸，是建筑业的延伸，是上海现代服务业疲软、企业疲软的催生物。很多国有企业因为房产的暴利，停止了原来计划的改造和结构调整战略，转而"捞一把"，又一次暂时缓解了生存的紧张。上海的高科技产业结构调整梦想，多元化服务业发展梦想，以及文化的培育梦想，都在热火朝天的房产开发中，错乱了脚步。

对比项	综合经济	综合服务	综合发展环境	综合创新	综合管理	市民综合素质
"十五"承诺	1.三次产业比重1.2:43.8:55。2.人均年收入15000元。	1.金融元素市场全国份额提高，全国资本运作和资金运营中心。2.国际标箱1000万。3.六大支柱产业比重55%~60%。	1.户籍人口1350万，常住1600万。2.社会安全度提高。3.轨道交通网络框架。4.人均绿地7平方米，居住18~20平方米。	1.研发比重2.2%~2.5%。2.高新技术产值比重25%。3.万人专利授权60项。	民智决策机制基本形成。	1.促进人的全面发展。2.全面普及高中教育。高教入学率55%。

（续表）

对比项	综合经济	综合服务	综合发展环境	综合创新	综合管理	市民综合素质
"十五"结局（2004）	2004年：1.三产比1.3:50.8:47.9。2.人均收入18000元。	1.金融占全国比重下降。2.贸易中心迅速提升，集装箱吞吐量。3.六大支柱产业比重47.4%。	1.户籍1352万，常住1742万。2.万人刑事案件数上升。3.轨道交通里程翻番。4.人均居住面积14.8平方米，绿化覆盖率36.0%。	1.研发比重2.29%。2.高新技术产业比重28.2%。3.专利授权量10625件。	1.环境立法、交通价格听证会。2.市府咨询专家聘任和专家咨询论坛。	1.初中毕业升学率99.70%。2.普通高校录取率84.59%。

2004年，一条消息在上海产生了不小的震动。一个原来在社会层面并不知名的30岁的年轻人，成了中国的首富。上海盛大网络公司的创立人陈天桥，因为公司成功在美国纳斯达克上市并一路走高，到这年的8月12日，个人拥有了90亿元人民币的身家，超过网易创始人丁磊，成为新的中国首富。超低的年龄已经够人咋舌，而又是出在上海更让上海人惊喜。一向大喊发展信息产业的上海，虽然成绩也不错，但发端于20世纪90年代末的网络热潮，在北京塑造了搜狐、新浪、网易，在深圳塑造了中华网，甚至在杭州出了阿里巴巴等一批中国新贵，唯独上海没有叫得响的品牌，让许多人都怀疑上海人的创造天性，也令上海一度灰头土脸。而陈天桥给上海人大长了士气。抛却市井上关注的财富数字层面，盛大给人的惊喜应该在于：其一，上海的环境已经适合民营企业的脱颖而出。其二，新一代的上海人已经摆脱了老一代的传统产业观念，懂得上海发展超常规产业的意义。他们已经不愿意再费尽脑筋提升传统产品质量，增强竞争力的传统套路，而是着眼于上海这个国际化都市必须而且最有可能和最有条件发展起来的"信息加娱乐"的新产业——比如游戏产业。其三，他们真正充分利用了上海这几年处心积虑营造出来的现代服务业发展环境，却没有政府直接的扶持。没有手把手，而是经过了残酷的起起落落，这也给政府提了个醒，那些抱在怀里都怕摔着的扶持企业，结果未必会有好报。其四，"新上海人"开始学会国际规则，在国际舞台上发展。日本的软银能风险投资给他，美国能让这个毛头小子上市，而这时中国的股市却凄风苦雨，说明了什么？就在陈天桥风光之后不久，另一个新贵诞生，毕业于华师大中文系、同样30岁出头的江南春，靠着楼宇广告的题材，实现了"分众传媒"在美国上市，成了千万富翁。

靠"小儿科"的游戏，靠在大楼电梯边做做广告，就能一夜暴富？！老上海人有点傻了。但一批更老的上海老克拉没傻，他们似乎又看到了20世纪初的虞洽卿、陈光甫、荣德生们……

七、我是谁？——注定艰难的取舍

2005年12月16日新加坡《联合早报》发表了一位美国从事国际文化与战略咨询研究的专家的文章《中国在21世纪的走向》。文章指出："古往今来，欲成就一番事业，有两大因素不可或缺：正确的目标与合理的程序。所谓正确的目标，既要顺应历史潮流与民心民意，又要具备可行性，可操作性和可测量性。一句话，要脚踏实地。而合理的程序，指的是操作过程中的效率、秩序、公正、透明、有力及均衡。"文章认为，中国改革开放的成就，主要是"正确的目标"，而美国的强盛，归功于"程序"的巨大优势。文章同时指出："正确而坚定的目标，确实能让中国忍受和消化操作程序中的许多不合理因素，坚持向前发展，但这却绝不能成为不合理操作程序不思变革的挡箭牌，因为到了某种临界点，不合理的程序与体制也不是不可能颠覆合理正确的目标。明智正确的目标是竞争力，合理有效的程序与体制也是竞争力，两者不可偏废。在近期未来，中国必须跨越程序和体制优化升级这一关，才能真正立于不败之地。"

2005年，当上海的"十五"已经收官，正考虑下一个五年的时刻，无论是"计划"还是改为"规划"，"目标"和"程序"都必须兼顾。过去改革的惯性，既有政策的先发优势，已经不足以推动现在这个"大盘子"的运转。上海的发展，面临着一些棘手的问题，比如金融贡献的滞后。作为一直强调的金融，服务品种单一，要素市场培育缓慢，对经济的贡献连年下降。比如，上海和长三角甚至全国的同业竞争问题。

上海曾经被寄予过高的期望，作为一个几十年计划经济熏陶，后来又没有真正脱胎换骨（技术、资金、人才、体制限制）的工业城市，与长三角以及东北老工业基地等的产业竞争客观存在。而上海的一些产业因为高本等因素并没有绝对的竞争优势。上海2004年重点产业增加值占GDP比重为64.6%。但这些产业在周边城市并不具备多大优势。如苏州把电子信息设备制造业作为重点发展行业，并且发展势头不逊于上海；无锡重点发展汽车零配件、家电、精密机械、化工、冶金等行业；南京形成电子、汽车、化工和一批地方特色产品为主导的综合性工业体系，电子工业、石化工业生产规模居全国城市第二位，汽车居第五位。很多城市产业发展和上海着力发展的"先进制造业"同构，难免形成竞争关系，而上海对区域城市的辐射能力就会受到限制。较高的人力和商务、能源成本也会使上海产业在竞争中处于被动（严军等《上海城市功能提升评价监测指标体系研究》）。

2005年，深圳国家生物产业基地挂牌，而杭州已经踏上打造国家动画基地的旅程。许多民营企业开始涉足汽车制造业。2005年最后一天，从中国广东传来消息，一是至今中国最大的合资项目，总投资43亿美元的中海壳牌南海石化项目将建成投产；二是以美国花旗银行为首的花旗集团入主广东发展银行，拥有80%的股份。对此，上海应该有充分的认识。因为房地产、因为大建设、因为外资的繁荣，上海也许错过了多次调整产业结构的机会。

上海城郊两元差距仍然不小。郊区的发展已经落后于上海临近的苏州、杭州等地。苏州因为是上海的"后花园"而突飞猛进。为什么夹在苏州和上海市区之间的青浦，远远不如苏州？当上海决心发展郊区时，再走苏州模式已经太晚，青浦再也追不上昆山，即使用最不市场的"特区"手段也是如此。尴尬的是，郊区的困惑并没有改变一些决策者的工业梦想。郊区继续夹在市区和长三角城市之间尴尬着。

上海市区、上海郊区、苏州和昆山2004年GDP、人均收入及财政收入对照表

对比项	GDP（亿元）	人均收入（城市）（元）	人均收入（农村）（元）	财政收入（亿元）
上海市	7450.27	16683	7337	3325.14
青浦区	258.9	/	/	68.9
松江区	343.51	/	/	82.86
苏州市	3450	15944	7503	2196
苏州昆山	570	20000	8000	85.83

反思郊区产业发展，是"工业+园区+外资"模式。优点是上马快，利税快，但园区并没有很好发挥经济的带动作用，对周围居民尤其是农民的带动有限，甚至为了园区剥夺了农民的土地，损害了农民的利益。

应该认真思考，站在国家立场上，上海应该是一个什么角色？立足上海特点，上海应该怎样才能长远发展？必须有一个基本判断。

其一，上海是一个原材料等各种发展工业基础都非常薄弱的城市，加以高商务和人力成本，注定会在工业发展中处于劣势，而且很容易造成国内兄弟相残的情景。同时，从全国一盘棋考虑，上海也要考虑中西部地区的产业发展问题，理应为他们的初步发展腾出一定的空间。上海的出路应该是为工业提供技术服务，聚集研发中心。并利用基础设施等方面的优势，提供物流、信息流及各种咨询等服务。只要上海不尝试工业转型，只要还有个郊区在蹒跚着传统工业的脚步，上海在国内的竞争就将存在和残酷，该服务的就难以服务起来，长三角和全国对上海的期待就会降低。这将是国家战略中的两败俱伤。

其二，当今世界范围内的竞争集中为中心城市的竞争，中心城市的综合竞争力表现为地区经济的积聚和辐射能力。上海是中国最有希望成为中国经济中心城市的城市之一。但要成为中国的经济中心，体现对地区的积聚和辐射，必须大力提高自身的综合服务功能。如今，国家已经对上海寄予厚望，上海必须在发展上

坚定自己的目标：服务。在服务中发展，在发展中服务。

其三，无论对比国内还是国外，上海都应该有足够的生存紧迫感。首先，上海不一定必然是中国的经济中心，更不是中国唯一的经济中心。北京、广州、深圳等都具有很强的实力和潜力。上海的"四个中心"目标，这些城市也同样愿望强烈。北京一直力争金融中心地位，央行总部、各大商业银行总部绝大多数集中北京，极有可能成为中国的金融管理、监督和政策中心，成为财政和国有企业资金为主体的融通中心。而改革开放的试验田深圳，25年积聚了强大的经济能量。2004年全市财政收入1183亿元，上缴中央861.3多亿元，占中央财政总收入的5.71%。它是中国最大的外贸城市，占中国进出口总额的六分之一（1472.8亿美元），居全国首位。作为中国两个金融证券市场中心城市之一，深圳毗邻香港，更多借助香港成熟的资本和货币市场。深圳还是中国第二大港口集装箱港口城市以及中国第四大空港（深圳市发展和改革局《经济动态》2005.10）。上海还不是国际化大都市，甚至在国内也不能说"老大"。上海的GDP，已经由1980年的全国省市第一位降为现在的第八位。上海的当务之急就是明确发展目标，卧薪尝胆，以图超越。

现代化评估指标数据如下（根据周祖根：《"两个率先"的衡量指标体系及其上海的阶段性判断》）：

类别	指标	北京	天津	广州	上海	数据来源
经济现代化指标	1.常住人口人均GDP（元）	25159	24210	31078	36533	天津统计年鉴2004
	2.三产增加值GDP比重（%）	61.6	45.5	53.9	48.4	同上
	3.人均地方财政（元）	4914	2696	4047	5611	中国城市统计年鉴2003
社会现代化指标	4.人口城镇化（%）	77.5	72.0	83.8	88.3	五普资料
	5.贫富差距指数	6.2	4.7	4.3	4.5	注解1
	6.社保覆盖率（%）	79.7	56.7		101.5	注解2
科技现代化指标	7.R&G占GDP比重（%）	6.3	1.7	1.57	2.06	天津统计年鉴2004
	8.每万人专利数	22.0	10.1	18.3	29.1	注解3
知识创新和传播现代化指标	9.万人高校在校人数（人）	393	265	517	282	天津统计年鉴2004
	10.信息传播指数	1.71	0.97	1.92	1.51	注解4

（续表）

类别	指标	北京	天津	广州	上海	数据来源
可持续发展指标	11.环境污染治理占GDP比重（%）	3.99	0.48	1.87	3.00	各市统计年鉴2004
	12.万元产值综合能耗（吨标准煤/万元）	1.29	1.31	0.80	1.07	各市统计年鉴2004
	13.建成区绿化覆盖率（%）	30.9	27.3	32.6	36.6	中国城市统计年鉴2003

注解1：根据各市统计年鉴（2004）城市居民家庭人均可支配收入分组调查高收入户组（20%）与最低收入户组（20%）收入之比。

注解2：由中国统计年鉴（2004）中的基本养老保险参保职工数、失业保险参保人数、基本医疗保险参保人数之和与户籍人口之比。

注解3：由中国统计年鉴（2004）中专利申请受理数与专利授权数之和与常住人口之比。

注解4：由中国统计年鉴（2003）中得到的本地电话数、移动电话数、国际互联网数之和与户籍人口之比。

上海与国际城市比较如下（根据严军等《上海城市功能提升评价监测指标体系研究》）：

比较项	上海	纽约	伦敦	东京	新加坡	中国香港
万人在校大学生人数	249（2002）	516	472	582		
GDP（亿美元）	755.19（2003）	3341（1994）		8900（1987）		1629（2000）
金融业增加值占GDP比重（%）	9.99（2003）	12.5（1994）	28.3（1998）		11.2（2002）	23.2（2002）
外资金融机构（家）	54（2002）	313	430	115		157
批发零售业占GDP比重（%）	10.5（平均）		16.6（1998）		12.8（2002）	26.1（2002）
外贸依存度（%）	37.7（2003）		46.6（2000）	32.8（2000）		148.80（2003）
空港旅客吞吐量（万人次）	1241（2003）	7800		6742		3275
恩格尔系数（%）	37.20（2003）	14		19		20

八、我是谁？——市民社会，和谐城市

近几年，上海一直是全国大学生第一的理想求职地。"上海，生存压力大，但安全，自由，人讲信用，生活环境好，学习环境好，越来越时尚。政府效率高。"一个新上海移民的体会。

就城市的综合竞争力而言，"管理"与"市民"便是最最重要的两个议题（《2002年上海社会发展蓝皮书》）。

2005年12月，洋山深水港开港，是上海"十一五"最好的开门礼物。而浦东新区的先行先试，也有政策陆续出台。一切又充满期待。但明眼人都清楚，靠一个五年就"火箭上天"是不现实的。更有明智之士提出，浦东的先行先试，上海人千万不能认为是国家的"偏爱"，千万不能再形成对"政策"的过分依赖，它是一项国家战略，是国家的需要，而浦东新区恰好符合条件。它也许是对浦东和上海的又一次考试，而且不能再有万一。

今天，无论是"现代服务业"还是"四个中心"目标，都是在国家战略的背景下，服务于国家背景。这和旧上海是不同的。旧上海是特殊条件的繁荣，我们在借鉴的同时，不能忽略两个条件，第一个就是旧上海模糊的国家责任。灯红酒绿的上海的外面，是战火和愚昧，民不聊生。第二个就是即使是上海，也是"建在地狱上的天堂"。张乐平的漫画，形象地反映了一个缺少温情的上海。新的上海，必须也只有依托国家，才能发展，这是深刻的现实。新的上海，应该是一个温暖和谐的上海。旧上海的很多"第一"，也许再也难以达到，但一个温暖的上海，将是先人难以比拟的。

上海没有北京的政治资源，但正因为如此更容易多元并包；没有深圳的青春年少，但积淀更深，更理性秩序。上海已经不乏目标，程序的设计就至关重要。回顾历史，旧上海成功，积淀为两个字，就是：开放。从吴淞江到黄浦江到长江到东海，上海的特点是在流动中成长，如滔滔江水面向海洋。在江海之地，形成了挥洒个性、激流勇进的"上海滩"。尊重个性，尊重创造，尊重规则，应该成为新时期上海发展"程序设计"的最基本原则。不论是"四个中心"、现代服务业，还是先进制造业、世博会，都不过是长期或者短期的具体目标，也可以说是政府的规划"项目"，是政府引导上海发展的具体抓手，并不是上海发展的全部，更不是根本。根本应该是一个市民社会的培育，依靠社会主义民主和法治，调动每一个市民的创造力，依靠文化的力量，塑造全面的海派人格。

1. 更加开放，特别是对内开放的经济

一棵树苗，即使压在石头下面，也会挣扎而出，因为有空气和阳光；一个企业，一种产业，虽历尽波折，总会长大，只要有自由。市场经济，就是最大限度要求开放和自由的经济。有人说上海的市场经济搞得最火的是餐饮和服装业。确实，因为进入门槛的宽松，上海每天都有多少饭店关门，又有多少饭店开张，结

果是，五湖四海，大江南北，世界各地的餐饮汇集上海。服装业也是如此。上海最早忍痛割爱在纺织和服装行业开刀，取消保护，现代上海汇集了世界各地的服装，街道上变得五彩缤纷。上海在产业问题上，一定要有这种开放的心态，不论在长三角还是全国，行政要尽快退出市场搏杀，让行业勇者胜。对待郊区产业也是如此，外来产业的进逼、兼并，最终会逼迫郊区采取新的产业策略。青浦区这方面已经开始，在发展中突出了文化旅游产业，挖掘古镇的魅力，更容易和市区"接轨"。

2. 更加善于"治理"（governance）的政府

政府是城市生活中的重要组成部分。但市场经济下的政府内涵，和计划时期不同。计划经济下的政府是单一的全功能的政府，社会和生活资源由政府统一配置和处理。市场经济下，社会资源多样化，单一的管理模式已经不适用。它首先强调政府行政的合法性，在法制的框架内，确定应该做什么，不应该做什么。2003年，韩正市长在当选演说中指出，"权力是人民赋予的，人民的利益高于一切"，新一届政府将从严治政，狠抓自身建设，强化职能转变，努力建设成为忧民所忧、乐民所乐的服务政府，务实高效、廉洁勤政的责任政府和依法行政、公正严明的法治政府，是对现代城市管理的最好注脚。当前和今后相当一段时期，上海的政府要做到：

（1）行政对经济干预的逐渐弱化

开放的经济不需要行政对具体经济行为的直接干预。行政能做的就是服务。"十一五"将至，已经存在的一种尴尬是区县定位及各委办局操作中的盲目指令化倾向。上海的区县和各委办局聚集了大量的精英人才，有文化，愿意干事。但良好的愿望和现实之间总会有距离。笔者接触的各区县，都精心准备了自己的"十一五"规划，有的甚至非常具体，产业定位，扶持政策，具体抓手，如何引进人才等，但这种父母官式的规划，不能不令人担忧，市场会按照这些方向走吗？同样辛苦的各委办局争相推销自己的"规划"，已经让"被关心者"哭笑不得。各区里，哪怕隔一条马路就推广不同的产业。各委办局，已经都开始了自己的"创意产业"实践，大有"皇帝不急太监急"的样子。处理不好，"规划"就还是"计划"，而且比计划更容易推脱责任。把产业规划都落实到具体的细节，是很麻烦的一件事。

（2）公共职能的逐渐强化

首先是安全，这曾经是上海最值得称道的优势之一。但在新的国际和国内背景下，安全问题正变得非常复杂。自然灾害如流行病、地震、地陷、洪涝或干旱、飓风，人为灾害如恐怖活动、环境灾难、刑事犯罪、社会骚乱等，在人口高度密集的城市里，处理不好，就是毁灭性的。建立高效的灾害预警、预防、快速反应和民间联动体系，应该成为政府的重要任务。

其次是社会保障，包括最低社会保障、失业救济、基本医疗和养老保障。这

◎ 21世纪初的浦东　胡鹰　摄

是社会稳定的基础。这方面，上海还比较薄弱。

最后是教育。义务教育降低门槛，同时提供终身教育、专业技术教育等。大力推进社会文明教育，培育学习型社会。

（3）社会化的城市管理——治理

学习从权力管理向权威管理即治理过渡。"权力是一种强制性的支配。权威则是一种内在的对权力认同下的支配。"取得公众对管理权力的认同，首先强调执政的合法性，依法行政，确定行政的边界。其次，推行政务公开和取消不合理的行政审批制度，接受社会监督，并向社会公众负责。还要积极调动社会力量从事治理。上海市已经做过积极的尝试，比如公用事业费调整前的价格听证会制度；再比如上海市政府的决策咨询专家制度和专家论坛制度；以及政府网站上的意见箱等，都成为倾听民意的良好渠道，需要大力弘扬。

城市基础设施管理上，更要研究一套科学的办法。上海市建设和交通系统提出的"建管并举，重在管理"的理念，是城市有建设向管理转型的先知先觉。而充分利用信息化手段提高管理判断的科学性，已经收到了积极成效。但防止在管理的过程中重"管"不重"理"的倾向。城市管理不是军队管理，既要有条不紊，又要宽松和谐。

3. 文化教育的振兴

上海是寸土寸金的地方，决定了必须发展智力性的产业。上海的服务型政府，要学会创造一种"容纳想象力和制造快乐"的产业空间，这其中的关键又是：开放。

上海有什么文化？一个很难的问题。新闻、出版、影视，一些重要的文化行业，上海缺少影响力的品牌。在大众的印象中，中国的文化主要集中在北京、广东、湖南等地。而上海的文化界整体保守，缺乏生气，已经和上海光鲜的城市形象极不相称。

同时，上海又有着中国一流的文化设施。剧院、电影院不论规模还是技术上都努力而且正在和国际接轨。上海有着庞大的文化市场，只是长期的文化体制桎梏了文化的发展。为文化松绑，将使上海的文化很快焕发光彩。20世纪90年代后期，美国电影票房达到105亿美元，成为通信产业、石油产业、航空产业之后美国第四出口支柱产业，非常值得借鉴。

上海是中国的教育中心之一，得到了长足的发展。但影响力同样不足。信息咨询服务业、教育、综合技术服务业2002年占GDP比重仅分别为1.64%、1.55%、1.00%，合计4.19%，而伦敦仅教育一项就占4.84%（1998年）。

上海市服务业内部行业结构比重变化（%）

比较项	1992	1997	2002
交通运输、仓储邮电通信业	23.8	14.9	13.9
批发和零售贸易餐饮业	23.9	24.9	21.9
金融保险业	24.6	30	21.2
房地产业	5.1	9.6	13.6
社会服务业	7.7	7.8	11.9
卫生体育和社会福利业	2	2.2	3.2
教育文艺及广播电影电视业	5.4	4.2	7.1
科学研究	4.4	3.4	3.4
国家机关	3.2	2.8	3.2
合计	100	100	100

（资源来源：《2004—2005年上海发展报告》）

另外，要特别注重娱乐业的培育。上海将是一个智力型的城市，也必将是一个精英荟萃的都市，要体现繁华，才能满足相当一部分富裕人士的生活需要。如今，上海虽然也有一些高档的消费场所，但和国际化大都市的奢华需求还有相当的距离。还缺乏顶级的住宅、酒店、奢侈品专卖点、高尔夫球场、游艇码头等。必须拿出一定的空间发展。文化娱乐，本身将极大刺激这座城市的想象力和快乐空间。

4. 温和、宽容、个性、细致、守规矩、责任感的市民

一切的一切归于一个市民社会的培育。上海人本身有良好的市民社会的"基因"。温和，不偏激，宽容，讲究个人空间，守规矩，自我意识强，这些都是培育完善市民社会的良好基础。因为多少年的管制，守规矩变成了胆小怕事，自我意识强变成了喜欢过分自我。应该创造一种宽松的环境，让扭曲的本性重新舒展恢复。

市民素质绝非是传统所认为的做一个"良民"甚至是"顺民"的含义，而是做懂得权利、承担义务的现代公民。"市民要懂得有序参与公共事务的管理，保证一个高效率、低成本的政府提供优质的决策和公共服务，防止滥用公共职权以牟取私利的腐败现象滋生。市民必须对社会管理的各项制度保持尊重，从而使一个法制完备的社会能靠法治来管理。市民也必须确立起公共意识，为社会公益竭尽绵力，和他人一起分享成功。"（《2002年上海社会发展蓝皮书》）上海有许多优秀的市民，可以给他们创造参与城市管理的机会。在社区积极推行自治的实验。

市民社会，是最开放的社会，是最崇尚创造并孕育创造人物的社会，是最诚信的社会，也是最懂得服务的社会。市民社会的成熟之日，也就是国际化大都市的形成之时。

上海的理想境界应该是淡化了上海的行政概念。它是智力的积聚中心，又是智力的辐射中心，它甚至没有明确的自己的区域利益，而是分享全国发展的红利。上海是中国人的上海，压根儿就不该有你我的界限，或者你中有我，我中有你。上海将是中国改革开放的精神象征。

（本文发表于《上海城市发展》2006年第1、2期）

探寻城市保护与资源利用的制衡之道

——两省三市地面沉降与地热资源研讨会综述

一、背景和起因

为了深入研究地面沉降等地质灾害对城市建设的影响,探讨地质灾害防治的体制和技术难题,交流地下水资源保护性开发的宝贵经验,在全社会营造资源保护和社会协调发展的良好氛围,由京、沪、津、苏、陕等五地和《上海城市发展》杂志联合发起,举办了"两省三市地面沉降与地热资源研讨会"。来自北京市地质矿产勘查开发局、北京市地质工程勘查院、上海市地质调查研究院、上海城市发展杂志、江苏省国土资源厅、江苏省地质调查研究院、天津市规划和国土资源局、天津市地质矿产勘查开发局、天津市地质调查研究院、天津市地热勘查开发设计院、陕西省国土资源厅、陕西省地质环境监测总站等部门的30余人参加了全部或部分分会场的研讨。在为期10天的研讨会期间,与会代表先后走进天津、北京、西安、南京、无锡等地市,深入实地,考察当地的地面沉降和地面沉降控制技术,以及地热资源的利用情况,同时深入研讨和交换意见,取得了很好的效果。

二、关于地面沉降

地面沉降在我国的许多地区都比较严重,如华北、长三角、华南等地,形成了地面沉降漏斗,都出现了局部或大部的沉降,许多地方深受其害。

1. 灾害

地面沉降是天津市最严重的地质灾害之一，全市沉降面积已达9000平方公里（天津市总面积1.1万平方公里），形成了5个沉降中心，即天津中心城区、塘沽、汉沽、大港和海河下游地区，累计沉降分别达到2.81米、3.09米、2.84米、1.01米和2.01米，另外城市周围正形成一些新的沉降中心。地面沉降的主要原因是深层地下水超量开采，城市用水的三分之一为地下水。沉降导致地面高程损失，造成雨后积水，市政设施遭到破坏，河流泄洪功能降低，沿海风暴潮加剧，土壤盐渍化等灾害。

北京是拥有千万人口的特大型城市，供水三分之二来源于地下水，近年来每年开采地下水量达到二十六七亿立方米，平均每年超采1亿多立方米，造成了地下水位大幅度下降，形成了2650平方公里的降落漏斗，导致了大面积的地面沉降，已影响到城市建设的布局和规划。根据统计，北京市的地面沉降区达到1800平方公里。

地面沉降是北京平原地区主要地质灾害之一，引起的地质灾害主要有：其一，对建筑物的破坏和影响。20世纪80年代就出现了建筑物地基下沉、房屋开裂损坏，1985年，顺义区发现地面沉降引起的地裂缝，宽度800米，长约25公里。其二，对地下水井设施的影响。井管相对上升引起泵房地面及墙体分裂。其三，地面水准点失准，影响城市工程建设。其四，影响建筑物抗震能力，致使地震灾害加重。地面沉降导致建筑物地基下沉，稳固性、整体性受损。

地面沉降也是西安比较突出的地质灾害之一，发展历史长，波及范围广，还加剧了地裂缝活动，给市政设施及城市建设造成了很大危害。西安市的地面沉降主要发生在城区和近郊区，在西安沉降区内，11条地裂缝把沉降区分割成同走向的条块体。地面沉降空间分布极不均匀，累计沉降量在西安东南郊较大，西北郊较小。沉降区形成了7个沉降槽，累计沉降量都超过了600厘米，东八里村、大雁塔什字、沙坡村、胡家庙沉降中心超过了2000厘米，其中东八里村地段达到2322厘米。

江苏省地面沉降和地裂缝灾害主要有两块，一个是江南的苏锡常地区，一个是苏北的沿海地区。

苏锡常地区地面沉降主要是长期过量开采地下水所致，20世纪80年代中期区域性地下水位降落漏斗开始形成，90年代地下水开采量急剧增加，漏斗中心扩大。如今，累计沉降量超过200毫米的区间面积超过5000平方公里。在常州至无锡之间以及苏州市区较大范围，累计沉降量超过1000毫米，最大沉降量接近3米，地面标高已经低于海平面。虽然1995年以后省政府采取了一系列限采措施，水位下降态势得到控制，但到2003年，地下水降落漏斗中心锡山洛社水位埋深仍达88米。根据初步统计，这些年地下水总开采量近90亿方，相当于开掉了两个太湖。严重的地面沉降加剧了洪涝灾害的发生，加大了城镇基础设施投入，影响了生态环境的可持续发展，经初步估算，地面沉降造成的经济损失超过了千亿。沿海地区由于地下水开采布局不合理，也导致了地面沉降的发生。

2. 原因

在京、沪、津、苏、陕省市,地面沉降的原因包括:一是超量开采地下水;二是地下工程诱发,尤其是地铁施工,由于施工降排水,使含水层出现压缩沉降,地洞塌陷也会导致地面的不均匀沉降;三是地质构造造成的地面沉降。

3. 防治

从20世纪70年代以来,天津地矿部门投巨资开展大规模地面沉降勘察监测,基本查清了地面沉降分布范围、沉降层位、原因、机理、规律和趋势,提出了治理地面沉降的有力措施。近年来,通过压缩地下水开采量和调整开采布局,中心城区地面沉降得到了有效控制。如今,天津市已经建立了地下水位监测点553个,形成了地面沉降预警分析系统。以后的设想是,加强基础工作和监测研究,加强监测网络建设,争取实现动态监测自动化,另外争取与华北其他省市联手研究控制办法。

当前,天津市控制地面沉降任务仍然重。一是天津市对地下水的依赖程度高,由于地表水少,过境水在干旱年份接近干涸,开采地下水不可避免。二是控制沉降的经费缺乏。三是管理体制不够合理。2001年机构改革,把控制沉降的工作划给了水利局,控制沉降的费用在水费提价中提取,但因为水利和地矿工作的差别,水利局的工作又必须求助于地矿部门,协调成本高。

1984年4月,北京市完成了首个地面沉降调研报告,1990年建立了第一个地面沉降监测站——八王坟地面沉降监测站。2001年,北京市开始建设地面沉降监测网站预警预报系统(一期)工程,项目总投资2620万元,建设王四营、望京、天竺三个地面沉降监测站。各站分别以基岩标为基准点,通过自动化监测设备,研究地面沉降发生、发展规律。

根据北京2010年规划,在远郊区县将建设14个卫星城、33个中心镇,人口将大量增加,社会经济快速发展必将造成地下水过量开采,形成新的降落漏斗。为此,北京市的设想是,在完成一期地面沉降监测网站预警预报系统工程基础上,尽快建成二期(四个监测网站),并结合华北地面沉降网站建设,进一步完善监测方法,为地面沉降研究和防治提供基础数据。成立北京地面沉降研究中心,全面了解现状和分布状态,建立地面预警预报系统,对沉降灾害早发现、早监控、早治理。

西安市的地面沉降与地裂缝的活动关系极为密切,客观上已经构成灾链效应。直接作用使得一些建筑物下沉或倾斜。另外,地面不均匀沉降使城市局部地区排水不畅,污水外溢。

◎ 天津市地面沉降监测点

由于产生地面沉降的主要原因是过量开采承压水,控制承压水开采是减缓西安地面沉降最有效的对策。

西安市 1990 年 8 月引进黑河水,1996 年引水量增大到 1130 万立方米,并陆续关闭城区承压水井 61 眼,开采量由 1990 年的 1120 万立方米降到 700 万立方米,地面沉降局部已经有趋缓迹象。预计黑河引水工程完工后,引水量大于 2920 万立方米,加上原有水源供水量,可满足西安现阶段用水需求,将逐步停止沉降量较大地段承压水井的开采,使这些地段地面沉降得到有效的控制。

围绕地面沉降、地裂缝地质灾害问题,江苏省国土资源厅、江苏省地质调查研究院先后开展了以勘察、评价为主的专项研究工作,在监测、预测研究方面做了大量尝试。江苏省地质调查研究院在长期开展地下水动态监测基础上,编制监测报告,不断向政府有关部门呼吁,避免国家和人民生命财产造成更大损失。在他们的不断努力下,政府终于认识到经济建设和生态环境可持续发展的重要性,各类与地质环境保护有关的文件、条例、政策、法规先后出台。2000 年,江苏省人大发布了禁采令,控制苏锡常地区地下水盲目开采。该院还对地裂缝潜在易发区进行了划分,圈定了危险地带,《苏锡常地区地裂缝易发区规划图》已经由省政府作正式文件下发地方各级政府相关部门,在经济建设和城镇规划上发挥了积极作用。西安市将继续加强基础性地质研究;加强地面沉降监测,做好短期预测和信息发布;对地裂缝灾害进行总结,开展新形势下的地质环境效应评价。还要加强浅层水开发利用研究,缓解地方供水矛盾;加强新技术成果的开发与利用研究。

三、关于地裂缝

地裂缝是地面沉降导致或者诱发的严重地质灾害,也与地质构造有关,在西安市,11 条地裂缝平行分布于市区,给城市建设和人民生活带来了严重威胁。在苏锡常地区,地裂缝也导致了民房的开裂,造成了不小的经济损失。

西安地裂缝是一种独特的城市地质灾害。1976 年唐山大地震后,地裂缝活动明显加强,特别是 20 世纪 80 年代中期以后,由于过量抽取承压水引发地面不均匀沉降,进一步加剧了地裂缝活动,对城市建设产生了巨大的破坏力。根据 1993 年不完全调查统计,地裂缝活动已经毁坏楼房 170 幢,厂房、车间 58 座,民房 1800 余间,道路 80 余处,错断

◎ 无锡沉降漏斗区的因果岸村、毛村园,由地裂缝造成农房大面积裂缝,成为危房

供水、供气管道40多次，破坏危及名胜古迹8处，累计直接经济损失1亿多元。因停水、停气等间接经济损失，社会环境影响更是难以估量。根据西安市自来水公司管网负责人介绍，每年因地裂缝造成供水管道断错近10次，修复费用达数百万元。

地裂缝活动对建筑物的破坏比较难以抵御，灾害防治以避让为主。陕西省建设厅批准，一般建筑物在地裂缝上盘避让距离为6~20米，下盘避让4~15米。对已经遭受破坏的楼房大多采取部分拆除，切断地裂缝对未受破坏的拉应力，达到局部稳定的目的，对供水、供气管道可采取工程防护措施。另外，还要合理控制承压水开采量，使承压水位下降停止或恢复，缓解地裂缝活动速率。

四、关于地热开发

地热是一种清洁的能源，但又是一种不可再生的能源。对地热的开采，要有计划性，还要做好回灌工作。

1. 开发

天津市地处华北盆地，拥有丰富的中低温地热资源。经初步调查，天津市境内分布有9个地热异常区，总面积2328平方公里，主要分布在市区及周围地区，热储层几个同时存在，热程温度较高，在50℃~90℃之间，最高达到120℃。目前天津市地热开发利用发展迅速，主要用于采暖、温室种植、水产养殖、康乐医疗、饮用矿泉水等方面。地热采暖面积达到880万平方米，占全市供热面积的13.5%，居全国领先水平。仅取暖一项，一年节约25万吨煤，大大减少了城市污染。许多房地产商也看好地热资源，热心投资，力求与房产开发互动。

北京的地热资源，目前探明具有开发潜力的范围超过2300平方公里，以城区、小汤山、良乡为主的10个地热田每年开采38℃~89℃地热水约1000万立方米，最先勘察、开采地热资源的小汤山、北京东南城区和良乡等地已形成相当的开采规模。目前全市投入使用的地热井约200眼。北京市地热主要用于冬季采暖、生活洗浴、温室、水产养殖、疗养和娱乐等方面。地热资源的开发利用已经产生了巨大的经济、社会和环境效益，成为近年来北京市治理大气污染的一项重要措施。全市地热资源综合利用的代表是良乡地热田范围内的丰台区南宫村，除地热直接利用外，还建成了一个世界地热博览园。

20世纪50年代中期，为小汤山温泉疗养院的发展和建设，北京开始了地热资源勘察。但真正快速发展，是1996年以后，大量市场资金投入，使北京的地热井以每年20~30眼的速度发展。2008年夏季奥运会的主体设施——奥运公园周围，已经成功开凿了数眼地热井。为体现北京奥运会"绿色奥运"和"科技奥运"特色，北京市政府决定开发地热，用于运动员公寓的供暖和洗浴。

陕西关中盆地地热资源丰富。其中西安地区地热井139眼，实际开采热水约

350万立方米；咸阳地区地热井21眼，开采100万立方米；宝鸡地区和渭南地区各有10眼和16眼。2003年关中盆地总开采热水量600万立方米。主要用途：一是供暖。西安市大约有三分之一（20余眼）地热井用于供暖，供暖面积200万平方米，节约用煤10万吨。咸阳二分之一（10眼左右）地热井用于供暖。二是洗浴、游泳健身。三是养殖、种植。长安区东大地热水养鱼面积约270亩，是西安地区热带鱼养殖基地；地热温室花卉种植200亩，160个品种。四是饮用。

江苏地热资源主要是正常地热增温条件下的深埋传导型，水温40℃~60℃。20世纪90年代以前地热勘察主要围绕已知道的温泉露头进行小规模的"就热找热"。近年来，人们对地热资源的经济价值有了进一步认识，地热开发市场需求上升勘查活动活跃。苏中地区对原石油井进行修井，目前有三口井相继出水，取水深度1000~2500米，水温46℃~74℃。同时进行了地热钻井施工，已经有两口出水，取水深度750~1000米，水温41℃~46℃。

2. 问题

天津市地热利用中存在的问题：一是流体水下位降速度加快，最大降幅超过8米，水位埋深达100米，资源消耗过快。目前，天津市地热井有219眼（2002年），但回灌井只有13眼，投入使用的8眼，回灌率不足10%。二是地热资源利用率偏低，开发粗放，很长一段时间没有回灌井，排放热水没有二次利用，但温度高达50℃，进入地表容易造成热污染。三是利用技术低，结构单一，节水措施不科学。四是勘察滞后于开发。

北京市由于大量开采地热，也产生了许多问题。开发程度最高的地热田，包括城区和小汤山，地热水位正以每年1.5~2米的速度降低，为了实现地热资源的可持续开发，还需要有力的技术和法律保障。

陕西省地热资源开发利用中存在的问题：其一，勘察研究程度较低。其二，地热井分布及开采段相对集中，80%在西安市区、咸阳市区等地，使部分地热井水头急剧下降，减少了地热井使用年限。其三，利用单一，能源浪费。主要用于洗浴健身，部分用于供暖、养殖等，没有实现梯级开发，综合利用。弃水排放温度普遍高于35℃，有的高达50℃~60℃。其四，环境影响研究滞后，如地热开发利用是否会诱发或加剧地面沉降和地裂缝，热水排放是否造成环境污染等。

江苏地热资源利用主要是温泉洗浴、休闲、医疗保健、纺织印染和水产养殖等，形式单一，很少梯级开发，资源浪费。

3. 主要对策

天津地热需要研究的方向：一是回灌。天津市从1995年开始，规定"两开一回"，即开发两口地热井，配备一口回灌井，1997年又规定"打一开一"，一口地热井配备一口回灌井。但回灌技术还比较落后，尤其是回灌水源问题。美国将处理后的污水进行回灌，天津市也要积极开拓新的回灌水源。二是联合华北地区进行地热资源的大调查，对地热的经济和社会效益进行评估。

北京市主要的地热资源管理机构是国土房管局地热管理处（以前隶属北京市地矿局）。主要工作包括制定和完善全市地热资源开发管理有关法规，严格进行地热井审批，控制地热水开采量，对地热资源研究项目进行投资和管理，对地热回灌等进行管理。另外，北京市依靠专门监督机构对地热井施工全过程进行全面技术管理，包括严格的地热井验收制度，较好地保证了地热井的成井质量。

为保证地热资源的可持续开发利用，北京市提出：其一，依据资源条件，制定地热资源统一开发利用规划，减少开发中的盲目性。其二，认真做好钻井前的地质勘察工作。其三，实行规模化开发，发挥资源开发的整体效益。其四，实行采灌结合，减少地热流体的消耗和对环境的污染，提高利用率。其五，综合利用地热资源，发挥热、矿、水资源的综合效益，做到梯级利用、高效利用和科学利用。其六，强化管理和对资源开发利用的监督，加强地热地质和地热资源的研究。

江苏省也提出：一是在勘查方面，进行合理的指导性的勘察规划，鼓励社会各类资金投入勘察开发，多渠道筹资开发利用地热资源。二是在开发利用上，针对地热资源的特点，进行科学的规划。三是在直接利用热水的同时，做好深井回灌技术的研究和应用，充分考虑绿色环境保护问题和能源的充分利用，做好梯级利用问题。

五、主要观点和建议

1. 主动服务，面向建设

江苏省国土资源厅副厅长刘聪提出，要认真思考，在重大工程中地质工作者能参与的程度、能起的作用。地质工作不能闭门搞。有人说，"沉降几年不如一个麻袋"，就是指地面沉降是不容易被发现的，而洪涝灾害的危害性却是尽人皆知。实际上，地面沉降危害并不比洪灾小，但人家不知道。我国每年用在地质调查上的资金是10亿元，真正用来搞调查的不过6亿元。但地震局一个项目就可以拿到20亿元，因为地震的危害，大家清楚。

北京市地勘局原总工程师董德茂一针见血地指出，地面沉降是慢性病，不容易认识，因此要把地面沉降的危害性让社会认识到，让危害"有形化"，拿出各种损失的数据，防治工作就会容易得多。也就是说，让地质工作的社会价值得到尽可能的实现。

《上海城市发展》杂志责任编辑、地质专家吴林奎建议，地质工作要学会利用媒体的作用，通过科学普及的方式，让行外人和社会都能了解并认识到地质问题的重要性。他强调，为了更好地为城市建设和发展服务，城市地质工作的科学性、精确性和探索性不能忽视，不能疏忽。

北京市地勘局副总工程师吕晓俭则对地质工作者的工作做了反思，认为社会上容易忽视地质工作者的作用，不但是社会的原因，也有地质工作者自身的问题。"人家社会上需要的我们没有，我们有的人家不需要"，说明地质工作者主动服务的意识和能力有欠缺。北京市的地质工作者正努力改变这种尴尬的局面，主动服务。

北京市地勘局副局长魏连伟指出，过去局里立项是为了养队伍，现在不同了，为政府提供决策支持，让政府意识到重要性，所以也不会盲目立项。我们一直做的一件事就是，持续追求一些项目，没有人给钱也干，眼光放远。我们曾经8年持续做一个备用水的项目，防止密云水库断水给北京带来的麻烦，现在证明发挥了很大作用。

2. 城市规划，地调当头

《上海城市发展》杂志常务副主编袁钢认为，城市的形成和发展过程，都与地质关系密切。一个城市能够建立和发展起来，一个大前提是它所处的位置地质条件许可，"风水好"，否则就会被毁灭，历史上例子很多。地面沉降之类的灾害，是人为因素造成的，反过来也会影响人们的生活。可以说，地面沉降是城市人的"隐形杀手"，绝对不能忽视。现在搞建设是非常必要的，但地质条件决定了我们的发展，它必须是建设论证时首先要考虑的因素。纽约的曼哈顿之所以能成为高楼林立的CBD区，一个重要的原因是，它有良好的地质条件，高楼的底下是坚硬的基岩，地质条件相当好。

北京市地勘局副总工程师吕晓俭说，过去还有一个误区，用工程勘察替代地质勘查，实际上，工程勘察是局部的，是"点"上的，而地质勘察是地区勘察，是"面"上的，不可替代。一个典型的例子是，北京奥林匹克公园的选址，事前没有地质勘察，选择在了北京地质大断裂带经过的地区，后来经过有关地质专家定位，发现刚好错开断裂带，才松了一口气。这件事对地质工作者的震动也很大，既意识到了个人在社会上的价值，也认识到自己主动参与城市规划、建设和管理的意识不强。他们提出的口号是"不做事后诸葛亮"，凡有大的工程项目，都是主动上门，先服务，满意了再收费。

北京市地勘局原总工程师董德茂补充说，目前，北京的地质勘察工作已经做得非常细致，并积极把成果向外推。北京市政府也给予了高度的重视，目前北京市在修编城市总体规划，就提出先听取地质专家的意见。

3. 法规护航，制度保障

江苏省国土资源厅副厅长刘聪提出，有关地质工作的法规建设滞后，最高不过一个"部长令"，没有强制性，工作起来难度大。和其他领域工作也难免冲突，比如地下水，是水利部门管理，还是地矿部门管理，没有一个说法。江苏省就碰到过这样的例子，国土厅处罚一个乱开采地下水的公司，但没有成功，因为他们向水利局打了申请。有些单位还"钻空子"，向水利局申请打冷水，"不小心"打出了地热水。

天津市地勘局总工程师吴铁钧提出，不论是做地面沉降控制工作，还是地热开采利用工作，政府管理体制上要理顺。要有一个统一的部门负责规划、审批、监督等，确保地质灾害防治和资源开发在制度化、法治化的框架内运转，避免不必要的损失和失误。

4. 关怀长远，不辱使命

中国工程院院士、著名地质专家卢耀如专程赶到北京参加了会议，指出，地质工作对城市建设和人民安危意义重大，地质工作者必须以严谨、负责的科学态度对待自己的工作。他指出，各地的地质调查和控制工作一定要抓紧，过度开采地下水引起地面沉降必须时刻警惕，20%的地热回灌也是远远不够的，长期下去必然影响到城市的安全。1998年嫩江洪水，大庆市损失严重，两道防线也挡不住，正是因为大庆过度的地下开采。北京市要把安全放在第一位，开发地下资源要在外围，也要限量。对开发商要严格审查，不宜大量发展温泉旅游业。卢院士还指出，地面沉降检测工作上也要创新，现在通用的一些技术和手段，都是上海的方法，能否跳出来，使用一些新的方法，因为各地的地质情况是有很大差别的。

陕西省国土资源厅原总工程师、助理巡视员王德潜认为，地质工作要提高，基础性研究很重要。地下的情况很复杂，不能轻率下结论。现代科技为地质工作创造了更好的研究环境，必须用好优势，开创地质工作的新局面。

（本文与吴林奎合写，发表于《上海城市发展》2004年第3期）

天下常熟
——一个江南"小城"的雄心

一、新《醉翁亭记》

"环滁皆山也。其西南诸峰,林壑尤美,望之蔚然而深秀者,琅琊也。山行六七里,渐闻水声潺潺,而泻出于两峰之间者,酿泉也。峰回路转,有亭翼然临于泉上者,醉翁亭也……醉翁之意不在酒,在乎山水之间也。山水之乐,得之心而寓之酒也。"2003年早春,当笔者经过了两天的走"车"观花之后,静卧在常熟市的山水之间,忍不住想起了欧阳修的《醉翁亭记》。欧阳先生看来去的地方并不多,于是把滁州写成了天堂。如果来一趟常熟,也许清醒得多。"七溪流水皆入海,十里清山半入城",说山有虞山苍翠,说水有湖网密布,说亭说园更是不可胜数。更让人意外的是,常熟虽为江南小城,集江南之秀,却又有燕赵之气,开阔豁达。常熟港北枕长江,一望浩渺;虞山门如长城巍峨,横亘东北;方塔园开敞空旷,方塔威严;而单单一个尚湖,面积就是西湖的两倍。常熟物产也多,叫花鸡、蟹粉小笼、鲫鱼、鲴鱼、桂花酒、维摩茶,到了这里,醉翁老人的"临溪而渔""酿泉为酒"也就不足为羡了。

这是一个"士大夫"气质的城市。即使今天,在常熟的老街走走看看,幽静而雅致,马上可以安静下来,捧一卷古书,摇头晃脑,陶醉到地老天荒。根据记载,这里是吴文化的重要发源地,孔子的弟子言偃就出生于此。自唐朝以来,在文学、绘画、书法、藏书、古琴、篆刻等领域名人辈出,历代涌现宰相9名、状元8名、进士483名、举人和秀才6200名。对于一座现有面积只有1200多平方公里、建成区不足60平方公里

◎ 常熟市一瞥　王鹤春　摄

的小城，这份骄傲可想而知。

然而，笔者分明是感到了另一种力量和震动。"春色满园关不住，一枝红杏出墙来。"幽静的古园就要破墙了，阳光从狭长的巷外照进来，里面的人带着欣喜出来。一个小城正摆脱围困，树立大城市的雄心；一群有着深厚传统底蕴的"士大夫"的子孙，正在学习超越传统，争当"世界公民"；一种完美而封闭的农业文化，正脱胎换骨，成为符合现代化理念的生态城市精神。这里完全可以有一篇新《醉翁亭记》，不是以酒消愁的"醉翁"，而是有着尼采笔下"酒神精神"的创新者。

二、招商城——第一推动力

1985年，当时还是很安静的小城常熟起了点小波澜。几个农民在城市的东南角办起了一个服装市场，非常简陋，属于"高级地摊"。人们的惊讶只是认为，经济是政府计划中的事情，这几个人属于叛逆；但也不在意，农民能有什么出息？但人们料想不到的事情发生了，服装市场的生意就像草原上的野火，遇到了大风，疯狂了。几年后，原来的泥腿子都成了百万、千万富翁。服装市场的规模也迅速蔓延，成了招商城。如今，招商城营业面积达到2.5平方公里，摊位2万多个，经营人员5万多，日客流量12万人以上，170多条客货运输专线连接全国1000多个大中城市，年成交额超过100亿元，成了全国最大的服装批发市场。招商城的繁荣带动了常熟餐饮和房地产业的发展。酒店生意天天火爆，土地和房屋价格上升100%。招商城的摊位，原来6000元就可以租一个，今天涨到20万元。每个常熟人都从中获得了巨大的实惠。"没有招商城就没有常熟的今天。"在招商城工作了15年的王庭桂先生感慨地说。作为元老级人物，我们相信他是发自内心的。

三、学习"转身"

但直到三年前,常熟市的城市建设还停留在小打小闹、修修补补上。常熟人太喜欢自己现有的东西,他们不能容忍"太岁头上动土"。"山也还是那座山也,湖也还是那片湖。"正因为如此,虞山和尚湖并没有像其他古城那样受到房地产开发的毁灭性破坏,保留了原始的气息。随着经济的强劲发展,常熟的城市功能不足越来越明显。道路狭窄,住房拥挤,环境设施不配套,水电煤供应滞后,成为经济发展的重大障碍。甚至一直到现在,常熟还没有一座四星级的宾馆,许多重大活动无法开展,而临近的其他江南小城,五星级宾馆已经不稀奇。常熟的私人汽车已经达到1.5万辆,而且以每年3000辆的速度增长,但老的道路已经无法容纳,停车点更是紧张。常熟30万人口中,有10万的外来人口,衣食住行处处受限。论实力,常熟在全国县市排行中居老五的位置,但常熟的城市现代化建设却难以匹配。

2000年,常熟市新的领导班子上任,敏感地意识到了建设滞后的严重性,不失时机地提出了建设"大城市"的口号。在新的领导班子看来,常熟已经具备了提升的基础,只有重塑功能,加强基础设施建设,才能有新的发展和提高。要摒弃小富即安思想,与时俱进。经过充分酝酿,常熟市在第十次党代会上提出:"以富民强市、率先基本实现现代化总揽全局,加快构筑大港口、大交通、大工业、大市场、大城市的新优势。"明眼人都知道,"五大"的提出,是常熟市站在全球化、国际化和信息化基础上的"盛世危言"。虽然常熟市有了长足的发展,但立足于全球的竞争背景,立足于可持续发展的现代城市精神,常熟市的建设水平还很低,产业积聚能力还不强,人的素质还不高。常熟人必须学会从传统向现代的"转身"。

"转身"是痛苦的。一开始的拆旧工作就苦恼了众多的常熟人。抗议信不断寄往江苏省和苏州市,常熟的领导班子承受了巨大的压力。直到有一天,常熟人发现马路宽敞了,住房大了,河道更清了,环境更整洁了,才由衷地转过弯来。"杨书记是个好官,常熟的领导班子有水平,他们改变了我们常熟。"一位出租车司机给我们讲起来很动情,开过了目的地都没有发现。

据有关资料,2000年常熟市建设投资就达到8亿元,建成和在建20多项重点工程,包括了多个重点路段的拓宽改造、引绿工程和公用事业建设。还在江苏省率先实现了全市区域联网供水,长江水使用率达到100%。常熟还结合自己城市的特点和优势,提出了建设生态城市的目标,把生态学的理论应用到了城市建设中,大力促进绿地建设,建造绿色家园。近年累计投入8亿元,建成"绿色通道""绿色屏障""绿色家园"等一大批绿化带。对城市五大入口进行环境整治就投入1.2亿元。同时,从源头控制污染;保护好虞山和尚湖的生态资源,确保山青水绿。

四、后沙家浜时代——规划先行的样板

曾几何时,一部京剧样板戏《沙家浜》让一个默默无名的江南小镇一下子闻名全国。在中国,你可能不知道常熟,但不能不知道沙家浜。你要问常熟在哪里,人们遥指沙家浜。今天的常熟人正努力推出"常熟样板",让沙家浜真正成为"常熟的沙家浜"。常熟已经有了各种荣誉,"国家历史文化保护名城""国家卫生城市""中国优秀旅游城市""国家环保模范城市",2001年又成为全国县级市中唯一的"国家园林城市"。

最有分量的还是2003版城市规划样板。在常熟市的规划局,当30岁刚出头的顾浩副局长给我们详解常熟的规划蓝图时,我们有理由相信,常熟的未来和这位副局长一样充满朝气。按照顾局长的说法,常熟的城市性质是"国家级历史文化名城,现代化的商贸城市和港口工业城市,山水城一体的风景旅游城市"。在交通的规划布局上,常熟把自己摆在了杭州、无锡、苏州、上海和江阴都市圈的中心位置,两条高速公路和两条高等级公路把城市框在中间,在建的苏通长江大桥直通江北,环城设6个公路接口,市区内15分钟到达高速公路。从规划的图纸上,我们看到了几年后常熟纵横八达的道路网,深深为常熟人走出常熟,走向全国和世界的强烈愿望震动。"天下常熟",此话不假。

整个常熟的规模将是主城新旧分开,双中心(主城和副中心港城)哑铃状分布。古城区为风貌保护区,和虞山尚湖风景区相连,确保不建别墅。新城区留有1平方公里的CBD区,疏解老城区功能。还有一块专门的文化片区,6平方公里,紧靠河边,与虞山遥望,将建设城市公园、学校、体育中心、图书馆和文化会演中心,建成后将成为常熟现代文化的积聚地。在具体地块的控规中体现了高规格,对论证好的地块不惜花巨资请国内外有名的设计院进行设计;对虞山尚湖风景区,如果找不到好的项目,绝不盲目上马,追求一时的经济效益。用地方面,在三环内坚决不设工业用地,现有工业全部外搬,这在全国也许绝无仅有。"常熟将是第一个严格按照规划建设起来的城市。"顾局长自信地说。

五、城投公司——城市建设的助推器

城市建设,资金是关键。常熟市虽然每年有4000万~5000万元的财政投入,但与实际需求仍然相距很远。"处处要办事,事事缺钱办"。常熟市城市经营投资有限公司经理王德华告诉我们。如何走出困境,市委杨书记指出,按传统思路,城建是个"无底洞",但如果转变观念,则是"聚宝盆",这就是"经营城市"。2001年4月18日,常熟市城投公司应运而生。"过去是规划、建设、管理三位一体,现在是规划、建设、管理、经营四位一体。"王德华说,"城投公司代表政

府实施经营,主要有四块工作:其一,以地生财,以财建城。严格控制土地一级市场,统一规划,统一收购,统一储备,统一调控,统一供应。当年组织三次国有土地使用权拍卖,筹措城建资金4000万元;截至2003年,总收益达到22.6亿元。其二,项目法人化,运作企业化,投入多元化。2001年推出方塔园项目,2002年元和路改造项目,总计投入5.2亿元,政府投入1500万元。2003年计划安排11亿元建设任务,政府不准备一分钱。其三,经营性市政基础设施建设资本运作。计划出让自来水公司40%的股份,把变现用于百姓密切关系的非营利项目。其四,盘活各种隐性和无形资产。如户外空间资源,出租车和公交车特许经营,繁华地段公厕经营权等。招商城托运线路招标,每年可收益几千万。"王德华还告诉笔者,2003年城投公司将重点做好两方面工作:一是经营性设施加快资产变资本的步伐;二是吸引多元化投入,希望直接吸引民间资金投资污水处理和垃圾处理,同时与银行建立运作平台。城投公司如同助推器,加快了常熟的建设步伐。同时,它也是政府管理城市事务的创造性尝试,因为现代政府的职能是"掌舵"而不是"划桨"。

六、超越"常熟田"——构筑新的城市精神

文化是一个城市的独特魅力,也是最终的竞争力。一个成熟的城市必然具有成熟的文化。

常熟的文化底蕴不可谓不厚。5000年文明史,邑内有崧泽、良渚等文化遗址多处。3000多年前的商末,周太王的次子仲雍为了让位,南下建立勾吴,定居常熟。自西晋建城到今,也有1700多年的历史。至今,在虞山脚下,仍然有一片面积不大的田地,名叫常熟田,自古风调雨顺,人民安居乐业,常熟市因此得名。在这种山水相依、衣食丰足的地方,常熟人发展了自己独特的文化,淡泊名利,亲近自然,重教养,喜读书,心灵手巧,因而孕育出了众多的文化名人。然而,传统的常熟文化只能是农业文化的样板,在进入现代化的今天,它的不适宜性逐渐明显,比如求稳、保守、不愿意冒险、自我封闭等。这种现象在招商城也很明显,随着招商城的发展,常熟人的绝对地位慢慢被浙江人代替,如今,里面超过一半的老板是浙江人,本地人只有五分之一。

常熟人在反思。实际上,常熟历史上也不乏革新精神的人,最有名的当属翁同龢,积极参与清末的维新变法,被康有为誉为"中国维新第一导师"。常熟市政协专门选取"先进文化与城市化"进行了研究和探讨,提出了常熟人应该具备的人文精神:"既稳重、求实,又敢于创新,鼓励冒险,容忍失败;既温文尔雅,又勇于在事业上争先;既充分发挥个人的聪明才智,又善于合作,发挥团队精神;既自主自立,又对外开放;既自尊自强,又能宽容和尊重别人。"理论上,常熟人已经完成了对传统的超越。

我们有理由对常熟有更高的期待。常熟的文化是一块优良的资产,把它经营

◎ 常熟田

好不会比经营土地或者市政设施的资本化运作收益差，我们认为常熟应该有高明的策划意识。实际上常熟人已经在努力，常熟的宣传机构汇集了许多很有文化底蕴的工作者，他们对自己的城市充满自豪，为常熟的宣传积极工作，积累了丰富的经验，完全可以在现有基础上成立一个"城市形象策划部"，甚至走得更远，进行企业化操作，成立"城市形象投资公司"。要转变现在还抱有的"常熟缺乏文化亮点"的观念，实际上，文化亮点不是绝对的，而是充分挖掘和运作的结果。周庄出名不仅因为有一个沈万三，乌镇旅游火爆也不只靠茅盾故居，横店干脆是当代人造假古董等，这些地方的山水条件以及古典遗存都与常熟差之千里。既然美国人能借助《廊桥遗梦》把一座乡间木桥搞成世界游览地，常熟人也完全可以在"古老的常熟田"中挖掘出可歌可泣的故事。

（本文与吴林奎合写，发表于《上海城市发展》2003年第2期）

昆山之路五题

昆山，一座明珠一样的小城，建筑不高，齐整；道路宽敞，干净；连路旁的大排档也有条有理，整洁得叫人惊讶。绿树，青草，明净的水面，衬托出江南小城的婀娜；琳琅的店铺，渗透出现代化的商业气息。这是一块超常发展的热土，是一座堪称典范的中国小城。

昆山，地处长江三角洲，位于上海和苏州之间，面积只有921平方公里，人口59万，市区人口20万。就在这块弹丸之地上，集中了2000多家外资企业，包括世界500强中的跨国公司23家，总投资超过100亿美元；人均GDP突破4000美元；农民人均年收入超过5500元；万人拥有人才759名；人均绿地9.5平方米，是"国家卫生城市"和"国家环保模范城市"。

一、经济"三级跳"，"胳膊肘朝外拐"

改革开放前，昆山是一个封闭的农业县，戏称苏州地区"小六子"，二、三产业薄弱，三次产业在国民经济中的比重为51.5∶28.8∶19.7。改革开放后，昆山抓住机遇，确立了工业兴市的目标，尤其确立了外向经济的优势地位，经过三个阶段的发展，完成了农业县向工业市的飞跃。

第一阶段，抓住20世纪80年代中期发展横向联合的机遇，放手发展乡镇企业，使工业的地位在不长的时间内超过了农业，实现了"农转工"。到1990年，全市工业总产值占工农业产值的比重达89.1%，其中乡镇工业达63.1%。

第二阶段，20世纪90年代，大力发展外向经济，实现了

◎ 昆山市景　胡鹰　摄

"内转外",使昆山经济又上一个台阶,并迅速取代乡镇企业,成为至今的强势产业。昆山处于上海和苏州之间的有利位置,坚定了他们发展外向型经济的信心。世界知名的跨国公司纷纷落户昆山,形成了南亚电子、沪士电子、捷安特自行车、仁宝电脑、法国阿尔卡特电子元件、丰田汽车零部件、长江浮法玻璃、樱花卫厨等国际名牌系列,规模大、技术含量高、市场覆盖率广、竞争力强,并带动了其他产业的发展。2000年,外资企业利税总额占全市工业经济总量的75.9%,入库税收占全市财政收入的56.2%,出口占出口总额的97.2%。

第三阶段,大力倡导技术创新,突出抓好开发区、高科技园区、技术研发中心和中小企业四个层次的开发建设,构建市场为导向、园区为龙头、技术为支撑、外向为特色的发展新格局,实现了"低转高"。

经过三个阶段发展,昆山的经济结构日趋合理,三次产业比重2000年为5.6∶59.4∶35,内外资企业互补,协调发展,后劲十足。在整个苏南乡镇企业面临困境的大背景下,昆山的企业仍然保持了强劲的发展,不能不说与此密切相关。

2000年,是昆山外向型经济结硕果的一年。一年新批外资项目250个,合同资金15亿美元。昆山出口加工区正式获国务院批准,封关运作,成为新中国历史上第一个出口加工区,几个月内吸引16家企业落户,引进外资8.1亿美元。南亚电子等巨型龙头落户,台湾笔记本电脑广志、神达、英业达、志合等集聚,生产能力1000万台。

二、开发区建设,"富规划,穷开发"

在昆山,人们会用骄傲的口气提到开发区。

从高速公路昆山出口下来，就到了中国第一个自费开发的国家级开发区——昆山经济技术开发区。宽阔的道路，碧绿的行道树延伸到远方，两边是错落的现代化建筑，充满朝气和活力。开发区创办时间要追溯到1984年底，在当时，是很冒风险的一件事。最初只有3.75平方公里，很快供不应求，扩大到6.18平方公里，再到20平方公里，到2000年，已经达到28平方公里。里面基础设施齐全，形成"三纵五横"道路骨架，还建成了国际大厦、外贸大厦、中国银行、财政大厦等高层建筑。速度快，质量好，为外商提供了良好的工作环境。20世纪80年代就被誉为"小蛇口"。

开发区建设靠自费，也是少有的事情。昆山走了一条"富规划，穷开发"之路。富规划，就是规划起点要高，标准要严，功能要全，配套要齐。穷开发，就是在没有国家投资的情况下，自筹资金，勤俭节约，少花钱，多办事。开发区资金来源，采取开发区收一点，银行贷一点，地方筹一点"三个一点"办法。土地征用上，企业规划到哪里，土地征用到哪里，开发一片成一片，不搞"圈地运动"，遍地开花。总体规划上，采取相对集中，分片开发，分期实施，"先生产，后生活；先向外，后向内；先上马，后完善"，极大提高了开发区的功能效益。

开发区选址上采取了依托县城老区的路子，一是可以借老区的公用设施武装新区，弥补新区暂时的不足；二是可以利用老区的人才技术力量为新区服务；三是借老区较好的区位优势开发新区，尤其良好的对外交通条件；四是新区的开发可以反过来推动老区的改造。

开发措施科学，加以高明的经济发展策略，使昆山经济技术开发区起到了对外窗口作用，对昆山的崛起起了决定性作用，为后来其他园区的开发提供了宝贵经验。

三、市区建设，"既要金山银山，又要绿水青山"

20世纪80年代初，昆山还是一个只有4.8平方公里的小城，但不到20年时间，就创造了一个28平方公里的新区。要实现经济的腾飞，尤其把外资引进来，必须有良好的环境，开发区是工作环境，市区是生活环境。"筑巢引凤""草窝引麻雀，金窝引凤凰"，昆山人选择建"金窝"。

首先是路，路是城市的命脉。昆山的建设是从路开始，城区是从"九步三弯"开始。"九步三弯"，是20世纪80年代初昆山城区的形象写照，弯弯曲曲，最宽的人民路主干道连人行道在内只有9米。细小的道路，如同毛细血管，人流车流稍微增加，就会拥挤不堪，"心肌梗死"。1984年，首先对人民路进行"手术"拓宽，接着是绣衣弄（今前进路），为了拆迁，延伸出了许多动人的故事。几年后，就有了"三横一竖一转圈"主干道工程，宽度达到30米，还拓宽了30多条街道、50多条巷弯。城外边，昆山人投资建设了有名的"机场路"，把上海的虹桥机场连到了家门口，露出了昆山人靠"海"吃"海"的"狡猾"。

建设新昆山，必须拆除旧建筑、违章建筑。但打破人们封闭又安宁的生活，费了很大的力气。昆山的决策层起了决定性作用，并首先从昆山人心目中的"长城"——人民路老房子开刀，调动10万人参加创建，全程戒严进行爆破。第一批14万平方米老屋夷为平地时，就预示了一个新昆山的诞生。如今，昆山已经建成了数十个住宅小区，面积超过500万平方米，形成了比较完善的房地产市场，许多住宅引来了台商的定居。1995年，昆山城市广场的建成，为20世纪90年代前5年建设画上了完美的句号。占地40000平方米，有青草，有喷泉，有音乐，给昆山人带来了梦一样的休闲生活。同时，昆山供水超前建设，日供水能力达到30万平方米。新建了停车场、小菜场、封闭式垃圾中转站，征地60亩建成国家标准的垃圾卫生填埋场，垃圾无害化处理率和水冲式公厕率达到100%。同年，昆山被评为"国家卫生城市"。

"九五"期间，昆山瞄准了"现代化江南园林城市"的目标，加大环境综合整治力度，实施了"三点三线"（人民北路美化、亭林路亮化、前进路绿化和玉山广场、桐庐广场、市民活动中心建设）、"二点二纵二横"（人民南路和前进路三线入地和120多家单位立面改造，前进路两侧花岗石铺面，全线实施灯光工程和绿化改造等）综合整治改造工程，提高了城市品位。

昆山有山有水，在"无绿不美"指导下，让山延长，把水引广，如今"山、水、园、林"城市已具雏形。以玉峰山为中心的亭林公园和占地4万平方米的城市广场，构成了昆山东西两大风景区，昆山逐步形成了"依路设带、沿河建林、一路一园、两绿夹江"的格局。市区绿地覆盖率达38.5%，人均公共绿地9.5平方米，初步构成了市区至各镇的绿色长廊。

四、小城镇，"接受辐射，寻找支点"

昆山有15个镇。昆山的小城镇建设充分利用了位于上海（浦东）和苏州（中国新加坡）工业园区的优势，积极接受辐射，同时寻找自己的支点，发挥自身优势，建设特色城镇。

各镇工业区的建设充分吸收了市经济技术开发区的经验，为投资者提供了良好的基础设施及其他服务。到2000年，各镇共计吸引外资超过60亿美元。

许多镇形成了自己的特色。玉山镇依托城区优势，建成了高科技工业园和模具实验区。陆家、张浦、周市等镇充分发挥紧靠开发区的优势，大做配套文章和特色文章，招商势头强劲。淀山湖镇发挥自己沿湖的优势，开发绿色旅游业。全市有高标准高尔夫球场三家。靠近阳澄湖的巴城、正仪镇，也大打"大闸蟹"牌，搞生态旅游。昆山西南的周庄镇，更利用900年的遗存搞旅游经济，又注重技术创新，大力发展传感器等高科技产业，奏响保护和发展的双重主题曲，如今已经成为江南古镇的代表之一，享誉海内外。2000年周庄总产值达到6.6亿元，旅游经济总收入4.5亿元。

五、"人才走进昆山，昆山走向世界"

第一次走在昆山的马路上，你很难相信这是苏南小城，因为路上人讲话"南腔北调"。就是到一些机关单位，也经常听出外地口音。昆山，很像深圳。来自不同省市、不同国别的人会集到这里，使这个城市充满了生机活力。

昆山市人事局金健宏副局长称，昆山市有 20 万外来人口，市区就有 14 万人，占了总人口的四分之一。其中，专业技术人才占了很大比重。昆山从一开始就是资金与人才引进并举。1992 年，昆山专业人才还十分缺乏，只有 9000 人，大多是教师和医生。2000 年，人才总数达到了 46000 人，每万人拥有人才 759 人，在整个江苏省名列前茅。

吸引人才靠政策。昆山靠近上海，吸引高级人才不容易，必须有更加优惠的政策。他们提出的原则是"广吸引、低门槛、给机会、奖股权、低收费"。广吸引，在全国撒网，吸引人才，不和几个大城市竞争。低门槛，学历放宽到大专以上，免费引进。2001 年底争取全面放开，全部实行零收费。进入昆山的人才没有丝毫的歧视，给机会，讲报酬，感情留人，事业留人，待遇留人。

人事工作真正到位。什么叫到位？他们的原则是政府围着企业转。主动走进企业中了解需求，然后根据需求到外面找人才。一个台商到昆山来，提的投资条件是一个月内到位 100 名计算机人才，结果时间一到，昆山献上了 150 人的大名单。人才到位，后面的服务到家。户口、家属、孩子上学问题，一个电话，人事部门上门办公，企业的人事经理开玩笑说："我们要失业了。"重视引进后的培养，与复旦大学、上海交通大学、南京大学等联合举办培训班，培养各类复合型人才。

1998 年，作为昆山引进人才机制的又一次突破，江苏昆山留学人员创业园正式开园，基础设施完备，首期面积 20 万平方米，拥有 3 万平方米标准厂房和智能化办公用房，紧邻沪宁高速公路、312 国道、沪宁铁路，距虹桥国际机场 45 公里。政策优惠，三年内免租金，提供住宅房，子女、家属迁入户口、就学免费，重大科研项目优先申报，税收按国家规定，地方税费全免。创办以来，已吸引 50 多家留学人员企业进驻孵化，在美国、日本、英国、加拿大、法国等留学的博士、硕士，创办研发自动焊机、新型催化剂、功能陶瓷、新型感光材料及各类计算机开发、网络技术等高新技术企业。2000 年 10 月，创业园被国家技术部评定为"国家高新技术创业服务中心"。同年，投资 1000 多万元，建筑面积 4160 平方米、硬件设施一流的昆山人才市场新大楼投入运行，昆山吸纳人才有了稳固的"阵地"。昆山走向世界的步伐加快了。

（本文与许振敏、陈鹤皋合写，
发表于《上海城市发展》2001 年第 4 期）

02
综合管理

以标准化建设为突破口推进我国城市管理精细化研究

标准化是社会发展和城市治理的重要技术基础。城市管理标准化建设，是加强城市精细化管理、构建新型城市治理体系的一项基础性工作。其作为城市管理法规体系的有力补充，将在明确城市管理法规依据的基础上，形成一套可操作、可量化、可考核、可监督的城市管理规范体系。加大城市管理标准化的研究探索，有利于促进城市管理科学化、精细化、智能化；有利于形成城市管理常态化、长效化机制，促进城市管理高质量的可持续发展；有利于更好地解决城市管理的热点难点问题，对实现城市更整洁、更有序、更安全、更美丽的目标，增强城市能级和核心竞争力。

一、探索城市管理标准化建设的新时代背景

（一）改革开放以来我国城市管理的历程

改革开放以来，我国的城市管理，大致经历了几个阶段：

改革开放初期，各城市致力于经济发展，各项管理工作服务经济发展，城市管理体制围绕城市管理职能的调整、强化建设职能和对外授权、对内精简展开，但整体上政府"大包大揽"的特点比较突出，行政管理弹性和灵活性存在不足。

1992年到21世纪初，中国对城市管理体制进行了大刀阔斧的改革，主要方向是实现了城市管理从传统计划经济体制模式到市场经济模式的转变，实现了管理重心的不断下移以及各部门管理职能的合理划分和统筹协作，城市管理法治化建设同步大力推进，城市管理逐步有法可依。同时，城市管理主体逐步多元化，市场化和社会化管理机制逐步建立。

◎ 贵阳市景　王鹤春 摄

21世纪以来，城市管理向城市综合管理和城市信息化管理提升，积极推进城市管理综合执法，积极运用法律、经济、教育、技术等多种手段，尤其利用信息化技术手段，以技术推动管理流程的再造，有力推进了城市管理的扁平化，实现了城市管理的高效和长效。

党的十八大以后，以习近平同志为核心的党中央大力推进国家治理体系和能力的现代化，城市管理进入精细化管理的新阶段，城市管理以人民为中心，着力破解突出短板问题；着力健全基层治理机制，推进城市治理的共建共治共享；进一步发挥智能化技术的优势，实现城市管理的精准高效。党的十九大，开启了中国特色社会主义新时代，城市管理也进入一个新的时期。

（二）新时代城市管理面临的新形势

1. 城市管理的地位有了根本的转变，需要进一步提高站位。改革开放40年来，中国经历了史无前例的快速城镇化，城镇化率从17.92%提高到58.52%，成为"世界大事件"。随着我们正式进入"城市社会"，超过50%的人口常住在城市，整个社会的治理结构正发生质变。城市管理，必将成为我国治理体系现代化的重要内容。

2. 城市管理千差万别整体粗放，需要加快规范化建设。40年间，我国城市的数量，从193个增加到661个。其中，北京、上海、天津、重庆、广州、深圳、武汉等城市，城区常住人口超过1000万。但是，我们的城市，总体上仍处在建设发展的成长阶段，存在各种不平衡不充分的矛盾问题，错综复杂，管理方式总体粗放。需要进一步加快法规和标准建设，尽快形成系统化的法规和标准体系。

3. 现代科技的进步和社会生活方式的变革，对城市管理提出了新要求。城市管理是一类"开放的复杂巨系统"。以现代信息技术为代表的新兴科技，对传统的管理模式提出了新挑战，同时为管理创新奠定了良好的基础。同时，城市发展中的一些矛盾问题，错综复杂，既有城市管理问题，也有社会管理问题，还有经济管理等问题，彼此交叉，破解难度大。这些趋势，需要城市管理体制、机制的积极变革，尤其需要加大社会治理的力度，提高城市管理精细化、智能化和标准化水平。

（三）新时代城市管理的新要求

党的十八大以来，习近平同志多次对加强城市管理工作做出重要指示。在中央城市工作会议上，习近平同志明确指出要把握城市发展规律，彻底改变粗放型管理方式，为人民群众提供精细的城市管理。2017年3月5日，习近平总书记在参加上海代表团审议时提出，城市管理应该像绣花一样精细。城市精细化管理，必须适应城市发展。要持续用力、不断深化，提升社会治理能力，增强社会发展活力。2018年11月6日，习近平总书记来到浦东新区城市运行综合管理中心，了解上海在推进城市精细化管理方面的做法。他强调，城市管理搞得好，社会才能稳定、经济才能发展。一流城市要有一流治理，要注重在科学化、精细化、智能化上下功夫。既要善于运用现代科技手段实现智能化，又要通过绣花般的细心、耐心、巧心提高精细化水平，绣出城市的品质品牌。

二、城市管理标准化建设的内涵

（一）管理标准研究是基于传统标准概念的适用拓展和理念创新

标准，是为了在一定的范围内获得最佳秩序，经协商一致制定并由公认机构批准，共同使用和重复使用的一种规范性文件。标准以科学、技术和经验的综合成果为基础，以促进最佳的共同效益为目的。传统上，标准一般理解为技术标准或规范。在城市建设领域，已经形成了一套完整的工程技术标准体系。但包含在工程建设技术体系内的设施运行维护标准，已经不能满足实际管理尤其是政府监管的需要，迫切需要在理论上进行创新，以形成一套与运行维护技术标准相协调、支撑的管理标准体系，弥补城市管理制度建设的空白。

城市管理标准，目前尚没有明确的概念界定。结合城市管理标准化工作的特征和实践经验，城市管理标准初步定义为，为获取城市管理运行最佳秩序，经协商一致制定并由公认机构批准，共同使用和重复使用的一种规范性文件。它不同于刚性的法规，也不同于侧重运行维护的技术标准和规程，而是专门为有关城市管理部门或社会责任主体及单位使用的管理规范和工作导则。

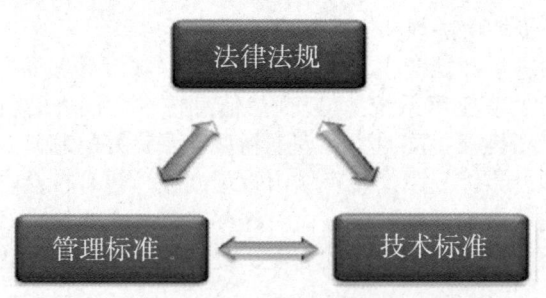

城市管理标准关系图

城市管理标准是城市管理法规的具体落实和实践补充。一方面，相对于法规更侧重"原则性"管治，标准规范更加细化、具体化、量化和体现技术含量，针对性更强；另一方面，相对于法规制定实行的周期较长、难度较大，标准规范制定实施更加灵活、及时、便捷，在城市管理问题集中尤其是短时期顽症难题发生较多的情况下，管理标准具有重要的实用价值。

管理管理标准与运行维护技术标准相互协同支撑。两者侧重点不同：一是衡量对象不同，前者以城市区域空间为首要对象，后者以市政设施设备为首要对象；二是衡量内容不同，前者侧重于管理服务质量，后者侧重于运行养护质量；三是衡量方式不同，前者主要凭借人的感官形象感知，后者主要运用技术或媒介手段抽象感知；四是衡量目的不同，一个侧重考察政府管理部门的绩效，一个侧重考察作业服务单位的绩效。

（二）管理标准研究和探索为城市精细化管理提供操作路径

相对于管理法规建设的难度大、周期长和刚性特色，管理标准的编制实施具有周期短、灵活性强、操作方便、适用面广等特点，既能快速适应城市管理精细化要求的新形势，同时为法规建设探路试错和积累经验，是当前和今后较长时期城市精细化管理最具操作性的突破口。城市管理标准的突出特征表现为：

一是可操作。每项标准都有明确和量化的管理目标，有明确的监管、监督、管理、操作主体，有明确的发现、派单、处置、评估、督查流程。语言风格直观明了、通俗易懂，管理者易操作，市民群众易参与。

二是可感知。突出问题导向、需求导向和效果导向，优先解决市民群众反映最迫切的管理难题，务求实效，社会获得感强。

三是可考核。城市管理部门能够依据标准体系建立考核办法，对现有城市管理进行量化考核。

四是差别化。根据不同空间、时间上的不同管理内容，差别化施策，差别化评估考核。

（三）城市管理标准化建设和实践符合管理精细化的需要

2015 年《中共中央国务院关于深入推进城市执法体制改革改进城市管理工作的指导意见》明确提出，要加快制定修订一批城市管理和综合执法方面的标准，2020 年基本完善城市管理法律法规和标准体系的目标，以进一步提高城市治理能力和精细化管理水平。

经过多年的实践积累，我国的城市管理在制度建设上形成了一定的积累。随着城市管理愈加综合复杂精细，城市管理的要求不断提高，对主体明确、流程清晰、可评价可考核的"新型"管理规范的需求，越来越显得迫切。抓紧建立健全城市管理标准体系，引领城市管理，为精细化管理提供标尺和依据，努力使城市管理各个领域都有标准可循，是城市精细化管理实践的迫切需要。

三、我国城市管理标准化建设的既有探索和存在的问题

近年来，我国各省、直辖市、自治区按照中央加强城市管理和综合管理的要求，探索开展了城市管理标准建设和实施工作，取得了一定的成效。根据 2017 年住建部城市管理监督局对全国各省、直辖市、自治区及省会城市的问卷调查结果，发现绝大部分省、直辖市、自治区已经开展了城市管理标准建设工作，其

中,有些省、直辖市、自治区形成了较完整科学的管理标准体系。各地城市管理具体情况不同,各具特色,标准编制和标准体系建设也形成了一些共性特点:

一是问题导向。围绕城市管理重点工作和突出矛盾,提出迫切需要编制的标准目录清单。主要围绕城管执法、市政公用管理、市容环卫管理、绿化园林管理等,尤其是城管执法类标准建设和数字城管的标准建设较为普遍,推进较快。

二是重实用,可操作性较强。不拘泥传统技术标准的格式套路,立足于问题的有效解决。内容上,条块结合,有以"条"为主的专门管理事项,也有以"块"为主的综合管理事项;形式上有的叫制度文件,有的叫管理手册,有的叫管理方案等。如青岛市的管理工作手册,有市政设施、环卫绿化等行业管理,也有专门针对海滨浴场的综合管理,而且清晰明了,易理解,易操作,易监督。

三是分类施策。在明确底线要求的基础上,针对不同的管理区域、对象和时段,实事求是,提出不同程度的管理要求。

四是注重和强调综合管理和精细化管理。根据现有城市管理跨部门、综合性的特点,强调综合施策,标准之间关联性强。2018年,上海市发布城市精细化管理三年行动计划,把标准化列为城市精细化管理"四化"之一(法治化、社会化、智能化、标准化)。但在全国层面看,城市管理标准和标准体系建设整体上参差不齐、差异显著、成效不一。

通过对主要城市的既有城市管理标准体系的建设和实践成效梳理后发现,主要存在以下共性问题:

1. 标准体系建设整体上仍较滞后或缺失

遵循城市管理的内在逻辑,有效整合各类管理要素,推动城市管理全覆盖、全过程、全天候的城市管理体系,在大部分城市还是空白。有些城市虽然提出了自己的管理标准体系构架,但逻辑性有待推敲,偏于散乱零碎。

2. 管理标准和标准体系建设缺少规范引导,本身就不够标准

由于在国家层面,尚缺少引领性和指导性的城市管理标准体系框架和建设意见,缺少统一的城市管理概念和范围界定,缺少统一的基础术语、基本格式、基本目标等,各地的探索难免有一定的盲目性,形式多样,但有些方面不够科学准确。

3. 管理标准缺、散、低、弱,强度不够,实际成效有待检验

表现为管理标准的覆盖面不够;许多管理标准散见和依附于技术规范、维护保养工作手册或规范性文件中,独立性不够,规格不高,得不到重视,不能有力地指导城市管理工作。另外,适应新的形势,在体现管理的智能化、社会化方面,标准不足,着眼于今后综合管理和精细化管理的高要求,差距不小。

4. 体制机制支撑不够

各级、各部门、各机构组织的标准编制"各自为政",缺少有效的统筹整合,不利于综合管理的实施。标准建设的人财物保障没有跟上。标准的宣贯和教育普及工作仍然较为薄弱,标准化的意识没有深入人心。

四、城市管理标准体系框架和内容

（一）基本原则

注重城市治理、综合管理、智慧管理，以人民满意度为核心，形成全覆盖、全过程、全天候以及可操作、接地气、群众获得感强的系统全面的城市管理和执法标准体系，实现与政策法规体系、规划建设技术标准体系的有效衔接支撑，共同推进城市管理精治、共治、法治、慧治，让城市更加"有序、安全、干净、美丽"，让人民生活更加美好幸福。

（二）主要内容

体系，指一定范围内或同类的事物按照一定的秩序和内部联系组合而成的整体，是不同系统组成的系统。城市管理标准体系，是围绕城市管理范围、内容、特点和目标，按照一定的逻辑和有机联系形成的不同管理系统的整合。基于已有的实践和发展趋势，城市管理标准体系，应该是专业管理、城管执法和技术支撑的有机统一或"三位一体"，其中专业管理主要侧重常规管理和服务；城管执法主要侧重城市综合性问题的解决；技术手段则是服务于专业管理和城管执法，优化流程，提高效率，辅助决策，进而提高管理和执法的科学化、精细化水平。

城市管理标准体系是一个开放的框架和系统，其最终目标是形成城市治理开放协调、共建共享的新生态。其包含的管理系统内容将根据管理实践不断调整完善。现阶段，依据国家层面既有政策法规对城市管理的界定，城市管理标准体系框架，初步概括为"3+1+1"。"3"即市政公用设施运行管理、市容环卫管理、园林绿化管理等行业领域的管理标准，以及领域范围内所涉及的交通秩序、公共安全、生态保护和环境、应急等部分的管理标准。"1"即城管执法标准；其后一个"1"即城市综合管理服务平台建设运行管理标准。

1. 专业管理

市政公用设施运行管理标准：主要包括道桥设施管理、市政给排水设施管理、市政燃气设施管理、市政供热设施管理、市政照明设施管理等方面的标准。

市容环卫管理标准：主要包括城市容貌管理、户外广告设置与维护管理、牌匾标志设置与维护管理、景观照明维护管理、公共厕所维护管理、道路清扫保洁管理、生活垃圾处置管理、建筑垃圾处置管理、河道水面维护管理、声光尘污染管理、历史文化风貌区管理等标准。

园林绿化管理标准：主要包括公园广场管理、动物园管理、游乐场管理、公共绿地管理、行道树管理、古树名木管理、湿地管理、风景名胜区管理、自然保护区管理等标准。

2. 城管执法

城管执法标准：主要包括城管执法队伍建设、案件办理、执法勤务、督察管理、执法装备、后勤保障等标准；阶段性城市顽症难题治理工作导则等。

3. 城市综合管理服务平台

城市综合管理服务平台标准：主要包括城市综合管理服务平台数据管理规范、数据共享标准、建设技术标准、网格划分标准、许可管理流程、行政执法流程、诚信考核规范、绩效评价规范、验收标准等。

（三）推进步骤

城市管理标准体系建设的基本原则是整体设计、逐步推进。按照三个重要的时间节点，分近期（2020年）、中期（2022年）和远期（2035年）来推进城市管理标准体系的建设和实施。

1. 近期任务。近期的建设目标是形成城市管理标准体系的"四梁八柱"，重点针对当前城市管理中存在的突出问题，修编或新编一系列的城市管理标准。

2. 中期任务。力争到2022年底，初步建成覆盖面广、重点突出的标准体系，初步形成制度化、系统化的标准实施推进模式和运转顺畅、协调高效的标准化工作机制。

3. 远期任务。到2035年底，全面形成城市管理标准体系，并建立持续完善和优化的体制机制。形成与国家现代化治理体系和治理能力相适应的城市管理标

◎ 六盘水市景一角

准体系。

五、具体推进建议

（一）完善推进机制

明确国家和地方层面标准编制工作责任，层层推进管理标准工作的落实。建立多级、多部门参与城市管理标准体系建设的制度，建立"共同参与、各有侧重"的合作推进机制，有效整合多方力量。

在国家层面，由城市管理主管部门出台推动管理标准编制和实施指导意见，制订标准体系建设和实施规划，建立督查考评机制；组织城市管理基础术语标准、国家层面强制性标准的编制；重点打造一批示范性项目等。同时，进一步加强与其他部委关于城市管理和社会治理标准规范建设的协同，加强与城市管理相关标准推进实施部门和单位的协作。

各省、自治区、直辖市层面，其城市管理主管部门应依据住建部有关城市管理标准制定和实施工作的指导意见和规划计划，结合地域特点和实际，深化细化部层面的标准体系和目录清单，并制定和出台本地区的指导意见和规划计划，指导推动下属城市和管理部门落实，加强督导。同时，协调推进跨地区、跨城市相关城市管理标准编制和实施工作；开展城市管理标准示范点创建工作，树立典型，打造工作亮点。

各市（区）县地方政府与行政主管部门，作为城市管理的具体实施主体，依照上级部门的工作规划和指导意见，立足地方特点和管理水平，因地适宜地构建适合本地区的城市管理标准体系。突出空间管理、综合管理、差别化管理，把管理标准建设与城市精神文明建设相结合，把跨部门的综合管理与综合执法相结合，切实可行地推进地方层面的城市管理工作。

（二）建立管理标准实施督查考评机制

规范和引导管理标准的健康发展，鼓励编制单位及管理部门自愿开展标准化评价，以及由第三方专业机构开展管理标准的合规性和先进性评价，并将评价结果公开。形成管理标准评价体系，评价体系既要包括适用于上级管理部门和督察部门的综合督查标准，又要包括适用于媒体、社会组织和市民监督考评的细则。

（三）加强城市管理立法支撑

积极推动城市管理和综合管理的立法工作，各地方管理部门也可根据实际情况发布指导性文件或实施指南，并积极推进上升为地方条例，为管理标准提供坚强的法制保障。

（本文与钟颖博士合写，发表于《上海城市管理》2019年第5期）

参考文献：

1. 范志伟. 城市管理概论 [M]. 上海：上海交通大学出版社，2012.
2. 乔延军. 东京都精细化管理标准制定对上海的启示 [J]. 上海城市发展，2019（3）：12-17.
3. 上海市人民政府. 上海加强城市管理精细化"三年行动计划"明确13项重点任务和42个实施项目 [EB/OL]. （2018-02-01）[2019-05-05].http：//www.shanghai.gov.cn/nw2/nw2314/nw2315/nw5827/u21aw1286692.html.
4. 徐存福，张永刚，钟颖. 日本东京都的城市精细化管理 [J]. 上海市政公路，2018（1）：32-39.
5. 张有坤，翟宝辉. 构建城市综合管理的标准化支撑体系 [J]. 上海城市管理，2014（4）：16-22.
6. 朱仁显，黄雀莺. 城市综合管理的法治化、规范化 [J]. 东南学术，2015（4）：63-70.

上海与东京,城市管理精细化对话

——2019上海-东京城市管理精细化研讨会综述

2019年11月21日,由上海市住房和城乡建设管理委、解放日报社共同主办,上海市住房和城乡建设管理委科技委办公室、上海市城乡建设和交通发展研究院、上海市房地产科学研究院、上海世界城市日事务协调中心等承办的"2019上海-东京城市管理精细化研讨会"在上海交通大学召开。与会中日专家围绕"精细管理、美丽家园"主题,进行了多角度的认真研讨,分享面临的共同问题和治理经验,相互借鉴启发,取得了积极的成效。

一、与会领导和专家主要演讲要点

上海市人民政府副秘书长黄融在致辞中提出,上海按照习近平总书记城市管理应该像绣花一样精细要求,努力做好上海城市管理精细化工作,围绕城市更加有序、安全、干净,更加易居、易业、易游,人民生活更加方便、舒心、美好的目标,推进美丽街区、美丽家园、美丽乡村建设,一批城市管理顽症得到了有效治理,城市环境面貌和管理秩序不断完善。第二届中国进口国际博览会,上海高效有序的城市保障和美丽的城市环境,给各位中外嘉宾留下了深刻的印象。党的十九届四中全会对全面提升城市治理的现代化的水平进行了精细的部署,城市管理能力和水平,也是治理体系和治理现代化的重要内容,上海将坚决贯彻落实中央的要求,始终对标国际最高标准最好水平,通过不断的学习、探索和实践,持续提高城市管理能力的水平。

日本国驻上海总领事馆经济和文化部部长福田高幹致辞指

出，中日合作，进入了一个新时代，有许多共同的话题、共同的课题。一定要有一种共同创造的精神来推进中日合作，不管是在医疗、养老还是城市管理领域，日本的智慧可以和中国的智慧放在一起讨论，这样子的思路本身就是日中新时代要寻找发展的一个核心的理念。

　　上海交通大学党委书记、教授姜斯宪做题为《城市精细化管理的上海经验》主旨报告，以城市生活垃圾治理作为主要的切入点，总结了上海精细化治理五方面的经验：第一个是党委领导，立法先行。坚持中国共产党的集中领导，是我国国家制度和国家治理体系的显著优势。上海城市精细化管理是在上海市委的高度重视和坚强领导下持续推动并取得成效，市委市政府不仅高质量地完成了顶层设计和任务的分解，而且有力地形成了党建引领，多元参与，合力推进的城市精细化的管理格局，将党的领导这一优势转化为城市精细化管理的效能。提供了上海答案，贡献了上海经验。第二个是部门联动，体制支撑。建立了权责明确，高效协同，有力执行的体制机制。以问题和需求为导向，打破部门之间的壁垒，形成跨层级、跨网络的体制机制。第三个是全民动员，共治共享。党委政府和企业、社会组织、居民多主体参与，建设人人有责、人人尽责、人人享有的社会治理共同体。第四个是科技赋能，智库助力。科技赋能成为城市精细化管理的利器。第五个是文明养成，以人为本。体现人文关怀，让每一个人自觉地改习惯，增素质，提修养，让每一个人在付出是一种骄傲中成为更有公德的市民。

日本城市与环境发展研究所研究员阿部和彦先生做主旨演讲《东京的都市计划，"FIRST U TOKYO"和"城市建设的设计蓝图"》，分析了日本和东京城市管理面临的形势。首先是人口的减少和老龄化的影响。目前东京从15岁到64岁的生产年龄的人群在减少，65岁以上的老年人的比例有所增加，人口的变化会给其他所有的方面带来很多的影响，首先就是在通勤和上学等的需求会有所减少，原来的交通比较拥挤的时间段和地方也会有所变化。同时，老龄化的人口增加，会带来一些看护设施需求的增加。人口减少，东京多出了很多的空房，全国的空房率达到了13.5%，首都圈是12.2%，东京首都圈是11.3%左右，东京的空房率是比较高的，有82万户的房间是空房。其次是城市设施老化问题。许多设施的建设年数基本都达到了30年左右，要有很合理的维护和经营。特别是地震的频发以及水灾预防，需要对设施进行强化。阿布先生还介绍了东京未来发展规划，东京发展提出了"FIRST U TOKYO"，从2017—2020年的行动计划，东京都的目标是要成为世界第一。朝着2040年未来的设计，是安全的城市，有活力的城市和智慧城市。日本首都圈是世界上最大的一个都市圈，要提高城市基础设施的建设来给它新的源泉。

同济大学常务副校长伍江教授在《黄浦江两岸更新改造》专题演讲中提出，上海在浦江两岸规划开发工作中，最核心的思想就是还水于民，还岸于民，将黄浦江岸线由生产型转变为生活型，将黄浦江两岸土地由产业功能转变为公共功能，使黄浦江两岸滨水空间真正成为公共开放空间。2018年，黄浦江实现了两岸45公里公共空间的贯通，迈出了坚实的一步。主要有八条经验：第一条经验是规划先行。规划先行决定了今天的黄浦江美好的景象。第二条经验是一个全新、高效的管理体制的建立。上海市委、市政府及时提出了黄浦江两岸重新规划与综合开发的重大战略决策，并催发一个有效统筹协调规划、建设和管理的黄浦江两岸开发管理机制应运而生。第三条经验是彻底摆脱了一般意义的城市滨水区环境整治与开发。黄浦江两岸的改造和开发与城市的产业转型和功能提升紧紧地、有机地结合成一个整体。第四条经验是成功地利用了世博会的重大历史机遇。世博会是影响一个城市未来几十年甚至上百年发展的重大事件。第五条经验是有重点、有步骤地推进规划和建设实施。从北外滩到南外滩，从西岸到杨浦渔人码头，一个又一个区域被成功改造。第六条经验是规划建设紧紧围绕以人为本的理念。滨水空间的生活化、公共化和休闲化成为再开发的关键词。第七条经验是规划建设充分体现自然生态的原则。在黄浦江两岸的规划建设中始终以黄浦江及两岸地区的生态效应最大化为原则。黄浦江两岸从城市生态环境最差的区域逐渐转变出城市生态环境最好的区域。第八条经验是规划建设不忘历史文化遗产保护和城市历史文脉的延续。伍江教授强调，黄浦江两岸更新更重要更长远也更艰巨的任务，是将黄浦江两岸的更新效应向两岸腹地辐射，让滨水空间的价值提升转变为整个上海城市空间价值的提升，并最终转化为城市空间生活品质的不断提升。

日本UR都市机构海外业务拓展支援室技术负责人时田伸二在《日本UR都

市机构的既有建筑修缮改造》专题报告中指出,UR 都市再生机构是 2004 年依法设立的政府机构,主管部门是日本国国土交通省。主要职责包括:(1)城市再生。与民间企业和地方政府合作,推进城区开发改造。(2)租赁住宅的管理、再生。以最佳方法对租赁住宅进行维护管理、提供丰富多彩的生活空间。(3)复兴灾区。支援受灾区的重建工作并强化城市防灾抗灾功能。(4)新城开发。把实现安全舒适的郊区生活作为城市建设的目标。推进安心、安全、环保的城市建设,对应老龄少子化社会。实现魅力无限的郊外及地方城市生活。UR 对租赁房的管理最主要的是站在入住人的立场来思考的。面对住户的服务是由管理中心来进行的。有 24 个管理中心。每一个社区里面,都有一个管理服务事务所,是和入住的人进行直接联系提供服务的窗口,一个管理中心管理着 28000 户的人家。UR 有成熟的住宅质量保全体系。一是有计划的修缮。把修缮工作纳入每年的工作当中,同时还要建立起三年一期的中期目标。二是根据不同的社会、时代生活的需要进行修缮。1965—1975 年当中所提供的租赁房,一楼到三楼楼梯尽可能去掉,让老年人居住起来更加方便。从 2010 年开始,又在这些老的住房中增加了电梯,便于住房人的使用。同时,在照明设施中应用了 LED 等设备。还会对住宅的一整栋进行修缮服务,利用很多的技术达到低噪声和低振动。三是支撑 AI 新生活的修缮。面向 2030 年,探索一些新的生活方式,适应云空间和共享汽车时代的生活。UR 所设想的一个住宅,44 平方米的样板房,住在这个空间里的人可以和各种各样的人进行交流,AI 技术普遍被利用,能够把人的生活中所有的危险都事先告知。同时为了生活,人们不仅仅需要信息,还需要物和物之间的交流,包括机器人送货上门,哪怕是不见面,也可以轻松地达到交易的结果。所以对于货物的接受,还有对于物流所有的服务都可以实现。

  同济大学建筑与城市空间研究所教授沙永杰的《东京城市更新案例及启示》专题报告,首先梳理了东京城市演变过程,包括明治时代的"西化"过程,关东大地震(1923 年)后的东京重建,二战后的东京重建(1945—1964 年),《都市再开发法》(1969 年)实施,日本国有铁道民营化和消除赤字促成的重大城市更新,《都市再生特别措施法》(2002 年)实施等。着重分析了泡沫经济之后,日本在 20 世纪 90 年代城市的发展道路。继续解决城市交通问题,所有的项目不再追求高大上,都是比较务实的,把城市的提升作为促进经济的一个手段。在战略特区里鼓励民间资本发力,提升东京的国际竞争力。2004 年,设立 UR 都市再生机构,作为独立行政法人特别机构。代表区域和案例包括大丸有、新宿副都心、涉谷副都心、池袋副都心、丰岛区政府大楼项目、虎之门新城、赤坂一丁目再开发项目等。其中大丸有地区成为日本的经济中枢,顶级商务核心区。1.2 平方公里有 8 万就业人员,4300 家公司,13 条电铁交通线路(含新干线)+7 条地铁线,地下通道和服务网络(丸之内范围最完善),地区统一冷暖供应系统和防灾系统。项目共性:提升东京国际地位的作用,提升基础设施能级,开发组合,高强度高复合,注重城市使用者共享部分。东京城市更新经验:一是城市发展模式转型或城市发展阶段转变都实施大规模城市更新，通过城市硬件改造实现城市能级大幅提升，交通等基础设施承载能力和土地开发复合承载能力等方面综合提升。二是城市更新——结构性调整或优化，通过再开发实现高能级区域的增长（数量和功能能级提升）。三是容积率是重要调控手段，政府、资本和小业主及市民合力，多方共赢的路径。

上海市政工程设计研究总院总裁张亮的《街道整治全要素的技术研究与实践》专题报告提出，城市街道应该具备四方面的功能，第一个是展示城市的形象，第二个是促进绿色交通，第三个是提供生活的场所，第四个是推动经济繁荣。整治的目标就是街道的整洁美观，整治的内容分为地上、地面和地下三个部分。第一个是做减法，第二个是全要素，第三个是一体化。地上设施主要归为二大类，第一个是综合杆，第二个是综合箱，我们按照"应合尽合"的原则。地面设施的内容很多。要做强度是耐久的、降噪的城市道路。地下设施是架空线入地和管线，把地下的电缆，把强电和弱电的融合起来。做道路全要素的整治，有三个意义，第一个就是实现了街道功能的同时，要提升品质。第二个就是街道的形态和环境要和周边相融合，消除架空线的污染。第三个是安全与舒适并重，统筹协调。城市是人民的城市，我们的街道也是为人民提供的公共空间进行服务的。

株式会社东京Landscape研究所拓展部总监杨贵宝的专题报告《日本景观设计的变迁与东京都市容景观设计案例》回顾了日本城市景观设计的历史变迁，20世纪60年代，实用与挑战式的设计；20世纪70年代，建筑家、造园家、艺术家的景观设计；20世纪80年代，创意性的、国际贡献的景观设计；20世纪90年代，艺术主导的景观设计；21世纪00年代，人性化、开放式、自然回归花园式的景观设计；21世纪头十年，生态网络式的景观设计。其中，《景观法》与《实施景观法等相关法律的整备》及《城市绿地法》等通称为"景观绿三法"，对近15年的景观起了非常大的指导作用。《景观法》2004年施行，明确了国家的责任，授予地方政府制订景观规划、实施、管理以及保护方面一定的强制力（监管权）。《城市绿地法》规定绿地 / 广场的建设；创设市民绿地制度——市民绿地的设置管理计划由各地方政府长官（市区町村）认定；扩充指定绿地管理制度——绿地管理机构的指定权由知事改为地方政府长官（市区町村）。另外，《城市公园法》规定城市公园的再生 / 活性化，创设由民间企业实施的公共收益性，设置管理制度（Park-PFI）。《户外广告物法》规定屋外广告业的正确运营；严格监管建筑物的设计和使用色彩。《建筑基准法》积极保护在景观上重要传统建造物，缓和对斜线规制以及建筑面积的规制。杨贵宝指出，大手町之森是现代景观设计的经典案例之一，体现了"再生城市，再生自然"基本理念。杨贵宝还提出绿色基础设施与景观设计的理念。把绿色脉络的各个要素综合起来，以绿色基础设施重新构筑新时代城市空间。

阪申土木技术咨询（上海）有限公司技术顾问石川一美的专题报告《日本城市道路养护案例》介绍了日本道路养护之道。在日本，街道的意义，是保持交通的顺畅，同时能够给大家丰富的公共环境，还能够发挥安全、舒适的城市功能。整治的过程分三个不同的阶段来进行。首先是构想和计划。在计划的过程中，一定要把握它的地区的个性。其次是要考虑到管理步行道的设施。把它放到人们生活的景观中去，注意到留下步行道的空间。最后是维护的可持续性。维护的过程不是一个短期的工程，而是一个几十年甚至是上百年的过程，要考虑建立起一个合作的道路维系体制，重视当地居民的想法，建立起一种合作的体制，吸收他们的要求，让当地的人带有他们的一些热爱来进行维护。比如在道路铺装的时候，需要怎么样的色彩，怎么样的材料和设计，在这个阶段，就让市民共同参与，把他们的想法带入进来，进行道路表面的铺装。

二、上海和东京城市精细化管理的相同点和差异点

通过研讨，与会领导和专家深切感到，上海和东京两座国际化大都市，在高品质发展和精细化管理方面，有许多各自的特点，更有诸多的相同点，值得进一步相互交流和借鉴。

1. 相同点

经初步梳理，上海和东京，在城市发展的历史沿革、使命和形势、远景目标、突出问题、工作路径等诸多方面，有相同或者相似之处。

（1）都经过了大规模城市建设，进入了"重在管理"的发展阶段。城市管理成为城市核心竞争力的重要组成部分，成为以人为本提升市民福祉的重要衡量指标。

（2）都承担国家使命。不论城市管理还是社会治理，在全国城市中具有示范和标杆意义，甚至代表国家城市治理的最高水平，参与全球竞争。

（3）都树立了全球领先的目标。上海提出建设卓越的全球城市，东京提出建设"全球第一"。

（4）都积累了丰富的管理经验，同时面临突出难题。政府、企业、社会、市民四位一体的基本管理体系初步形成，城市管理和社会治理不断规范。同时，人口不断增加、老龄化不断加重、设施老化、环境质量和安全形势依然脆弱、部分地区活力不足等问题突出。

（5）都把城市发展的着力点放在城市更新和街区活力的营造、住宅和交通设施便捷度和舒适度提升、深度的生态环境建设、新技术的应用和适应等方面。

（6）都强调用"国有机构"的方式解决公益性强或者市场化需要逐步培育的事业。如在旧区改造、灾区复兴、公租房建设和管理、新城开发等方面，更好发挥政府主导的企业或机构的综合协调和统筹作用；更好发挥市场化优势的同时，回避过度市场化的缺陷。

2. 差异点

由于制度背景、社会文化、经济发展等方面的不同，上海和东京在城市发展和精细化管理方面，也存在一些明显的差异。

（1）在制度层面，东京更侧重法治建设，通过法规的不断拓展和完善，指导和支撑城市建设和管理的推进。上海更侧重政府行政管理力量的发挥，通过政策先行推进。同时，更强调党的领导下各种优势管理资源的集成，集中力量处理突出矛盾。

（2）在机制层面，东京市场化机制应用较上海更加深入，社会参与更加成效显著。如在城市更新中，东京更加积极发挥社会资本的作用，更加强调"原住民"的参与，把容积率作为重要调控手段，形成政府、资本和小业主及市民合力，多方共赢的路径。

（3）在标准规范层面，东京都更加细致，更加做到了服务的均等化和高品质。如在住房租赁方面，更加适应老龄化和国际化的需要。在城市更新，尤其是集合开发方面，技术含量更高，实现了地上地下，交通、商业、居住等的整体开发。在生态环境建设和城市安全方面，经验更加丰富，尤其是生态基础设施的营造、城市空间和自然空间的有机融合、防震防汛设施建设和管理等方面，上海尚存在明显差距。

3. 借鉴建议

上海和东京在发展上各具特色。东京作为世界上综合治理能力最强的大都市，其先进经验，有诸多值得上海借鉴。

一是形成更加完善的法规体系，为城市的发展奠定坚实的法治基础。以习近平新时代中国特色社会主义思想为指导，落实党的十九届四中全会通过的《中共中央关于坚持和完善中国特色社会主义制度推进国家治理体系和治理能力现代化若干重大问题的决定》，着眼于上海超大城市发展新问题、新短板和新目标、新任务，健全城市治理法规体系，突出法规体系建设的综合性、协同性和现代性。

二是形成更加完善的社会协同和市场化运作机制。充分发挥市场和社会的作用。多种途径激励市民的有效参与，人民城市人民建，人民城市人民管。

三是形成更加精细科学的标准体系，并推动标准有效落实。完善更加细化、精准和人性的城市建设和管理标准体系，通过有效的督促和激励，强化标准的实施。

（本文写于2019年12月）

东京都城市管理的启示

东京都在街面秩序管理、水环境管理、房屋及小区管理、绿化市容管理、市政公用设施管理、地下空间管理、城乡管理以及城管执法管理等方面的经验，许多对上海具有重要的启示，归纳起来主要强调以人为本、科学规划，注重法治化、社会化、智能化、标准化和全覆盖，突出表现在：

一、科学规划先行，愿景目标引领

科学的规划是搞好城市建设管理的基础。东京都从19世纪中叶开始，就坚持规划立市，通过系列总体规划、发展规划计划，大力开展基础设施建设，努力推动环境改善，提出面向未来的愿景目标，为东京都的建设和管理奠定了良好的基础。

1888年就制定了第一个城市规划法规《东京市区改正条例》，拓宽道路，建设上下水道，设置公园，疏浚河川，加快城市化进程。1923年制订《震灾复兴计划》，确定城市干线道路系统，兴建地下铁，建设城市公园和绿地，奠定近代城市格局。1946年制订《东京特别都市计划》，建设高效城市铁路交通网，采取多中心城市结构，形成文化、产业、旅游并举的多功能国际都市。二战后，在首都大都市圈规划基础上，持续编制东京都战略规划和长期发展计划（1982年、1986年、1990年和2000年），打造一都七县首都圈。2006年编制《东京巨变：10年规划》，提出"世界第一城市"目标，提出了构筑高度防灾城市，建设清水环绕绿意盎然的美丽城市和低碳高效能源社会，以及以人为本和赋予孩子梦想的社会等愿景目标，也提出了具有重要作用的城市建筑（学校、医院等）100%完成抗震加固（2025年）等具体指标。

二、法治建设完善，管理疏堵结合

日本和东京都在管理实践中，持续不断推进法治建设，建立严格的法律规范，其法律条文之多、量刑之重，堪称世界之最。同时，在管理中坚持疏堵结合，人性化操作。在执法过程中坚持程序正义，尊重人的权利。

1. 法律法规全面、精细、严厉。全面，就是建立了涵盖建设管理的法律法规体系，直接相关的法律法规达到30多部。《建筑基准法》适用于日本全国所有的建筑物，在一座建筑物从施工之时起，到它被破坏或拆除为止，适用于整个过程，且没有城市和农村的区分。精细，就是法规规定非常精细。如与地震相关的法规达到132部，其中63部涉及建筑物抗震设防。与建筑安全管理有关的法律，监管不仅是施工单位，还深度覆盖建设单位、监理单位、勘察设计单位和检测机构等。严厉，就是法规的"强制"性强，惩罚严厉。如根据《废弃物处理法》第25条14款规定：胡乱丢弃废弃物者将被处以5年以下有期徒刑，并处罚金1000万日元；如胡乱丢弃废弃物者为企业或社团法人，将重罚3亿日元。法律规定公民有举报胡乱丢弃废弃物者的义务。

2. 城市管理奉行疏导与人性化，执法遵守程序正义。《行政手续法序法》的制定保障了东京城市管理执法遵守程序正义，注重保障人权，尤其是相对人陈述、申辩的权利，强调行政管理中的决定必须要有严格说明理由的义务要求。同时，还严格依据比例原则设计了很多制度来保障人权，例如，对于违章搭建，邻里间产生纠纷后，可由一方向市政府提出调停要求，对已产生的纠纷可由市政府出面进行调停，也可以提请裁判所进行调停、裁判。又如，在城市道路设摊出现违法行为或出现问题时，市长要根据违法的情况及程度给予经营者以口头告知、书面提示及书面警告等方式进行指导教育。对于一年内有过三次警告的，要停止其继续经营。在停止或取消其占用许可的时候，要听取所属警察署的意见。而对没有许可证的、不听从移动位置安排的以及不遵守市长命令的摊位要予以取缔。这做到了最低限度的伤害或限制行政相对人的利益。

三、社会参与深入，组织制度保障

社会参与管理制度化、契约化、法治化。如为了保证灾害发生时企、事业单位等民间团体参与救援和相互合作，东京采取了灾前合同制的形式。通过与有关的企事业单位、行会、协会签订灾害救援合作协定，形成了法治化的公私灾害救援合作关系。东京都政府与民间团体的协定一共有34个，构成了部门齐全的防灾应急网络，有效地保证了市场经济条件下应急资源的整合。

城市微观管理中，社区组织的职能日益强大，不少城市正出现以社区为依托的趋势。居民组织（日语中称为"町内会"或"自治会"）是最重要的社区组织，几乎遍布东京都的每个社区。町内会由地方政府批准设立，其主要职责是预防犯罪和灾害、信息服务、公众保健、促进邻里和睦等。地方政府、町内会、居民三者之间的互动运作机制促进了社区组织的发展。例如东京都政府雇用退休老人，成立了专项的管理队伍"路上抽烟监视员"和"驻车违反监视员"，很好地发挥了"城管"的作用。

再如，日本公园管理运营体系从地方自治体的直接管理到居民管理，以及外围组织的委托管理，进而发展到和民间团体的协定管理，有效运用了民间力量，显示了管理运营的发展动向。1983年，东京都立公园管理业务委托民间机构管理。2000年3月，制定了有效运用民间资金、经营能力以及技术的基本方针。2003年9月开始，由地方公共团体指定管理者实行管理。2004年和2005年，在东京都立小山内里公园首次开始实行指定管理者管理。如东京都下属的各知事部局中，负责户外广告管理的是城市发展局城建政策部绿化景观科。在实际操作中，户外广告管理更多实行由广告协会自律管理的制度。

四、管理标准精致，可操作易感知

管理标准与设计建设标准精细，连贯性强。《东京福祉城市建设与管理条例及其实施细则》严格规定了各类建筑物（包括学校、医疗机构、文化娱乐场所、

◎ 东京街景　张同林　摄

集会设施、展览设施、商店、超市、批发市场、旅店、商务办公场所、老人福利设施、幼儿园、体育场所、图书馆、博物馆、食堂、饭店、停车场、公共厕所、人行道、地下街、加油站等建筑设施）、各类道路、各类公园绿地、各类公共交通设施、立体停车建筑、户外广告物等的设计标准、建设标准和管理标准及其相应的行政管理程序和详细的制度规定，形成了一整套较为完备的东京城市建设与管理制度体系。

其建设和管理标准的突出特点：一是分类精细，覆盖城市建设和管理的方方面面。二是可操作性强，既明确硬件对策，也明确软件对策；既有对策目标，又有时间要求，特别是明确各类责任主体，操作流程（对策概要）。三是语言通俗易懂，简明扼要，图示形象生动。

五、智能化系统注重应用

专业化服务系统实用性强。如利用道路照明灯杆，推行合杆建设，特别是在道路交叉口，道路照明灯杆集合了交通指示牌、摄像头、信号灯等其他设施。率先于外国游客较多的地方进行布设带有公共 Wi-Fi 接入点（AP）的路灯，新路灯使人们能够在室外享用高速网络。如建设地下立体自动化车库。东京葛西地铁站规范站周围自行车停放，自行车全部进入站前的两个地下自行车库，不仅有两层停车设施，还有自动化停车点，20~30 秒就可自动停放或领取自行车，极大地释放了地面空间，美化了道路景观，提高了路面安全。还开发了火灾模拟系统，预测街道火灾扩散状况，引导逃避。进行热岛效应模拟，将城市热岛效应影响室外温度、风向和风力变化以地图形式展示出来。

六、实现了全覆盖、全过程、全天候

《建筑基准法》适用于日本全国所有的建筑物，在一座建筑物从施工之时起，到它被破坏或拆除为止，《建筑基准法》毫无遗漏地适用于整个过程，且没有城市和农村的区分。所有的城市和农村房屋建设，从设计、施工、监理到竣工验收都有完善的建设管理程序，为农房建设的质量安全提供了保障。所有的住房建设必须遵守法定的建设基本程序。乡村地区公建基础设施尤其是污水、防涝、固废处置设施非常完备，市町村地区配备全覆盖。城市防灾全时监控，具备全天候应急能力，尤其在抗震、防涝方面，效率明显。

对标东京都管理经验，上海在今后工作中，要认真贯彻习近平总书记"城市管理应该像绣花一样"的指示精神，牢牢把握市民需求这个核心，坚持全覆盖、全过程、全天候，大力推进法治化、社会化、智能化、标准化，努力实现城市管理精细化目标。

一是坚持规划引领，夯实城市管理基础。在 2040 总体规划的基础上，加快

◎ 东京街景　张同林　摄

◎ 东京街景　钟颖　摄

各类区域和专业规划的编制，内容具体、指标明确、愿景前瞻，为后续建设和管理创造条件。加大城市建设管理的投入，在建成区通过城市更新提升设施水平，在新建区按照新标准建设，同时，推进海绵城市和综合管廊建设以及架空线改造等。二是大力完善政策法规和标准规范。重新审视和梳理现有的城市管理法规规范，立、改、废并举，形成完善、细致、具体的符合上海特点的政策法规体系。同时，建设可操作、可量化、可评估、可感知和接地气的综合管理标准体系。三是强化市、区及社区各类主体共同参与，强化管理成效。在巩固现有成效的基础上，形成完善的多层次跨部门协同机制。出台相关措施，鼓励培育社会组织。四是突出重点，提高标准，示范引领。可考虑在市级和区级层面，对标国际一流，选择一些人流密集或者繁华区域，如外滩、黄浦江两岸开放空间、人民广场等，打造环境整洁、交通便捷、安全有序、文明和谐的示范区域。以点带面，提升整个城市管理水平。五是依托科技进步，实现城市管理突破。深化物联网、大数据、视频监控等智能化技术的应用，完善城市网格化综合管理，与城市管理和服务流程深度融合。提高各类设施的智能化水平，实现各类管理事项的及时、全面感知，有效防范各类风险。推进信息资源共享，加强信息公开、社会告知。

（本文写于2018年3月）

无锡安全事故思考：强化"能作为"刻不容缓

2019年，江苏无锡接连发生两起事故，引发舆论高度关注。10月10日18时10分许，312国道锡港路上跨桥桥面发生侧翻事故，事故致3辆车被压，造成3人死亡，2人受伤。10月13日11时许，鹅湖镇新杨路一小吃店发生爆炸事故，事故共造成9人死亡，10人受伤。据初步调查，车辆超载、燃气爆炸是这两起重大安全事故的直接元凶。无锡市市长黄钦在13日晚间表示，近期发生的两起事故，"充分暴露出我市安全管理方面存在的薄弱环节和监管漏洞"。

生命大于天，安全重如山！安全是城市发展和运行的底线，也是城市管理的重中之重。习总书记在2017年党的十二届全国人大五次会议参加上海代表团审议，提出城市精细化管理的一个重要背景就是加强城市的安全管理。事实上，每年我国各级城市都在城市的安全管理方面投入了大量的人力、物力，近几年各级城市安全表现也是稳定提升。但是，无锡在短短的三天时间内，连续发生了两起重大安全事故，造成惨重的伤亡后果，不得不再次为中国的城市安全和应急管理敲响了警钟："危机"随时随地存在，"安全"永远是悬在城市管理者头上的利剑。如何系统性地构建城市安全管理和应急体系，整体性地提升政府、社会、企业、市民的安全意识和防控能力，科学性地加大城市安全防控投入，是城市安全和应急管理的核心内容。

一、城市安全管理存在的显性和隐性症结

结合近几年多起引起关注的城市安全事故调研结果发现，

从政府层面，安全管理暴露出的长期显性症结，主要体现在：1."不作为"：个别地方官员只关心生产发展和经济表现，对安全管理心存侥幸，毫无危机感，甚至以降低安全管理标准的代价，为个别行业存在安全隐患的生产行为开绿灯。2."懒作为"：个别行业管理官员身居其位不谋其政，拖沓拖延，对存在的安全问题视而不见，对长期遗留旧账避而远之，终酿酿大祸。3."难作为"：缺乏有效的技术手段、信息系统支撑，难以对存在风险隐患研判和预警；缺乏各部门综合管理和联动机制，难以对复杂的安全隐患实施有效跨部门管理，也难以在第一时间准确、有效组织和开展应急救援；缺乏法律法规支撑，难以保障安全管理和应急工作的权威性和合法性。

更加深入地分析，对比世界公认的安全城市，如东京、新加坡，我国城市安全管理体系缺少科学系统性的培育和运作。城市安全管理体系是复杂性系统，目前的城市安全管理体系打造，过多地依靠经验式的整理和判断，应急预案局限在简单线性反映，难以应对安全管理和应急处置的复杂性、不确定性。城市安全管理体系更应该从城市文化、社会氛围、个体理念等方面，科学地植入城市生产和管理过程，作为"影子系统"，既适应城市日常生产，又主动时刻发挥安全防范和应急管理功效。

二、相关建议

上海作为超大城市，城市环境复杂，危急时刻存在，安全管理挑战巨大。必须以习近平新时代中国特色社会主义思想为指导，贯彻落实国家总体安全观，提高城市安全的整体治理水平。

（一）依托重大活动，提升上海城市安全管理的作为意识和能力

1.强化为民为本，以人民安全为宗旨的安全管理意识，在保证民生安全的基础上，统筹协调城市发展和城市管理。坚持"隐患就是事故"的理念，认真排查安全生产工作中存在的问题和隐患，并以"零容忍"的态度整治存在的问题和安全隐患，有效防范和遏制安全生产事故的发生。对任何存在安全隐患的生产行为，坚决予以处理。

2.建立严厉的问责制度，坚决整治安全管理"不作为"和"懒作为"现象。建议在全市范围内，定期开展专项的安全生产巡视活动，加大巡视和督促整改力度。并通过各区、各街道之间的自查和互相考评，引入第三方安全评估，建立安全考核和评估体系。对重大事故实施终身追责制度。督促存在的个别"不作为"和"懒作为"现象，不得不转向"主动作为"和"积极作为"。

3.通过法治化、社会化、智能化、标准化手段，解决城市管理存在的"难作为"现象。一是建立以信息共享为核心的联动机制。以监控检测—预测预警—应急响应—恢复重建为主线，实现信息、技术、组织、资源等优选配置，强化部门联

动。二是升级网格化管理。运用智能化手段（物联网、可视化等技术），加大对安全问题"主动发现"和"自动发现"力度，实施对安全隐患的"零容忍"。三是逐步建设可研判、可指挥、可统筹的城市大脑。利用智能化手段提升城市安全管理的检测、研判、预警和处置能力。四是编制并颁布实施主体明确、流程清晰、可量化、可操作、可考核的城市综合管理标准手册，强调安全管理内容的重要性和可操作性。同时，健全安全管理相关法规，完善应急规范体系。

（二）打造适应超大城市内部机能的城市安全管理"影子系统"

城市安全管理体系，更需要在城市生产中，科学建立文化理念、社会氛围和意识能力层面的城市安全管理"影子系统"，提升上海城市安全和应急体系应付危机灾害的复杂性能力和适应能力。

1. 培育城市安全和应急管理文化理念。构建政府主导、企业和社会参与的应急文化培育模式。树立"有限政府，共同参与"的理念。创新社会参与机制，激发企业、市民等利益相关方的主观能动性，并形成各方交互的社会监督体系。推动政府、社会、企业和市民快速有效地参与日常安全管理和应急处置。

2. 营造各方参与和平战结合的社会氛围。加大社会安全宣传力度，特别是系统整合移动互联网、电视、广播、平面媒体等传媒资源，打造综合性的城市公共安全信息系统，多渠道及时发布应急政策、危险源分布、处置进程等权威性应急管理信息。

3. 加强应急教育培训提升安全防范意识和应急处置能力。有序组织安全和应急教育培训，组织实战化演练，完善应急预案，实现学校、机关单位、企业组织的教育体系全覆盖。并设置专门的应急培训机构，明确常态化的应急教育培训要求。并针对个体对象的角色、职能和素质，制订培训计划，提高培训的针对性和有效性。

上海作为超大城市，要统筹协调城市发展和城市管理，提升上海城市安全管理的意识和能力。坚持"隐患就是事故"的理念，建立严厉的问责制度，坚决整治安全管理"不作为"和"懒作为"现象。更要通过法治化、社会化、智能化、标准化手段，系统解决城市管理存在的"难作为"现象。

提升上海城市安全和应急管理体系，提高应付复杂危机灾害的能力，要打造适应超大城市内部机能的城市安全管理"影子系统"。培育城市安全和应急管理文化理念，构建政府主导、企业和社会参与的应急文化培育模式，推动政府、社会、企业和市民快速有效地参与日常安全管理和应急处置。

（本文与钟颖博士合写于 2019 年 11 月）

新时代网格化精细化城市管理的新使命

第一部分 我国城市管理面临的新形势、新使命

一、改革开放以来我国城市管理的阶段特征

第一阶段是改革开放初期，各城市致力于经济发展，各项管理工作服务经济发展，城市管理体制围绕城市管理职能的调整、强化建设职能和对外授权、对内精简展开，但整体上政府"大包大揽"的特点比较突出，行政管理弹性和灵活性存在不足。

第二阶段是 1992 年到 21 世纪初，中国对城市管理体制进行了大刀阔斧的改革，主要方向是实现了城市管理从传统计划经济体制模式到市场经济模式的转变，实现了管理重心的不断下移以及各部门管理职能的合理划分和统筹协作，城市管理法治化建设同步大力推进，城市管理有法可依。同时，城市管理主体逐步多元化，市场化和社会化管理机制逐步建立和完善。

第三阶段是 21 世纪以来，城市管理向城市综合管理和城市信息化管理转变，积极推进城市管理综合执法试点，积极运用法律、经济、教育、技术等多种手段，尤其利用信息化技术手段，以技术推动管理流程的再造，有力推进了城市管理的扁平化，实现了城市管理的高效和长效。

党的十八大以来，以习近平同志为核心的党中央大力推进国家治理体系和能力的现代化，城市管理进入精细化治理的新时代，着力健全基层治理机制，推进城市治理的共建共治共享，充分发挥智能化技术的优势，实现社区治理变"独唱"为"大合唱"。

二、十八大以来我国综合执法和数字化城管的推进成效

（一）综合执法

2016年2月发布的《中共中央国务院关于进一步加强城市规划建设管理工作的若干意见》，提出要改革城市管理体制，明确中央和省级政府城市管理主管部门，推进市、县两级政府规划建设管理机构改革，推行跨部门综合执法。同时，完善城市治理机制，落实市、区、街道、社区的管理服务责任，健全城市基层治理机制。

《中共中央国务院关于深入推进城市执法体制改革改进城市管理工作的指导意见》（中发〔2015〕37号）提出，理顺管理体制，框定管理职责；明确国务院住房和城乡建设主管部门负责全国城市管理工作的指导；按照精简统一效能的原则，整合归并省级执法队伍，推进市、县两级政府城市管理领域大部门制改革。

2016年10月，住建部设立了专门的城市管理监督局。

2018年上半年，全国已经成立省级城市管理执法监督机构的达到22个，各省、自治区、直辖市还积极推进了市、县级机构的改革。一些省市进一步跨出城市管理综合执法的范围，探索更大范围的综合行政执法，力争实现"全综合"。如贵州省遵义市，在原来城市管理综合执法的基础上，探索跨部门、跨领域的"全综合"模式，在原城市管理局基础上，组建市综合行政执法局，集中29家市直部门29支行政执法队伍，划转行政处罚权及行政强制权力2107项，成立7支行政执法队伍：综合行政、卫生计生、交通运输、市场监管、农业、安全市场、文化市场。

从城市管理的实践出发，一些城市制定和颁布了自己的城市管理条例等法规，如江苏省的南京市，湖南省的株洲市、邵阳市，四川省的德阳市、遂宁市，江西省的赣州市等。一些省市制定了符合自身发展需要的精细化管理意见，如上海市委市政府制定了"加强本市城市管理精细化工作的实施意见"和三年行动计划。

（二）数字化城管（网格化管理）

21世纪初开始，一些城市管理积极运用现代信息技术，实施数字化管理。建立实施城市"网格化管理模式"，通过整合政府的城市管理职能，建立监管分离的双轴化新型城市管理体制。党的十八大以来，数字化城管工作加速推进，形成了全国统一的建设标准。从2004年至今，已经覆盖了全国257个地级市和644个县级市和县。

三、新时代城管工作面临的新形势、新任务

（一）城市管理的地位有了根本的转变，需要进一步提高站位

改革开放40年来，中国经历了史无前例的快速城镇化，城镇化率从17.92%提

高到 58.52%，成为"世界大事件"。随着我们正式进入"城市社会"，超过 50% 的人口常住在城市，整个社会的治理结构正发生质变。城市管理，必将成为我国治理体系现代化的重要内容。对城市政府来讲，需要进一步提高站位，做好顶层设计。

（二）城市管理千差万别整体粗放，需要加快规范化建设

40 年间，我国城市的数量，从 193 个增加到 661 个。其中，北京、上海、天津、重庆、广州、深圳、武汉等城市，城区常住人口超过 1000 万。我们的城市，总体上仍处在建设发展的成长阶段，存在各种不平衡不充分的矛盾问题，错综复杂，管理方式总体粗放。需要进一步加快法规和标准建设，尽快形成法规和标准体系。

（三）现代科技的进步和社会生活方式的变革，对城市管理提出了新要求

城市管理是一类"开放的复杂巨系统"。以现代信息技术为代表的新兴科技，对传统的管理模式提出了新挑战，同时为管理创新奠定了良好的基础。同时，城市发展中的一些矛盾问题，错综复杂，既有城市管理问题，也有社会管理问题，还有经济管理等问题，彼此交叉，破解难度大。这些趋势，需要城市管理体制、机制的积极变革，尤其需要加大社会治理的力度。

（四）深入贯彻落实党的十九大精神，努力完成城市管理现代化精细化任务目标

党的十九大提出了习近平新时代中国特色社会主义思想，成为搞好城市管理工作的根本指南。近年来，习近平同志多次对加强城市管理工作做出重要指示。在中央城市工作会议上，习近平同志明确指出要把握城市发展规律，彻底改变粗放型管理方式，为人民群众提供精细的城市管理。

第二部分　上海城市管理精细化智能化的实践探索

一、上海城市管理的历史实践

（一）上海城市管理的三个阶段：从"以建设为主"到"建管并举"到"管理为重"

1. 第一个阶段（20 世纪八九十年代到 2000 年初）"以建设为主"：上海紧紧抓住改革开放和浦东开发开放的历史机遇，加快城市建设和发展，并且提出要"一年一个样、三年大变样"的号召。按照市委、市政府的指示，大干快上搞建设，着力缓解交通、住房、环境三大突出矛盾，偿还了历史欠账。

（1）分权明责。"七五"期间，实行市、区"分权明责"，初步形成"统一领导，分级管理"的模式。为调动各区参与城市规划、建设和管理的积极性，在城市规划、土地管理、综合开发、环境保护、市政工程、环境卫生、房产和园林管理方面，向区下放了部分事权，明确了市、区的各自职责，初步形成了市、区有关部门各有职权、各负其责的管理模式。"八五"期间，城市管理随着城市建设规模的不断扩大而日趋完善。按照"两级政府、两级管理"的模式，构筑了管理新体制。市政工程、园林绿化、环境保护、环境卫生等管理，进一步明确了市、区（县）职责，正逐步形成市、区（县）、街道（乡镇）三级管理体系。

（2）法规建设。"七五"期间，制定和颁布了《上海市城市建设规划管理条例》《上海市环境卫生管理条例》《上海市黄浦江上游水源保护条例》《上海市城镇公有房屋管理条例》《上海市房屋纠纷仲裁条例》及其实施细则等地方法规、政府规章和规范性文件共1000余件，并加强了执法检查，使上海城市规划、建设、管理工作逐步走上依法行政、依法管理的轨道。同时，编制了《1989—2000年上海城乡规划、建设、管理立法规划》，为到20世纪末逐步建立比较完善的法规体系奠定了基础。"八五"期间，5年中制定并经市人大审议颁布了10件地方法规，内容涉及城市规划、土地管理、房地产登记、工程测绘、园林绿化、环境保护、道路桥梁管理等，并制定和颁布了55件行政规章和一批规范性文件。

（3）机制转换。"九五"期间，突出上海推进城市管理机制转换。1997年开始在城市管理养护行业实行政企、政事、事企、管养"四个分开"，构筑了市场机制的框架并培育了一批所有制结构多元化的市场主体。随着市政、环卫、园林行业市场化程度的提高，管养作业的质量和水平也显著提高。1998年，根据实施"三年目标"的要求，建立以依法管理、市场运作、社会参与、科技创新为主要内容的长效机制，作为城市管理现代化的发展方向，取得了初步成效。

2.第二阶段（2000年到2010年世博会）"建管并举、重在管理"：紧紧围绕实现"四个率先"、建设"四个中心"和现代化国际大都市的总体目标，在继续推进城市基础设施建设的同时，抓住举办世博会的契机，全面提升了城市管理水平，实践了"城市，让生活更美好"的宗旨。

城管执法体制历史沿革。上海城管执法体制主要经历了三个阶段：

1986—1996年：从环卫系统分离出市市容监察大队、区市容监察中队（并派驻街道市容监察分队）主要从事"两禁三包"处罚工作。

1997—2005年：1997年，街道市容监察队独立设置，实施市容、绿化、环境等方面简易程序的综合执法；2001年，浦东新区试点，全市10个中心城区开展了区级城市管理综合执法。2002年，实施了城市管理领域内的相对集中行政处罚。2005年，组建上海市城市管理行政执法局（与上海市市容环境卫生管理局两块牌子、一套班子）。

2005—2015年：2008—2011年底，全市城管执法队伍分批实现"参公"。城管执法队员的行政执法人员身份得到确定。2012年7月15日，市人大颁布实施《上海市城市管理行政执法条例》，城管执法机构、职责、法律地位得到明确。2012年底，完成区城管执法局执法大队"三定"。市、区、街道（镇）三级城管执法体系基本确立。2014年底，出台新一轮区城管执法体制改革方案。2015年10月，市委、市政府决定单独设立上海市城市管理行政执法局（以下简称"市城管执法局"）。

3. 第三阶段（2011年以来）"管建并举、管理为重"：将城市管理摆在更加突出的位置，一方面注重充分发挥世博会后续效应，另一方面努力推进建立城市管理长效机制，同时通过开展住宅小区综合治理、区域环境综合整治、交通违法行为大整治等专项工作，努力解决市民群众关心的顽症难题。

亮点：小区综合治理三年行动计划；环境综合整治（拆违、综合交通整治、中小河道整治）。2015—2017年拆违1.6亿平方米。落实河长制，2017年1864条中小河道基本消除黑臭。交通违法行为大整治，全市道路交通事故数、死亡人数、受伤人数同比分别下降23.8%、14.7%、38.0%。

（1）住宅小区综合治理

2014年上海市委头号课题"创新社会治理、加强基层建设"。2014年3月5日，习近平总书记强调：社会治理的重心必须落到城乡社区；尽可能把资源、服务、管理放到基层。韩正：真正解决基层建设中一些亟待解决的问题。杨雄：以居住小区为载体，以综合管理为方向，加强综合治理研究。住宅小区出现新情况、新问题；区县和基层组织综合治理探索实践，好做法好经验有待全市推广。

形成《关于创新社会治理加强基层建设的意见》等"1+6"成果清单。

几个关注点：一是取消街道招商功能；二是建立街镇"第四中心"，实现"五个一"：一个综合管理中心、一个综合管理联席会议、一支综合执法队伍、一个综合指挥平台、一张网格化管理网络；三是物业定价权；四是居委会主任身份问题；五是"三驾马车"党建联建、居委会、业委会交叉任职；六是业主党员亮身份。

（2）"五违四必"：上海市"五违四必"生态环境综合治理（2015—2017）

五违：违法用地、违法建设、违法排污、违法经营、违法居住。

四必：违法建筑必须拆除、违法经营必须取缔、安全隐患必须消除、极度脏乱差现象必须整治。

成效：2015年，拆违1392万平方米；2016年，拆违5141万平方米；2017年，拆违9000万平方米；三年合计：1.5亿平方米。

（二）上海城市网格化管理的推进

1. "三个数字化"的提出

"十一五"开始，上海根据现代化城市管理和公共服务的趋向特征分析，在总结历史经验基础上，提出要以信息化为"突破口"，推进城市管理和服务的现代化，体现信息化集成协同、精细人本和科学高效的特点。提出以"三个数字化"为城市管理和公共服务信息化应用的"主线"。

"对象的数字化":城市基础设施、基础资源的定量化和完整掌握,摸清家底。

"过程的数字化":结合管理和服务环节要求,利用静态和动态数据进行业务处理;按照信息化的要求对现有流程进行优化和再造;并不断充实完善原有数据。

"评价的数字化":通过管理数据的积累优化,形成科学的指标体系和数据库;经分析提炼,成为评价、预测预警和决策咨询重要依据。

2. 网格化管理推进节点

2005年,在学习了北京东城区的经验之后,4月开始着手推进。

2009年,建成市级平台和区县平台,基本实现城市化核心区域的全覆盖,同时建成市政和绿化两个专业平台。

2016年,覆盖全市16个区县、208个街道镇,共约1433平方公里主要城市化区域,并进一步向村居延伸,基本实现村居工作站全覆盖。

3. 四个明确

明确管理范围,覆盖区域共划分为1829个责任网格,40625个单元网格。

明确管理内容,涵盖公共设施、道路交通、环卫环保、园林绿化、其他设施等五大类87种部件,共计1202万余个;环卫市容、设施管理、突发事件、街面秩序、市场监管、小区管理、农村管理和街面治安等八大类57种事件。

明确管理标准,部件损坏到什么程度、什么事件发生,要有规范化描述;由谁来处置解决;如何才算处理完毕,所花时间多少,解决的质量如何。

明确管理流程,形成发现、立案、派遣、处置、核查、结案这一管理的闭合流程。

4. 管理特点

实行分级管理。上海城市网格化管理包括市、区县、街镇三级管理平台。市级职能重在监管和综合协调推进。区县平台设在区县政府直属的城市网格化综合管理中心,重在受理监督和指挥处置。街镇分平台重点则是实现街镇基层从发现受理到处置解决的微循环。

加强条块联动。两个信息化的支撑平台,一个是城市网格化管理信息系统,解决问题的重心在区县层面;另一个是"12319"城建服务热线信息系统,它覆盖了本市城乡建设管理领域的各专业部门,其解决问题的重心在专业部门层面。

法规以及配套政策。先后颁布实施了《上海市城市网格化管理办法》(市政府令2013年第4号)、《关于完善本市区(县)城市网格化管理体制的意见》(沪编〔2013〕277号)和《关于深化拓展城市网格化管理积极探索和推进城市综合管理的若干意见》(沪府发〔2014〕27号)等市政府规章和文件。

5. 管理成效

2017年度全市共立案1407万件,结案率为98%,及时结案率为90%,为维护城市的安全、干净、有序,做出了应有的贡献。

二、上海加强城市管理精细的方向和任务

贯彻落实习近平总书记"城市管理应该像绣花一样"的要求,顺应上海超大城市发展的客观实际,对标全球先进城市,坚持"管理引领建设",着力加强城市综合管理,提高管理工作的精细化水平。

(一)背景和意义

1. 实施城市精细化管理是上海贯彻落实习近平总书记要求和国家战略的重要举措

(1)习近平总书记的两次嘱托

2014年3月5日,十二届全国人大二次会议上海代表团审议时强调,要加强和创新社会治理,关键在体制创新,核心是人,只有人与人和谐相处,社会才会安定有序。社会治理的重心必须落到城乡社区,社区服务和管理能力强了,社会治理的基础就实了。要深入调研治理体制问题,深化拓展网格化管理,尽可能把资源、服务、管理放到基层,使基层有职有权有物,更好为群众提供精准有效的服务和管理。要加强城市常态化管理,聚焦群众反映强烈的突出问题,狠抓城市管理顽症治理。

2017年3月5日,习近平总书记在参加上海代表团审议时强调,走出一条符合超大城市特点和规律的社会治理新路子,是关系上海发展的大问题。城市管理应该像绣花一样精细。城市精细化管理,必须适应城市发展。要持续用力、不断深化,提升社会治理能力,增强社会发展活力。

(2)习总书记嘱托的深层次含义:对上海的期待

2013年以来,习近平总书记和党中央多次提出并强调,上海要当好全国改革开放排头兵、创新发展先行者。这是党的十八大以来,以习近平同志为核心的党中央对上海工作提出的新要求。因为:

——参与全球竞争的需要。当今世界,全球化和信息化背景下的国家竞争,正逐步体现为核心城市之间的竞争。全球城市,不但是市场资源配置的枢纽,也在政治、社会、文化和城市治理方面,形成综合的优势,打造城市综合竞争力。城市治理能力,成为城市综合竞争力的重要内容。上海作为中国最具综合实力的城市之一,在代表国家参与全球化竞争的过程中,城市治理能力至关重要,仍存在明显不足。

——引领我国城市治理体系现代化的需要。党的十八届三中全会（2013年）提出："全面深化改革的总目标是完善和发展中国特色社会主义制度，推进国家治理体系和治理能力现代化。"将推进国家治理体系和治理能力现代化作为全面深化改革的总目标，对于中国的政治发展，乃至整个中国的社会主义现代化事业来说，具有重大而深远的理论意义和现实意义。

我国已经进入城市社会，城市治理体系的现代化，是国家治理体系现代化的重要内容。上海作为超大城市和现代化程度较高的城市，在我国城市治理体现现代化的探索中，理应率先垂范，形成可复制可推广的城市管理经验。

2. 实施城市精细化管理是上海建设卓越的全球城市的客观要求

国务院关于上海市城市总体规划的批复（国函〔2017〕147号，2017年12月15日）：上海是我国直辖市之一、国家历史文化名城，国际经济、金融、贸易、航运、科技创新中心。继续当好全国改革开放排头兵、创新发展先行者，为全国改革发展稳定大局做出更大贡献。努力把上海建设成为创新之城、人文之城、生态之城，卓越的全球城市和社会主义现代化国际大都市。

上海建设卓越的全球城市的管理方向：

——李强：上海作为国际大都市，群众期待更高、要求也更高。迈向卓越的全球城市，上海对标国际最高标准、国际最好水平，用心用情、精准发力、久久为功，为超大城市精细化管理这一世界级难题探索"上海答案"。

——李强：习近平总书记要求上海当好全国改革开放排头兵、创新发展先行者，我们一定要提高站位、认清使命，不断增强城市核心功能，发挥中心城市引领带动作用，更好服务全国发展大局，更好参与全球合作竞争。要对标国际最高标准、最好水平，在新的时代坐标中坚定追求卓越的发展取向，面向全球、面向未来。

3. 实施城市精细化管理是上海建设宜居城市的内在要求

（1）四条底线：上海作为超大型城市面临着常住人口规模、规划建设用地总量、生态环境、安全底线约束趋近的形势，人口、土地、环境、安全成为上海城市发展的四条底线。

（2）人民日益增长的美好生活需要同不平衡不充分发展之间的矛盾

经济加快转型发展，人口结构不断变化，社会结构趋于多元，群众利益诉求复杂多样，信息传播方式深刻变化，传统社会管理面临严峻挑战。城市综合管理水平有待进一步提升，城市管理现状与国际化大都市的要求和市民群众期望还有一定差距，人民多方面、多层次、多角度的美好生活需要，相对还不能完全满足。

面临的形势：传统问题的升级版

——20世纪90年代以前补欠账

特征：缺少

住房：短缺、房荒
交通：拥挤（人）
环境：脏乱差（水）
——新时代补短板
特征：不平衡不充分
住房：老化，管理滞后，居住环境
交通：拥挤（车、人）
环境：不干净、不美丽、不舒适（水、气、垃圾、绿化）

（3）城市巨系统。基础设施规模（除注明外，2016年统计数据）

各类房屋面积12.7亿平方米，其中居住房屋约6.5亿平方米；地铁：截至2017年12月，开通线路14条，全网络运营线路总长666公里，车站数389座，网络规模位居世界第一，日均客流960万次，工作日均超1000万人次；公交线路长度24169公里，车辆16693辆；出租47271辆；道路长度18421公里；城市桥梁13862座；浦东、虹桥两大国际机场旅客吞吐量约1.06亿人次；国际集装箱吞吐量超过4000万标准箱；城市排水管道24293公里；污水处理能力817万吨/日；水厂37个；生活垃圾处理量约3万吨/日；河道43253条，湖泊39个，小微水体（面积小于1亩）53441个。

（4）"新"问题。共享单车（170万）、共享汽车、网约车、无人驾驶；快递、外卖；国际人口流动；气候风险；宅一代；区域一体化；人工智能、网络舆情。

（5）国际差距。对标国际先进仍有很大差距（便利度、人性化、法治化）。上海必须瞄准国际先进城市管理水平、管理经验、管理方法，对标一流，全面推行城市管理精细化，才能真正与国际接轨，打造创新之城、人文之城、生态之城。

（二）上海加强城市管理精细化的总体思路

一核：核心是人，市民需求
三全：全覆盖、全过程、全天候
四化：法治化、社会化、智能化、标准化
三美：美丽街区、美丽家园、美丽乡村

1. 城市管理核心是人

城市管理不能满足于简单的自上而下的"管理"，而要切实增强对社会主体的服务意识，寓精细管理于精准服务。注重问题导向、需求导向、效果导向，坚持以人为本，服务民生，抓重点、补短板、强弱项，聚焦群众反映强烈的突出问题和瓶颈短板，坚持源头治理和常态长效治理相结合，努力提升市民群众的获得感和满意度。

2. "三全"

全覆盖：就是要把精细化管理要求覆盖到各个空间、各个领域和所有人群。领域要全覆盖，不论是重点区域还是一般区域，不论是中心城区还是郊区农村，不论是群众开门碰到的大事还是小事，都要做到精细化管理。衡量一个城市的精细化管理水平，更主要的是看一般区域、一般项目管得好不好。

全过程：就是要把精细化管理要求贯穿到城市规划、建设、管理全过程，实施全生命周期的精细化管理。围绕实现城市科学规划、有序建设、精细管理、集约发展的总体目标，注重系统优化，积极克服规划不合理、建设标准低，以及运营、维护过程中工作机制还不顺畅等问题。

全天候：就是要把精细化管理要求体现在一年365天、一天24小时的每时每刻。避免城市管理"白天力量足管得好、晚上易出疏漏，人少时秩序井然、人一多管理就跟不上，天气好没有问题、一场暴雨大风就出问题"等现象。

3. "四化"

法治化：城市管理的根本保障，要强化依法治理，善于运用法制思维和法制方式解决城市治理顽症难题。要完善法规，抓紧填补城市管理领域的立法空白，及时修订不符合精细化管理要求的法规规章。要从严执法，重点是加强行业管理和综合执法的衔接，强化多部门联合执法，形成工作合力。

社会化：社会化是城市管理重要基础，坚持党建引领下的自治、共治、德治、法治一体化推进，完善基层治理格局，激发基层活力，提高治理成效，努力形成共治善治新局面。

智能化：基于现有数字化城市管理的新提升，主要依托手机、iPad等移动终端，更加便捷，更加容易实现社会化参与和互动，实现体制内和体制外管理信息的共享，实现全社会共治共享的大循环。有效感知和预判存在的风险，及时预警预报，防患于未然。进行大数据分析和研判，发现城市管理深层次问题或趋势性决策措施，实现城市管理的长效化设计。

标准化：引领城市管理，建立健全城市管理标准体系，为精细化管理提供标尺和依据，努力使城市管理各个领域都有标准可循。要对标国际标准，城市管理的各个方面都要向世界先进水平看齐，这是一条基本原则。要完善体系，聚焦技术标准、管理标准等领域，没有标准的要尽快制定，偏低的标准要抓紧提高，相互打架的标准要进行梳理，逐步实现城市管理标准的全覆盖、精细化、高水平，实现城市运行"按乐谱指挥，按乐谱唱歌"。

4. "三美"

"美丽街区"建设：公共空间环境是协调美观、整洁有序、舒适宜人的；公共设施设备是配置合理、安全完好、智能高效的。

"美丽家园"建设：安全有序。消防设施齐备，通道畅通，电梯维护正常，无"居改非"非法经营,无违法建筑,无乱设摊,机动车、非机动车停放有序等。整洁舒适。小区清扫干净,垃圾分类投放,公共设施设备完好,无障碍环境良好等。环境宜居。小微水体无黑臭,小区绿化养护好等。幸福和谐。邻里关系好,小区管理好等。

"美丽乡村"建设:加快推进村庄改造,全面实施农村基础设施建设,完善农村路网系统,保障农民出行便利和安全。因地制宜开展农村生活污水处理项目建设,按需建设公共厕所、垃圾箱房等农村环卫设施,安装村内照明装置。开展宅前屋后环境整治,集中收集处理生活垃圾。提升农村风貌品质,着力凸显乡村特色,体现自然生态的江南水乡风貌。

(三)上海加强城市管理精细化工作的重点任务

1. 1+2+N 文件

2017年10月24日,中共上海市委上海市人民政府发布了《关于加强本市城市管理精细化工作的实施意见》。

2018年1月31日,《贯彻落实〈中共上海市委、上海市人民政府关于加强本市城市管理精细化工作的实施意见〉三年行动计划(2018—2020年)》正式发布。

2018年2月8日,上海市人民政府办公厅关于印发《上海市住宅小区建设"美丽家园"三年行动计划(2018—2020)》的通知。

各区、街镇陆续开展三年行动计划。

2. 三年行动计划明确的重点任务

14大项42条。

第一大类9项,主要围绕顽症难题治理,抓重点、补短板、强弱项。

一是有效巩固"五违四必"区域环境综合整治成果,持续推进存量违法行为整治。主要是开展无违建居村(街镇)创建工作,持续推进"居改非"整治。

二是加大水环境治理力度,做好供水和防汛管理。主要是推进中小河道治理,开展雨污混接改造,提高污水收集处理能力,做好供水安全管理,提升排水防涝水平。

三是深入推进生活垃圾、建筑垃圾等各类垃圾的综合治理。主要是继续推进生活垃圾分类减量,加快建设生活垃圾处理设施,构建建筑垃圾处置体系。

四是补齐市政市容管理短板，全面提升市容环境整体水平，推进美丽街区建设。

五是加强房屋使用安全管理，持续开展住宅小区综合治理，推进美丽家园建设。

六是提升农村基础设施水平，改善农村生态环境，推进"美丽乡村"建设。

七是加强交通组织管理，继续提升交通服务水平。主要是加强交通设施管理和交通组织，完善慢行交通设施，保障无障碍设施连续、畅通，推动互联网租赁自行车规范发展，有序停放，提升公共交通服务品质，优化轨道交通运营组织，推进出租汽车行业顽症治理和网约车市场规范清理，改善停车管理，持续深入推进道路交通违法行为大整治，持续巩固交通大整治成果，营造遵守交通法规的大环境，倡导文明交通行为。

八是加强施工组织管理，做好建设工程文明施工。主要是落实工程质量安全管理责任，加强工程质量安全监管，强化建设工程文明施工管理。

九是加强地下空间和各类管线管理，消除安全隐患。主要是加强地下空间管理，加强各类管线管理。

第二大类5项，主要围绕体制机制建设，强基础、利长远、求长效，提高法治化、智能化、标准化、社会化水平。

一是完善城市网格化管理体系，提升城市综合管理效能。主要是加强城市网格化管理体系建设，优化城市网格化管理工作机制。

二是依法从严治理，提升城市管理法治化水平。主要是细化完善法治保障，进一步深化城市管理执法体制改革。

三是加强信息系统建设应用和信息共享，提升城市管理智能化水平。主要是加强城市管理基础数据库和"神经元"系统建设，推进行业监管服务信息平台建设和应用，优化升级城市网格化系统平台，构建城市综合管理信息平台，推进"城市大脑"建设。

四是推进城市综合管理标准体系建设，全面提升城市管理标准化水平。全面提升城市管理标准，切实抓好标准的贯彻落实。

五是创新社会治理、加强基层建设，提高城市治理能力，提升城市公共安全水平。主要是创新社会治理，加强基层建设，深化城市文明创建，强化城市公共安全。

3. 全面提升城市网格化管理功能，建设城市综合管理服务平台

（1）加强城市网格化管理体系建设

强化市、区、街镇城市网格化综合管理机构在城市管理中的指挥协调、监督评价作用，将网格化日常管理数据作为城市综合管理工作的重要考核依据。

依托市、区、街镇三级管理体系，继续深化拓展网格化管理内容和范围，继续优化网格化管理标准和流程，形成标准明确、管理规范、联动高效的城市综合

管理指挥监督体系。

加强对各类信息的大数据分析和运用,及时研判城市管理热点难点和趋势规律,有针对性地提出对策措施建议。

(2)优化城市网格化管理工作机制

理清各行业城市管理资源,构建与城管执法、房屋管理、市场监管、绿化市容、公安消防、城市规划、交通、水务等部门信息流转顺畅、管理责任清晰、指挥协调有效的工作机制。

发挥居村工作站作用,建立与居民、社区党组织、居村委会、业主委员会、物业服务企业等对接的工作机制,促进城市管理社会化水平。

2020年,实现市级指挥监督平台对城市管理全行业市级条线部门和全市各区、各街镇综合管理部门的信息互联互通和实时协同指挥。

4. 加强城市管理基础数据库和"神经元"系统建设

摸清家底,建设和完善房屋、住宅小区、地下空间、道路桥梁、港口航道、交通运输、河道湖泊、地下管线、道路架空线、绿化市容等城市管理基础数据库,完善基础数据日常管理和更新机制,切实做到基础数据全面翔实。

推进智能感知技术应用,强化视频图像、环境监测、交通运行、供水供气供电、防洪除涝排水、基础设施维护等城市运行数据资源的实时采集、动态录入和管理分析。

以城市网格化管理系统中确定的责任网格为基本单元,明确信息管理内容和标准要求,制定信息资源共享规程和管理办法,加强城市管理"神经末梢"建设,打造感知敏捷、互联互通、实时共享的"神经元"系统。

5. 构建城市综合管理信息平台,推进"城市大脑"建设

深化智慧治理,加强智能决策技术应用,聚焦规划、土地、房屋、交通、环保、建筑、水务等重点领域,以城市网格化综合管理信息平台为基础,构建上海城市综合管理信息平台;通过云计算、大数据、人工智能等科技手段,全面汇聚本市城市管理领域相关数据信息并及时分析研判,发挥信息化、智能化在改进城市公共服务管理、提升治理能力水平方面的支撑作用。

第三部分 扬州市推进网格化精细化社会治理的建议

一、"一张网""五统一",江苏城市管理构筑大格局

1. 江苏省深化综合行政执法体制改革的积极意义

(1)体现了完整的顶层设计

◎ 扬州风景

以构建"集中高效审批、分类监管服务"基层政府治理框架为目标，以权责清单为边界，以网格化管理为基础，以综合执法为手段，以线上线下相结合的制度链为支撑。

（2）真正体现力量"下沉"的执法体系
——大力精简省级执法队伍（一般不设）；
——统筹推进设区市综合执法（加强区工作指导）；
——整合组建县级综合行政执法队伍："一个部门一支队伍""一个领域一支队伍"；鼓励乡镇街道整合组建综合执法局，以乡镇政府、街道办名义开展执法工作，"一个区域一支队伍"；
——建立基层指挥平台：在县（市、区）和乡镇、街道、开发区，构建全域统一、上下贯通的综合监管执法指挥平台，信息共享、联合指挥、综合执法。

2. 创新网格化社会治理机制
（1）社会治理着力点非常明确：基层
目的：做强做实基层，提升基层服务水平
（2）网格化社会治理定位非常明确：
——机制共建共治共享机制；
——基层治理机制；
——创新机制。
（3）网格构建路径非常明确：整合融合
宗旨：党建引领，覆盖城乡、条块结合、横向到边、纵向到底的服务管理网格体系；行政资源、公共服务资源、社会资源、市场资源等服务管理资源的最大限度整合；网格管理员队伍、志愿者队伍、社会组织、群防群治力量最有效运用。
形式：全省基层社会治理"一张网"；城市社区300户，农村200~300户为基本单元；"五统一"：统一网格划分（每个网格唯一编码，省统一编制确定）、统一资源整合、人员统一配备、信息统一采集、服务统一标准。
内容：将组织、综治、公安、民政、司法行政、人力资源社会保障、国土资源、环境保护、住房城乡建设（城市管理）、水利、卫生计生、工商、食品药品监管、安监、消防、农林等涉及基层社会治理的部门工作按社区准入事项审批要求纳入网络。
管理：网格管理员由县（市、区）网格化服务管理中心统一管理，由乡镇（街道）根据工作任务量统筹配置到网格。

二、"四通八达""互联互通"，扬州市打造"城市大脑"正逢时

扬州市网格化精细化社会治理开创了新局面：以城乡社区（村）网格为基础，以网格化精细化服务管理中心（综治中心）、为民（便民）服务中心为枢纽，

完善基层社会治理"一张网"、实行"统一网格划分、统一资源整合、人员统一配备、信息统一采集、服务统一标准""五统一"。

建议一：做好顶层设计，形成全维度的综合管理服务体系

进一步明确市、区县、街镇村三级网格化管理服务部门的职能，形成层级责任清单

（走出重心下移的一些"误区"。不是简单的资源下沉和权力下放，而是城市治理体系的系统性重构和功能再造，建立"层级责任体系"）

市级管理服务部门：管理框架、管理标准（责任清单、管理执法流程、监督考核）、横向纵向的综合协调

区县管理服务部门：保障（人力、财力、物力）、专业指导、专业管理和执法、专业培训

街镇村管理服务中心：综合管理、综合服务、综合执法

建议二：创新运用区块链思维和技术，强化各层面信息无障碍沟通感知

运用区块链技术，实现市与区县、区县与街镇村、市与街镇村以及区县之间、街镇村之间信息无等级、点对点分享。实现政府、市场、社会管理信息的充分有效共享。

建议三：挖掘利用大数据资源，培育智慧型"城市大脑"

在市级网格化管理平台基础上，建设大数据利用中心，运用科学的分析方法，梳理提炼各方管理和服务信息，形成趋势判断、需求判断、风险判断大数据，为管理决策提供精准的判断依据，服务全市的规划、建设和管理工作，全面提升城市应急和风险防控能力，成为虚拟"市长"。

关键问题：信息共享，数据开放

建议四：适应新形势，衔接纳入全国性城市综合管理服务体系

国家层面加强城市精细化管理的重要举措：推进城市综合管理服务平台建设

坚持以人民为中心的发展思想，牢固树立新发展理念，顺应城市工作新形势、改革发展新要求、人民群众新期待，以推进城市治理体系和治理能力现代化为导向，大力推进部、省、市城市综合管理服务平台建设，结合城市管理执法体制改革，创新城市管理手段方式，整合各类城市管理资源，构建适应新时代新形势下城市管理要求的工作体系，不断增强城市管理综合统筹能力，提高精细化服务、人性化管理水平，强化源头治理能力。

以数字化城市管理信息系统为基础建设城市综合管理服务平台，整合市政公用、市容环卫、园林绿化、城市管理执法等行业管理信息化系统，依托政务外网，按照国家政务信息系统整合共享的统一要求，实现城市管理和执法领域、部—省—市三级体系的信息共享和业务协同，健全指挥协调机制，构建"大城管"工作体系，增强城市管理综合统筹能力，提高精细化服务、人性化管理水平，提供"一站式""互联网+"便民服务。依托城市管理综合服务平台，健全指

挥协调机制，构建"大城管"工作体系，统筹解决跨行业、跨部门、跨区域管理的顽症难题。

三、标准引领，制度保障，实现"线上线下"全闭环

（一）网格化精细化社会治理需要制度保障

网格化社会治理体系（线上线下）最终靠制度来保障和巩固。

（二）两大管理制度体系：法规体系和标准体系

《中共中央国务院关于深入推进城市执法体制改革改进城市管理工作的指导意见》：加快制定修订一批城市管理和综合执法方面的标准，2020年基本完善城市管理法律法规和标准体系。

网格化精细化社会治理体系—城市管理标准体系—城市管理法规体系

（三）若干建议

建议一：率先建设标准体系

标准体系先行的原因：

便利性：简易化的法规规范

操作性：几个明确（管理主体、管理流程、考核评价）

探索性：灵活性和弹性（阶段性）

标准体系的意义：

网格化精细化社会治理体系的制度化（政策成果的固化）

网格化精细化社会治理的"实战手册"

住建部推进管理标准建设

建议二：管理标准体系的内容框架

N+1+1框架：

"N"：公用设施、建设工程、道路交通、交通运输、市容环卫、环境保护、园林绿化、工商行政、食品药品监督、安全生产、公共卫生、社会治安等行业管理相关标准

"1"：综合执法相关标准

"1"：智慧城管相关标准

建议三：管理标准的内容构成

1. 管理目的和范围
2. 管理主体及职责

（1）监管主体（市级主管部门）

（2）属地管理主体（区县主管部门）

（3）基层管理主体（街道、镇综合管理执法部门、网格化精细化服务管理

中心）
（4）操作实施主体（设施运行维护单位、社会组织、市民）
（5）社会监督主体（社会组织、新闻媒体、市民）
3. 管理目标
（1）总体目标
（2）具体管理目标（差别化目标）
4. 管理流程
发现—派单—处置—验证—结案—社会评价
5. 管理依据
法规、规范
建议四：管理标准的建设路径
1. 充分依据依托国家和江苏省城市管理相关标准，作为基础和底线要求
2. 有效梳理、整合、提炼和勾连扬州市城市管理相关管理规范、工程技术标准体系中的管理标准事项
3. 结合扬州市社会治理的新需求，提出需要新增加的管理标准事项，特别是基层治理"全岗通"、智慧治理有关内容
建议五：管理标准的形式
一本适合各类管理和责任主体并向全社会公开的通俗易懂、图文并茂的精细化治理手册。

结语：

法治化要成为信念，精细化管理不图一时之功。
社会化要树立信心，宣传教育润物细无声。
智能化不能成为迷信，管理到位还靠责任心。
标准化别太复杂，好懂好用解决问题。

（本文系2018年11月2日作者在扬州市"全市基层治理会议"上的专题报告）

黄浦江两岸滨江公共空间综合管理标准研究

目的

为将黄浦江两岸地区建设成为世界一流滨水区域，发挥好公共空间休憩、观光、健身、交往等户外公共活动功能，提高滨江公共空间服务品质，依据有关政策法规，制定本标准。

适用范围

本标准适用于黄浦江两岸的滨江公共空间，即滨江第一条市政道路（含）与浚浦线之间的陆域和水域范围。

实施主体

本标准由下列主体按规定实施：

进入黄浦江两岸公共空间的单位和个人应遵守上海市民文明行为规范和黄浦江两岸公共空间管理有关规定。

区人民政府承担黄浦江两岸公共空间内陆域范围属地监督管理责任，统一实施环境卫生、市容景观、绿化、交通和社会秩序、商业和建设活动、安全防范等公共事务的综合管理；区人民政府所属的牵头管理主体，具体负责监管范围内各类公共事务管理的组织和协调工作。上海市城投公司主要承担两岸公共空间内水域范围的保洁主体责任。

市绿化市容、公安、城管执法、住房建设、交通、水务、规划、环保、工商、食药监、商务、民政等行政管理部门，按照各自职责做好黄浦江两岸公共空间内环境卫生、市容景观、绿化、交通和社会秩序、商业和建设活动、安全防范等管理工作。

上海城投公司、各物业服务企业应严格按照物业服务合同履行责任义务；保安、保洁、保绿、设施设备维修养护等专业服务单位或其他管理人，应及时发现和快速处置黄浦江两岸公共空间管理中出现的问题。水、电、燃气、电信等公共服务单位，应将公共服务延伸进两岸公共空间，落实专人负责受理安装、维修等业务。

街镇城市网格化综合管理中心及其工作站，应加强黄浦江两岸水陆公共空间日常巡查发现问题、指挥派遣处置问题等工作，并强化与"12319"城建服务热线、"12345"市民服务热线的衔接。

临近居民区党组织和居委会应牵头组织社会市民和志愿者参与两岸日常管理和秩序维护工作。

区人民政府或其明确的管理主体（管委会、街道、物业服务公司等）应对两岸公共空间的环境卫生、市容景观、绿化、交通和社会秩序、商业和建设活动、安全防范等开展监督检查工作，并对以上内容每周至少开展一次专项巡查，对巡查中发现的及居委会、社会居民和游客反映的问题，及时安排处置。巡查人员和巡查工具应按照本标准要求配备。

环境卫生方面

1. 区域路面整洁，无暴露垃圾、粪便、动物尸体，无积尘、泥浆、污水、痰迹，发现问题，环卫部门或保洁服务企业即发现即清扫处置；无缺损、沉陷、翘动，出现问题，交通（市政）部门即发现即处置，小规模修补2小时内予以维修，须采取工程性措施的，7日内解决或制订维修计划。

区域内水域范围无漂浮垃圾、水生植物、滩涂无沉积物污染。发现问题，专职水域保洁人员立即打捞。区域内绿化区域保持整洁，无暴露垃圾。

人员配备和操作要求参照绿化市容部门相关技术规范。

2. 区域内座椅、指示牌、围栏护手、各类亭棚、雕塑等应保持整洁，无缺失、破损、落漆、歪斜、不洁等。发现问题，物业服务企业、维修养护专业单位接到通知后2小时派专人现场勘验，进行处置。不须采取工程性措施的，24小时内解决；须采取工程性措施的，7日内解决。

3. 区域内公共厕所干净整洁，无污水外溢，无异味。通道无障碍物、无积水，雨天应实施防滑措施。门把手、水龙头、面镜等保持清洁，无破损、无污迹、无锈蚀、无尘土。照明良好。洗手池、便池便器完好有冲水。洗手液、擦手纸、卷纸配备及时。出现问题，环卫部门或保洁服务企业即发现即解决。人员配备和保洁要求参照市容绿化部门公共厕所管理相关技术规范。

垃圾桶按一类风景区标准配置，箱门、箱体整洁无缺损、内壁整洁、标志清

◎ 杨浦滨江休闲区　胡鹰　摄

晰、配置垃圾袋方便投放。每日定时清运 2 次废物箱，每小时巡视 1 次，发现垃圾溢出及时清运。有缺失和破损，环卫部门或保洁服务企业发现问题后 2 小时内解决。

市容景观方面

1. 区域内建筑物、构筑物和其他设施应当保持外立面整洁和完好，无涂料、油漆剥落和面砖脱落，无污浊、腐蚀。无乱张贴、乱涂写、乱刻画、乱吊挂、乱堆放等行为。接到问题反映后，对修补工艺和操作简单的问题，物业服务企业、设施设备维修养护专业服务单位或其他管理人应在 24 小时内予以处置；若须采取工程性措施的，物业服务企业、专业服务单位或其他管理人应在 7 日内处置或出具方案。

2. 区域内无影响市容环境的临时建筑物、构筑物或者其他设施；树木和建筑物、构筑物或者其他设施上无随意张贴、悬挂宣传品或者标语，无晾晒衣物，无物品乱堆放。接到问题通知后，搭建或悬挂单位或个人必须在 1 小时内自行处置；逾期不处置的，由城市管理执法部门牵头绿化市容部门处置。

3. 区域内景观灯光照明、供排水、电力、电信等设施设备应配备齐全，保持完好；出现破损、歪斜、脱落、跑冒滴漏等问题，接到问题反映后，物业服务企业、设施设备维修养护专业单位、公共服务单位应在 2 小时内予以处置；若须采取工程性措施的，应在 24 小时内予以处置。各项设施设备均有专业队伍负责养护，制订相关的养护计划，并派驻人员到综合养护站。

4. 户外广告以及非广告的霓虹灯、标语、招牌、电子显示牌、灯箱等户外设施应当按照批准的要求设置，并做好日常管理和维护保养。未按照批准要求设置的，相关设置单位应在接到通知后 24 小时内整改完毕。

绿化方面

1. 区域内绿地、花坛、绿化广场、园林树木等应保持健康美观，在行业标准的基础上提高要求，无死株枯枝、倒伏倾斜、明显病虫害，定期修剪、浇灌、除虫。发现问题的，绿化养护单位 2 小时内到现场勘验处置。不采取工程性措施的，24 小时内解决；须采取工程性措施的，7 日内解决。

2. 区域内"三道"系统（漫步道、跑步道、骑行道）应按照公共生态走廊和健身步道功能进行维护管理，路面平整清洁美观，沿途配备休息站（更衣室）、饮水站和清洗设施、应急医疗场所。路面破损的，即发现即解决；设施不全的，相关管理主体协调解决，7 日内出具解决方案。

交通和社会秩序方面

1. 区域内无任意停放机动车辆和非机动车辆行为；骑行活动应在限定的骑行道，漫步道、跑步道等其他通道、空间内无骑行行为；非机动车停放区域应合理布局，不得投放共享单车，停放应有秩序。发现问题后，公安（交警）部门、城市管理执法部门和交通（市政部门）应在 5 分钟内到场处置。

2. 区域内组织开展的各类社会公共活动应健康、文明，符合滨江公共空间的功能定位和属性，严格依法开展申报和备案工作。属地政府或管理主体要加强组织协调，做好各类公共活动的安全保障和交通组织工作。

3. 区域内的功能活动区域应制定相应管理规定，各类活动不得影响公共安全，不得有噪声、不得余留污物。慢行通道和亲水平台无跳舞、合唱、长时间逗留拍照等阻碍通行的活动；无携犬进入、垂钓、捕捞、放生、露宿等行为；无开展放风筝、轮滑等行为。发现问题后，城市管理执法部门和公安部门应在 5 分钟内到场处置。无沿街乞讨行为，接到通知后 5 分钟内，民政和城市管理执法部门派专人到现场救助、整治，2 小时内解决。

4. 区域内无损毁花草树木、绿化设施、灯光照明、标志标牌、雕塑画廊等行为，发现问题后，城管执法部门应在 5 分钟内到场处置。无非法集会、打架斗殴、黄赌毒等妨害社会管理秩序的行为，发现问题后，公安部门应在 5 分钟内到场处置。

商业和建设活动方面

1. 区域内商业经营活动应符合法律规定，证照齐全；无擅自设摊经营、兜售物品等违法违规商业经营行为。发现问题后，保安人员立即进行劝阻、劝离，若不听劝阻的，通知城市管理执法、市场监管部门，应在5分钟内到现场勘验取证，并实施整治。

市场监管部门加强对区域内食品生产、流通和消费环节日常监管、抽样检验、专项整治，保障重大活动食品安全。

2. 区域内开展施工活动，必须提供施工进出场、场地保护等相关施工方案，事先经相关行政部门批复，并进行备案。在施工过程中，保安人员进行安全、文明巡查，发现对不符合施工规范的行为立即劝停，并通知城市管理部门处置。

安全防范方面

1. 区域内防汛墙、高桩平台等设施应有安全管理措施，并发布防翻越、防跌落等安全防范公告；安全防范公告缺失的，相关水务管理部门在2小时内予以落实。落水救生、应急医疗救助、消防、安保、应急救援等设施设备配置完善；应急设施设备不全的，区域管理主体协调相关管理部门在2小时内予以落实。

2. 区域管理主体应牵头落实安全监管责任制，制定路面积水、污水冒溢、燃气管破裂、漏气、河道污染、易燃易爆危险品使用等突发事件应急预案，强化应急避难场所、设施设备、应急物资管理。每季度开展一次疏散转移、自救互救等综合演练，提高突发事件处置能力。

制定完善防台防汛预案，汛前开展防台防汛演练和备齐防台防汛物资。加强汛期安全检查及日常巡查，发现安全隐患及时落实责任部门整改。应急期间，启动相应应急预案采取相应措施，若遇黄色等级以上预警，疏散游客到安全位置。防汛结束后，做好相关恢复总结工作。

3. 区域内各城市公共管理、服务平台信息应共享，视频监控、网格管理、环境监测、交通运行、公共秩序、防洪防涝等数据信息应综合采集和分析利用；区域交通、环境、人流、应急等服务指示信息应实时向市民游客提供；相关管理部门应实现公共空间信息感知、分析、服务、指挥、监察"五位一体"的智慧管理。区域内市容环境卫生责任区公告应清晰明确，没有明确的，相关绿化市容部门24小时内整改完毕。

相关法规依据

《上海市环境保护条例》《上海市绿化条例》《上海市市容环境卫生管理条例》《上海市公园管理条例》《上海市城市容貌标准规定》《上海市道路和公共场所清

扫保洁服务管理暂行规定》《上海市户外广告设施管理办法》《上海市道路指示牌管理规定》；

《上海市住宅物业管理规定》《物业管理条例》《保安服务条例》《特种设备安全法》《上海市居民委员会工作条例》；

《上海市排水管理条例》《上海市河道管理条例》《上海市防汛条例》；

《中华人民共和国道路交通安全法》《上海市城市道路管理条例》《上海市非机动车管理办法》《上海市城市道路养护技术手册》；

《上海市城市管理行政执法条例》《上海市拆除违法建筑若干规定》《上海市城市网格化管理办法》《上海市城市网格化综合管理标准（试行）》；

《上海人民共和国治安管理处罚法》《中华人民共和国突发事件应对法》《中华人民共和国游行示威法》《上海市实施〈中华人民共和国突发事件应对法〉办法》《上海市社会治安综合治理条例》《城市流浪乞讨人员救助管理办法》《上海市消防条例》；

《上海市实施〈中华人民共和国食品安全法〉办法》《无照经营查处取缔办法》《上海市食品摊贩经营管理办法》。

（本文系 2017 年受上海市浦江办委托的调研起草稿，与钟颖博士等合作，已正式修改发布）

上海城市综合管理法规体系框架研究

一、城市综合管理和城市综合管理法规体系框架

（一）城市综合管理的界定和特征

现代城市管理是指多元的城市管理主体依法管理或参与城市地区公共事务的有效活动，是以城市为对象、为实现特定目标对城市运转和发展所进行的控制行为和活动的综合，贯穿于城市规划、指挥、监督和协调的全过程之中。本研究城市管理的研究范围主要包括建筑建材、住房保障、市政设施、绿化园林、市容环卫、水务、城市交通等领域的管理，同时紧密衔接相关规划、环保、治安、工商等行业的管理。

城市综合管理，是新形势下城市管理的现实需要和功能提升，是城市管理的"特殊部分"。在本研究中，城市综合管理聚焦城市基础设施和市政公用服务领域跨部门、综合性问题的处置，实现城市管理与社会管理的融合。城市综合管理具有突出的特征，表现为：

1. 城市综合管理聚焦城市管理中的顽症难题治理

上海作为国际化特大型城市，在飞速发展的同时，城市管理不断面临新情况、新问题，最显著特征是跨部门、综合性问题不断产生，城市管理和社会管理相互交织，很多表象为城市管理的问题往往隐藏深层次的社会背景。近年来市建设交通部门聚焦的"8+2+2"城市顽症难题（八大难题即公交服务、施工扰民、渣土运输、道路保洁、供水水质、大居配套、井盖伤人、路灯投诉；两加两顽症即无序设摊、违法建筑和黑车、群租）尤其典型。其中如无序设摊，既是市容环境问题，又是民

生问题；其管理和执法，既涉及市容部门，又涉及工商、卫生、食品、文化、交通等执法主体。又如违法建筑，既牵扯现实问题，又往往有复杂的历史原因，对这类问题的处理，涉及规划、房管、城管、工商等多个部门。再如群租，既涉及房管部门，也涉及市容、建设管理部门；既涉及市级层面，也涉及区县甚至街镇村居委等层面等，这些问题矛盾集中，错综复杂，有些问题长期难以解决，形成顽症难题，恶性循环，对上海城市发展和人民生活影响很大，迫切需要对症下药，系统施策，综合管理。

2. 城市综合管理强调多部门多主体协同合作

城市顽症难题的复杂系统特性使得传统的分解、叠加管理方法在城市管理中失效。单单强化以各专业职能部门为基本单位的专业管理方式，已不能适应城市管理的复杂性。围绕城市基础设施和市政公用服务领域跨部门、综合性问题的处置，必须走出"孤岛式"部门管理方式，打破部门利益，落实部门责任分工，强化多部门合作，综合协调，系统联动，形成城市管理合力。

顽症难题的有效解决，尤其强调条块部门综合作用的发挥，并充分调动社会和市场主体的作用，实现综合治理。如住宅小区综合治理，既要发挥市级行业管理部门的作用，又要充分发挥区县、街镇、村居委以及物业公司和社会中介组织的综合作用。2015年上海市《关于加强本市住宅小区综合治理工作的意见》就提出，以解决住宅小区中的突出问题为突破口，以落实主体责任和夯实基层基础为重点，坚持系统施策、综合治理，努力构建政府监管、市场主导、社会参与、居民自治四位一体和良性互动的住宅小区综合治理格局。

3. 城市综合管理是城市管理在机制和方法上的创新

城市综合管理适应现代城市管理新要求，充分运用现代城市治理理念和现代技术手段尤其是信息技术手段进行管理流程的再造，实现城市管理在机制和方法上的创新与"跨界管理"。如城市网格化综合管理，以问题的集中发现和及时解决为导向，实现了城市管理"部件"和"事件"的跨界融合（由市政公用基础设施安全运行等向工商、食药监、文化等系统领域延伸），在不打破现有行业管理机构框架情况下，逐渐打破有形的"行业管理"壁垒（针对具体问题实现平行机构间的相互统筹协调），实现行业协同，是城市管理模式的一种创新。

（二）城市综合管理法规体系框架的特性

1. 城市综合管理法规体系框架是城乡建设和管理法规体系框架中的"特殊"且重要部分

1989年，市建委组织编制、市政府批准实施了《上海市城乡规划、建设、管理中近期立法规划》。1994年、1998年，建委组织各局两次修订，形成《上海市建设系统立法规划框架（修订）》。2001年，市建设交通系统法制领导小组对立法规划框架进行第三次修订。2004年颁布的《上海建设交通系统立法规划框架》包括城建综合管理（跨部门、综合性管理）、住宅建设和房地资源管理、城市交通运输、港口和邮政管理、市容环卫、绿化管理、市政工程管理、建筑建材业管理、水务、海洋和海事管理等七个专业大类（"1+6"）。

城建综合管理法规体系明确为建设交通立法规划重要任务。相对于专业类法规，城市综合管理法规体系作为城乡建设交通法规体系框架中的"特殊"部分，其在城市管理复杂体系所发挥的法律效力日益重要，特别在城市管理中跨专业、跨领域和跨部门的复杂问题处理中，弥补了专业法规效力的单一性和局限性，在有效综合各专业法规效力的同时，填补了各专业法规效力范围之间的效力模糊领域，为城市管理资源的综合协调、效力的聚集整合、顽症的有效治理提供了有力的法律支持和保证。

2. 城市综合管理法规体系框架强调动态性和操作性

首先，城市综合管理法规体系框架中既包括一些相对长效、常态、稳定的法规，也包括一些针对性强的管理法规，尤其是针对顽症难题，这些法规具有较强的时效性、动态性，管理内容变化快，相应的法规也随之变化调整快。

其次，城市综合管理法规体系更强调操作性。城市综合管理作为城市管理的一种有效实施手段，其技术实施标准和实施方案更加强调问题的有效解决，尤其推动管理部门之间的推诿扯皮向部门协同与合作的转变，更强调管理部门综合施策。

3. 城市综合管理法规体系框架充分体现多部门合作协同

跨部门、综合性的管理法规，将更加强调明确多部门的工作责任尤其是具体管理事项上的责任分工，形成明确的多部门合作协同。工作流程更加清晰可操作，工作标准更加科学。在某些具体事项和某些环节上，将明确一家部门牵头并"指挥督促"其他"平行"部门的权力，减少"多头管理"出现的具体操作难问题。

二、城市综合管理法规体系框架建设的现实基础和存在的问题

（一）现实基础

1. 城市综合管理机制和方法已在上海城市管理中得到应用

城市综合管理在城市管理顽症治理上作用明显。2005年以来，上海大力推进城市网格化管理建设，并进一步与"12345""12319"等市民服务热线联合，大力推进"大联动""大联勤"综合管理，取得了积极的成果。2008—2010年，上海抓住筹办世博会重大机遇，启动迎世博600天行动，全力保障184天城市运行，以"整洁、有序、美观、安全"的城市形象，体现了国际化大都市综合管理水平。近年来，上海市政府运用城市综合管理手段，聚焦违法建筑、无序设摊、乱倒渣土、群租、非法客运等城市管理顽症难题，有效遏制了顽症的新增蔓延势

头,取得了阶段性成效。

城市综合管理推动城市管理中多部门合作。通过城市综合管理机制,推动了多部门间跨专业、跨领域和跨职能合作。市、区县和街镇相关单位和部门齐抓共管、上下联动、综合协调的局面开始形成。如在住宅小区综合治理中,已经成立了市、区县、街镇三级联席会议,涉及相关管理部门、单位、企业近20家,为小区问题的集中解决打下了良好的基础。再如上海地下空间综合管理,要涉及住建委、民防办、发改委、经信委、卫健委、应急办、公安局、消防局、规土局等十多家管理部门和单位。

2. 城市综合管理法规体系框架建设具备了一定的基础

近年来,围绕城市综合管理工作,建设管理部门陆续制定了一些城市综合管理法规或者规范性文件,为体系框架建设打下了基础。如:

(1)关于综合执法

《上海市人民代表大会常务委员会 关于同意在本市进行城市管理综合执法试点工作的决定》(2000年7月13日上海市第十一届人民代表大会常务委员会第二十次会议通过)

《上海市城市管理综合执法暂行规定》(2000年9月20日上海市人民政府令第88号发布)

《上海市城市管理相对集中行政处罚权暂行办法》(2004年1月5日上海市人民政府令第17号发布)

《上海市人民政府关于修改〈上海市城市管理相对集中行政处罚权暂行办法〉的决定》(2005年6月27日上海市人民政府令第41号发布)

《上海市人民政府关于本市开展市级层面城市管理领域相对集中行政处罚权工作的决定》(沪府发〔2005〕20号,2005年6月27日)

《上海市城市管理行政执法条例》(上海市人民代表大会常务委员会公告第47号)(2012年4月19日上海市第十三届人民代表大会常务委员会第三十三次会议通过)

《上海市城市管理相对集中行政处罚权暂行办法》(市政府令第81号修改,2012年2月7日修正重新发布)

《关于进一步完善本市区县城市管理综合执法体制机制的实施意见》(市委、市政府办公厅2014年12月发布)

(2)关于城市网格化管理

《上海市城市网格化管理办法》(市政府令第4号,2013年10月1日)

《关于完善本市区(县)城市网格化管理体制的意见》(沪编2013年第277号)

《关于深化拓展城市网格化管理 积极探索和推进城市综合管理的若干意见》(沪府发2014年第27号)

《关于深化拓展网格化管理提升城市综合管理效能的实施意见》(沪委办发

2014年第46号，2014年12月）

《上海市城市网格化综合管理标准（试行）》（沪建管〔2015〕471号，2015年7月13日）

（3）关于城市综合治理

上海市人民政府办公厅关于转发市迎世博600天行动城市管理指挥部办公室制订的《本市迎世博加强市容环境建设和管理600天行动计划纲要》的通知（沪府办发〔2008〕23号，2008年7月4日）

《中共上海市城乡建设和交通委员会关于推动全面加强城市综合管理的若干措施的决定》（沪建委2014年第164号）

上海市社会管理综合治理委员会办公室等十部门《关于加强本市住宅小区出租房屋综合管理工作的实施意见》（2014年5月5日）

上海市城乡建设和管理委员会等九部门《关于进一步加强本市违法建筑治理工作的实施意见》（2014年6月23日）

上海市绿化市容局等七部门《关于本市进一步加强城市无序设摊综合治理工作的实施意见》（2014年7月11日）

《关于加强本市住宅小区综合治理工作的意见》（沪府办2015年第3号）

《上海市加强住宅小区综合治理三年行动计划（2015—2017）的通知》（沪府办2015年第13号）

（4）其他综合管理

《上海市市政公用行业特许经营管理办法》

《上海市地理信息系统管理办法》

《上海市黄浦江两岸开发建设管理办法》（2003年4月30日上海市人民政府令第4号发布）

《上海市地下空间安全使用管理办法》（2009年12月9日上海市人民政府令第24号公布）

《上海市地下空间规划建设条例》（上海市第十四届人民代表大会常务委员会第十次会议于2013年12月27日通过，现予公布，自2014年4月1日起施行）

《关于进一步推进本市旧区改造工作若干意见》

《关于积极推进本市旧区改造工作的政策意见》《关于开展旧区改造事前征询制度试点工作意见》（市建设交通委、市房屋局等联合印发）

……

3. 城市综合管理法规体系框架建设的创新实践案例

（1）发挥动态性和时效性优势的世博立法

为了办好2010年上海世博会，上海市有关部门坚持科学、民主立法的原则，推进制度创新，专门制定及修订了一批支持、保障和服务世博的法规、规章（包括临时性行政管理措施）、规范性文件，取得了积极的成效。其中包括：一般规章和特殊规章（1~14号）；地方性法规，制定3项，修订4项；政府规章，制定8项，修订1项；市政府通告，28项；其他规范性文件（本市），14项。这些立法工作的特点：一是针对性，瞄准突出问题；二是及时性，体现早预防早处理；三是协同性，多部门协同；四是动态和灵活性，短期长期结合，可拓展可复制。

（2）与管理技术标准和实施方案融合的城市网格化管理立法

上海在2005年开始大力推进网格化建设的基础上，2013年8月到2014年3月，陆续出台了《上海市城市网格化管理办法》《关于完善本市区（县）城市网格化管理体制的意见》《关于深化拓展城市网格化管理 积极探索和推进城市综合管理的若干意见》，2014年，市建管委也发布了《关于深化拓展网格化管理提升城市综合管理效能的实施意见》。一系列法规文件中，不但明确了网格化管理体制机制，同时明确了切实可行的管理标准、实施方案和流程，具有强烈的针对性和操作性，适应了城市综合管理的新要求和社会市民的新需求。

（二）存在的问题

1. 立法方面，尚没有形成基本的法规体系框架

首先，已有的城市管理法规没有完全纳入城市综合管理法规体系"大框架"和"大视野"。许多分散在行业管理法规中，缺少系统的黏合性，缺少综合协调和"兜底"机制，形不成"合力"。如"8+2+2"顽症难题，在交通、房管、市容、工商、公安等不同的行业管理法规中，都有相应的管理规定，但往往限于行业管理职责局限，执行中遇到这种那种问题，执法效果不佳。迫切需要从城市综合管理的高度，进行梳理，纳入综合管理的"大框架"，形成"综合管理法规体系"，提高执法有效性。

其次，已制定的综合管理法规权威性不够，与城市综合管理的地位不适应。上海的城市管理，正进入"以管理引领建设"的新阶段，城市综合管理，代表了城市管理的新趋势新发展，在整个城市发展中的地位不断提高。城市综合管理相关法规建设，与城市综合管理的地位不相适应。其突出表现在整体层次不高，地方性法规少，不能体现法规的威严和法治的力量，破解城市管理顽症力度往往"力不从心"。如网格化城市管理，作为城市综合管理最重要的方式和手段之一，没有地方性法规，在实际工作中遇到不少困扰。

再次，城市综合管理法规体系建设缺少监督和程序立法。已出台的一些综合管理法规，有的仍较原则，尤其是面对顽症难题，责任主体仍然不够清晰，处理流程仍然不够明确，依法行政的保障措施仍然不够给力，导致执法难，执法不力，管理不到位，监管难落实。如在住宅小区综合治理有关规定中，牵头部门、责任部门、执行部门的责任规定，仍然比较复杂，导致工作效率难以提高。如网格化综合管理方面，相关监督考核方面的规定较弱，等等。

最后，城市综合管理法规体系建设突出政府、市场、社会主体的共治不够。在充分运用社会化、市场化手段，推进城市综合治理方面的法规也非常薄弱，导

致社会和市场管理主体的缺位和不到位，政府、市场、社会三位一体的综合治理格局尚有待完善。

2. 执法方面，尚未形成完善的综合管理法规执行环境

首先，行业管理执法的落实不够。表现为城市管理方面的法规并不缺少，但执行不到位，甚至有法不依。"有法可依，有法必依，执法必严，违法必究"的环境不尽如人意。

其次，综合施策的管理机制没有形成。行业管理部门严格执法，协同解决顽症难题的机制没有形成。缺少"集中力量办大事，持之以恒办小事"的机制，就城市综合管理，缺少"兜底"机制和明确的承担主体。对一些模糊的管理领域，缺少主动承担。对综合管理的成效，缺少督促和考核的主体、手段、方法。城市综合管理法规有时难以"落地"。

另外，立法与司法的衔接不够，容易造成司法工作不顺畅，甚至走形。

三、城市综合管理法规体系框架建设面临的新形势新任务

（一）上海城市管理进入综合管理新阶段

今后的5年，上海要基本建成"四个中心"和现代化国际大都市，中央要求上海继续当好改革开放排头兵和创新发展先行者，加快向具有全球影响力的科技创新中心进军，不断提升城市核心竞争力，这些都给上海城乡建设和管理提出了更高要求，而市民对城市安全宜居、高效运行的需求与城市基础设施建设和管理供给之间的矛盾仍将在一定时期内存在。

未来5年，上海城乡建设和管理将进入新阶段，发展的阶段特征、内涵、目标、使命都发生了新的变化，全面加强城市管理真正成为上海城乡建设和管理的主线。城市管理的内涵，正从传统的建设管理和设施运行管理向城市综合管理方向转变。尤其近期以来，聚焦人民群众关心的违法建筑、群租、非法客运、无序设摊、乱倒渣土以及其他突出顽症难题，需要从根源入手，持续开展综合整治，巩固城市管理领域"8+2"整治和"四个遏制"成效。同时，加强住宅小区综合治理、加强地下空间综合管理、推动旧区改造、大居建设和黄浦江两岸综合开发等，都需要充分发挥综合管理的作用。

加强城市综合管理，必须依法依规治理。需要在市人大的支持下，对当前实践中行之有效的综合治理措施，力争以法规形式加以固化。对治理工作依然存在的一些难点问题，继续从法律法规层面深化研究。同时，结合城市管理综合执法体制机制调整完善，抓紧修订城市管理行政执法条例。

（二）世界先进城市管理倡导"协作治理"新理念

近年来，随着信息技术的广泛应用，一个网络社会逐渐形成。世界先进城

市，在改善城市管理方面，不约而同走上了"协作治理"的道路（Collaborative Public Management），有关经典论述中提出，协作治理作为当今城市主流治理模式之一，呈现以下特点：一是公民参与下政府协作治理理念的创新，建立"利益共享责任共担的治理理念"；二是协作治理运行机制的创新，"虚拟治理"与"微博治理"作为新型治理模式，进一步推动了治理主体的多元化，使得网络治理逐步取代传统治理的主导地位，"网络监督"、网络治理与协作治理无处不在；三是协作治理机制中政府角色的创新，政府从管理者、控制者向谈判、协调、引导、合作者的角色转变。上海的城市综合管理，应该积极借鉴"协作治理"的一些理念和方法。

（三）上海城市综合管理法规体系框架建设的新任务

面对新形势，积极借鉴世界先进城市管理理念，上海的城市综合管理法规体系建设，要更加注重转变政府职能，加强社会管理和公共服务；更加强调整合管理资源，创新管理方式；更加强调保障和改善民生，发挥公民和社会的力量，完善社会多元参与机制；更加强调技术特别是信息化技术手段的运用，实现城市管理的精细化和自循环。具体任务主要有：

1. 建立完善城市综合管理法规体系框架

在现有立法框架基础上，通过"立、改、废"工作，进一步完善法律规范，基本形成与"四个中心"建设相配套、相适应的本市建设管理领域的地方法制体系。为此，要围绕本市建设管理中心工作，适应市场化改革和社会治理的需要，进一步打破部门立法的局限，突出城市综合管理；进一步适应政府体制机制改革的现实，推进管理重心下移；进一步加强市场监管；进一步推进社会管理，解决城市管理瓶颈问题，形成长效管理机制，完善建设管理法规体系。

2. 大力提高综合管理立法质量和层级

坚持依法立法，确保立法工作符合法定权限和程序，立法内容符合上位法的规定并与相关法规相协调。坚持科学立法，正确认识和把握本市建设管理领域经济社会发展的规律，顺应时代发展和形势变化的要求，增强法规制度的科学性、合理性和可操作性，努力提高综合管理法规的层级，体现综合管理的价值。坚持民主立法，充分发挥公众参与和专家咨询论证的作用，保证市民群众的意见和建议得到充分表达、合理的诉求、合法的利益得到充分体现。同时，做好立法协调，积极构建与市人大相关委员会、市政府法制办以及其他相关部门之间良好的工作联络机制和协商渠道，增强协调意识，提高协调能力，克服部门利益化现象。

3. 着眼顽症难题强化城市综合管理立法

紧密围绕城市管理顽症难题和重点区域整治，推进完善立法，推进违法建筑、群租、无序设摊、渣土运输等顽症治理，健全常态长效治理机制。推动重点区域环境卫生整治，加大迪士尼乐园、虹桥商务区等关注度较高区域、区与区交界区域和城乡接合部区域环境整治力度，全面完成"特定区域"环境治理三年行动计划各项任务。以服务民生为导向，进一步完善住宅小区综合治理立法，特别是着眼于解决住宅小区停车、群租、违法建设、"居改非"、物业服务、居住环境、房屋维修等突出问题。拓展综合管理范围，加强地下空间综合管理、推动旧区改造、大居建设和黄浦江两岸综合开发等。

四、城市综合管理法规体系框架建设的指导思想、基本原则和总体目标

（一）指导思想

紧紧围绕以人为本、安全为先、管理统领、创新转型、法治保障这一主线，以改革创新为动力，聚焦城市综合管理，坚持依法立法、科学立法、民主立法、协商立法，探索建立符合超大城市特点和规律的城市综合管理法规体系框架。

（二）基本原则

与国家和上海市相关法规体系框架相配套，与政府机构改革和政府职能转变相适应，与本市城市综合管理工作相协调，城市综合管理法规体系建设坚持以下原则：

1. 更加突出统筹协调

正确处理城市综合管理与行业管理法规体系建设"分"与"合"的关系。两者既统一于城市管理整体框架，同时各有侧重，综合管理法规强调宏观统筹协调，突出跨部门综合性，"兜底"管理，消灭管理盲区；行业管理立法更侧重专业性，体现专业特色和深度。

2. 更加突出问题导向

找准建设管理突出问题和瓶颈约束，提高立法的针对性、操作性、及时性。结合国内外环境变化和中央对上海城市发展的新要求，找准瓶颈约束，强化政府职能转变，进一步深化细化政府在城乡建设和管理的具体任务，推进城乡建设和管理转型发展，创新发展。特别是积极借鉴和拓展世博经验，提高立法的针对性、有效性和及时性。以问题为导向，不断扩大管理边界，逐步实现从基础设施运行管理到街面管理、小区管理、社会管理的覆盖融合。

3. 更加注重改革创新

着眼城乡建设和管理今后重点工作，法规体系框架建设将更加强调安全为先，更加强调城乡一体、更加强调管理下沉、更加强调社会共治、更加强调科技创新。

4. 更加体现公平正义

着眼于民生保障，着眼于市民群众的合理利益诉求，强化政府部门的公共服务和社会管理职能，广泛听取公众意见，充分体现公众意愿，切实维护公众的合法权益，保证社会公平正义实现，保证建设管理行业有序发展、有活力地发展。

（三）总体目标

上海城市综合管理法规体系框架建设的近中期目标为：未来5年（2016—2020），基本形成政府、市场、社会良性互动的综合管理法规体系框架，推动形成城市管理协同联动、协作有力的大部门制运行格局。未来10年（2016—2025）目标为：全面建立与"四个中心"和现代化国际大都市相匹配的现代化城市综合管理法规体系框架，特大型城市建设和管理的现代化水平显著提升。

五、城市综合管理法规体系框架建议

（一）城市综合管理法规体系框架设计

根据上述对城市管理的界定，本研究认为，本市城乡建设管理法规体系基本内容框架可以归纳为"1+5+X"："1"即城市综合管理法规体系框架：主要为跨部门、综合性的立法项目。"5"即建筑建材管理、住房保障和房屋管理、绿化市容管理、水务管理和交通管理法规体系框架。"X"即其他方面的城市管理法规体系框架，如燃气管理、道路照明管理、无障碍设施建设管理等。

城市综合管理是城市管理的"特殊部分"，在法规体系框架设计上，"1"首先体现对"5"和"X"的衔接、综合和统领，同时，进一步拓展，衔接、协调城市管理法规体系框架之外的规划、环保和社会管理（治安、人口、工商等）等方面的法规体系框架（如下图所示）。

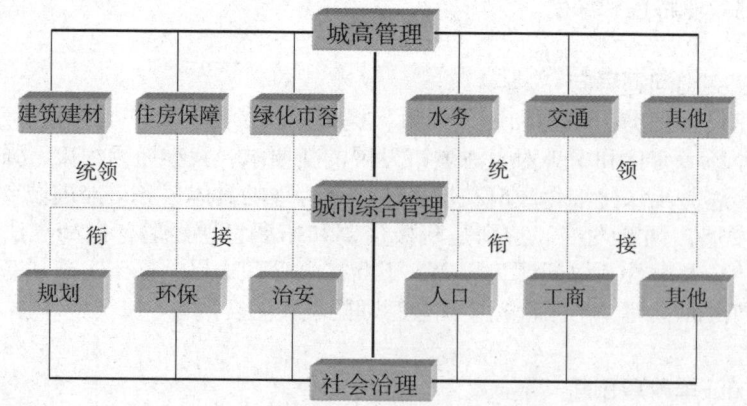

城市综合管理与城市管理、社会治理关系图

（二）城市综合管理法规体系框架主要内容和结构

从城市综合管理法规体系框架内容上看，主要为跨部门、综合性的管理法规。这些法规，可大体分为统筹协调管理、专项治理和综合执法三大类。其中统筹协调管理着眼于城市问题的宏观协调、监督和发现（主动发现和被动发现）；专项治理，是对事项问题特别是顽症难题的综合治理；综合执法，则是对违法事项的强制性处理，是最后的托底机制。三大类立法项目或立法方向建议如下：

1. 基于统筹协调管理的法规体系框架

立法方向上强调行业管理法规统领综合，主要包括建设管理系统整体统筹协调、网格化综合管理（数字化管理）、地下空间综合管理、旧区改造与城市更新、区域整体开发管理（黄浦江两岸开发建设管理、大型居住区开发管理等）等方面。

近期，在原有法规基础上，建议新增《上海城市网格化综合管理条例》（地方性法规），提升网格化综合管理法规的层级；同时，建议新增《城市网格化综合管理联席会议设置（或主体共治）办法》、《城市网格化综合管理主体职责分工办法》、《城市网格化综合管理基本流程实施办法》等相关配套规范性文件，完善网格化综合管理的可操作性。同时，研究促进网格化管理与社会联动方面的有关机制，研究"微博治理"、虚拟治理等社会化模式与政府管理的有效衔接。

◎ 城市运行综合管理中心　胡鹰　摄

建议新增《推进上海地下空间基础信息应用管理办法》（政府规章），推动地下空间基础信息的建设和共享，充分利用大数据手段，创新上海地下空间管理模式。

建议新增《上海市黄浦江两岸开发建设管理办法》（政府规章），增强对新形势下黄浦江两岸综合开发的支撑。同时，总结并研究大型居住区建设管理得失，破解其中的管理瓶颈。

2. 基于专项治理的法规体系框架

立法方向上着眼于顽症难题的综合施策。如"8+2+2"顽症难题治理、"特殊区域"治理、住宅小区综合治理、历史文化名镇名村保护治理、城中村改造与村庄环境治理等方面。

近期，在原有法规基础上，建议新增《上海城市顽症难题综合治理办法》（政府规章），明确顽症难题综合治理整顿的体制机制、组织方式、责任分工、工作流程、监督考核、保障措施等。同时，围绕"8+2+2"顽症难题，结合建设管理系统具体工作，制定若干配套规范性文件，如《关于加强施工扰民治理工作的实施意见》《关于优化大居配套治理工作的实施意见》《关于加强井盖伤人治理工作的实施意见》《关于处理路灯投诉工作的实施意见》等。今后，伴随城市管理顽症难题的变化相应变化。同时，进一步研究特殊区域的治理模式，进一步提高重要旅游区、交通枢纽地区及其他重要区域的管理水平，展示上海国际化大都市水准。

建议新增《加强本市住宅小区综合治理办法》（政府规章），努力构建政府、市场、社会协同，体制机制完善的住宅小区综合治理格局，理顺住宅小区突出矛盾问题，探索科学有效的治理模式和有力的保障措施。在原来工作的基础上，制订新一轮的《住宅小区综合治理三年行动计划（2018—2020）》，围绕住宅小区治理突出问题，提供具体的配套工作措施。

建议新增《上海市历史文化名镇名村建设管理实施意见》，进一步提高历史文化名镇名村的综合保护水平。同时，深入研究旧区改造和城市更新的新模式新方法，为创新体制机制提供法规政策支撑。

3. 基于综合执法的法规体系框架

立法方向上主要着眼于综合执法体制和方式的变革。结合大部制改革以及城乡建设管理领域的改革，与时俱进，完善综合执法体制机制，进一步体现综合执法的价值。

近期，在现有法规基础上，建议新增《上海城市综合管理问题处置流程规定》（政府规章）等，进一步明确问题处置的主体责任，明晰综合执法与专业执法的"权限"，明确具体问题的处置流程。

（本文根据2015年上海市住建委调研课题"上海城市综合管理法规体系框架研究"，其中作者和钟颖博士为主要撰稿人）

推进上海地下空间管理工作的六项建议

作为国际大都市的上海，近年来地下空间开发进入高速发展期，如何在更加高效利用的同时，加强地下空间的安全管理，已成为很重要的课题。

据统计，1990年前，上海建成的地下空间设施建筑面积只有319万平方米。进入20世纪90年代后，随着国民经济的快速发展，上海地下空间的利用也迎来了发展的高潮。截至2014年底，全市已建成地下空间设施（不含地下管线）35700多个，总建筑面积7460多万平方米。其中，地下生产、生活服务设施约34000个，总建筑面积6500多万平方米，占地下工程总量的95%；地下公共基础设施有1200多个，总建筑面积290多万平方米，占地下工程总量的3%；轨道交通及附属设施有600多个，总建筑面积为600多万平方米，占地下工程总量的2%。

随着地下空间设施量的急剧增长，各种安全隐患也日渐增加，治安隐患、消防隐患、卫生隐患、防汛隐患、结构及人防隐患、经营隐患和安全生产隐患等不同程度存在，有些隐患甚至非常严重。据统计，在2011—2014年隐患检查过程中，结构及人防隐患共发现56470件，占发现隐患数量的63%；消防隐患共发现19457件，占发现隐患数量的22%；安全生产隐患共发现10495件，占发现隐患数量的12%；卫生隐患、防汛隐患、经营隐患和治安隐患共发现163件，占发现隐患数量的3%。具体如向民防工程内排入废水、废气或者倾倒废弃物；轨道交通隧道上方违规勘察、施工和倾倒渣土；大型建筑防护设施不全，密闭性能不好，启闭不灵活，无应急照明装置；一些场合存在住宿、生产、经营、储存"三合一"或"四合一"现象，内部脏乱差；旅馆业无治安许可等。尤其是近年来，上海的地下空间设施建设逐步由单一化、独立化向综合化、规模化、集约化、深层化和一体化的方向发展，由于地下空间的封闭性、隐蔽性，使得城市地下空间内部的灾害事故管理面临困难，对灾害事故管理的要求陡然提高。

上海市在地下空间管理方面做了大量工作，但着眼于新的形势，仍然面临一些突出问题，主要表现在：一是管理体制机制有待进一步优化。虽然自2006年以来，上海市和各区县先后成立了地下空间联席会议，管理成效十分明显，但目前仍存在临时性、随机性的问题，缺少常态化的工作机制、固定化的节点安排和综合化的工作合力。市区（县）及街镇管理责任有待进一步明确，管理重心下移不够。产权单位或使用人的安全管理主体责任有待进一步强化，存在着重使用、轻安全的现象。二是管理手段有待进一步优化。目前管理工作主要以各区县民防管理部门定期派出民防管理人员对所属地下空间进行检查的传统方式，管理手段相对滞后，没有充分利用和发挥现代技术尤其是信息技术的作用，无法达到地下空间安全管理及时性、综合性、科学性的要求。三是对重点区域和重要隐患的监控有待进一步加强。尤其对结构安全的监控和防范不足，时常受到相邻地下设施施工、设施周边无限制抽取地下水、地下空间设施上方受到严重占压等危险状况影响，造成设施的受损或不均匀沉降，严重破坏地下空间结构。

2016年，上海迎来"十三五"开局，上海的城市发展，正进入基本建成"四个中心"和社会主义现代化国际大都市的关键时期。这些重大背景和形势，为上海的城市管理工作提出了更高的要求。以确保城市运行安全为首要任务，积极推进上海地下空间管理体制机制和技术创新，增强城市整体防护能力，任务艰巨，使命光荣。

当前一段时间，着眼于解决上海地下空间管理短板问题，建议围绕"六个一"目标推进有关工作。

1. 强化"一个会议"，充分发挥地下空间联席会议统领作用

着眼于工作的有效开展，市级联席会议需要重点开展的工作包括：一是明确职能部门责任，积极推动各管理部门和责任主体各司其职、分工协作，形成管理上的合力；二是全市一盘棋，推动信息资源的整合共享，消除信息"孤岛"，借鉴城市网格化管理经验，制定统一的管理标准和工作流程，实现管理信息的畅通；三是突出应急处置的积极响应和联合处置；四是加强联合检查和综合治理；五是加强考核；六是广泛宣传、演练和市民培训。

2. 梳理"一份清单"，明确主管部门、管理机构、责任主体职责

地下空间设施量大面广，必须根据设施本身的属性，按照"谁所有谁负责"的原则，科学落实具体的管理责任：对政府所有或者明确政府直接管理的设施，如一些公用民防设施（人防设施），明确政府部门的管理责任；对政府委托或者

经济实体产权的设施,如隧道、地下商场等,以及社会主体所有的设施如住宅小区地下室、停车库等,明确市场或社会主体的管理责任,政府部门则承担监管责任。

3. 依托"一张网络",发现问题,处置问题,实现监管

继续本着"依托共享、拓展延伸"建设原则,依托市、区两级城市网格化管理平台和信息系统,共享、拓展其平台和系统资源,将城市网格化管理由地面向地下延伸,建立地下空间网格化管理系统,充分依托利用网格化管理巡查员,对地下工程进行常规巡查,与民防部门现有管理员专业巡查一起,相互协调,实现地下空间安全使用管理的全覆盖,使地下空间管理工作真正达到信息化、标准化、精细化、规范化的要求。同时,结合"12319"城建服务热线平台、城市"12345"市民服务热线,真正将地下工程管理工作纳入城市大社会管理体系中。建立市、区县两级专业网格化管理平台,市级平台主要发挥统筹协调职能,区县级平台主要为指挥、派单和督办责任的落实。

4. 形成"一套体系",推动系统、科学、精细的监测和考评

加强科学监测,建立使用安全监测评估模型,着力发现和消除地下空间安全隐患。根据地下空间设施的不同特点,编制体系完整的检测指引手册,加强经常性检查和专业检测工作,防患于未然,确保结构功能正常,并进行及时养护和必要的紧急处置。

在重点地下空间设施内安装视频信号探头,全天候对地下空间设施的安全进行有效监控,确保重点地下空间设施的安全、可靠运行。

充分依托网格化建立完善监督考核机制。建议上海城市综合管理事务中心应会同市数字化城市管理机构对各区(县)城市地下空间网格化管理工作进行监督、检查,并对区(县)地下空间网格化管理工作情况以及市级行政管理部门和公共服务单位的处置工作定期进行评价;评价结果经地下空间联席会议办公室审核后,报市政府和市地下空间联席会议。为更好地做好地下空间安全管理工作,建议建立第三方评价体系。

5. 打造"一个平台",提升地下空间应急处置能力

建设上海市地下空间应急处置平台,运用综合化、信息化的手段,在城市地下空间灾害事故处置、恢复等各阶段加强协调与控制,实现各类信息、资源、人员的整合,构建城市地下空间灾害事故的综合应急管理体系,最大限度地减少城市地下空间灾害事故的发生带来的损失。建设应急处置平台,可以充分依托在建中的上海地下空间基础信息平台。

6. 编制"一份报告",充分调动多方力量

编制"上海地下空间安全管理年度报告"的公众版和政府版,针对不同群体发布各类地下空间信息,可包括年度地下空间利用基本情况、安全隐患及突出问题(事故)、重要政策法规、工作举措、考核评比、技术创新、社会参与、国内外展望等资料信息。一方面推动政府安全管理工作的改进提高,另一方面积极调动市场和社会的力量,形成合力。

为了做好上述工作,需要进一步加强相关保障。首先,要充实管理力量,市级层面,充分依托新组建的市住房城乡建设管理委,充实管理力量,加紧完善城市综合管理事务中心建设,使各项管理事务落到实处,有效运行。区县和街镇层面,进一步明确管理机构,落实管理力量。探索一线巡查力量购买服务的机制。另外,加强地下空间管理高层次人才的引进和培养,尤其是专业技术人才。同时,通过培训等方式,进一步提高基层管理和维护人员的业务水平。其次,要不断完善相关法律法规,适时修订完善本市与地下空间管理有关的法规和政府规章,并制定有关实施细则,有效落实政府机构职能中本市地下空间管理职能的调整,深化工作机制。另外,研究制定地下空间安全管理方面的各类专业技术标准,提升安全管理的指引性、规范性、先导性。同时,还要加大地下空间设施运行维护的投入。另外,要进一步加大宣传力度,在全社会营造出一个地下空间安全管理的良好氛围,广泛地发动群众,在实际工作中,把预案演练与平时防灾减灾知识宣传有机结合起来,把地下空间安全管理与经常性的治理整顿有机结合起来,把广泛的宣传鼓动与积极的群众参与有机结合起来。

(本文根据2015年上海市建委课题"新形势下上海市地下空间管理深化研究",与孙斌合作,作者为主要执笔人)

充分发挥基层组织在住宅小区综合治理中的作用研究

近年来，随着城市经济社会的快速发展，上海住宅小区数量、层次、形态方面发生了较大变化，并出现了很多新情况、新问题，这些问题，量大面广，涉及广大市民的切身利益，需要充分发挥基层组织的作用，确保基层问题在基层解决。习近平总书记指示，社会治理的重心必须落到城乡社区，尽可能把资源、服务、管理放到基层。韩正同志要求，真正解决基层建设中一些亟待解决的问题，扎实推进社会治理创新，率先探索符合特大型城市特点和规律的社会治理新路子。杨雄市长明确提出，要以居住小区为载体，以综合管理为方向，加强居住小区综合治理研究。

在深入学习各级领导讲话精神的基础上，2014年4月以来，我们课题组成员深入街道镇社区和职能部门，进行了认真的调研和学习活动，通过座谈、实地查看、走访和个别访谈等形式，全方位深入了解基层实际情况。主要聚焦条线职能部门终端事务的落实，街道镇综合管理职能的发挥，居委会、业委会建设，物业公司、社会中介组织和社区自治组织培育，各基层组织之间权责关系等内容。在调研的同时，我们认真梳理了职能部门和区县相关研究成果，广泛参阅了新闻媒体、社会研究机构有关基层组织建设的报道和论述，对基层组织建设和小区综合治理作用的发挥进行了初步的思考建议。

一、发挥基层组织作用的基本情况

住宅小区是市民居住生活的重要场所，住宅小区管理是城市管理和社会治理的基本单元。加强住宅小区综合治理，对维护群众切身利益、提升城市治理水平、促进社会和谐稳定都具有重要意义。上海市作为我国最大的城市之一，一直非常重视住宅小区管理工作，积极推进基层组织建设，不断提高住宅小区管理水平，取得了丰硕的成果。

20世纪50年代后期，上海就成立了街道办事处作为区县政府的派出机构，行使区县赋予的行政职能；成立居委会，发挥"自我管理、自我教育、自我服务"的基层自治功能，为上海的城市管理工作做出了积极贡献，也在住宅小区管理中，起到了重要作用。

改革开放后，新的形势对基层组织建设提出了新要求，基层组织主体多元化，建设内容更趋丰富，初步形成了政府、社会、市场主体各司其职、彼此依托、相互支持的管理体系和模式框架：街道镇城市综合管理的功能不断得到提升强化，"两级政府、三级管理"城市管理体制逐步形成；居委会在基层党组织的引领下，逐步成为居民自治体系中的核心，树立起了"小巷总理"的亲民形象；条线职能部门派出机构（"七所八所"）作用和终端服务不断夯实；物业公司实现了住宅小区内部管理社会化、市场化；业委会作为以房屋产权关系为纽带的一种组织运作形式，对于维护业主权利，推动自治管理起到了十分重要的作用；社会中介组织作为专业化的咨询服务组织，助推了政府行政效率的提高……

1. 街道镇综合管理职能不断提升强化

街道办事处，按照《中华人民共和国地方各级人民代表大会和地方各级人民政府组织法》，作为各区县政府的派出机构，受区县人民政府领导，行使区县人民政府赋予的职权。

自20世纪50年代后期以来，在上海城市的综合管理工作中，街道办事处发挥着重要作用。特别是改革开放后，随着上海城市建设步伐的加快，上海市积极探索特大城市的管理模式，管理重心逐步下移，街道和镇的作用受到了高度重视。

1985年，上海进行街道办事处行政管理体制改革试点，由市、区授予街道办事处行使基层政权的某些职能，给街道办事处放权，街道内的"五所一院一场"（派出所、房管所、粮管所、工商所、环卫所、地段医院、菜场等）实现条块结合双重领导体制。同时，合理配置机构，适当增加人员，增加街道财力。

1995年5月起，中共上海市委在黄浦区人民广场街道办事处、静安区静安寺街道办事处等10个街道办事处开展职能调整试点，通过授权、委托等方式下放部分监督处罚权，成立综合执法队伍，街道综合执法队由治安警、巡警、环保、卫生等部门派人组成。试点成功后，向全市推广，建立新的管理体制，实行"两级政府、三级管理"。

1996年3月，上海市城区工作会议明确，以基层社区建设和管理为重点，制定《关于加强街道、居委会建设和社区管理意见》18条政策，进一步明确街道党工委、办事处在社区建设和管理中的领导作用和行政管理职能；根据地域条件调整街道、居委会设置规模，增加编制，充实力量；理顺条块关系，街道办事处对区人民政府在辖区内的派出机构实行双重领导；在街道设立街道办事处领导的街道监察队；根据财随事转、费随事转原则，区政府每年新增财政收入增拨一定专项经费用于街道、居委会发展各项事业，绿化、环卫、市政等方面的各项经费核拨给街道办事处。

1997年1月，上海市人大修订《上海市街道办事处条例》，规定街道办事处依据法律、法规规定，行使辖区政府管理职能，强化综合协调和人事协管权；规定街道办事处设立街道监察队，对辖区内违反市容、环卫、环保、市政设施、绿化等法律、法规及违法建筑、设摊、堆物、占路等行为进行管理和处罚。

此后，一些街道大胆尝试"条"在"块"里的管理改革，把条线职能部门派生的终端机构（简称"七所八所"）综合组织起来发挥作用，形成合力，这些探索，对于住宅小区问题的综合处置，发挥了积极作用。

2007年5月，上海市政府办公厅转发了市房地资源局制订的《关于加强住宅小区综合管理三年行动计划（2007—2009年）》（以下简称《三年行动计划》）。2010年，上海市人大启动《上海市住宅物业管理规定》（以下简称《规定》）修订工作，于2011年4月1日实施。《规定》在《三年行动计划》实施的基础上，将一些成功实践经验上升为地方立法加以固定，明确乡镇政府、街道办事处负责指导业主大会、业主委员会的组建、换届、日常运作等工作，并建立住宅小区综合管理工作制度，解决物业管理矛盾。街道镇综合管理职能得到进一步明确。

调研发现，上海各街道镇普遍建立了综合管理联席会议制度，定期召开住宅小区联席会议，由街道镇主要领导主持，各职能部门派出机构及街道镇相关科室负责人参加，对住宅小区物业服务、违章搭建、文明创建等综合管理难点问题进行讨论，研究落实方案，对部分重要问题采取现场办公的方式予以解决。

在住宅小区综合治理过程中，各街道镇基层党组织发挥了积极引领作用。有些街道镇在住宅小区党建联建等方面，进行了大胆的探索。如浦东新区塘桥街道，由社区（街道）党工委牵头运作物业党建联席会议，统筹凝聚社区各基层党组织党员，强化行政党组、居民区党组织的综合协调、党员交叉任职、提升专业技能职责，扩大物业党建组织覆盖和工作覆盖，在破解诸多物业难题上发挥了积极作用。

伴随街道镇城市管理作用的不断加强，其内部机构建设和人员配备也不断加强。据市民政部门最新统计，上海共有街道98个，街道机关行政编制5740人，平均每个街道58名，实有50名。事业编制总数5392名，平均每个街道55名，实有48名。街道办事处一般下设社会发展、市政管理、社会治安综合治理、社会保障、财政经济等机构。街道办事处设主任一名，副主任若干名，由区县人民政府任命。

上海共有镇108个，乡2个。镇行政编制总数6086名，平均每个镇56名，实有48名。事业编制总数9384名，平均每个镇87名，实有82名。镇（乡）作为一级政府，其职能范围比街道更广，内设机构也相应多一些。

街道镇内设机构，分为行政机关、事业单位和议事协调机构三种。其中，行政机关使用行政编制，事业单位使用事业编制，议事协调机构不占用编制。

据调研，目前，街道镇城市管理资源主要可分为五个部分：街道镇内设城市建设管理部门（以市政科为代表）、网格化联动联勤部门、城管中队、职能部门派驻机构中与城市综合管理相关的部分、协管员。其中，协管员分为街道镇招标购买服务的协管员和职能部门下属的协管员（包括市容协管员、房屋协管员、综治协管员、交通协管员等）。从总量来看，数目并不少。但其中只有街道镇内设部门和自行购买服务的协管员可以由街道镇直接指挥，其他都是分散式管理。

上海另有45个大型居住社区基地，主要涉及7个区、22个镇、2个街道、1个街道（筹）。

2. 房管办等"七所八所"作用不断加强

在住宅小区管理的实践中，条线职能部门派生的终端机构，包括工商、房地、城管、市政、绿化、派出所等在内（又称"七所八所"）作用不断夯实。

1994年以来，随着旧公房出售力度加大，原来的房管所同步转制为物业公司，其行政职能，归到新设立的房管办。1996年6月3日，上海市房屋土地管理局为加强房屋行政管理的力度，提高物业管理的整体水平，根据市房屋行政管理的基本职责和房管办事处的实际情况，就加强房管办事处工作提出了多项实施意见。"意见"明确房管办事处为区县房管部门派出的行政管理机构，明确其行政职能为：在所管辖区域范围内宣传、贯彻落实政府有关房屋（物业）管理的法规、规章，调节房屋业主、租赁人、业主委员会、物业管理公司之间的关系，进行日常的房屋行政管理和执法检查工作。其具体15项主要职能的明确，为住宅小区的管理提供了基础。

为推动政府各条线职能部门和专业服务单位在住宅小区管理中管理职责的落地，《关于加强住宅小区综合管理三年行动计划（2007—2009年）》初步厘清了区县政府、房地部门、城管执法部门、工商部门、公安部门、市容环卫部门、绿化部门、规划部门、财税部门、民政部门、司法部门、卫生部门、水务部门、环保部门、质监部门、建设管理部门等政府18个相关行政管理部门和市城投总公司、市电路公司等水、电专业服务单位在住宅小区综合管理中的职责，这些部门或者成立专门的街道镇派出机构，或者明确社区终端服务职能，管理和服务更加深入，初步扭转了"进了小区门，就是物业事"的被动局面。

3. 居委会树立"小巷总理"形象

居民委员会是居民自我管理、自我教育、自我服务的基层群众性自治组织，是中国人民民主和城市基层政权的重要基础，也是党和政府联系人民群众的桥梁和纽带之一。1989年12月26日全国人大常委会通过了《中华人民共和国城市居民委员会组织法》，对居委会的主要任务进行了明确。我国法律还规定，居委会在基层政权或者它的派出机构指导下进行工作。

上海的居委会,最早设立于20世纪50年代,经过不断的调整完善,逐步成为街道镇工作的重要辅助力量,不但承担了大量行政事务性工作,而且在小区两个文明建设和维护社会安定方面,发挥了重要作用。

居民区党组织作为党在社区最基层的组织,是居民区各类组织和各项工作的领导核心。身处综合管理"一线"的居委会党员干部,在处理纷繁复杂社会矛盾问题中勇于奉献,任劳任怨,体现了较好的业务素质,涌现出了普陀区桃浦镇莲花公寓居民区党总支书记梁慧丽、虹口区凉城社区秀苑居民区党总支书记、十八大代表杨如明等"小巷总理"模范代表。他们在化解住宅小区社会矛盾方面,积累了丰富的经验,树立了良好的形象,也成为我党在基层群众心中一面闪光的旗帜。

社区居委会在组织群众性文化教育活动方面,众彩纷呈,各具特色,成为沪上一道道亮丽的风景。同时,居委会依法协助政府或者派出机构开展工作,并依法组织开展有关监督活动,如指导和监督社区内社会组织、业主委员会、业主大会、物业公司企业开展工作,维护居民合法权益。

如今,上海共有居委会(含党组织)3500多家,基本实现住宅小区全覆盖。居委会平均对应规模为2000多户,约10%对应3000多户,规模最大的5000多户(根据沪委办发〔2007〕14号《关于进一步加强本市居委会建设的意见》,居委会规模一般在1000户左右)。基本上都设立了人民调解、治安保卫、公共卫生、民政福利、文化教育、劳动服务等工作委员会。一般一个居委会配备1名主任,若干副主任、委员,共5~7人,居委会主任一般同时兼任党总支书记或党支部书记。

4. 业委会建设取得长足进步

业主委员会,是指由物业管理区域内业主代表组成,代表业主利益,向社会各方反映业主意愿和要求,并监督物业管理公司运作的一个自治性民间组织。

2009年11月16日,上海市政府办公厅转发了市房管局《关于加强业主大会、业主委员会建设的若干意见》(以下简称《意见》),指出,房屋所有权人为业主,业主是房屋所在物业管理区域内物业管理的责任主体。物业管理区域内全体业主组成业主大会。业主大会制度是房屋产权主体多元化形式下业主实行自我管理的实现形式。业主大会作为住宅小区物业管理的权力机构,具有制定和修改业主大会议事规则、惯例规约,选举业委员会,选聘物业服务企业,使用专项维修资金等有关小区共有和共同管理事务的决定权。业主委员会作为业主大会的执行机构,是业主大会日常运作的组织、实施主体,主要负责拟订相关方案、组织召开会议并具体实施大会形成的决议。

《意见》明确,业主大会、业主委员会应当配合公安机关,与居民委员会相互协作,共同做好区域内社会治安等工作。应当积极配合居委会依法履行自治管理职责,支持居委会工作,接受其指导和监督。

通过规范制度、完善程序、加强培训和宣传引导,上海住宅小区业主自我管理能力不断得到提升。如今,上海市符合成立条件的住宅小区中,已建立业主委员会的住宅小区7200余个,约占具备成立业主委员会条件住宅小区的83.6%,组建率居于全国之首。同时,杨浦、徐汇等区一些小微住宅小区的业主委员会,在街镇和居委会的指导帮助下,充分发挥业主自治作用,积极探索业主自行管理物业的模式,创新基层民主自治的新途径。

从本市业主委员会的总体运作情况上来看,运作较为有序规范的仅占业委会总数的15%左右,而矛盾突出的占到15%左右,大部分业主委员会处于维持型运转状态。从实践来看,业主委员会运行是否正常,运作是否规范,与业主委员会成员的人格品质及社会公信力、工作履历、专业背景等因素呈正相关。因此,业委会成员人选关、程序关、议事关及日常运作有待把握引导;同时,实践证明上述运作较为规范的15%业主委员会有一个共性特征,居民区党组织引导核心作用、居民区自治作用发挥良好,居委会、业委会、物业服务企业三者之间关系较为和谐,社区管理较为有序。

5. 物业公司推动住宅小区管理社会化、市场化转型

物业公司是按照法定程序成立并具有相应资质条件,经营物业管理业务的企业型经济实体,是独立的企业法人,属于服务性企业。它与业主或使用人之间是平等的主体关系,接受业主委托,依照有关法律法规规定或合同约定,对特定区域物业实行专业化管理并获得相应报酬。

20世纪90年代初,上海的发展进入快车道,房地产开发突飞猛进,住宅小区数量不断扩大,建设方式不断出新,产权格局多元化逐渐形成,这些都给房产管理带来了新问题,传统计划经济管理模式下行政性福利型的房地产管理体制不能适应形势发展的需要。上海的房管单位、管理部门对住宅小区管理方式进行了大胆的探索,提出了适应社会主义市场经济体制的专业化、社会化、市场化的住宅小区管理新路,引入了"物业管理"新概念。1997年,上海市制定了《上海市居住物业管理条例》,率先在国内以地方立法的形式对物业管理活动予以规范。2003年,国务院《物业管理条例》颁布实施后,上海市对原条例进行了修订完善,于2004年11月颁布实施《上海市住宅物业管理规定》。2011年,上海市又对《上海市住宅物业管理规定》进行了全面修订,市房管局根据《上海市住宅物业管理规定》,协同相关部门和单位,制定了一批配套政策文件,上海住宅小区物业管理,向着规范化、法治化的道路迈进。

如今,上海拥有住宅小区12000余个,物业服务企业达到2600余家,从业人员达40余万人。他们对住宅小区的日常管理和维护,起到了至关重要的作用,逐步成为上海现代服务业的重要组成部分。

6. 社会中介组织和社区自治组织萌芽发育

社会中介组织是指介于政府与企业、社会利益群体之间的各类社会组织。具有社会服务、沟通、公证、监督、市场调节等功能。社会中介组织包括行业协会、商会、会计师事务所、审计师事务所、律师事务所、咨询公司、职业介绍所、评估行、公证事务所、经纪代理行、估价行等。

响应中央号召，上海各级政府高度重视中介组织的培育和作用的发挥，提出充分利用社会组织专业化、专项化优势，运用和尝试政府购买服务模式，由社会中介组织介入承接，实现政府职能转移，形成政府负责、社会协同、公众参与的"小政府、大社会"管理格局，促进了社会管理和建设。

截至2014年4月，上海从事社区综合治理与相关服务的中介组织共13家，其中民办非企业单位9家，企业性质4家；从业人员163人，其中民非单位37人，主力年龄61岁以上，企业单位126人，主力年龄18~34人。主要工作包括化解物业管理矛盾纠纷，参与业主大会组建、换届改选，评选监督物业服务质量，维修资金使用"三审"和代理记账等。如虹口区房管局和凉城新村街道，组建了由政府培育扶持的公益性社会组织"上海虹口新家园建设合作事务所"，为社区业主大会组建、业委会换届改选提供综合咨询服务，取得了良好的效果。

社区自治组织主要有文体科教类、社区福利类、治安民调类、医疗计划类和城建发展类等，其中城市管理类主要工作是停车引导、商铺跨门营业劝阻等。世博会以来，市民群众自治热情提高，涌现出一批特色的自治组织，如湖南社区弄管会、五里桥社区"三会苑"自治理事会、甘泉街道居委项目化自治等，形式多样，服务针对性强，取得了较好的效果。

二、存在的问题及原因分析

调研发现，虽然基层组织在本市住宅小区综合治理中已经扮演了重要角色，但其在职责定位、能力建设、制度保障及相互关系处理等方面，仍存在一些问题，不仅制约了基层组织作用的充分发挥，也影响到综合治理的整体效果。

1. 街道镇行政管理和公共服务综合协调职能没有完全落实

基层城市管理水平与社会要求存在距离。随着经济社会的发展，市委、市政府和社会各界，对城市管理、社区和谐与居民生活的要求越来越高，而目前本市街道镇城市综合管理力量有限，且资源分散，效率较低，难以满足市委、市政府和人民群众的要求。

（1）街道镇综合协调依然不畅

历年政策法规虽然明确了街道镇建立综合管理职能，协调解决小区管理矛盾，但街道镇仍然感觉有责无权，街道镇反映，除了"面子""票子"，缺少更有力的"抓手"，不能对条线行政资源进行有效整合，最大限度地形成合力。与城市管理重心下移、街道管理任务加重的情况不相适应。

在城市综合管理具体问题中，管理、审批、收费等环节相互脱节，往往出现部门收费、街镇管理，或部门管事、街镇干活的情况，责、权、利没有同步下放，街镇整体功能发挥受到制约。

同时，房管、城管、公安、环卫、工商等不同部门的行政资源呈分割、分散状态，缺少必要的信息资源共享平台，街道镇对综合性问题把握不准。

（2）街道镇综合管理联席会议未能有效做实

本市自2007年成立住宅小区综合管理联席会议至今，经过多年的探索实践，市、区（县）和街道镇三级联席会议制度都已基本建立，各成员单位在联席会议统一领导下，初步形成了重大政策和重大问题综合协同与一般工作各司其职相结合的工作方法。但以目前的形势要求来看，尚存在其办公室日常工作未做实和居民区层面未做实这两个问题，导致住宅小区中跨部门跨领域的综合性复杂问题难以得到有效解决。

（3）部分街道镇和职能部门对管理工作重视不够

有些街道镇借口经济发展和城市建设任务重，对城市管理特别是住宅小区综合管理工作不够重视，不愿意"啃硬骨头"。部分职能部门的监管职责没有进一步细化和明确，依法履职、主动作为的意识不强。随着经济社会的发展，市委、市政府和社会各界，对城市管理、社区和谐与居民生活的要求越来越高，而目前本市街道镇城市综合管理力量有限，且资源分散，效率较低，难以满足市委、市政府和人民群众的要求。

2. 街道镇在住宅小区自治中的指导监督作用发挥不够

（1）对居委会自治扶持不够。我国法律明确规定，街道镇指导居委会的工作。实际操作中，街道镇往往重"指派"轻"扶持"，把大量街道层面行政性事务派发给居委会，把居委会当成"帮工"。对居委会发挥自治功能重视不够。究其原因，在于街道镇对居委会自治功能认识不足。另外，部分街道镇力量配置不足，或者力量合理调配不够。据市民政部门统计，本市街道平均户籍人口7.9万人，街道机关行政编制平均每个街道58人，实有50名，事业编制平均每个街道55名，实有48名。实际上，上海户籍人口和常住人口差距很大，户籍人口不能反映现实管理要求；同时，街道人口规模差距大，有的只有2万人，有的达到14万人，管理工作量不同。镇也是如此，平均常住人口12.2万人，平均每个镇行政编制56名，实有48名，事业编制87名，实有82名，但最小的镇只有7000人，最大的43万人。

（2）对业委会建设指导不够。《上海市住宅物业管理规定》出台后，住宅小区业主大会组建、换届，业主委员会日常运作管理的职责主要划转至街道，但是，由于街道缺少熟悉政策法规的相关管理人员，实践工作经验缺乏，导致业主大会、业主委员会工作指导能力不足，工作水平有待进一步提高。

（3）对物业公司监督不够，对社会中介组织和自治组织培育不够。街道镇对物业公司准入资格、招投标、退出机制等方面缺少话语权，不能采取有效考核监督手段。对社会中介组织和自治组织的作用，还处在探索阶段，尚需一系列配套政策措施的支撑，如政府购买服务鼓励政策的细化、社会中介组织性质的明确、注册的制度化、有关财税扶持政策等。

3. 条线职能部门和专业服务单位职责未能有效落地

调研发现，虽然《上海市住宅物业管理规定》《三年行动计划》等法规政策明确了相关行政管理部门的管理职责，但一些行政管理仍然止步于小区大门，住宅小区中群众反映强烈的跨部门、跨领域综合性矛盾问题未能得到有效解决。究其原因，除了一些部门跨前一步意识不强外，也有一定的客观原因：

（1）"责任清单"存在"模糊地带"。已经公布的责任清单仍然存在一些模糊地带，负责部门或者牵头部门的界定不够清晰。如"居改非"涉及房管和工商部门，违章搭建涉及城管、房管、规划部门，群租涉及公安、房管部门等。

（2）相关法规存在不一致甚至冲突。如根据《上海市住宅物业管理规定》，供水、供电、供气等专业单位应承担分户计量表和表前管线、设施设备的维修养护责任。但根据《物权法》，业主对建筑物专有部分以外的共有部分，享有权利，承担义务。日常管理维修中，专业单位就可以以《物权法》为由拒绝履行养护责任。

（3）"七所八所"资源配置不足。根据统计，本市街道平均户籍人口7.9万，平均面积6.5平方公里，每个街道对应设置1个派出所、城管中队、房管办及司法所，多数派出所警力65~90名，城管中队一般20~30名，房管办5~7名，司法所3~4名。同样，镇层面，平均常住人口12.2万人，平均面积54.7平方公里，一般每个镇对应设置1个派出所、城管中队、房管办及司法所，少数撤并而成的大镇2~3个派出所，多数派出所警力为40~60名，城管中队15~30名，房管办4~5名，司法所4名左右。人口多或者面积大的街道和镇，城管、房管、司法等派出机构普遍存在人手紧张问题。一些大型居住社区涉及的镇，目前常住人口超过20万的9个，预期人口超30万的10个，超40万的5个，这些镇包括警力，也用到了极限。

同时，由于待遇等方面的原因，"七所八所"人员结构不尽合理，趋于老化，业务能力和素质不够高，也制约了其管理水平的提高。

4. 居委会自治功能没有充分发挥

居委会层面，本市基层管理已基本实现社区党组织及居村委会的全覆盖，特别是2009年市委、市政府办公厅发布《关于加强本市居委会自治能力建设的导则》以来，社区居委会加强能力建设，整体工作水平已有很大提升，但还是存在一些不平衡现象和不足之处。

（1）承担了较多的行政性事务。调研发现，当前居委会作用的发挥主要依托于承担街道下派行政管理事务性工作，而且事项较多，据调查，一般占到居委会业务的60%以上比重。如宝山区某街道，居委会承担的行政事务，多达736项。居委会精力有限，不能很好地履行"自治"功能。另外，本市尚有5000多个住宅小区没有组建业主大会和业委会，主要由居委会代行职责。

（2）调动住宅小区党员积极性不够。居委会在充分发挥党组织引领作用，充分调动住宅小区党员积极性和模范带头作用，协调各方化解小区社会矛盾等方面，还有很大的工作空间。调研发现，一些居委会工作的好坏，取决于是否有一个"强势"的带头人。一些"小巷总理"单枪匹马，工作强度非常大，居委会团队能力发挥不足。一些居委会接纳年轻力量，运用现代化方式和手段不足，工作套路比较传统。

（3）对业委会的指导监督不够。在统筹住宅小区发展和治理、综合协调小区社会组织、培育引导小区居民进行自我管理尤其是业委会建设等方面，专业知识不足，处理小区自治相关事务的能力不强。

（4）与物业公司"多头管理"。一些老旧小区因为历史原因，与物业公司存在管理职能交叉，如绿化、治安、清洁卫生、停车管理等，因为利益关系，互相不配合、不支持；对于小区内的收费项目，争相管理，难点工作，互相推诿。

（5）居委会成员存在一定程度的老化现象。根据2013年闸北区一份调研，目前居民区党组织书记的平均年龄达到55.7岁，其中60岁以上的占到14%，而45岁以下的只占3%。"小巷总理"后继乏人，关键是工资待遇太低，与他们的付出不成正比；社会地位和社会评价偏低；同时，社区工作者岗位缺少"职业前景"规划，看不到事业发展的方向，让不少年轻人望而止步。

5. 业主自我管理能力仍待提升

据调查，本市7200多家业委会，运作较为规范有序的约占15%，70%左右处于维持型运转状态，另外15%的矛盾比较突出。

业委会层面，经广泛调研发现，住宅小区内各类矛盾纠纷多发的背后，有政府管理缺位、市场体系不健全等客观环境和历史遗留因素的原因，更有居民自治、自律、自我教育、自我管理等主观因素，特别是实施违法违规行为的居民，自身主体意识缺乏、法制观念淡薄的问题比较突出。依据市政府办公厅近期对2000多位居民的调查分析，居民反映需要优先解决的10个突出问题（停车、群租、违法建设、宠物扰民、堆物占道、高空抛物、技防安保、物业公司服务不到位、居住环境和房屋维修等），前6个问题与居民个体的行为失范密切相关，后4个问题表面上是物业服务管理失当，究其本质，还是居民在公共义务承担方面存在责任缺失。如何培育自律机制，完善居民自治，是住宅小区综合治理的基础。

（1）缺少必要的引导监督。据《物业管理条例》规定，业委会的主要职责是监督和协助物业公司履行物业服务合同，物业管理服务涉及工程建设、劳动人事、技术服务、财务管理、环境保护以及法律维权等许多专业的问题,同时业委会本身也需要进行合法、高效的运作和管理。目前,业委会大多缺乏监督物业管理所需要的相关专业知识,自身的职业能力和职业素养也相对不足,导致既不能有效监督协助物业公司,又难以真正代表业主利益,有些还可能做出损害小区整体利益的事情。当前,对于业委会日常运作的监管和制约措施还是空白,没有法律法规予以明确,对业委会不正常履职无法可依。

(2)业委会组建难。目前,上海仍有5000多个小区没有组建业委会。许多小区居民对参与业委会热情不高。有些小区因为规划建设等方面的历史问题,不具备成立条件。比较突出的是保障性的大型居住区。如我们调研的浦江镇大型保障房基地,业委会组建困难,一方面是房屋质量问题以及技防设施几近瘫痪等,入住业主非常不满,拒绝缴纳物业费占多数;一方面开发单位出于节约成本考虑,几个小区共用一套监控、配电设施,产权分割难。

6. 物业公司面临"成长的烦恼"

(1)物业企业面临一个"不完全"的市场环境。如今,上海物业管理企业优胜劣汰的市场竞争机制尚未完全形成。全行业企业规模化、规范化、品牌化水平整体不高,"多、小、散、弱、杂"。2625家物业服务企业,一级资质74家,二级资质399家,其余近2200家均为三级资质。据2012年统计数据表明,全行业平均利润率仅2.29%(其中居住类物业利润率更低甚至亏损),其中劳动力成本支出约占70%,部分企业处于亏损状态,抛盘现象频发。40万从业人员呈现出"三多一低一大"的特征,即外地就业人员多、4050就业人员多、低学历人员多、平均薪酬低、人员流动性大,其中非本市户籍约占52%,40~55岁的从业人员约占53%,初中及以下文化程度的约占61%、收入在2000元以下的约占59%,从业人员年均流动率高达30%以上,物业服务行业的健康持续发展面临极大隐患。

物业公司的问题,很大程度上受制于行业外在环境制约:

一是物业服务收费价格机制扭曲。现行物业服务收费定价采取政府定价和政府指导价相结合的模式,这种定价机制在一定程度上违背了市场规律,当前,物业服务的成本和支出严重背离,不少物业服务企业实际亏损,经营管理难以维系,物业服务质量总体难以保证。

二是物业服务行业财税扶持力度不够。物业服务企业税收负担相对较重,财税扶持力度有待加大。同时,物业服务行业拓展延伸服务、提高生存能力的政策制度环境和信息服务环境有待进一步创新和完善。

三是物业服务消费的理念尚未完全形成。不少市民群众对物业服务的理解和认识停留在"房管所"时代,缴纳物业服务费购买服务商品的意识不强,拖欠、拒缴物业管理费的现象比较普遍。

(2)物业公司与居委会、业委会三者之间权责不够清晰。业委会和物业公司之间利益纠葛,缺少必要的监督机制和公开透明公正的操作程序。据有些小区居民反映，极少数业委会成员和物业公司暗中勾结，谋取私利；也有的业委会成员出于私利，挑动业主与物业公司的矛盾，不缴纳物业费，非法更换物业公司，激化物业公司与业主的矛盾。

另外，老旧小区普遍存在物业公司和居委会管理职能交叉。有的小区分工较明确，物业公司抓硬件，居委会抓软件，彼此配合，关系融洽。也有的小区两者职责不分，抢夺"利益范围"，互相不配合，造成诸多管理死角。

7. 社会中介组织和社区自治组织偏弱偏小

目前，全市从事社区综合管理及相关服务的中介组织只有13家，主要集中在徐汇（3家）、虹口（1家）、浦东新区（2家）、闵行（1家）、长宁（2家）、普陀（3家），量少面窄。同时，社会中介组织应该定位为民办非企业单位。但从组建方面看，目前主要是政府出资、负责人由政府部门领导或者退休官员担任，办公场所和活动经费均由政府提供，独立性和社会性相对不足。从业人员年龄结构不够合理，50岁以上居多，专业知识不均衡，不能形成专业梯队。

社区自治组织整体偏小，缺少制度化和规范化认定，管理效果取决于居委会的主导以及市民素质。有的取得了非常好的效果，如浦江镇博雅苑小区（浦航七居委），自小区筹建开始，已经形成了独特的自治模式，"我愿意、我喜欢、我奉献"，重点推出了阳光班、老小孩聊天班、妇女议事会、老舅妈工作室等特殊团队，自治团队达到25个，使一个"陌生"的新小区，迅速成为一个温暖的新家园，值得借鉴推广。

三、充分发挥基层组织作用的对策建议和保障措施

（一）形势与目标

1. 新形势、新要求

根据统计，上海17个区县共有住宅小区12000余个，其中有物业管理的住宅小区1.16万个，包括商品房住宅小区7600多个，公房住宅小区1400多个，售后房住宅小区1100多个，混合型住宅小区1300多个，涉及常住人口1800多万，上海住宅小区数量、层次、形态方面较过去发生了较大变化，并出现了很多新情况、新问题，这些问题，量大面广，性质复杂，涉及广大市民的切身利益，需要充分发挥基层组织的作用，确保基层问题在基层解决。

2014年3月5日，习近平总书记在参加党的十二届全国人大二次会议上海代表团审议时就加强和创新社会治理做出重要指示。他强调，社会治理的重心必须落到城乡社区，社区服务和管理能力强了，社会治理的基础就实了。要深入调研治理体制问题，深化拓展网格化管理，尽可能把资源、服务、管理放到基层，使基层有职有权有物，更好为群众提供精准有效的服务和管理。

上海市委将"创新社会治理、加强基层建设"作为2014年头号调研课题，

韩正同志亲自担任组长，要求集中力量、深入调研、摸清情况、理顺思路，真正解决基层建设中一些亟待解决的问题，扎实推进社会治理创新，率先探索符合特大型城市特点和规律的社会治理新路子。杨雄市长明确提出，要以居住小区为载体，以综合管理为方向，加强居住小区综合治理研究。

面向未来的住宅小区综合治理，需要充分发挥政府、市场和社会多方面作用，尤其要进一步调动社会积极性，充分利用市场化手段。这是现代城市治理的核心内涵。国内外城市，在这方面积累的丰富的经验，如新加坡在社区建设中，注重培养"共同价值观"，强调政府主导下的大众参与，通过2.7万多个社区领袖的引导，提倡"国家至上、社会为先，家庭为根、社会为本，关怀扶助、尊重个人，协商共识、避免冲突，种族和谐、宗教宽容"，达到邻里守望相助，共建美好家园。我国南京市提出了"大城管"理念，推出了极具开创意义的地方性法规——《南京市城市治理条例》，突出公众参与机制，把公众作为城市治理的重要主体之一，城市治理委员会是"公众参与"这一重要认知在制度层面上的合理体现。

上海的各级组织机构，在城市治理中，也进行了积极创新和大胆尝试，取得了一批先进成果，形成了一批可复制推广的经验和模式，如浦东新区塘桥社区的物业党建联建模式，宝山区友谊路街道建设智慧社区为居委会减负增能模式，闵行区浦江镇大型居住区多元主体参与社区共治模式，虹口区引导社会中介组织参与业委会建设模式等。这些经验的积累，为我们进一步推动基层组织在住宅小区综合治理中作用的发挥，提供了重要参考。

2. 目标任务

上海发挥基层组织在住宅小区综合治理中的作用，要以推动主体责任落实和加强基层基础建设为着力点，科学设计各类基层组织功能定位和权力边界，确定基层党组织在小区综合治理中的引领地位，确定街镇在小区行政资源配置中的主导地位，确定居委会在小区自治体系中的核心地位，进一步整合管理资源、提高基层能力，进一步发挥市场配置资源的决定性作用，进一步激发居民自治和社会各方参与治理的能动性，积极探索与上海特大型城市特点和规律相适应的社区治理新模式。

（二）政策建议

1. 做"实"街道镇，构建社区城市综合管理平台

一是党建联建，同创共建，形成小区综合治理体系。在社会主义精神文明建设范畴内，发挥党建联建、同创共建优势，解决住宅小区综合管理问题。在街道形成"党建引领、政府监管、企业尽责、组织参与、居民共治"的住宅小区综合治理体系。发挥社区街镇党组织核心作用，以党建联建等方式整合不同类型、不同层级单位、组织和个体力量，同时发挥社会组织民间自治互助优势，充分激活社区治理能力。

二是切实推动条线职能部门和专业服务单位在街道镇责任落地。进一步明确各相关行政管理部门和专业服务单位住宅小区综合治理责任。各部门单位要按照责任清单和突出问题处置业务流程手册，进一步明确和细化其工作标准和内容，按照住宅小区管理的实际工作量和管理服务要求，加强相关派出机构的人财物的配备，提高一线管理服务的处置效率和效能。（责任清单详见专项调研"完善住宅小区综合治理体制机制研究"）

三是建立和完善由街道镇牵头协调的工作机制。根据各条线单位职责分工，由街道镇负责协调各专业管理派出机构，处置辖区内住宅小区综合管理相关事务；依据职责清单和规定业务流程对各类专业派出机构落实法定职责和处理相关事务进行督办；根据相关指标体系和管理要求，行使考核评价权力。此外，赋予街道镇对派出机构负责人的人事任免建议权。

四是组建街道镇城市综合管理机构。街镇，是基层综合管理的重要力量，其在住宅小区管理及其他城市和社会管理方面，都处在承上启下的核心位置。但目前街镇层面涉及此类管理的责任主体比较分散、管理力量比较薄弱，缺少专门管理机构。调研中基层普遍反映，希望整合街镇相关管理资源，在街镇层面组建负责住宅小区管理及其他城市和社会管理的城市综合管理机构。目前部分外省市和本市闸北、虹口、宝山、松江等区已经做了一些探索，实践运行效果总体较好。

建议结合本市街镇党政机构改革和街镇基层"强身"，推动相关条线管理机构纳入街镇属地化管理，并适度整合街镇城市和社会管理力量，做强街镇城市网格化综合管理分平台，组建街镇城市网格化综合管理中心，并加挂包括住宅小区管理职责在内的街镇城市综合管理联席会议办公室牌子。该中心领导由街镇主要领导兼任。

组建该机构，一是健全基层城市综合管理机制。目前街道的社区事务受理、社区文化、社区卫生等服务中心相对比较完善成熟，但量大面广的住宅小区及其他城市和社会管理事务却缺少相应的管理机构和工作机制；而部分乡镇现有的建设管理中心，仅履行市政建设管理等方面的职责，缺少城市综合管理职能及相应的工作机制。二是整合分散的条块城市管理力量。目前住宅小区管理及其他城市和社会管理涉及街道市政科（或城管科，乡镇为规建办）、社管科（乡镇为社区办）和房管办、土地所、市容环卫所、绿化所、水务所、派出所、司法所、城管中队以及工商、食药监等条块多个部门，管理力量较为分散，有待整合。三是统筹协调解决住宅小区管理及其他城市和社会管理中的突出问题。中心利用"12345"市民服务热线等渠道和网格化管理的发现、督促机制，统筹街镇层面的行业管理、城管综合执法、协管队伍、作业服务等多方面力量，有助于及时发现、快速处置、合力破解住宅小区管理及其他城市和社会管理中的顽症难题。

街镇城市综合管理机构具体负责住宅小区管理及其他城市和社会管理方面的组织指挥、协调服务、监督考核等工作，该机构充分依托街镇网格化综合管理分平台，统筹和指挥属地化管理的相关单位（市容环卫所、绿化所、水务所、土地所、房管办、城管中队等），协调和监督区县条线派出机构（派出所、工商所、食药监所等），支持和指导居（村）委会、业委会等机构开展居民自治和社区共治。乡镇作为一级政府，其城市综合管理机构应根据强镇扩权的要求，参照小型城市的标准，赋予更大的权力。对部分区域面积较大、常住人口较多、小区规模较大（如大型居住社区）的街镇，可结合本市基层管理单元的划分，探索设置若干社区工作站。

该中心的主要工作包括：

街道镇综合治理各类问题的集中受理。作为街道镇城市综合管理最重要的"抓手"，通过网格化、城建热线、居委会工作站、市民投诉等渠道，受理有关街道镇综合管理的各种问题，及时落实专业部门和服务单位加以处置。牵头协调各职能部门在街道镇的派出机构，共同处理区域性、综合性的住宅小区综合治理复杂疑难问题。

对基层自治组织的培育和指导。围绕上海市住宅小区综合治理工作要求和物业管理工作特性，加大居委会、业委会、物业公司相关管理人员培训。进一步加强培训工作的组织领导，不断完善培训大纲和培训教材，增强教育培训的针对性、操作性和实效性，切实帮助业委会成员提高自我管理能力，帮助居委会及相关管理人员提高指导服务水平，提高物业公司服务能力。扶持专业社会组织参与业主大会组建、业委会换届改选、物业选聘、维修资金使用等社区物业管理事务和矛盾纠纷化解，形成专业社会中介组织提供公共服务和解决事项的社区治理模式。

对各类问题处理的督办和考核。对受理的各类城市综合管理问题以及牵头协调的综合难点问题处置情况进行督查督办，并以此为依据，实行对职能部门派驻机构履职情况的绩效考核。

承接网格化管理进小区及大联动、大联勤相关工作。将街镇网格化管理平台建在街镇城市综合管理事务中心，实现与大联动、大联勤的深度融合。实现住宅小区问题的及时发现，有效解决，科学评估。负责街道镇城市综合管理的信息综合、资源统筹。

承办街道镇综合管理联席会议。承担街道镇住宅小区综合治理联席会议办公室职能，定期组织召开联席会议，研究解决矛盾问题。

月度会议。由街镇分管负责人召集，每月召开一次，根据议题邀请专项工作涉及的其他单位参加，依据各成员单位对应的工作职责或区联席会议专项工作会议协调指定结果，将相关问题落实到责任单位。

专项工作会议。主要负责推进阶段性重点工作或调处辖区内住宅小区综合管理遇到的综合性、突发性问题。

一些规模比较大的街道镇，可以探索建立城市综合管理事务协调组（站），采取"一站多居"等形式，充实基层服务力量。其主要职能包括：一是接受街镇城市综合管理中心的领导,承担小区内城市综合管理相关行政事务性工作,为居委会减负增能;二是配合居委会,组织居民自治和社区共治;三是帮助和协调业委会、物业公司工作;三是做好公共服务进社区的协调推进工作。

2. 做"强"居委会,加大自治能力建设
(1)强化居委会自治能力建设
① 充分发挥居民区党组织在居民自治中的引领作用。在街镇党组织领导下,建立健全以居民区党组织为核心,居委会、业委会、物业服务企业和相关条线单位共同参与的社区物业管理党建联建格局,有条件的小区探索设立业委会党的工作小组,帮助业主把好人选关、程序关和议事关。

② 进一步明确居委会基层群众性自治组织的定位,推动居委会减负增能,发挥其在社区自治管理中的核心作用。

③ 推动居委会与业委会的"两会融合"。探索建立居委会、业委会人员双向兼职机制,通过有业主身份的居委会成员通过选举进入业委会、业委会成员通过选举进入居委会、居民区党组织成员进入业委会党小组、业委会党员在居民区党组织任职挂职等多种形式,实现居委会、业委会工作的紧密衔接和有机融合。健

◎ 住宅小区综合治理　胡鹰　摄

全在职党员业主双重组织生活制度，引导在职业主党员发挥党员先锋模范作用，积极参与小区公共事务管理。探索建立居民区党组织（居委会）与相关部门双向评价机制。

（2）形成住宅小区矛盾综合协调机制

由居委会出面，负责对居民与居民之间、业主与业委会之间、业主与物业公司之间、业委会与物业公司之间、业委会内部等的矛盾纠纷调解处理。在居民区层面形成住宅小区综合治理的第四级联席会议协调平台。在业委会难以组建的老旧小区，试行由居委会代行业委会职责。

3. 做"专"业委会，创新业委会组织模式

提升业主自我管理意识。优化业主自我管理的规制。完善和修订本市住宅小区《管理规约》《临时管理规约》《业主大会议事规则》等示范文本，积极引导业主大会、业委会依照示范文本，修订本住宅小区相关管理公约和议事规则，明确制约性条款，规范业主物业使用行为，明确违约行为的处置方式和相应责任，发生问题矛盾主要依靠小区自我约束机制处置，如可由业主大会授权业委会或物业服务企业采取代为履行、代为改正的措施，不断提高业主自我管理和约束能力。

切实发挥业委会的积极作用。继续推动符合业委会成立条件的住宅小区抓紧成立业主大会及业委会。对尚无条件成立的，由街道镇牵头，居委会具体指导，帮助业主加强自我管理。保障业委会工作经费渠道，探索从公共收益中提取部分经费用作业委会工作经费，在部分老旧小区可对业委会的日常运作予以适当补贴。进一步加强对业委会成员的业务培训，建立定期培训制度，切实提高业委会成员管理小区的能力和水平。

建立居住领域信用管理制度。调研过程中区县普遍反映，对住宅小区内部分居民的违规违法行为，在具体处理过程中缺乏有效制约手段，导致违法成本过低而执法成本过高，特别是部分动迁房、大型居住社区欠交拒交物业费的问题十分严重。对此，建议：建立公民居住领域信用信息管理制度，将违法搭建、破坏房屋承重结构、群租、擅自"居改非"、拒缴物业费、拒不续筹专项维修资金等六种行为纳入个人征信体系。同时，制定并实施《上海市文明居住行为公约》，积极培育和倡导文明居住意识，营造良好的社会风尚。

4. 做"优"物业公司，擦亮文明小区窗口

一是营造良好的发展环境。理顺物业服务价格机制，积极探索物业行业财税扶持和用工优惠政策。

二是实现行业现代化转型。强化物业行业监管，完善优胜劣汰的市场机制，实现物业服务市场的现代化、规范化。引入新技术、新业态和新方式，开创新的商业模式，提高物业服务的技术含量、增值服务和产品附加值，实现从粗放型传

统服务业向集约型现代服务业的转变，擦亮住宅小区文明建设的窗口。

5. 做"大"社会中介组织和社区自治组织，拓展社会参与空间

一是积极提倡政府购买服务。本着专业性、专项性、服务性、公益性的宗旨，培育各类中介组织，实现政府职能转移，形成政府负责、社会协同、公众参与的"小政府、大社会"管理格局，促进社会管理和社会建设。

二是加大专业社会中介组织培育力度。积极引导专业社会组织参与业主大会组建、业委会换届改选、物业选聘、维修资金使用等社区物业管理事务和矛盾纠纷化解，推进专业社会组织规范服务、发挥作用。

三是强调社会中介组织的"独立性"。政府鼓励、提倡但不指定包办，放开直接登记。同时，采取税收优惠等措施，培育中介组织由小到大发展。建立科学的考核和评估制度，并协调好与街道社区的关系，形成良性互动。

四是创新模式打造自治家园。如学习浦江镇博雅苑经验，在居委会党支部统一领导下，建立小区议事会，下设护家美化、才艺施展、寻找快乐、爱心奉献、民呼我应等委员会，带动社区居民形成"我愿意、我喜欢、我奉献"的自治格局。

（三）保障措施

1. 依法明确基层组织的职责和关系

为了保证事务中心作用的充分发挥，建议修改《上海市街道办事处条例》或重新制定地方性法规，明确街道办事处的职能、任务、地位和作用，赋予街道更多的自主权，规范街道机构设置。

明确街道镇牵头协调职能。就一些涉及跨部门、多单位的难点性问题，建立和完善由街道镇牵头协调，督促相关部门和单位及时处置的工作机制。根据各条线单位职责分工，由街道镇负责协调各专业管理派出机构，处置辖区内住宅小区综合管理相关事务；依据职责清单和规定的业务流程对各类专业派出机构落实法定职责和处理相关事务进行督办；根据相关指标体系和管理要求，行使考核评价权力。此外，赋予街道镇对派出机构负责人的人事任免建议权（书面）。

明确街道镇对居委会、业委会、物业公司的培育和日常监管。加强对居委会工作的指导；支持居委会对业委会工作的指导监督，支持居委会对业主大会组建、业委会选举、改选的管理组织；支持居委会对物业公司的帮助协调。

明确街道镇综合管理联席会议由街道镇城市管理分管领导召集。同时，吸收公安派出所、城管中队等职能部门派驻机构主要负责人参加，提升事务中心的组织协调能力。赋予事务中心对职能部门派驻机构评价考核权、对城市管理突出问题处置专项经费（托底资金）的管理权等，并形成相关机制，确保事务中心权威性和执行力。

2. 合理调整配置基层管理资源

按照市民政部门有关研究建议，发挥好基层组织的作用，首先要形成科学合理的基本管理单元。要以基本管理单元为基点，合理配置社会管理和公共力量，织密公共服务网络，补齐社会管理短板，夯实基层基础。对现有街道和部分镇（20万人以下），优化内部设置，配足人财物资源；对部分特大镇（人口20万以上），探索成立新的街道，或者做强基本管理单元，做实镇管社区。（参见市民政局《本市基层政区适度规模与基本管理单元专题调研报告》，2014年3月18日）

合理调整部分规模较大的居委会。如普陀区，20世纪80年代，119个居委会对应224个居民小区；到2013年底，居委会245个，对应的住宅小区却达到678个。

3. 为基层组织干部提供物质保障和发展空间

明确对居委会经费保障的底线；同时本着从基层突破、抬高底数，在规范的前提下提高，并形成科学合理的增长机制原则，深入研究社区工作者的待遇问题。

建立业委会工作经费贴补机制。对于居委会成员进入业委会工作的，按业委会工作人员相应对的标准对其发放补贴。业委会成员进入居委会环境专业委员会的，与居委会其他专业委员会成员一样，发放补贴。

根据年度综合考核情况，按一定比例选拔居委会成员进入街道镇、区有关部门，拓展其发展空间。规定街道镇主要领导需有居委会工作经历。

4. 进一步明晰基层组织的考核机制

建立严格的工作考核机制。包括：建立区县对街镇的日常考核机制，纳入年度绩效考核。建立街镇对物业公司的考核监督机制，严格年检，实行末位淘汰。建立居委会对业委会的考核监督机制，如业委会不能胜任本职工作，有权及时进行调整。

5. 鼓励政府购买服务

探索实行服务外包，投入专项引导资金，以街镇或居委会作为发包方，将小区服务划分成独立项目，明确资质准入制度，按照一定程序公开择优发包，通过签订报酬与服务数量、质量、效率相挂钩且与规范考核评价结果相联系的合同办法，承包给有关市场主体（社会组织主体）。充分发挥市场机制的资源配置作用，提升服务效率和服务针对性。

6. 推进住宅小区资源整合和信息化建设保障

实现住宅小区管理数字化，如产权管理、人员管理、设施设备管理等对象数字化。再如产权交易、设施设备运行、人员行为、"四保"等过程数字化。最后是管理评价数字化,其中网格化管理可以作为一个独立模块。积极推动城市网格化管理进小区,加强突出问题的发现机制、解决问题的督促机制和长远问题的参考决策机制。

(本文系 2014 年上海市委"一号课题""创新社会治理、加强基层建设"配套调研课题组成部分,作者为主要执笔人)

关于建立街道镇城市综合管理中心的研究

一、本市街道镇编制及内部机构设置基本情况

上海共有街道 98 个,镇 108 个,乡 2 个。其中,街道机关行政编制 5740 人,平均每个街道 58 名,实有 50 名。事业编制总数 5392 名,平均每个街道 55 名,实有 48 名。街道办事处设主任一名,副主任若干名,由区县人民政府任命。上海共有镇行政编制总数 6086 名,平均每个镇 56 名,实有 48 名。事业编制总数 9384 名,平均每个镇 87 名,实有 82 名。

街道办事处一般下设社会发展、市政管理、社会治安综合治理、社会保障、财政经济等机构。如徐汇区枫林街道,设有行政办公室、社会发展科、市政管理科、社会治安综合治理办公室、社会保障科、财政审计科、经济管理科七个科室,设置街道司法所,不列入街道行政编制;设有社会发展委员会、市政管理委员会、社会治安综合治理委员会和财政经济委员会四个指导协调机构,其日常事务由内设科室承办;同时,还设有社区事务受理服务中心、社区文化活动中心、市容管理所三个事业单位。

镇(乡)作为一级政府,其职能范围比街道更广,内设机构也相应多一些。如崇明区城桥镇,设有党政办、党群办、社会事务办、社会事业办、规保办、稳定办、经济办等内设机构,同时设置财政所、经济管理事务中心、农业综合服务中心、文化体育广播电视站(社区文化中心)、社区事务受理中心、村镇规划建设事务所、市政市容环境事务所、水务管理所等下属机构单位。

据调研，目前，街道镇城市管理资源主要可分为五个部分：街道镇内设城市建设管理部门（以市政科为代表）、网格化联动联勤部门、城管中队、职能部门派驻机构中与城市综合管理相关的部分、协管员。其中，协管员分为街道镇招标购买服务的协管员和职能部门下属的协管员（包括市容协管员、房屋协管员、综治协管员、交通协管员等）。从总量来看，数目并不少。但其中只有街道镇内设部门和自行购买服务的协管员可以由街道镇直接指挥，其他都是分散式管理。

二、街道镇城市综合管理存在的问题

基层城市管理水平与社会要求存在距离。随着经济社会的发展，市委、市政府和社会各界，对城市管理、社区和谐与居民生活的要求越来越高，而目前本市街道镇城市综合管理力量有限，且资源分散，效率较低，难以满足市委、市政府和人民群众的要求。

1. 街道镇综合协调依然不畅

历年政策法规虽然明确了街道镇建立综合管理职能，但街道镇仍然感觉有责无权，街道镇反映，除了"面子""票子"，缺少更有力的"抓手"，不能对条线行政资源进行有效整合，最大限度地形成合力。与城市管理重心下移、街道管理任务加重的情况不相适应。在城市综合管理具体问题中，管理、审批、收费等环节相互脱节，往往出现部门收费、街镇管理，或部门管事、街镇干活的情况，责、权、利没有同步下放，街镇整体功能发挥受到制约。

2. 街道镇在住宅小区自治中的指导监督作用发挥不够

对居委会自治扶持不够。我国法律明确规定，街道镇指导居委会的工作。实际操作中，街道镇往往重"指派"轻"扶持"，把大量街道层面行政性事务派发给居委会，把居委会当成"帮工"。对居委会发挥自治功能重视不够。究其原因，在于街道镇对居委会自治功能认识不足。另外，部分街道镇力量配置不足，或者力量合理调配不够。

对业委会建设指导不够。《上海市住宅物业管理规定》出台后，住宅小区业主大会组建、换届，业主委员会日常运作管理的职责主要划转至街道，但是，由于街道缺少熟悉政策法规的相关管理人员，实践工作经验缺乏，导致业主大会、业主委员会工作指导能力不足，工作水平有待进一步提高。

对物业公司监督不够，对社会中介组织和自治组织培育不够。街道镇对物业公司准入资格、招投标、退出机制等方面缺少话语权，不能采取有效考核监督手段。对社会中介组织和自治组织的作用，还处在探索阶段，尚需要一系列配套政策措施的支撑，如政府购买服务鼓励政策的细化，社会中介组织性质的明确、注册的制度化、有关财税扶持政策等。

3. 部分街道镇和职能部门对管理工作重视不够

有些街道镇经济发展和城市建设任务重，对城市管理特别是住宅小区综合管理缺乏精力。部分职能部门的监管职责没有进一步细化和明确，依法履职、主动作为的意识不强。

4. 街道镇对综合管理信息的掌握不够

房管、城管、公安、环卫、工商等不同部门的行政资源呈分割、分散状态，缺少必要的信息资源共享平台，街道镇对综合性问题把握不准。

5. 街道镇综合管理联席会议未能有效做实

本市自2007年成立住宅小区综合管理联席会议至今，经过多年的探索实践，市、区（县）和街道镇三级联席会议制度都已基本建立，各成员单位在联席会议统一领导下，初步形成了重大政策和重大问题综合协同与一般工作各司其职相结合的工作方法。但以目前的形势要求来看，尚存在其办公室日常工作未做实和居民区层面未做实这两个问题，导致住宅小区中跨部门跨领域的综合性复杂问题难以得到有效解决。

三、建立街镇城市综合管理中心的必要性与可行性

1. 落实中央指示的要求

《中共中央关于全面深化改革若干重大问题的决定》明确提出"以网格化管理、社会化服务为方向，健全基层综合服务管理平台"。习近平总书记指示，社会治理的重心必须落到城乡社区，尽可能把资源、服务、管理放到基层。街道作为政府公共权力向基层配置资源的枢纽，职能定位应该是社会管理和公共服务，其机构设置的指导原则应该是"自下而上"的社区需求导向，需要从机构设置上强化街道社会管理和公共服务的能力。

2. 落实上海加强基层治理的新精神

韩正同志要求，真正解决基层建设中一些亟待解决的问题，扎实推进社会治理创新，率先探索符合特大型城市特点和规律的社会治理新路子。杨雄市长明确提出，要以居住小区为载体，以综合管理为方向，加强居住小区综合治理研究。为了实现街道镇在城市综合管理中的责权利一致，市委一号课题第三调研组提出"将街镇平台作为组织协调、资源调配、指挥处置的核心层级"，充分发挥出街镇在社会服务管理中的主体作用。

3. 解决住宅小区综合治理突出矛盾

随着城市经济社会的快速发展，上海住宅小区出现了很多新情况、新问题，

◎ 街道社区事务受理服务中心　胡鹰　摄

特别是群租、违法建设、"居改非"、停车难、宠物扰民、高空抛物、小区积水等问题突出；房屋专项维修资金补建和续筹、消防、电梯、供电等房屋设施设备老化，安全隐患困扰，等等。为此，需要在街道镇层面建立一个综合协调机构来对这些问题进行统筹解决。

4. 街镇机构编制有整合的空间

一方面，2014年以来，市、区两级实行编制下移，充实一线。另一方面，本市目前街道事业编制总数5392名，平均每个街道55名，实有48名。镇事业编制总数9384名，平均每个镇87名，实有82名，存在一定的差额。同时，各职能部门派出机构，街道镇相关管理部门和单位，人员整体不少，合理调配资源共享，不是没有可能性。这为街镇城市综合管理机构的建立提供了现实基础，可以在不增加编制的前提下，通过街道镇内部的调剂与整合来完成机构人员的落实。

四、街道镇城市综合管理中心的定位和职能

从现状看，街道镇层面已有一些便民利民的服务中心（社区事务、文化、卫

生等）。但是，城市综合管理事务方面，尚存在管理职权分散，缺少统筹协调的统一平台，因此，建议在有客观要求的街道镇，适度整合街道镇层面的城市管理力量和资源，结合城市网格化综合管理向街道镇延伸以及与大联动、大联勤融合的契机，组建城市综合管理中心（与街道镇联席会议办公室、网格化管理中心合署）。

该中心在街道镇（市政科、办）的指导下，专门承担城市管理方面的事务，统筹协调条线部门派出机构（"七所八所"），同时指导居委会、业委会和物业公司工作，从而形成"1（街道镇）+1（事务中心）+X（条线部门派出机构）+3（居委、业委会、物业公司）"的街道镇城市综合管理体制格局。

该中心作为街道镇层面城市综合管理的全额拨款的行政性事业单位，其核心定位为街镇城市综合管理范围内的组织指挥、协调服务、督办考核。

组建该中心可以有几种方式，如一些街道可统筹协调相关人员配备进行组建；部分区县已经在探索建设街道镇城市管理中心，可以进一步实体化运作，等等。其具体职能包括：

1. 街道镇综合治理各类问题的集中受理

作为街道镇城市综合管理最重要的"抓手"，通过网格化、城建热线、居委会工作站、市民投诉等渠道，受理有关街道镇综合管理的各种问题，及时落实专业部门和服务单位加以处置。牵头协调各职能部门在街道镇的派出机构，共同处理区域性、综合性的住宅小区综合治理复杂疑难问题。

2. 对基层自治组织的培育和指导

围绕上海市住宅小区综合治理工作要求和物业管理工作特性，加大居委会、业委会、物业公司相关管理人员培训。进一步加强培训工作的组织领导，不断完善培训大纲和培训教材，增强教育培训的针对性、操作性和实效性，切实帮助业委会成员提高自我管理能力，帮助居委会及相关管理人员提高指导服务水平，提高物业公司服务能力。扶持专业社会组织参与业主大会组建、业委会换届改选、物业选聘、维修资金使用等社区物业管理事务和矛盾纠纷化解，形成专业社会中介组织提供公共服务和解决事项的社区治理模式。

3. 对各类问题处理的督办和考核

对受理的各类城市综合管理问题以及牵头协调的综合难点问题处置情况进行督查督办，并以此为依据，实行对职能部门派驻机构履职情况的绩效考核。

4. 承接网格化管理进小区及大联动、大联勤相关工作

将街镇网格化管理平台建在街镇城市综合管理事务中心，实现与大联动、大

联勤的深度融合。实现住宅小区问题的及时发现，有效解决，科学评估。负责街道镇城市综合管理的信息综合、资源统筹。

5. 承办街道镇综合管理联席会议

承担街道镇住宅小区综合治理联席会议办公室职能，定期组织召开联席会议，研究解决矛盾问题。

月度会议。由街镇分管负责人召集，每月召开一次，根据议题邀请专项工作涉及的其他单位参加，依据各成员单位对应的工作职责或区联席会议专项工作会议协调指定结果，将相关问题落实到责任单位。

专项工作会议。主要负责推进阶段性重点工作或调处辖区内住宅小区综合管理遇到的综合性、突发性问题。

一些规模比较大的街道镇，可以探索建立城市综合管理事务协调组（站），采取"一站多居"等形式，充实基层服务力量。其主要职能包括：一是接受街镇城市综合管理中心的领导，承担小区内城市综合管理相关行政事务性工作，为居委会减负增能；二是配合居委会，组织居民自治和社区共治；三是帮助和协调业委会、物业公司工作；四是做好公共服务进社区的协调推进工作。

五、保障措施

为了保证中心作用的充分发挥，建议修改或重新制定地方性法规，明确行政管理部门的责任清单和职责边界，进一步强化街道办事处的地位和作用，赋予街道更多的自主权。

进一步明确和细化行政管理部门在住宅小区综合管理中的职责。结合新一轮政府"三定"方案修订和新一轮三年行动计划的实施，形成部门责任清单，有效推进政府部门管理进小区。

进一步明确街道镇牵头协调职能。就一些涉及跨部门、多单位的难点性问题，建立和完善由街道镇牵头协调，督促相关部门和单位及时处置的工作机制。根据各条线单位职责分工，由街道镇负责协调各专业管理派出机构，处置辖区内住宅小区综合管理相关事务；依据职责清单和规定的业务流程对各类专业派出机构落实法定职责和处理相关事务进行督办；根据相关指标体系和管理要求，行使考核评价权力。此外，赋予街道镇对派出机构负责人的人事任免建议权（书面）。

进一步明确街道镇对居委会、业委会、物业公司的指导、培育和日常监管。加强对居委会工作的指导；支持居委会对业委会工作的指导监督，支持居委会对业主大会组建、业委会选举、改选的管理组织；支持居委会对物业公司的帮助协调。

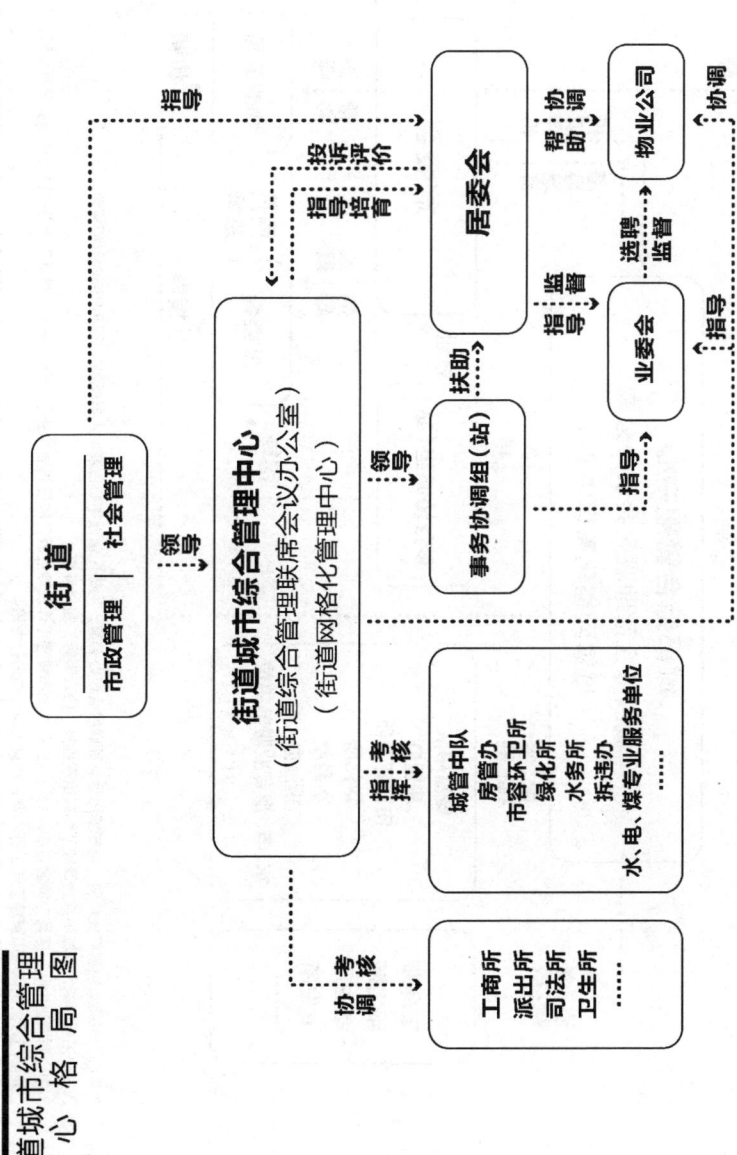

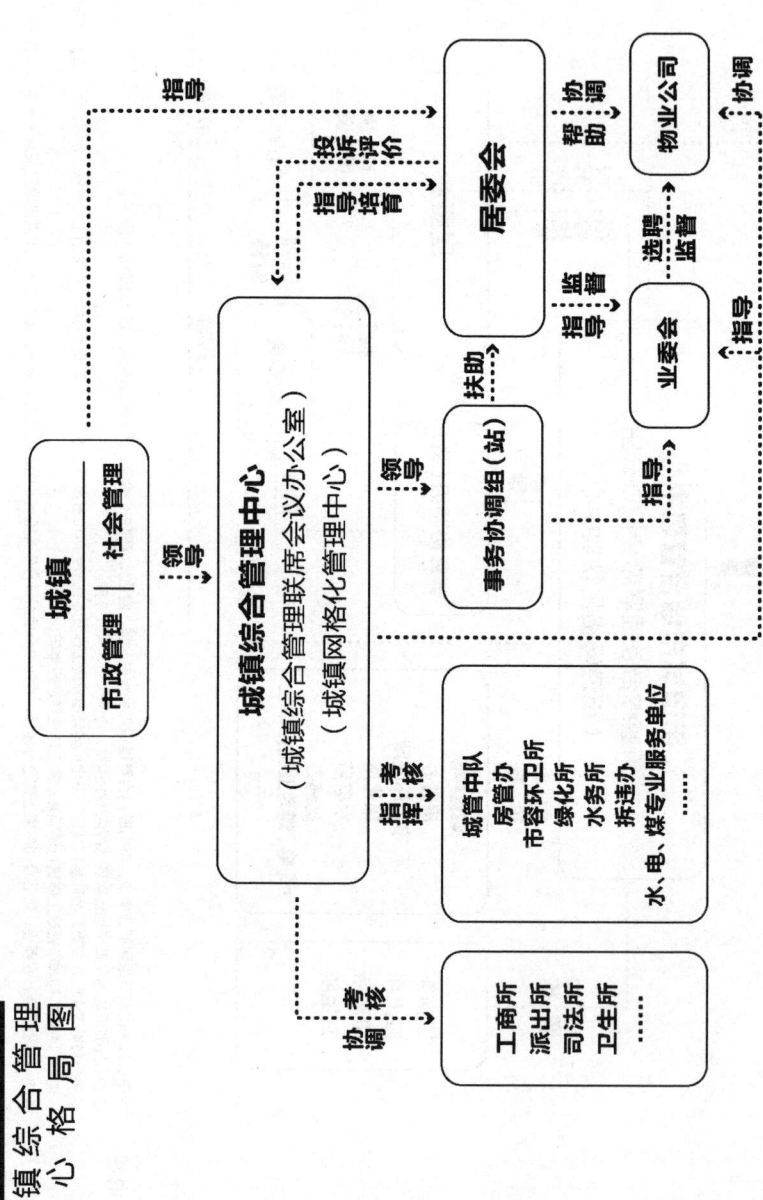

上海城市管理综合执法领域市场化社会化管理长效机制研究

一、上海城管综合执法领域市场化社会化运作的现状

（一）基本认知

1. 内涵认知

城市管理综合执法指在城市管理领域由一个行政机关或具有公共管理职能的组织在法律的授权范围内或者根据其他行政机关的委托，依照法定程序，对一定范围内行政事项行使多个行政机关法定的行政处罚权的执法制度。城市管理综合执法是我们国家在城市管理领域中的一种新的执法形式。

1996年，上海市确立了城市管理综合执法分街道、区县、市"三步走"的工作方针。并从1996年起，通过市人大授权，在全市各个街道先后组建了街道监察队，实施简易程序的综合执法。2000年，上海市在区（县）级层面通过市人大授权，在10个中心城区试点。2004年1月，上海市根据国务院《关于进一步推进相对集中行政处罚权工作的决定》等，发布了《上海市城市管理领域相对集中行政处罚暂行办法》，规定从2004年2月1日开始，城市管理综合执法工作由中心城区向全市范围全面推行。2005年6月，上海市政府颁发了《上海市人民政府关于本市开展市级层面城市管理领域相对集中行政处罚权工作的决定》，成立上海市市城市管理行政执法局，开展市级层面城市管理相对集中行政处罚权工作，与上海市市容环境卫生管理局实行"两块牌子，一套班子"。2008年10月，市政府实行大部制改革，撤销了原市绿化局和市市容环卫局（市城管执法局），组建了市绿化和市容局，增挂市城管执

法局牌子。2009年初,按照市委、市政府《关于本市区县政府机构改革的意见》,各区县均组建了城管执法局(其中17个区县在绿化市容局挂牌,黄浦区在市政管理委员会挂牌),区县城市管理监察大队归口绿化市容局(城管执法局)管理。近年来,在各级党委、政府的坚强领导下,本市城管执法队伍坚持依法行政、规范履职、文明执法,2008年至2011年6月,共实施行政处罚40.25万余件,确保了迎世博600天市容环境整治各项任务的全面完成,确保了世博运行期间市容环境的整洁、有序,维护了城市的环境面貌、管理秩序和文明程度。

城市管理综合执法领域市场化社会化管理,是指运用市场的、社会的手段,加强在市容环境、工程建设、房产规划、交通运输等领域的精细化管理,根除如乱设摊、乱张贴小广告、市容市貌不佳、施工噪声大、乱倒渣土、违章搭建、交通拥堵等城市顽症,从而实现城市的常态长效管理。

2. 范畴界定

上海市城管执法局、区县城管执法部门执法领域包括:(1)市容环境卫生管理方面法律、法规和规章规定由市和区县行政机关和法律、法规授权的组织行使的行政处罚权;(2)市政工程管理、绿化管理、水务管理、环境保护管理、公安交通管理、工商管理、建设管理、房地产管理和城市规划管理等方面法律、法规和规章规定由市和区县行政机关和法律、法规授权的组织行使的部分行政处罚权;(3)市人民政府规定的其他方面的行政处罚权。

3. 模式解读

上海的各级组织,从自身情况出发,在探索市场化社会化管理方面,采取了灵活多样的方式。主要有:

(1)半市场、半社会方式

其特点是政府购买服务与政府组织管理相结合。如:

市容环境协管员。如上所述,协管员属于非正规就业组织,政府购买服务,挂靠街道综合执法或者市容管理部门。这是上海各街道比较普遍采用的方式。

志愿者或义工。在临时性重大活动(如庆典、运动会)或者专项活动(照顾孤老等)中采用,成员多为高校学生。

市民巡查团(社区平安志愿者、城市综合管理志愿者)。配合城管执法队员维护一方秩序和安全,同时监督他们的工作。

网格监督员。2005年开始至今,上海在全部城市化地区建立了网格化管理平台,各区平台都招聘一定数量的网格监督员,发现城市管理方面的问题,第一时间通过信息化手段上报。

(2)完全社会化方式

其特点是完全的民间自治,政府只提供指导和监督,采取社会自律小组形式。

一些区按照系统论的观点，把城市管理作为一项涉及各行各业的工作，发挥每一个单位、市民的个体作用，营造良好的社会氛围，共同维护整洁、美观、有序的市容环境面貌，实现"全民参与"的全方位管理模式。"我的门前我清洁、我的岗位我尽责、我的区域我落实"，在管理网络上，由上向下形成"区市容联席会议—街镇市容联席会议—若干社会自律小组"的金字塔形结构的"三级管理平台"。在处置流程上，采取由下向上逐级传递的方式，引导商家（单位）自我约束、自我管理，从源头上保障日常管理的规范、有序；街镇市容联席会议是日常管理事务的主要实施部门，对久拖不决的问题及时移转相关职能部门并督促整改，对涉及多部门的综合问题牵头组织综合整治、整改；区市容联席会议在全区性管理问题上发挥牵头、协调、指挥、指导作用，把握总体推进情况，制定管理规范，及时解决重大疑难问题，形成部门间有效合力。

（3）市场化方式

其特点是政府以契约方式与市容管理服务类企业达成购买服务协议，企业负责管理组织、培训等具体事务。政府提出考核指标和监督措施。这是政府购买服务市场化比较彻底的一种形式。许多区和街道（镇）都鼓励或者采纳了这种方式，认为这样有利于划分执法和管理的界限，便于各司其职，实现功能的最大。同时，有利于未来城市管理社会化的进一步培育，有利于管理标准的科学化，有利于专业化队伍建设。

（二）上海城市管理综合执法领域市场化社会化的成功实践

1. 主要方面

（1）与再就业结合的早期实践

上海早期的市场化社会化实践，始于2004年以来市容环境协管队伍的组建。作为2004年上海市政府实事项目之一的万人就业项目，上海市尝试通过政府出资购买服务等方式，弥补城管执法队伍的不足。

自2004年春起，根据《上海市人民政府办公厅关于组织实施万人就业项目的试行意见》的有关规定，在每个街道（镇）组建了非正规就业劳动组织性质的"市容环境协管服务社"，以后，各区县千人就业项目和街镇的百人就业项目陆续融入。截至2011年初，用于城管执法辅助的人员共11839人，其中属于万人就业项目的7556人，区县千人就业项目的829人，街镇百人就业项目和自设队伍的3048人，区县城管部门设立的队伍406人。各街道（镇）的市容环境协管工作的运行机制，主要有三种模式：一是和街道（镇）的城管执法队伍捆绑在一起，由城管执法队伍分管，约占40%；二是由街道（镇）的市容管理部门分管，约占10%；三是介于以上两种模式的松散型管理模式，约占50%。市容环境协管的主要职责，是协助街道、镇做好日常的市容环卫、市政、绿化等方面的管理、监督、检查、宣传劝导、资料积累和信息反馈工作。实践证明，他们在全市各类违章协管、门前废弃物清除、"三乱"清除、非法小广告收缴、整改事件督促方面，发挥了不可缺少的作用。

（2）2010世博会及以后的大力推进

2010年上海世博会，对城市管理综合执法领域的市场化社会化管理，是一次巨大的推动。在时间紧、任务重、要求高的背景下，各区、街道大胆创新，采用了志愿者、社会监督员、购买企业服务等多种方式，充分调动民间积极性，发挥社会和市场的作用，确保城市管理的高效运行。

世博会后，市城管执法部门认真学习借鉴世博会"小白菜""小蓝莓"等志愿者工作的成功经验，加强社会宣传动员，充分依托社区、居委的工作平台，在全市范围内组建了3万多人的城市管理志愿者队伍，加强对志愿者工作的组织协调和指导服务，广泛引导志愿者和市民群众参与清洁城市、美化家园等公益活动，充分激发了广大市民群众参与城市管理的积极性和主动性，营造了"人民城市人民管，管好城市为人民"的良好社会氛围。广大志愿者无论是在加强法律法规社会宣传、及时举报违法搭建、夜排档等方面，还是在清除城市"牛皮癣"、护绿植绿、劝阻乱扔垃圾等方面，均发挥了独特的优势和作用，有力提升了城市文明和谐程度。

2. 主要模式、机制和成效（案例）

在实践中，越来越多的基层管理单位（街道、镇）坚定了市场化社会化的管理方式。按照"政府指导，社会管理"的原则，逐步建立起"社会管理在前、城管执法在后、公安护法保障"的和谐管理机制，实现了"管理有序、环境卫生、服务文明"的目标。

（1）社区购买服务——菊园社区案例

上海市嘉定区菊园新区（街道）成立于1997年。随着城市化区域不断扩大，现已达到近6平方公里，新区内轻轨11号线的开通、北水湾开发的启动、大型居住区的建设，菊园新区正在快速地从城乡接合部变为现代化城区，成为人流、物流的集散枢纽，也是各类城市管理难题的易发、多发区域，原来市容环境大多还不够理想。菊园新区党工委和管委会紧紧抓住了"迎办世博"的机遇，大胆创新市场化管理的城市管理体制、机制和方法，取得了良好的社会管理效果和社会效应。他们将轻轨站点及其周边城市管理工作通过政府购买社会服务的方式，委托"嘉定国信公司"负责管理。

管理职责。除必须由政府承担的行政审批和执法职能外，市容管理、停车管理、绿化保养、环卫保洁、治安巡查等具体管理、服务业务尽可能市场化运作，政府职能部门集中精力进行政策研究、业务指导、行政执法等工作，政府从"运动员"过渡到"裁判员"。政府从既管人又管事转变为不管人、少管事，只管考核企业管理效果，人员进出渠道也比政府直接用人更为通畅，政府管理的直接、间接成本都得到有效降低。

工作考核。由新区城市管理中心组织城管中队、绿化和环卫所等业务主管部门进行实效考核。支付给国信公司的管理费用包括人员经费和一定比例的管理利润，人员经费足额发放，管理利润根据考核结果浮动发放。

实施一年多来，菊园社区除了成功地实现了轨道站点管理的目标外，还为新区整体的城市管理工作提供了有益的经验，包括：实现了轨道站点管理有序、环境卫生、服务文明的目标；实现了和谐城市管理的目标；实现了政府管理成本节约的目标；实现了治安环境良好的目标。

（2）管理公开招标——莘庄镇案例

闵行区莘庄镇在发展镇区经济和开展社会管理的过程中，提出"解放思想、主动转型"的要求，从更新管理理念、变革管理体制、丰富管理手段、探索市场化运作等方面入手，走出了管理的困境，提升了管理效能。

莘庄镇提出，改革，就必须突破以往单纯依靠行政机构和行政资源，改变那种无条件财政拨款的体制和模式。通过"政府上升一层、企业靠前一步"，使社会力量参与，让市场机制准入。变"独奏"为"和鸣"，大大激发了工作活力。

在实践中，镇政府将全镇划分成五个板块，通过公开招投标，使具备行业资质的社会企业优选成为市容环境的作业主体，理顺了环卫清道、绿化保洁、停车管理、市容监察的综合管理职责。政府与中标企业签订管理协议，遵循市场规律和按照优胜劣汰原则，根据板块管理绩效，兑付管理经费，决定续约资格。政府角色和定位的及时调整，职能部门全方位提供业务指导及监督考评，确保了市场化模式的有序运作和健康发展。在优化队伍结构的基础上进一步整合管理资源，建立了（市容）管理、（保洁）服务、（综合）执法"三位一体"的工作体系。遵循"管理先行、执法跟进"的原则，在全镇范围内实行联合整治，巩固长效管理成果。同时，实行"一岗多责"的工作机制。在治理商铺的跨门经营、路段环卫保洁等管理，做到了及时发现问题、快速处置问题，压缩了管理周期。

针对城管、社会监督、环卫作业出现的偏差和管理缺损等突出问题、薄弱环节，镇里采取了量化细化措施，强化考核奖惩。每月考核、评分，把累积的分值兑换成当月管理经费、确定来年续约或终止合约。针对跨门经营、城市"牛皮癣"等顽症，还设立了若干个专项治理奖励项目，以经济手段促进管理效益。借助网格化管理全覆盖的有利条件，将考核机制与网格化管理机制也纳入评分体系，若处置不力的，还要加倍扣分，并将原来每周定期考核变成"天天考、时时考"。既放大了督查考核的鞭策效应，又有助于克服管理的惰性、片面性，更体现了公开、公平、公正的原则。

（3）社会跨前一步——华晨公司案例

上海华晨市容服务管理有限公司，是目前上海第一家以"市容服务管理"注册的企业，他们自2009年起，受漕河泾、枫林等街道委托，参与这些街道的市容巡检维护，与区绿化市容管理、城管执法、市容协管员和街道社区的干部们一起，实行着流动设摊、跨门经营、店招维护、自行车停放和街头景观等综合性的日常管理和维护服务。不仅保持了干净整洁有序的社区环境，而且在2010年上半年与2009年下半年市容环境卫生状况社会公众满意度的评议报告比较中，枫林街道的满意度排名上升了16位，漕河泾街道的满意度排名上升了8位，受到了街道的认可。从2009年9月起步开始试点，目前已担负着漕河泾街道的10条路段、枫林街道的14条路段，总计15公里路段的市容管理服务任务。

华晨公司管理的市容市貌之所以能达到长效的目的，其特点有以下几条：

一是体现"经营对经营，生存对生存，群众对群众"的自治管理理念。达到的是"突出静态管理，实现管理长效"的效果。其做法是"集中整治、作业包干、流动巡检、驻点看守、全时段覆盖、全路段管理"。这是一种具有很强的针对性和管理效率、管理效果的企业化运作模式。

二是平面"动""静"结合，以静态管理为主和立面保洁维护紧密结合。体现的是市容全方位、全时段、全景观的"三全"大市容管理。

三是"宣传、劝阻、干扰、联络"。这是华晨公司实行市容市貌长效管理的基本八字方针和工作方法。

四是立面保洁维护，作业流程规范。在立面保洁维护上，制定了完善的流程规范，牢固树立了安全至上的思想，统一着装，佩证上岗，根据不同材质和造型，采用不同的工具和工序，配置合适的清洁剂。作业文明，不影响商家正常营业秩序，保护商家设备，接受客户对服务质量的监督和检查。

实践初步证明，政府购买服务，市容环境管理实现企业化运作的做法，既提高了政府（街道）的管事效率，又解决了社会就业岗位；既解脱了政府行政管理和执法中大量的事无巨细的矛盾和问题，又避免了不作为和乱作为的嫌疑；既维护了政府行政管理的权威，更使老百姓的生活环境得到了改善。

二、上海城管综合执法领域市场化社会化运作存在的问题

上海城管综合执法领域市场化社会化管理，进行了多种方式、形式的实践，但从整个城市管理转型的高度看，仍然处于探索期，远没有制度化、规范化。主要问题表现为：

（一）市场化社会化程度不高

需要指出的是，上海城管综合执法领域市场化社会化运作，还处于初期探索和初步尝试阶段，尤其是市场化企业化的尝试，慎之又慎。据统计，全市19个区县（卢湾、黄浦合并前），只有9个进行了企业化管理的尝试。全部11839名市容协管员，只有1405名属于企业性质人员。究其原因：

1. 缺少法理依据

尽管从中央到地方，在城市管理中发挥社会作用原则上得到了肯定，社会管理甚至成为一种"政治制度"，但落实到具体操作层面，对这方面可依据的法规、

规章甚至规范性文件却很少。不论是组织形式、运作方式，还是绩效考核、财政保障制度，都无法可依。因此，作为基层街道社区（镇），就很难把这项工作列入常规工作进行。街道（镇）层面的一些实践，大都因为世博会硬约束，或者针对上面的各类创建活动，就事论事，特事特办。一旦活动结束，就缺少了继续实践的动力。

2. 认识存在分歧

有的基层组织充分肯定市场化社会化作用，把"政府执法"和"社会管理"明确分开。政府提供指导意见、考核指标、监督监察，具体管理市场化社会化完成。有的基层组织并不愿意明确地"两分开"，出于自身实际情况，仍希望执法和管理以自己解决为主，市场化社会化的作用是小补充，不成主流。这些单位更愿意花大量精力财力提高自身队伍的素质，完善各种内部考核，主张只要责任明确，执法和管理并不矛盾。

（二）市场化社会化运作不规范

据调查，上海各区、街道（镇）在利用民间力量时，形式多样，人员来源较杂乱，对人员的教育培训和管理监督也产生不少疏漏，使得社会对协管这种形式有许多意见。具体表现在：

1. 协管员越位执法甚至枉法

协管人员不属于城管执法队伍编制、不具备城管执法资格，但是有些也穿着城管执法制服甚至违规取得《行政执法证》。从全市各街道、镇聘用协管员的使用情况看，其主要工作内容并非协助"城市管理行政执法"，而是作为街道、镇实施行政管理的重要辅助力量，从事社区管理、市容环境、维护稳定等多方面管理辅助工作。因而，严格意义上并非"城管协管员"。同时，由于入口把关不严、工作定位不准和日常监管缺失等原因，近年来协管员行为粗暴、打人致伤等引发的恶性事件时有发生。而由于部分协管员穿着"山寨版"城管执法制服，市民群众往往难以区分城管人员和协管人员，把这部分协管员都归入城管队伍，严重损害了城管执法队伍的声誉，也影响了政府依法行政的形象。

2. 协管队伍参差不齐

就委托实体而言，有的是劳务公司，有的是保安公司，有的是装饰公司，很少专业的市容管理服务公司；就人员来说，有的用退伍军人，有的大量用外力来沪无业人员，有的甚至利用劳改分子，所谓"以黑治黑"，这些人员本身素质不高，法治意识不强，处理事情难免粗暴。用这样的协管，就不是"群众对群众"，而成了"群众斗群众"。所谓市场化社会化管理的初衷就完全背离了！

三、上海城管综合执法领域市场化社会化运作的国内外借鉴

城市管理是一个世界性话题。不论国内还是国外，对它的研究和实践都有许多值得我们借鉴。

（一）国内借鉴

近两年，城管综合执法领域的市场化社会化管理，在我国不但实践多，理论层面也非常活跃。

1. 成功实践："城市管理理事会"沟通官民，提高效率

湖南省长沙市开福区黑石渡蚌塘社区地处城郊接合部，常住居民4000多人，流动人口近千人，工厂、商店有近200家，居民素质普遍不高，城管工作难度较大。为了有效解除了这一困扰，他们探索出一种新的城管方式，让社区人成为城市管理的主体。作为试点，蚌塘社区城市管理理事会在2004年8月12日正式成立。首届理事会成员中包括居委会负责人、各驻街单位代表、楼栋居民代表、社区城管队员、各志愿服务队代表共15人，理事长由这15人轮流担任，一个月换一次。理事会是一个社区民众自我管理、自我服务、维护社区市容环境的群众性组织，职责主要是评估社区城管工作，监督、督促社区城管队员执法，评估社区环境卫生状况，研究落实社区城管综合整治对策。社区干部出任秘书长，主要做好各项日常工作，理事会每月至少召开一次会议。通过接触，社区居民了解到了城管的辛苦，城管队员明确了自己的职责，大家相互扶持，城管面貌焕然一新。有些企业还主动出资，印刷《城管宣传资料》，分发给群众。

不少城市尝试建立非正规就业者组织以发挥其自律机制。例如，淮南市市容管理局、城市管理行政执法局2004年3月颁布了《摊点群自治管理规定（试行）》，铜陵市为搞好城市马路摊点的管理，规范设置了58处摊群点，分别召开了各摊群点经营户会议，推选出了58位摊群长，并制定了《摊群点自治公约》和《文明经营户评比办法》。

2. 未来趋势：执法管理分开、社会资源共享、基层群众自治

（1）执法和管理"两分开"

一些专家指出，管理是指为了达到某一共同目标在组织内进行的有意识、有组织的指挥、协调和创新活动，管理具有计划、组织、指挥、协调、控制等职能；城市管理是指城市政府对城市运转、发展和各种活动所进行的控制、调节行为。控制的手段很多，控制不一定是处罚。执法是对违法行为的处罚。因此，执法和管理不是一个概念。城市管理行政执法局的主要职责是行使行政处罚权，是执法局而不是管理局。执法动用国家机器，具有严肃性和权威性，管理则可以市场化。

（2）公共资源利用最大化

有研究者指出，在资源给定的条件下尤其对于资源相对稀缺的区域，通过生产过程的优化重组来提高资源的效用、突破资源的限制，是不断提高城市容貌公共服务均等化水平的必要之举。应该进一步完善市场机制和社会机制参与城市容貌公共服务的途径和渠道，打破传统供给模式的定式，灵活采取授权、特许、外包、购买服务、公私协作（PPP）等方式，建立起政府、市场和社会协同共治的供给模式，实现投入产出比的最大化。

（3）基层自治成为制度

城市管理市场化社会化，是基层群众自治制度的一种体现，是对人民群众民主权利的尊重。自治管理的核心是强调管理主体的自主权。城市管理的目的是服务民众，城市管理的主体也应该是全体民众。发挥民众的积极性、主动性、创造性，是管好城市的根本。

概言之，城市管理市场化社会化，其宗旨应该是体现管理的内涵，保障公共资源的集约利用，体现了人民的民主权利。

（二）国际借鉴

世界上发达国家和地区管理形式各不相同，但都非常重视立法工作，重视城市治理的民主化。

1. 社会化管理

美国的成功经验主要是：一是整合城市资源，城市治理市场化。在社会职能的履行方面，美国城市政府运用市场机制，以"小政府、大社会"的模式，将部分职能配置给中介组织，减少政府的负担，降低运行成本，同时提供更多的公共服务产品。二是推动公共参与，城市治理民主化。政府重视引导城市利益相关者特别是广大市民积极参与城市治理。美国城市居民介入城市治理程度较深，参与渠道畅通，政府的城市治理事务也很透明，不仅从法律上确定公众参与公共行政的合法性，而且从制定和程序上保障公共参与政府治理权力的实现。

一些发展中国家非常重视街头摊贩组织在摊贩管理中发展的重要作用。通过理解摊贩组织的角色和功能，地方政府能够清楚地依据现状进行规划进而更可能取得成功。例如印度的摊贩组织，针对摊贩在印度不具有合法性因而其统计信息缺失的事实，通过不同方式收集成员的相关信息，总结出3万固定摊贩和6.8万流动摊贩的社会经济状况，制定城市摊贩地图，与政府当局分享，以便推动政府出台相应的管理政策。在南非德班，虽然市政府一开始对摊贩采取敌视态度，但近年开始容纳摊贩并使他们的经营行为正规化。该市政府与当地的摊贩组织（尤其是妇女个体户联盟）合作提供各种基础设施、服务与社会保障。作为一种趋势，在许多国家，市政府不仅与摊贩合作来配置经营场所，提供环卫设施，而且将场地维护的任务移交给摊贩组织。

2. 法治化保障

美国大力推行严格依法办事，实现城市治理法治化。美国在城市治理中十分重视依法治市，建立了一套比较完备的城市治理法律体系，同时注重严格执法监督，积极采用信息技术，城市治理电子化。

新加坡把管理部门责任的明确作为关键环节。新加坡涉城市管理的部门很多，主要部委有 15 个，法定专业委员会有 32 个，城市管理的对象包括国有土地、城市卫生、户外广告、固体垃圾、突发应急事件和公民行为管理等 14 项，如此众多的部门、如此众多的项目，如何构建条块联动、专兼结合、各司其职、各负其责的管理合力，其基本的经验在于形成科学高效的管理责任体系，通过法律的途径，把每一个部门在管理上应承担的责任和达到标准、考核的依据，以及每个项目的管理内容、管理要求、管理标准、处罚依据等都固定下来，并广泛采取法律、预算、信息、经济、技术等手段，形成了责任明确、奖罚分明、高效敏捷、高度权威的管理责任体系。

我国香港和台湾地区则非常注重法律的严肃性。我们在摊贩管理中可以看出。香港小贩的管理机构是香港市政局属下的市政总署，规定小贩必须遵守一定的卫生制度和经营规范，否则便会处以相当严厉的惩罚，并逐渐取缔流动摊贩。台湾对于摊贩的管理已经形成一套完整的制度，涉及摊贩的范围、有权摆摊的人群定位、经营必须遵守的时间地点方式等规则、违章后的惩罚，并要求摊贩必须由一定的摊贩组织统一办理某些手续，从而既可以让组织对于个体形成一定的约束，对个体的情况有所了解和掌握，也让摊贩觉得组织能够代表个体利益向政府争取到自己需要的经营权利。

四、上海城管综合执法领域市场化社会化长效运作的理性思考

作为国际化大都市，管理水平是其软实力和竞争力的重要因素和指标。面向未来的上海城市管理任重道远。

（一）目的意义

1. 应对未来城市管理挑战的需要

近年来，随着上海经济社会的快速发展和城市化进程的深入推进，利益主体多元化、利益诉求多样化、社会心态复杂化的现象日益凸现，给城市正常运行和社会管理带来了前所未有的严峻挑战。一是人口压力的挑战。由于大量人口迁入和外来流动人口迅速增长，上海人口总量呈集聚和不断扩大趋势。全市现有常住人口 2302 万，其中外来常住人口高达 898 万，占总数的 39%；按常住人口计算上海人口密度为每平方公里 3631 人，已成为全国人口密度最大的城市。大量外来人员以及本市部分下岗失业人员主要通过占道设摊、兜售小商品、运营黑车等谋生，给城市环境面貌和管理秩序带来严重的负面影响。二是城市化快速发展的

挑战。城乡一体化进程加快，城市管理的重心正从600多平方公里的中心城区向6340平方公里的全市域拓展，郊区新城"硬件"建设快速发展，但城郊接合部、"城中村"市容环境脏乱、违法搭建泛滥、流动人口管理薄弱、社会治安问题突出，城市和社会管理的"软实力"亟待提升。三是重大活动的挑战。作为国际化大都市，上海举办承办的重要会议、重大活动、重大赛事密集、影响大，无论是世博会、APEC会议、上海合作组织峰会等重要活动，还是世界游泳锦标赛、奥运会足球比赛、网球大师赛等重大赛事，对城市环境保障的标准特别高、要求特别严，给城管执法部门的执法效能和社会管理水平提出了严峻的考验。四是长效管理的挑战。世博会期间"整洁、有效、美观"的城市环境给广大中外游客和市民群众留下了深刻的印象。世博后，如何回应市民群众的新期待，巩固拓展办博成果，保持一流的城市环境，实现城市常态长效管理，是当前城管执法部门要认真研究和解决的重要任务。

2. 实现城管执法转型的需要

面对当前社会管理的严峻挑战，上海城管执法系统着力创新执法理念、方法、体制和机制，加快实现"六个转变"：在执法理念上从"重处罚、轻服务"向"服务为先、执法为民"转变，在执法重心上从"重市区、轻郊区"向"全方位、全覆盖"转变，在执法方式上从"运动式执法、集中性整治"向"规范文明、常态长效"转变，在执法机制上从"单打独斗"向"联勤联动"转变，在执法手段上从"传统人海战术"向"现代科技支撑"转变，在执法实效上从"重市容环境、轻民生改善"向"统筹兼顾城市面子与里子"转变，努力使城管执法工作更好地把握社会管理的规律、更好地遵循特大型城市管理的实际、更好地满足广大群众的需求。

（二）方向原则

1. 新方向

立足上海国际大都市城市管理的特点，遵循建设服务政府的理念，从加强公共治理、社会治理的角度出发，上海城市管理应该倡导"管理为先，执法保障"的方针，把城市管理看成是城市运行功能的有效调整、协调、均衡，把城管执法看成为城市运行极端情况下的失衡控制；在城市管理中更加强调社会主体的自主性、创造性，作为公共权力执行人的政府，则是以法律的权威性，把好"最后一道关"，维护公共利益不受损害。

2. 新原则

城市管理综合执法领域市场化社会化管理的推行有否、方式方法、尺度把握，遵循和取决于下列原则：

人本原则。人民城市人民管，管好城市为人民。城市管理的主体是广大市民，而不是政府；管理好坏的标准，只能由人民说了算。

精细原则。城市管理，要由突击式管理向制度化、常态化管理转变，由重点管理向全覆盖管理转变，由事后管理向事前防范式管理转变，由粗放型向科学化标准化管理转变。

效率原则。管理要及时、高效。

集约原则。管理要有成本意识，不能不计成本，要实现公共资源合理配置，公共财政效应最大化。

法治原则。要有法可依，执法必严，违法必究。

五、上海城管综合执法领域市场化社会化长效运作的多元优化

立足上海现有条件，城管综合执法领域的市场化社会化管理，必须稳妥推进，务求实效。

（一）模式优化

科学的城市管理模式，必须层次清晰、职责分明、运转协调。

第一层面：政府管理部门，负责政策制定、决策安排、利益协调。

第二层面：区域管理部门，负责执法队伍调配管理；同时负责具体管理事务的市场化社会化安排，组织、协调、监管各种社会化管理组织如自治组织（居民、团体、协会）、经济实体的治理行为。

第三层面：管理组织和执法队伍分工合作，处理各种管理实务，如市容保洁、设施维护、弱势救助、公益活动组织等。

需要指出的是，管理和执法理论上的区分并不代表实际操作中必须分开，尤其是现实条件下更不宜为分开而分开。上海现有的综合执法队伍，有一定的人员保证，传统上一直是执法和管理一体化操作，协管队伍的担当还相当有限，并不具备马上两分的条件。

同时，执法队伍力量的不足，也是一个现实问题。根据市绿化市容局的调研，表现在：一是区县城管执法人员编制已多年未做调整，与实际需求差距甚大。全市18个区县城管执法人员核定编制7085名，按本市常住人口2302万计算，全市平均每万人中城管人员编制仅为3.1名，远远低于原建设部城建监察人员按城市人口每万人配备6名的标准。近年来，随着上海城市化进程快速发展，外来人口大量导入。近5年，本市人口净增941万，年均增幅达14%。由此带来城管执法任务的骤增，现有执法人员编制与肩负的繁重任务明显不相匹配。二是由于城市化进程加快，本市郊区城管执法人员编制不足的矛盾日益突出。三是由于分批"推进参公"管理，城管大队已连续多年未正常进行人员招录，编制内实际在岗人员比例过低。目前本市区县城管大队实际在岗人员为5631人，空编率达20%。

所以一方面，需要大力加强执法队伍内部管理，提高队伍素质，同时，也必须考虑下一步的工作路径，是进一步扩编执法队伍，还是尝试市场化社会化手段？我们认为，从长远看，还是要消除不必要的顾虑，借助社会的力量，齐抓共管，实现城市管理的精细化、长效化。

（二）机制优化

首先，基层管理部门（街道、镇）位于城市管理的"前线"，对管理市场化社会化感受较深，积极性也高。从基层角度，必须勇于尝试，为上级部门破解一些现行的体制机制难题，让上级部门尝到"甜头"，坚定信心。比如，在市容协管员问题上，市政府虽然明确了要"关、并、转"，但实际操作面临不少难题，处理不好，就会影响社会稳定。基层管理部门可以充分调动一些市容管理类公司的积极性，让它们来"托管"，当然要给予各种配套措施。这些专业类市容服务公司如果能得到政府的"身份"认可，也会有很大的积极性。上海华晨市容服务管理有限公司托管枫林街道部分协管员的做法，已经印证了这一点。

其次，工、团、妇等挂靠政府的组织，具有很强的民间性，要通过发挥新功能，梳理新形象。作为职工、青年、妇女等群体的代表，工、团、妇等组织的作用发挥远远不够，在广大市民中的影响力也有限，完全可以更民间一点，在城市管理领域，结合自己的优势，发挥更大更显著的作用。

（三）监管优化

目前，街镇层面协管员队伍规模庞大，人员身份多样，管理的模式、承担的任务、作用的发挥均有较大差异。一要严格界定协管员的工作职责。根据市政府37号文件要求，严格规范行政执法人员的资格管理，非在编城管人员、未取得《行政执法证》人员一律不得从事城管行政执法活动。二要按照"谁使用，谁管理，谁负责"的原则，推动相关部门认真落实市容环境协管员的管理责任，切实履行协管员的准入、教育培训及日常考核等职责。三要强化城管执法队员的责任意识。城管执法人员带领协管人员开展巡查和联合整治时，如发生协管人员违法违规行为的，负责带队的城管执法人员应及时劝阻，因劝阻不力造成后果的，要承担连带责任。四要规范协管员着装。协管员的识别服与城管执法人员的识别服应有明显区别，严格禁止协管员穿着城管执法识别服工作；将协管员识别服的样式通过适当的方式向社会公布，主动争取和接受社会的监督。坚决避免协管员严重违规违纪问题的重复发生。

（四）保障优化

由于缺乏专门的城管执法法律法规，上海城管执法部门通过"借法执法"行使相对集中行政处罚权，导致工作实践中"执法体制不顺、执法职责不清、执法规范不明、执法监督不力"等矛盾突出，严重影响和制约了城市管理水平的提升,亟须通过加强城市管理立法予以解决。2011年以来,市局积极配合市人大、市政府法制办推进城管执法地方立法工作,目前已完成了《上海市城市管理相对集中行政处罚权条例(草案)》起草工作,计划在11月递交市人大常委会审议。通过立法,着力转变执法理念、明细各方职责、理顺管理体制、规范执法行为、严格队伍管理、强化社会监督、加强公众参与、落实执法保障,确保城市管理有法可依、有法必依。另外,在迎博办博实践中,在市人大、市政府的指导和帮助下,先后制定出台了占道设摊管理、建筑渣土管理、户外广告设施管理、乱涂写乱散发乱刻画管理等十多部政府规章,为加强城市管理提供了有力的法制保障。

在此基础上,进一步推进城管综合执法领域管理市场化社会化,制定具体的法律法规和规章支撑,做到有法可依,这是城市管理法治化的前提。

首先,要在法理层面明确城管综合执法领域市场化社会化的合法性,使得各级政府组织放下包袱,大胆尝试和探索。

其次,要明确政府和社会组织在城市管理中不同角色和责任。政府首先是宏观政策的制定者和社会管理的监管者。社会组织则是城市管理的具体执行者。

再次,要对城管综合执法领域管理市场化社会化有一些基本概念的界定,包括内涵定义、范畴范围、方式方法、组织保障等。

最后,要明确政府的投入保障机制,作为城市管理维护费的组成部分。

同时,城市管理是非常具体非常专业的工作,必须要有科学、规范、量化的关系指标,便于操作和考核监督。尤其要高度重视协管队伍建设,大力提高协管员的个人素质。

(五)效果优化

其一,可以调动民间的积极性,鼓励民间自主管理,实现管理的"零投入"。在美国,就有各家自扫门前雪的做法,而且以法律的形式固定下来。上海的许多地方,完全可以实现市民的自我管理。如一些马路菜场、早餐摊点等,在政府许可限时经营的同时,可同时规定他们清扫现场的义务。许多街道的实践证明这丝毫不成问题。

其二,要高度重视各种民间组织(协会、学会、NGO)的作用。这些民间组织有自己的理念群体,可以发挥多方面的城市管理作用。

其三,鼓励民间志愿投入,建立基金。许多企业和个人在拥有了财富以后,需要实现自身的社会价值,在环境方面正表现出很大的积极性。只要他们认可,就会热心投入。武汉的汉庭街管理完全由一家企业投入,实践证明多方肯定。上海的阿拉善生态协会专门成立社区环境保护基金,资助社区环境改善及相关研究。上海市嘉定区民间企业自己购买灭火器材,维护一方平安,也取得了不错的成果。实践证明,民间蕴含着极大的热情,有极大的社会责任感。政府在这方面更多通过社会荣誉进行激励。

其四,建立利益捆绑机制。给予企业一定的市容景观工程特许经营权,使得企业可以拿出一部分经营所得补贴公益部分。如一些街道把一些街面整修的工程特需给某景观设计工程公司，同时要求该公司负责整个街道的环境整洁维护工作。

另外，可以尝试投入层面的金融创新。如推行市容维护保险也是一项不错的尝试，保险的介入，势必变一些管理部门"多做多错，不做不错"的消极管理，为正向的主动管理，"多做少错，少做多错"，正向激励。

（六）环境优化

鉴于我国公民自治传统不深，意识不强，而一些民间市容管理服务类公司实力普遍较弱，市容管理的专业性强，盈利能力弱，对市场的吸引并不非常强，城市管理市场化社会化的推行，也并不容易。为此，要加强宣传的力度，同时培育自治管理的良性土壤，树立市民信心。

1. 建立民主协商对话机制

在政府组织、社区组织、经济组织、社会中介组织、居民之间建立一种民主协商对话机制，以协调各方权利关系，同时，弥补各方所面临的知识、信息、能力、资源的不足，实现资源的倍增效应和产品的有效供给。例如每月召开例会进行信息沟通，对大型设施改建、功能规划等重大事项必须进行民主协商对话。注重用共同需求、共同利益来调动民众参与对话，通过民主协商对话，解决群众普遍关心的热点、难点问题，促进基层自治建设。

2. 建立集体选择操作规则

基层成员之间共同构建、共同认可、共同遵循民主协商规则，是基层市容自治进入组织状态所必需的制度条件。如一致性决策规则、过半数决策规则、简单多数决策规则、自治组织直选机制等。

3. 建立询问听证监督机制

提供民众参与的平台和途径，才能推进民主进程，提高普通民众的管理热情。普通民众可以对政府市容管理部门和自治组织的决策合理性、可行性以及管理效能等提出询问，通过询问可以让普通民众了解基层市容管理过程中的具体问题以及一些不为普通民众所知的专业性工作，询问也是一个相互了解、相互理解、相互支持的过程。对于重大事项的决策要实行听证制度。

监督制度，是普通民众参与市容管理的一个有效参与途径，让他们关心身边的市容管理工作，发表自己的意见，行使自己的权利，培养主人翁意识。市城管执法局和各区县城管执法部门可以聘请政风监督员，开展明察暗访，对检查出的问题及时进行通报，督促整改；同时，定期主动听取人大代表、政协委员、政风行风监督员、市民群众的意见和建议，及时改进工作薄弱环节。还可以开展社会测评，委托社会中介通过座谈、走访、调查问卷等形式，从队伍形象和执法实效两个方面对全市街道（镇）的城管执法工作开展测评，促进队伍规范执法行为，提升依法行政意识。

（本文与顾海东合写）

参考文献：
1. 国务院《关于进一步推进相对集中行政处罚权工作的决定》（2004）
2. 上海市人民政府《上海市城市管理领域相对集中行政处罚权暂行办法》（2004）
3. 上海市人民政府《上海市人民政府关于本市开展市级层面城市管理领域相对集中行政处罚权工作的决定》（2005）
4. 上海市城管执法局《上海市城管执法（大队、总队）对外窗口政务公开有关要求》《上海市城管执法分队对外窗口政务公开有关要求》
5.《上海市容》杂志（2004—2011年全部）
6. 上海市绿化和市容管理局政府门户网站（文件汇编、工作报告）
7. 上海华晨市容服务管理有限公司《华晨简报》(全5期)
8.《上海城市发展》《上海城市管理》杂志
9.《衢州日报》《牡丹江日报》《中国行政管理》杂志、福建论坛等

由集权到分权：上海城市管理体制改革 30 年组织体系构架

30 年来，伴随着国家、上海整体改革开放进程，涉及市政、公用、市容、绿化、环境等方面的本市城市管理体制，在历届市委、市政府的正确领导下，不断解放思想，以改革的精神、开放的气度，紧紧围绕不断提高管理效率和活力这一主线，循序渐进，锐意进取，有效突破阶段性瓶颈问题，取得了丰富的改革开放成果和经验，使得现代化城市管理水平不断提升。

改革开放初期，百废待兴，上海大力完善和恢复市级层面的政府管理组织，收到了积极的成效。但机构的设计和功能的发挥还存在不少问题，比较突出的是发挥区（县）、街道（乡镇）的积极性不够，造成管理深度不够。面对日新月异的城市发展，政府管理下放权力，发挥基层的积极性，实现城市管理的"重心下移"，提高城市管理效率，成为时代的需要。上海城市管理体制 30 年改革发展历程中，组织体系构架逐步由集权到分权，逐步形成了特大型城市分级分类管理的组织构架。

一、部分事权下放，分权明责

20 世纪 80 年代中期，为调动市、区（县）两方面的积极性，共同做好城市建设和管理工作，上海市政府于 1985 年 5 月批准了市建委《关于市政建设管理体制改革的若干意见》，规定在房产管理、市政工程、环境卫生、园林绿化四方面，向各区下放部分事权。1988 年 6 月，又批准《关于城市建设方面对区"分权明责"的意见》，同年 8 月，批准市环保局《关于建设项目环境保护管理方面对区"分权明责"的意见》。1989年4月，批准市建委《关于城市建设方面对区"分权明责"的补充意见》。一系列政策的出台，为市、区在城市规划、建设和管理方面"分权明责"提供了政策依据。

如规划管理方面，市级部门负责重要地区和路段详细规划、选址、建筑执照核发，之外由区县部门负责。固定资产投资管理方面，投资决策权向区县倾斜。土地管理方面，市级部门负责市区重要地区和路段建设用地，以及市属单位建设用地审批等，而部分旧区改造项目中，属于区属单位建设项目，其国有土地划拨审批，以及在郊区，农民建房使用耕地审批等，则交给区县负责。市政工程建设管理方面，市管范围为城市干道、排水干管、桥梁、泵站、污水处理厂、防洪墙和驳岸，区县负责街坊内支路和下水道。房产管理方面，市局负责制定房产管理政策、法规、制度、租金标准、买卖价格，编制房屋修理预算定额和质量标准等，区县部门负责政策标准的实施和日常管理。环卫管理方面，市级部门负责编制全市工作规划，制定法规政策，承担全市垃圾粪便长途运输和区委托业务；区县部门负责区环卫管理和垃圾粪便清扫、清运（短途运输）、清厕、清管等。

由于是探索期，市区分工相当简单，有些并不是很清晰，赋予区县的管理职能还十分有限，尤其在财权下放方面，进展更小。

二、两级政府、三级管理、四级网络

到了20世纪90年代，随着改革的深入，上海加大了事权和业务审批权的下放力度，区县管理权限不断扩大，与之配套的激励措施也不断出台，激发了区县的工作热情。如规划管理方面，市规划局主要从城市发展战略目标出发，通盘考虑经济发展规划、社会发展规划和城市规划等，各区县政府的职责是地区和路段的详细规划编制等。固定资产投资管理方面，区县的项目审批权限，从1000万元扩大到3000万元，利用外资项目审批权限提高到3000万美元，年度投资平衡也由区县自主进行。房屋土地管理方面：房屋管理，1994年进一步下放16项业务审批权和日常管理业务；土地管理，区域范围内一定量土地划拨、征用、使用和县域范围集体土地征用、国有土地划拨，由区县审批办理。建筑业和建筑市场管理方面，初步形成全市统一归口管理，市、区（县）分级实施的局面。环保管理方面，市局职能是规划和总目标制定，法制建设和执法监督，环境质量和污染源检查等，区县对辖区环境保护负责，全面落实年度定量考核目标。

与"分权明责"相呼应，相关管理机构组织框架也不断建设和完善。1990年，为理顺市与区县、区县政府与城建系统各职能机构的管理，简政放权，区级城建机构成立两个委员会、五个管理局，即区县建设委员会、市政管理委员会、环境保护局、房产管理局、环境卫生管理局、规划土地局和建设管理局，初步理顺了建设管理体制，使市、区县有关部门各司其职，各负其责。"两级政府、两级管理"的城市管理模式初步形成。

1996年4月，上海市委、市政府提出进一步简政放权的管理体制改革目标，明确"权力下放，重心下移"，管理责任落实到基层，夯实城市管理基础的方针，赋予区县、街道及乡镇更多的管理权限和责任。首先，按照"费随事转、人随事转、物随事转"原则，于1996年8月，将市管2561万平方米市区道路、2371公里下水管道、346座桥梁等设施和市区12个工务所以及相应的事权，一并下放各区。1997年又向各郊区下放公路管理事权。其次，在财政税收、建设费用、城市规划、资金融通、国资管理以及外资、外贸项目审批等方面，进一步向区县下放权力。

至此，原由市行政主管部门直接管理的事务性工作，基本下放到位。城市管理体系，也由已实行的"两级政府、两级管理"，进而发展为市区的"两级政府、三级管理"和郊区的"三级政府、三级管理"。

市级机构相应进行了改革，综合管理和宏观管理的职能进一步强化。于2000年下半年实施到位，撤销了市政府交通办、市市政管委、市公用局、市地矿局，组建了市建设和管理委员会、市水务局、市交通局、市房地资源局、市市容环卫局。原市园林局更名为市绿化局，市市政局局部职能调整；市环保局、住宅局保留原职能。调整后的机构，人员减少50%，内设机构精简30%，职能划分更加合理，工作效能得到提高。

进入新时期，上海"四个中心"建设和国际化大都市目标的确立，给城市管理提出了新要求。积极建设"服务政府、责任政府、法治政府"的执政新理念，为城市管理增添了新内涵。上海在原来的基础上，探索了"两级政府、三级管理、四级网络"的管理体制，进一步合理划分和依法规范各级行政机关的职能、权限，加强市级政府综合调控、统筹协调和分类指导职责，加强区县政府在社会管理和公共服务方面的管理职责，积极推进乡镇改革，实现城市管理"纵向到底，横向到边"。一个自上而下分权明责、多层互动的大都市政府治理构架越来越趋于完善和成熟。

总之，适应国际化大都市治理需求，上海城市管理体制改革首先实施了市区分类、条块分类、管理重心下移，使得城市管理有了坚实、可靠的基础，充分调动市、区（县）、街道（乡镇）积极性，形成了比较完善的政府治理框架。同时注重点面结合，增强城市管理力量，使市级行政管理部门摆脱了一般行政事务，腾出精力抓宏观规划和行政规章的制定、行业工作的指导和市场行为的规范。区（县）职能部门着力区域管理和行政执法。两级政府上下相辅，加大了管理的力度和广度，突出重点，管理政策聚焦，使得宏观管理有了显著的加强。

（本文系上海市建设交通委《改革开放30年上海城市建设和城市管理体制改革研究》中的一部分）

03
管理信息化

信息"共享"≠信息"全享"

管理信息资源的共享，对提升现代城市的综合管理水平，具有重要的价值。近年来，虽然各种推进措施出台不少，但成效不尽如人意。其症结在于，把"共享"当成了"全享"，大大增加了实际操作的难度，降低了共享的效率。"共享"的出发点不是"一网打尽"式的汇集，而是各取所需。"共享"在顶层设计上，应该更多推动基于"点对点"的有效交换，做到安全、精准、可持续。

一、信息共享有利于提高城市管理的综合性、协同性和前瞻性

现代化的城市，是人流、物流、信息流构成的复杂的巨系统。现代城市管理，是海量的基础设施运行管理和各类复杂问题的社会治理的交织融合，具有强烈的综合性特征。管理部门之间信息的及时沟通和分享，有利于各部门对管理风险的预判预防，有利于部门间及时的沟通协调，一致行动，也有利于管理和执法的精准和精细化。

近几年，在国家和地方层面，积极推动政务类信息资源的共享。2016年9月，国务院颁发《关于印发政务信息资源共享管理暂行办法的通知》，提出加快推动政务信息系统互联和公共数据共享，增强政府公信力，提高行政效率，提升服务水平。2017年5月，国务院办公厅颁发《关于印发政务信息系统整合共享实施方案的通知》，要求牢固树立和贯彻落实创新、协调、绿色、开放、共享的发展理念，有效推进政务信息系统整合共享。2016年2月，上海市人民政府印发《上

海市政务数据资源共享管理办法》,以规范和促进本市政务数据资源共享与应用,推动政务数据资源优化配置和增值利用,促进政府部门间业务协同。实践层面,2015年7月,上海初步建成上海市城市管理综合信息共享交换平台,汇集了城市管理、交通、规划、水务、环保、绿化市容、测绘等行业基础数据,建立了集中与分布式相结合的共享数据库,形成了城市管理领域政务云的框架,实现了委局间初步的跨行业、跨平台基础信息共享调用、基础数据交换应用、数据综合服务应用示范。平台试运行以来,累计在线调用数据服务超过100万次,受到了各委局的好评。

二、信息共享不畅的关键在于"全享"操作难

整体上,我国政务信息资源共享推进仍不够理想,一些"大跨度"的整体设计方案难以彻底落实,甚至一些系统内的推进活动也困难重重,深度的信息共享更是难以突破。以共享交换平台的形式,形成良性运行机制的例子少之又少。政务信息资源割裂,各种管理系统"孤岛"大量存在。据介绍,一些城市各类政务类信息系统达数千个之多,能深度关联的还非常有限。

究其原因,固然有一些部门消极懒政,甚至维护"部门利益"等因素,但并不是主流。调研发现,当前信息共享面临的真正难题,不是道理上的赞成和反对的问题,而是共享的方式和机制问题。其根本症结在于,把信息"共享"简单等同于信息"全享",把各种各类信息来个"一股脑儿"汇集或"一网打尽",着实让有些部门难以招架:一是各部门政务信息量大面广,内容复杂,一些信息系统维护要求高,整合难度非常大(市有关部门曾尝试推进管理系统硬件部分向一个中心集中,结果推进效果不佳);二是维护人员有限,各管理部门相关人员工作负荷大,增加额外工作难度高;三是信息共享出去,安全方面心里没谱,一些人存在"出了问题谁负责"的顾虑。(调研发现,即使一个部门的数据没有安全问题,几个部门的数据一旦合在一起,就容易产生安全隐患,如暴露单位或个人隐私等。)

其实,信息共享的目的,是解决实际管理中的具体问题,需要的信息是有针对性的信息,而不是全部信息(全部信息的堆积反而更难应用)。信息"全享"既没有必要,也没有意义,实际也不可能。

所以,转变"共享"理念,建立精准有效的共享机制,才能实现可持续的"共享"。

三、信息共享的着力点应该是基于需求的"平等交换"

信息共享的初衷,是管理部门(今后也应该包括全社会)之间信息的互通有无,以提高管理的科学性。信息共享机制的重新设计,应该是以获得有效信息资

源为目标，同时，要以安全为底线和前提。在顶层设计的时候，从一个城市市级层面，主要考虑的是不同管理部门之间信息资源共享的最佳规则和路径，制定和把关"交易规则"，那种把信息资源先"收上来"，再"分下去"的大管家方式，并不是最佳路径。市级牵头部门要做的主要是：其一，建立"三份清单"。即建立覆盖各管理部门的信息资源目录清单、数据共享目录清单、数据需求目录清单，明确大家有什么？能提供什么（安全的前提下）？希望得到什么？其二，明确共享交换规则（"交易规则"）。协调明确各管理部门资源共享的权利和义务，分级分类，权利和义务要对等，作为"入场"条件，并督促实施。其三，明确强制性共享开放清单。对一些管理部门和社会需求度高的基础信息，如人口、基础地理、规划等，明确强制性开放共享内容清单。其四，提供制度保障。以法规和标准的形式，推动共享机制的建立和完善，尤其是安全保障机制，并明确人财物支撑。

最后，信息资源共享的建立，也需要一个循序渐进的过程，突出重点，有序推进。信息共享也是有边界的，需要在条件成熟的情况下，不断拓展。

贵阳市以"数据铁笼"提升政府治理能力

2015年以来,贵州省贵阳市依托贵州省大数据发展先行优势,实施"数据铁笼"行动计划,实现权力运行的透明化和政务信息的融合共享,运用大数据编织了权力监督的"制度铁笼",有效杜绝了各种"慵、懒、散、漫"行为,提升了政府的整体治理水平。

所谓"数据铁笼",就是运用大数据思维和相关技术,将行政权力运行过程数据化、自动流程化、规范化,实现权力运行全过程监管、预警、分析、反馈、评价和展示的数字化治理机制和体系。贵阳市从2015年2月1日起相继在市住建局、市交管局、市城管局等市直单位分三批实施"数据铁笼"工程,如今已经实现了40多家市直单位全覆盖。

贵阳市的主要做法是:

一、强化顶层设计。制定出台《贵阳市全面推进"数据铁笼"工程建设的指导意见》,明确"数据铁笼"建设内容,规范"数据铁笼"系统设计,统一建设标准和要求,编制《贵阳市"数据铁笼"工程建设规范》,指导"数据铁笼"建设的全面推广和持续完善。市委、市政府主要领导亲自挂帅,成立"数据铁笼"建设领导小组办公室,加强工作调度,建立"旬报告"工作机制,纳入年度工作目标考核内容。

二、突出功能定位。把"人在干、云在算、天在看"贯穿"数据铁笼"建设全过程。"人在干",就是推动权力运行全程数据化、处处留痕迹。"云在算",就是通过大数据融合分析,实现权力有效监督和治理提升。"天在看",就是创造性提出数据监督理念,编织制约权力的"笼子",让权力在阳光下运行。围绕这一目标,奏好"四部曲":第一步是信息化。把传统的办公方式改造为无纸化、网络化的新方式,实现政务流程信息化,并运用互联网实现政务网上运行。第二步是数据化。提高数据结构化水平并通过数据留痕记录权力运用的过程,找到数据之间的关联。第三步是流程化。通过计算机对人的身份、行为、思维等数据进行关联分析,以自动化、可视化的方式展现处理全过程,实现自动循环、自动检索、自动预警,进而约束人的行为。第四步是融合化。打破数据"孤岛",实现数据按需、契约、有序、安全式地开放,并形成不断开闭合的跨部门数据共享机制。

三、明确建设构架。构建以全面从严治党为核心的权力运行和权力制约"一个体系";制定数据图层和数据代码"两个标准";解决问题在哪里、数据在哪里、办法在哪里"三个问题";抓好重大决策、行政审批、行政执法、党风廉政风险预警控制系统"四个关键";推进一图、一卡、一机、一库、一平台"五个统一",建立"不能腐"的科学制度框架体系。

四、搭建支撑载体。搭建统一的数据支撑载体,统筹解决"数据铁笼"建设应用中的公共数据服务问题。一是依托"云上贵州"平台,充分利用现有资源,加快打造支撑"数据铁笼"的云平台体系,加强互联互通,实现与"云上贵州"平台无缝对接;二是建设贵阳市政府数据交换共享平台,实现政府部门之间数据的共享交换,为各试点单位跨部门业务应用数据采集、融合共享提供基础平台支撑和关键技术载体;三是建立数据采集、交换标准,编制政府数据目录体系,形成统一的政府数据采集体系,实现对全市政府数据采集工作统一协调和管理。

"数据铁笼"工程取得了以下积极成效:

一是提升了政府治理能力。"数据铁笼"变人为监督为数据监督、事后监督为过程监督、个体监督为整体监督,压缩了权力寻租空间,有效解决了不作为、慢作为甚至乱作为等问题,进一步完善了行政监督体系,提升了管理效能。

二是促进了"两个责任"落实。"数据铁笼"通过数据使履职轨迹留痕留印,既有利于提高责任意识、压实责任内容,使责任落实明确具体,又有利于循迹查责、依据追究,有效防止责任主体履职虚化和责任制"空转"。

三是加强了廉政风险防控。"数据铁笼"能及时发现存在的风险,并从中寻找出规律,从而实现对权力任性的有效预防。

四是完善了技术反腐机制。"数据铁笼"通过数据描述使权力运行具体化、精准化、可视化,及时发现和捕捉权力运行过程中的异常,最大限度堵塞漏洞,使监督执纪更加科学、精准、有效。

以贵阳市城管局为例,2016年,市城管局研发、搭建了"数字铁笼"系统平台。城管局"数据铁笼"经过整体规划,在大数据融合分析平台设四个子系统,包括城市综合执法、行政审批、城市管理"百姓拍"App及渣土运输监管。借助这个平台,一方面将数据汇聚分析平台,实现对城管人员、车辆、监控点位、工地、案件的实时监测,为日常指挥和应急指挥调度提供基础支撑;同时,根据已经梳理的风险点,设置风险预警,利用数据变动趋势对风险进行预测与预警。另一方面，对老百姓而言，可通过城市管理"百姓拍"App将生活中看到的城市管理漏洞及时上报，便于政府查缺补漏，完善城市管理。

其中，城市综合执法系统使用较为频繁。在城市综合执法系统中，执法人员手机中的移动执法平台设置有简易执法、一般执法、执法提醒、执法计划、调查取证等10余个选项，对应170余个行政处罚事项，每开出一张罚单，都附带贵阳城管的电子执法文书，确保执法公平公正。"执法通"App涵盖问题上报、我的任务、位置监控等内容。"问题上报"是通过城市管理信息采集传送终端，将辖区内的问题以图片、声音和坐标等形式记录下来，上传至城市管理信息中心的统一平台进行处理。"我的任务"则是通过无线网络接收核实、核查等任务，在规定的时间内到现场查看任务处理情况，并通过图片、声音和坐标回复任务。如果点击"历史记录"，还能看见问题上报和任务的恢复历史信息，方便执法人员查看上报情况和重新上报。

城市综合执法"数据铁笼"系统作为贵阳市城管局"数据铁笼"大数据融合分析系统的一个子系统，其中一项重要内容是"科学数据分析"。通过交换、共享数据的深度加工，推动"块数据"形成，实现数据的增值，最终以文字化的形式给予使用者建议或意见。这个分析可以就人、事、权分别进行分析。就"人"而言，依据工作人员平时的工作轨迹、执法情况、执法效能、执法效率等几组数据，便能得到一些建议，有效杜绝"慵、懒、散、漫"行为，规范人员行为，提高工作效率。就"事"而言，则依据案件追踪、投诉监测、执法分析、风险预警等几项数据，得出一段时间里高发案件排行，各区案件分析及异常分析的情况，为优化人员配置及科学决策提供有力支持。

贵阳市"数据铁笼"建设，得到了中央领导和贵州省的肯定和支持。2015年2月14日，李克强在贵州考察北京·贵阳大数据应用展示中心时指出，把执法权力关进"数据铁笼"，让失信市场行为无处遁形，权力运行处处留痕，为政府决策提供第一手科学依据。时任省委书记发文指出："在打造'数据铁笼'方面，重点是依托大数据产业优势和云平台系统，强化权力运行监督，实现权力运行全程电子化、处处留'痕迹'，切实做到'人在干、云在算、天在看'。"

在总结"数据铁笼"省级试点部门和贵阳市建设的成功经验基础上，贵州省大数据发展领导小组2017年4月印发了《贵州省"数据铁笼"工作推进方案》，决定在贵州省全面推广"数据铁笼"工程建设。方案总体目标提出，运用大数据手段，实现政府权力运行全覆盖、监管过程"全留痕"、"三重一大"监管和两个责任落实，减少和消除权力寻租空间，完善监督和技术反腐体系，促进党风廉政建设，提升政府治理能力，为国家"把权力关进制度笼子里"提供可复制推广的贵州经验和模式。

（本文参考部分网络资料）

城市管理从数字化向智能化提升的几点趋势

近年来，随着移动互联网、物联网、大数据、区块链及人工智能技术的逐渐成熟和应用，为数字化城市管理的升级换代，提供了良好的基础。智能化城市管理（智慧城管），不仅在理念层面开展了积极研讨，还在实践层面进行了试点探索。在不少城市，"数字治理"向"智慧治理"转型升级，对进一步推进国家治理能力现代化具有重要意义。

上海在城市建设和管理中非常注重科技的应用和创新，信息技术得到广泛和深入应用，大致经历了三个阶段：第一阶段主要是"十五"期间的信息化管理应用阶段，推进了一卡通（公共交通卡）、一票通、一门通（一门式办公）、一线通（服务热线）、一网通（门户网站建设）等管理和便民利民信息化工程。第二阶段主要是"十一五"期间的数字化管理推进阶段，提出城市建设和管理要以信息化为突破口，提出了"三个数字化"的理念，即城市管理对象、过程和评价的数字化；围绕这个理念，相继推动了网格化管理平台、交通综合信息平台、建设市场管理信息平台、地下空间信息基础平台、城市管理综合信息共享交换平台等信息技术服务平台的建设，并进行了相应的体制机制改革，为城市管理特别是综合管理提供了坚强的技术支撑。第三阶段主要是近年来智能化管理探索阶段，上海积极推进城市管理精细化，提出了"三全四化"的着力点和方向，智能化成为城市管理精细化的重要手段。

但整体上讲，上海城市建设和管理智能化仍处于概念化探索阶段，治理手段仍处于初期的模拟应用阶段。要充分运用现代科技，提高治理智能化水平，还需要进一步研究把握智能化的特点。我们认为，城市建设和管理智能化，是基于现有数字化城市管理的新提升，其在诸多方面，具有"颠覆性"意义和价值，主要表现为：

从平台中心向移动终端提升。现有的数字化城管平台，主要基于电脑和大屏，相对固定。智能化城市管理，将逐步从固定的平台向众多移动化终端跨越，主要依托手机、iPad等，更加便捷，更加容易实现社会化参与和互动。

从"小循环"向"大循环"提升。数字化城管，主要实现管理部门工作流程的闭合，形成小循环。智能化城管，则可以实现不同管理部门资源的充分共享，同时实现体制内和体制外管理信息的共享，为社会和市民参与城市管理畅通渠道，从而实现全社会共治共享的大循环。城市管理，由此真正迈入城市治理时代。

从多层授权向精准授权提升。数字化城市管理，虽然推进了管理的扁平化，但仍然有多个层级，从市到区到街镇和村居，管理指令层层下达。智能化城市管理，依托移动互联网和信息多维连通共享，管理去中心化，点与点的直接互动成为可能，市级决策部门的信息，完全可以直接到达最基层部门甚至一线具体操作主体，"将军可以直接指挥士兵"。

从事后发现向事前预警提升。对城市管理各种安全问题，数字化城管是及时发现问题，智能化城管是有效感知和预判存在的风险，及时预警预报，防患于未然。

从精准指挥向科学决策提升。数字化城管的目标，是问题及时发现和有效指挥和监督；智能化城管，将进一步依托积累沉淀下来的海量管理信息，进行大数据分析和研判，发现城市管理深层次问题或趋势性决策依据，实现城市管理的长效化设计。

从现场执法向场内场外结合提升。数字化城管时代的场内执法，在智能化城管平台环境中，可以实现非现场执法，大大降低执法成本，提高执法效率。

运用互联网促进社会市民参与城市管理研究

一、综述

上海建设交通管理部门高度重视互联网对改善城市管理的推动作用。从20世纪90年代开始,就致力于互联网在政府管理部门的利用和推广。如今,互联网在政府管理部门的应用已经普及,信息资源的共享交换进入跨部门、跨系统、跨行业层次,为政府管理部门服务社会提高管理水平,提供了强有力的支撑和保障。

为了有效地运用互联网促进社会市民参与城市管理,建设交通系统各管理部门首先积极开展了政府门户网站的建设,借助互联网的便利性和可达性,搭建起了政府和社会市民互动,共同促进城市管理优化的桥梁。作为市建交委的门户网站——上海建设交通网(www.shucm.sh.cn,www.shjjw.gov.cn)创立于1999年,几经改版,已经成为建设交通委政务公开的重要窗口、效能政府的重要平台。尤其通过"主任信箱""网上投诉""网上咨询""网上建议""网上调查"等功能开发,深入了解民间诉求,大力听取民意,充分吸纳民智,搭建起了促进社会和谐的大平台。另外,建设交通系统的绿化和市容管理局、交通运输和港口管理局、住房保障和房屋管理局、水务局等都建立了自己的门户网站。一些社会职能很强的下属单位如公积金管理中心、城市管理职业技术学院、建筑建材业行政管理服务中心、城建热线服务中心、原公路管理处、原市政工程管理处、原道监办、原燃气处、申通公司、市政规划设计研究院、公共交通卡公司等,都开设了单位网站,网站总数达到

20多家。这些网站，成为服务社会的重要渠道，提升城市管理的重要互动平台。上海市交通信息中心在2010年世博会期间开设的"上海世博交通网"，为全世界来上海的游客和本市居民提供陆海空全方位实施交通信息，为世博会的成功举办做出了贡献。

二、重点案例

1. 网站案例：上海建设交通网

"上海市城乡建设和交通委员会"门户网站原名"上海建设"网，开通于1999年12月。自网站开通以来，市建设交通系统有关部门不断充实和完善网站的政务信息公开、网上办事、便民服务、互动交流等内容和应用功能。目前网站形成了信息公开、法律法规、机构职责、新闻中心、网上办事、便民服务、政务互动、重大工程、科技教育等主要板块，较为全面地反映了上海市城乡建设和交通委的工作特点，并正在逐步发展成为沟通委工作与社会的桥梁。

如今，建设交通网的点击率约4000次每月，同时，网站热线电话（021-64431576）每月接到的各类电话约200个。网站"信息公开"栏目定期公布系统重要信息，"新闻中心"则第一时间发布系统重要新闻（图片），并报"中国上海"门户网站。

作为收集民意、汇集民智的主要窗口，"主任信箱"每月接收的信件在250封以上，包括投诉、咨询、建议等方面。网站编辑部将经过整理的信件报委信访办转各职能处室和有关领导处理。网站还不定期进行网上调查和意见征询活动，就建设规划等广大市民感兴趣的话题听取他们的意见和建议。2009年网站改版后，网站实现了与城建服务热线网站网上申诉栏目的直接关联，市民可通过建设网直接获取热线申诉电子表单。2011年，网站又开辟"政务微博群"板块，会集了上海建设交通行业政务微博20多家，为广大市民与有关管理部门的及时沟通提供了便捷平台。

2. 微博案例："上海地铁metro"
3. 在线访谈：与报纸、广播、网络跨媒体推出"在线访谈"
4. 战略联盟案例：东方网

三、存在的问题

尽管互联网在推动上海社会市民参与城市管理方面发挥了一定的作用，但其参与的广度、深度和效能方面，还是相当有限。对照中央提出的创新社会管理是社会发展管理的必然要求的指示精神，与市政府关于城市管理根本转变必须配套改革传统社会管理体制的要求，上海建设交通管理部门的工作还有不少欠缺。

1. 有些管理部门对互联网作用认识不足

没有充分认识到互联网采集民意、吸纳民智的重要性，对互联网的作用认识不足，认为互联网不过是"赶时髦""摆样子"，或者完成"上级任务"。其根源在于没有认识到互联网对城市管理流程的重大改造会进而推动政府管理机制、体制的优化，没有认识到互联网将推动政府一元管理向政府、社会多元管理的根本转变。

2. 现有互联网平台互动性不强，联动不够，过分侧重单向发布功能

不论是政府网站还是政务微博，公告板功能比较突出，互动功能较弱。一些政府网站收集了不少投诉、建议类的内容，但很少进行响应回复，容易挫伤社会市民参与积极性，降低民众的信任度。政务微博方面，尽管如"上海建设交通""上海地铁 metro""交通港航""乐行上海"等政务微博取得了较大成功，但不少部门的微博社会影响有限，互动性差，流于自说自话，难以取得应有的政务公开效果，反而容易成为众矢之的和民意的"靶子"。

3. 一些已经开展的网络互动工作缺少主动引领和有效设计，互动成效不理想

主要表现为缺少针对性的话题设计，较少紧扣建设交通行业热点难点问题，紧扣广大市民之所思所想所急进行积极引导，充分调动社会市民参与的热情。

4. "网内""网外"联动不足，民间智慧进入政府决策难

针对互联网收纳的社会真知灼见（"网内"建议），缺少必要的机制使之纳入政府管理部门政策法规研究（"网外"决策），进而很难真正用于政府管理实践。事实上，在交通、住房、环境改善等全社会都极为关心的焦点领域，普通百姓作为这些公共服务的直接消费者，往往比政策设计者具备更多的感性认识和细节体验，这些认识和体验如果能得到有效反馈，在民众和职能部门之间形成良性的"压力机制"，会成为政策制定者集思广益最好的手段。

另外，技术和内容维护力量不足，也严重制约了互联网作用的发挥。一些政府网站维护多利用兼职人员，网站维护被当作"边角料"。有些政务微博更是为了满足上级要求，仓促上阵，临时抓差，维护人员素质参差不齐，不能安于工作。

四、运用互联网促进社会市民参与城市管理的总体思路

1. 着力有效响应

互联网的作用和意义在于互动和联动，最大限度减少时空局限，实现无边界平等对话。当前，建设交通系统运用互联网促进社会市民参与城市管理，重点要

在互动性上着力。

首先，决策层要转变观念，高度重视，把它作为管理工作的重要组成部分。要认识到，"网上"工作可以大大减轻"现场"工作，"网上接待"可以大大减少"门口申诉"。为此建议，领导干部要习惯上网，善于用网，成为"网络高手"。

同时，网站、微博建设和维护部门也要从侧重单向信息发布，向侧重双向互动转变。政府网站方面，要建立网上接访制度，重要议题定期会诊答复制度；要定期围绕社会关注话题，开展网上访谈（如"网上夏令热线"）。政务微博方面，要在及时监测和把握微博舆情的基础上，正确、有效、及时地回应争议和敏感话题，及时疏导情绪，引导舆论，逐步培养微博的公信力，防止话语权旁落。微博要使用亲民话语，注重真诚的沟通风格，拉近政府和老百姓的距离，提升政府在百姓心中的权威。

2. 强化话题引领

互联网是一个虚拟的大社会，话题庞杂，不同人群关注点也不一样。要调动社会积极性，为城市管理献计献策，必须进行一些话题的设计和引领。还要考虑必要的激励机制。

话题设计至关重要。一定要和民生息息相关，让社会市民觉得有话可说。

必要的激励机制。首先，要让他们感觉到他们的参与是有意义的，有作用的，受重视的，激发他们的责任感；其次，给予必要的精神和物质奖励。

有意识培养"意见达人"（"意见领袖"）。他们的引领作用是非常明显的。这方面，可考虑具有一定社会影响的学者名人。如著名学者邓伟志的微博，已经聚集了相当多的粉丝，由他来引领一个话题，效果将非常好。

建设交通系重大活动网上直播，营造社会市民参政议政的环境。

3. 畅通决策渠道

经过互联网收集的信息，量大，内容庞杂，见解参差不齐，如果不进行筛选、梳理、提炼，很难有利用价值。淘沙取金的工作就显得非常重要。这也是对社会市民参与的最高响应。为此，必须与有关研究和法规部门密切合作，把广大社会市民的意见建议转化为有效的政策、制度或者法规条例，最终实现社会市民参与城市管理的目标。

4. 推进风险防范

互联网传播速度快，影响面大，是一把双刃剑。正面信息推动社会进步，负面信息则可能造成极大的社会危害。政府部门要把握主动，积极传播正面信息；同时，要做好应对负面信息的准备。要把客观、公正、真实、科学的信息及时公布于众，同时消除虚假甚至妖言惑众的信息。为此，要建立风险防御和疏解机制，把握城市管理的主动权。"申通地铁 metro"在地铁事故的危机公关中，表现出了良好的素质，最大限度减少了负面影响，经验值得总结。

5. 探索技术创新

增强技术创新的力度，加强互联网利用的互动性和关联性。

信访流程再造提升门户网站的服务功能。打通社会市民—门户网站—职能部门（相关领导）之间的互动渠道，形成社民市民—门户网站—职能部门（相关领导）—门户网站—社会市民的完整流程，实现社会市民与政府部门的良性互动。

引入新一代的网站模式：定制网站。建立强大的数据库和自动生成功能，社会市民可以根据自身的需要，定制并自动生成自己需要的特色网站。进一步打造更加人性化、智能化的新一代政府门户。

微博群和微博信息的嵌入式共享。在建交委门户网站搭建平台，建立涵盖建设交通系统的服务微博群落。尝试与新浪微博、新民微博、东方网微博等社会微博的合作，就有关话题实现嵌入式共享交换。

6. 落实组织保障

作为推动城市管理的重要一环，互联网作用的发挥取决于有力的组织保障以及人力和物力的有效投入。建议进行有效的顶层设计，尤其明确互联网促进社会市民参与城市管理工作，是城市管理工作的重要组成部分，明确相关领导和部门的具体责任，明确财政投入保障机制，实现工作的常态化、长效化和制度化。

（本文与王炜合写）

智慧城市建设的中外借鉴与佛山提振

21世纪初的世界，正发生巨大的变革。我们正迎来一个"城市时代"——城市人口历史性地超过农村，城市成为我们主要的栖息地，人类将主要依托城市工作、生活，创造城市文明。但同时，城市化的快速发展，人口的急剧膨胀，带来了问题重重的"城市病"，交通拥挤、环境污染、能源短缺，加以贫富分化、社会冲突加剧、恐怖主义蔓延等，对城市文明构成了极大的挑战。传统的城市治理模式和运行方式，已经难以适应城市化发展，破解治理难题，新的城市治理理念顺势而生。

继工业化、电气化、信息化之后，全球城市发展正向智慧化的更高阶段演进，智慧城市，将是城市发展的重大历史转折和突破。紧跟世界发展的潮流，我国在城市发展进程中，也相继启动了智慧城市的建设，作为城市转型发展的核心战略。截至2011年上半年，我国已经有20多个城市的市政府，在当地国民经济与社会发展"十二五"规划中，明确提出了建设"智慧城市"的目标，一些大城市已经率先启动了智慧城市建设工作，取得了可喜的成果。同时，有关智慧城市的理论探索也日益深化，人们对"智慧城市"的认识愈加深入、全面和科学。

（一）中国智慧城市建设的基本共识

关于"智慧城市"，全球范围内还没有一个统一的定义。一般认为，"智慧城市"，源于美国IBM公司提出的"智慧地球"的概念，本意在于立足自身技术方案和应用系统优势，借助物联网、云计算等信息技术，通过感知化、物联化、智能化的方式，打造智能化、信息化的新型城市。

我国专家把智慧化，看成城市信息化、智能化发展的必然结果。认为智慧城市,就是通过植入城市物体的智能化传感器形成物联网,实现对物理城市的全面感知;利用云计算等技术,对感知技术进行智能处理和分析,从而对政府政务、城市管理、生产控制、环境监测、交通物流、教育医疗、公共安全、家居生活等各种需求提供智能化决策支持。其本质在于更加透彻的感知、更加广泛的联结、更加集中和更有深度的计算,为城市肌理植入智慧基因。

从更广泛的意义上理解,智慧城市则是以"发展更科学,管理更高效,社会更和谐,生活更美好"为目标,以自上而下、有组织的信息网络体系为基础,整个城市具有较完善的感知、认知、学习、成长、决策、调控能力和行为意识的"全新城市形态"。其本质在于人与物的智慧连接,在于"智商"和"情商"的共同发展,有技术,有文化,有灵魂,是有生命的城市。

智慧城市建设,在我国尤其迫切。传统产业升级,城市管理高效,社会发展可持续,都需要战略意义上的创新。智慧城市的建设,绝对不是简单意义上的信息化技术的运用,而是通过智能化的流程设计,改变固有僵化的制度和体制,创造面向未来的发展模式。

智慧城市的基本特征可以重点概括为:高速、宽带、融合、无线的信息基础设施;精细、准确、可视、可靠的传感中枢;科学、绿色、超脱、便捷的数字化;虚拟化、个性化的服务;高效、安全的信息流通。

智慧城市的目标主要有:一是推进政府管理流程的重塑优化,决策运行的智能化、协同化、精细化和高效化,实现经济社会科学管理、民生服务高效优质;二是提升产业品质,实现智能产业集聚发展,完成传统产业的升级换代,变制造为"智"造;三是极大提高市民信息获取能力,方便日常工作和生活;四是大力推行资源环境智能化、低耗化,实现环境友好。

(二)中国智慧城市建设的现状

1. 总体状态

当前"智慧城市"已经成为城市发展的新热点,上海借世博东风,正在研究制订推进"智慧城市"建设三年行动计划,着力推进一批支撑"智慧城市"建设的跨部门重大应用项目。北京、宁波、深圳、无锡、武汉、南京、佛山、昆明、成都等城市也纷纷启动"智慧城市"战略,"智慧城市"不再是一个热门的话题和概念,而是实实在在地开始与城市新一轮的发展深度融合,并必将成为城市发展新的增长点之一。

2. 特点概括

我国的智慧城市建设,与世界发达国家比,虽然时间稍晚,但起点普遍较高。这主要体现在:

(1)与城市未来发展规划高度融合。如上海市在"十二五"规划建议中,率先提出了把推进信息化作为创新驱动、转型发展的重要手段和覆盖现代化建设全局的战略举措,以提升网络宽带化和应用智能化水平为核心,加快推进信息技术与城市发展全面深入融合,建设以数字化、网络化、智能化为主要特征的"智慧城市"。《武汉市国民经济和社会发展第十二个五年规划纲要》提出,围绕提高城市建设和管理现代化水平,全面完善交通和市政设施网络,加快推进以数字化、网络化、智能化为特征的智慧武汉建设,"基本建成全国性综合交通枢纽,基本建成中心城区快速交通体系"。

（2）把智慧城市建设作为实现发展方式转变的重要契机。如上海市浦东新区提出,要以"智慧引领模式变革"为主线,把握"更无线、更高速、更融合"的信息化时代特征,以提升民众幸福感和城市运行效率为目标,在社会发展、国民经济、城市管理、公共服务各个领域全面推进"数字化、网络化、智能化、互动化、融合化、开放化"的信息技术深度应用,进而构建科学、智能、人本、协调的城市内生系统,全面实现基础设施高端化、政府服务协同化、城市管理智能化、公共服务网络化、市民生活数字化、新兴产业融合化和企业发展电子商务化。

（3）发展智慧城市重视建章立制。早在 2010 年,宁波市就做出了《关于建设智慧城市的决定》。2011 年,宁波市又出台了《加快创建智慧城市行动纲要（2011—2015）》。如今,宁波智慧城市建设真正从"顶层设计"迈入项目规划、实施阶段。按照规划,宁波市将从应用体系、产业基地、基础设施、居民信息应用能力和发展环境五个体系全面展开智慧城市建设。为实现纲要提出的目标,宁波市专门成立了智慧城市领导小组,市长为组长,八位副市长为副组长,市委、人大、政协领导都进小组,还有五个专项推进小组。同时,为了加强知识储备,专门成立了专家咨询委员会和规划标准发展研究院。在原则纲领基础上,加快创建行动纲领。建章立制,标准先行,出台《宁波市信息化条例》《宁波市政府信息资源共享管理办法》以及信息资源目录和交换体系标准等。

2010 年 5 月,刚任佛山市委书记的陈云贤提出,未来佛山将朝着"四化融合,智慧佛山"方向前进。2010 年 8 月,佛山市政府通过了《四化融合智慧佛山发展规划纲要（2010—2015）》,提出通过信息化、工业化、城市化、国际化的相互融合、互相促进、共同发展,把佛山打造成为新兴产业发达、社会管理睿智、大众生活智能以及环境优美和谐的智慧城市。

（4）信息化基础设施建设扎实推进。为了加强基础设施建设,武汉市提出实施"光城计划",加快宽带网络建设,利用武汉光纤光缆产业优势,积极推进光纤到楼,大力发展光纤到户,扩大远城区宽带网络覆盖范围,建设智能楼宇、智慧家庭。进一步增加无线网络覆盖点,实现机场、车站、学校、大型商场等公共空间无线网全覆盖。广州市抓好战略性信息基础设施和战略性信息平台建设,加快实施网络普及提速计划,以物联网、光纤到户、新一代移动通信试验网、无线城市等为重点,加快建设覆盖全市的高性能宽带信息网络,推进城区"千兆进企、百兆到户"、农村"光纤进村、宽带到户",用 2~3 年时间,实现无线宽带接入点、光纤到户规模翻一番、互联网普及率超过 85% 等目标。

（5）重视投入，务求实效。宁波市根据已排定的实施路线图、计划书、时间表，未来5年，宁波智慧城市建设共包括31项工程87个项目，总投资超过400亿元。2011年3月，武汉市投资100万元对"智慧城市"概念设计政府采购项目进行了招标。"智慧城市"概念设计政府采购项目是2011年初武汉市启动的预算1000万元、面向全球公开招标"智慧城市顶层设计"中的一部分。

3. 优秀个案与借鉴点

除了这些共同特征，各城市非常重视立足市情、民情、国情，在一些重点领域先行先试，做出特色，值得借鉴。

（1）上海浦东：推进信息产业与其他产业的融合。"十一五"末，浦东新区以物联网、云计算、电子商务为代表的新兴产业异军突起。物联网已经初步形成包括芯片与模块制造、软件和系统集成、网络运营等在内的完整产业链，2010年获批"上海市物联网产业基地"；电子商务2010年交易额达到2800亿元，成为"国家电子商务综合创新实践区"，"十二五"期间，浦东新区着力促进信息化与金融业、航运业、商贸业、先进制造业、生产性服务业、现代农业的深度融合，实现"到2020年基本建成科学发展先行区、'四个中心'核心区、综合改革试验区和开放和谐的生态区，全面建成外向型、多功能、现代化新城区"的战略目标。

（2）扬州：打造具有自主知识产权的信息化创新产品。扬州市在"十二五"工业规划发展中，把信息技术研发利用作为主攻方向之一，重点突破太阳能光伏发电系统集成及并网发电技术、高效储能技术、芯片制备技术、电子书彩色动态显示技术、智能输配电等关键技术，转化一批重大科技成果，获取一批拥有自主知识产权的创新产品。2011年，该市力争攻关关键技术20项以上，转化高端成果30项以上，开发高端产品100个以上。

（3）沈阳：将"智慧"与"生态"相融合。沈阳市将"智慧沈阳"与"生态沈阳"相结合，希望在全球范围内树立生态发展城市的典范。先期突破重点包括生态城市和谐规划、城乡水污染监管及饮水安全、面向行业的节能减排、大气污染防治、噪声污染防治和固体废弃物利用、食品安全风险分析与溯源技术、城乡发展与环境保护情报分析等智能化发展。

（4）台湾地区：设立"智慧小镇"和"智慧经贸园区"主轴。从2009年开始，台湾地区把"智慧台湾"作为发展重点。有关部门专门制订了《i-236智慧生活科技运用计划》，以智慧小镇（i-Smart Town）和智慧经贸园区（i-Park）两个推动主轴，在构建下一代宽频网络、数字电视网络、感知网络三网整合的开放环境下，引进关键企业共同合作推动"安全防灾""医疗照护""节能永续""智慧便捷""舒适便利""农业休闲"六大领域智慧生活应用的服务示范。

另外，广州市政府提出要建设"低碳广州、智慧广州、幸福广州"，抓好

"5+1"工程，在"五个一"（一库、一卡、一页、一台、一城）基础上增加一个人才工程。深圳市提出率先在"智能电网""智能交通网"、食品医药安全管理等领域进行示范建设。南京市提出实施"车辆智能卡""智慧医疗""智能交通"重点工程，等等。

4. 不足之处

尽管取得了一定成绩，但总体上讲，我国的智慧城市建设，尚处于探索期和初级阶段。主要表现为：

（1）对"智慧城市"的认识还有不少偏差。有的城市决策层对智慧城市建设的重要性和迫切性认识不足；有的单纯理解为信息化技术的运用，缺少整体战略思考；政府、企业、市民缺少共识，没有形成合力。

（2）体制、机制保障不足。首先，缺少有效的顶层设计和实事求是的愿景规划，盲目跟风；其次，组织机构层次不高，协调力有限，部门信息共享难；再次，流程设计与机制变革的互动不足，信息化难以落地奏效；最后，投入不足，没有充分调动社会力量，发挥市场化的作用。

（3）信息化基础建设不足，对智慧城市支撑不够。首先是相关规范和标准建设不足，难以形成信息共享的统一平台；其次是相关软硬件设施投入不足，一些关键技术问题难以突破。

（三）中国智慧城市建设的发展趋势

1. 理念更新

中国的智慧城市建设，在不断总结自身实践经验，充分借鉴国际先进经验基础上，其发展理念也在不断更新完善，巩固并形成了一些新共识：

（1）顶层设计和愿景规划。智慧城市不是一般意义上的信息化、智能化应用，而是通过人与物的关联，培育城市的智慧基因，形成具有自觉行为意识、创新能力的全新城市形态。塑造一个有完整性格的城市，必须是城市的最高决策，既整合一切行政资源，全市一盘棋，战略推进，同时带动一切社会和市场力量共同发展。智慧城市在规划上要坚持愿景先行，既要体现智慧城市基本的发展规律，又要把握阶段性特征，明确具体发展目标。

（2）系统工程和重点突破。智慧城市建设是一项系统工程，以互联互通为基础，考虑不同发展阶段、不同区域、不同特质城市建设需求，采用顶层设计、自上而下的方法，制定符合城市发展特点的智慧城市指标体系，以及可操作性、可扩展性、具有行业和区域针对性的总体方案。

（3）民用为先，夯实基础。着力推进信息、交通、电网、应急反应等在内的城市基础设施建设，加强物联网、互联网、广电网、电信网融合和接入程度，提升"四网"的规模、容量、技术层次和服务水平，逐步形成覆盖全市的智慧基础设施网络。率先在智慧医疗、智慧教育、智慧交通、智慧城管、智慧社保、智慧生态等民众最关心、最直接、最现实利益问题上实现智慧应用，使市民分享智慧化成果。

（4）企业主导，创新驱动。确立企业在智慧城市建设运维过程中的主导地位，积极鼓励和推动民营企业参与智慧城市建设，加强与跨国企业的交流合作，引进吸收先进技术和相关解决方案。加快智慧型企业集聚效应，优化功能布局，形成智慧产业群。坚持"创新驱动"，培育一批具有自主知识产权和国际核心竞争力的本土企业，加快相关产业关键技术公关，突破一批核心技术，掌握一批知识产权，重点推进软件、物联网、云计算、新一代通信技术与设备、智能电网关键技术与设备、智能交通关键技术与产品等智慧城市核心技术研发。

（5）民间投资，吸纳民智。转变智慧城市建设单纯依靠政府投资的观念，进一步优化投资环境，放宽资本准入，引导民间资本、社会资本和外资广泛参与；完善风险投资机制，鼓励股权投资基金和风险投资资金加大投资力度。打造智慧城市人才高地，广罗人才；加强智慧城市知识推广和应用培训，推动智慧城市普及化和大众化。

2. 技术创新

智慧城市，是新一代信息技术的应用和系统创新，除了传统意义上的云计算、互联网技术，还有许多技术创新点，主要包括：

城市光网（MONET）。实现城市光网全覆盖，提供光纤到楼层、到场馆的百兆/千兆上联能力，使得高速上网、高清电视、视频会议、视频监控等可延伸到城市各个角落。

Wi-Fi热点。Wi-Fi是一种可以将个人电脑、手持设备（如Pad、手机）等终端以无线方式互相连接的技术。常见的就是一个无线路由器，在这个无线路由器的电波覆盖的有效范围都可以采用Wi-Fi连接方式进行联网，如果无线路由器连接了一条ADSL线路或者别的上网线路，则又被称为"热点"。

3G。第三代移动通信技术（3rd-generation，3G），是指支持高速数据传输的蜂窝移动通信技术。3G服务能够同时传送声音及数据信息，速率一般在几百kbps以上。目前3G存在四种标准：CDMA2000、WCDMA、TD-SCDMA、WiMAX。

4G。4G是第四代移动通信及其技术的简称，是融3G与WLAN（无线局域网）为一体并能够传输高质量视频图像以及图像传输质量与高清晰度电视不相上下的技术产品。4G通信是一个比3G通信更完美的新无线世界，它可创造出许多消费者难以想象的应用。

TD-LTE技术。是TD-SCDMA系的后续演进型技术，是由中国主导并具有自主知识产权的准4G技术。TD-LTE-Advanced已成功入围国际电信联盟的4G候选标准。与TD-SCDMA 3G标准相比，TD-LTE更接近于国际同类先进技术，国际空间更为广阔。

RFID技术。RFID是Radio Frequency Identification的缩写，即射频识别，又

称电子标签，是一项利用射频信号通过空间耦合（交变磁场或电磁场）实现无接触信息传递并通过所传递的信息达到识别目的的技术。

FTTO/LAN。FTTO/LAN 是利用光纤到办公室（Fiber to the Office）+ 局域网（Local Area Network）的宽带接入方式，实现"百兆进户、千兆进楼、T 级出口"宽带接入方式。

NGB。NGB 即中国下一代广播电视网，是以有线电视数字化和移动多媒体广播（CMMB）的成果为基础，以自主创新的"高性能宽带信息网"核心技术为支撑，构建的适合我国国情的、三网融合的、有线无线相结合的、全程全网的下一代广播电视网络。

三网融合。三网融合是指电信网、广播电视网、互联网在向宽带通信网、数字电视网、下一代互联网演进过程中，其技术功能趋于一致，业务范围趋于相同，网络互联互通、资源共享，能为用户提供语音、数据和广播电视等多种服务。2010 年 7 月，国家确定北京、上海、大连等 12 个首批试点城市地区，三网融合进入实质性推进阶段。

三屏融合。三屏融合，就是指电视、电脑、手机三块屏幕融合为一。由于"三屏"分别对应着有线电视网、宽带网和电信网，因此三网融合后，必然带来终端设备的三屏合一。用户在不远的将来，可以通过一个终端屏幕将电视、电脑和手机的功能融合为一，既可以观看电视节目，也可以登录互联网，还可以进行可视通话。

智能电网。智能电网是以高速双向通信网络为基础，通过先进的传感和测量技术、先进的设备技术、先进的控制方法以及先进的决策支持系统技术应用，实现电网可靠、安全、经济、高效、环境友好和使用安全的目标，提供满足用户需求的电能质量、容许各种不同发电形式的接入、启动电力市场以及资产的优化高效运行。智能电网还包括可以优先使用清洁能源的智能调度系统、可以动态定价的智能计量系统以及通过调整发电、用电设备功率优化负荷平衡的智能技术系统。智能电网主要有六个特征：自愈性、激励用户、抵御攻击、按需提供电能质量、减轻电能质量事件、万能接入。

3. 形式预想

未来的智慧城市，是一个信息可以高度集成的城市，又是一个信息高速流动的城市，能最大限度满足每个人的生活和工作需要，实现城市治理的高效、便捷、可持续。按照国内有关城市的设计，智慧城市将形成如下基本构架：

（1）基础层：基础设施体系建设，包括城市光网的普及；3G 和 Wi-Fi 的一体化，实现所有公共区域的热点全覆盖；三网融合，等等。

（2）应用层：一个网络运行环境。全市统筹规划，在统一网络应用标准和规范的基础上，确定并完善各自的安全等级，实现跨系统、跨部门等数据交换。

一个城市管理数据资源中心。以标准和规范为前提，按照统一规划、协同建设、系统开放的原则,汇聚融合多专业、多类型基础信息数据内容,为多目标、综合性应用提供基础数据,形成跨行业、跨部门信息共享交换的核心载体。

多个应用系统:

——智慧政务系统。构建开放、协同的"云政务"体系,实现行政事务的高度互动参与,实现政府管理与服务从"一个政府、多个部门"向"多个部门、一个政府"模式转变。建设无线政务应用服务平台,开发移动办公系统,实现无线办公。

——智慧城管系统。实现城市管理网格化和精细化,全面、实时、准确获取城市运行相关信息,实现"平面管理"向"立体管理"的转变。

——智慧交通系统,构建"数据采集+综合调度管理+市民感知"的立体互动公共交通管理系统。

——智慧生态系统。形成多层多元的环境感知和生态保护网络。建设迅速感知、智能处理、综合管理一体化新型智能环保系统,加强对大气、水源、废弃物、绿地、地质等的实施监测;构建安全、节约的智能给排水管理体系。

——智慧平安系统。完善城市数字视频监控系统,实现新一代信息技术在公共安全、城市应急联动、食品药品安全、安全生产、消防管理等领域的应用。

——智慧健康系统。建立新型卫生管理和医疗服务模式,推进以居民健康档案、电子病历、实时医疗影像等信息整合和共享,建立融健康远程教育、医疗在线咨询、医疗健康信息分享、网上互动社区为一体的医疗健康服务平台。

——智慧人保系统。实现人力资源、社会保障、民政救助等信息资源共享,加快信息系统向社区、农村全覆盖。

——智慧金融系统。建设公共金融数据中心,支持国家金融业统一征信平台建设,积极发展网络支付三方支付平台。

——智慧商贸系统。建设智能商务服务中心,开发电子通关、海关电子监管、电子支付、物流信息、企业管理服务集成应用平台。

——智慧教育系统。建立智慧型终身教育体系,推进"数字校园"建设。

——智慧文化系统。实现文化产品数字化、网络化,建设网上图书馆。

(3)产业层

实现智慧产业化和产业智慧化的统一。重点产业包括:电子信息制造业,如集成电路、光电子、网络和通信设备制造业等。软件信息服务业,如"数字保税"系统推动大型金融机构和服务贸易总部的集聚;"电子商务"强化支付、物流、信用、安全认证等支撑体系。综合服务业,如云计算、云管理、云存储、云中间件以及云安全相关产业;移动智能终端、移动电子商务和移动支付、三屏融合产业等。

(4)保障层

制度保障:形成顶层组织领导架构,设计科学的绩效考核机制,多种形式保障资金投入,条块多元合作机制。

信息安全保障：建立科学的信息安全保障功能架构，变"被动防御"为"主动保障"。完善强化电子政务安全标准体系建设，研究和制定信息安全分级测评制度、信用管理、安全认证、信息资源管理等安全规范。完善安全监管平台，推进网络安全监管的全区覆盖，实现高度自动化与智能化的运维调度功能。全面推进数字认证系统应用，拓展认证手段、认证对象，构建统一的安全认证平台，健全认证机制，实现政务应用全覆盖。建设信息安全综合保障体系，建设面向社会的信息安全公共服务平台，积极引进大中型信息安全咨询、评测和技术服务企业，支持信息安全产品研发与应用，促进信息安全产业化、规模化发展，全面提升新区信息安全公共服务、技术防范、安全监测、应急处置能力。

城市管理信息化的基础是以人为本

一、科学发展观的核心是以人为本

党的十七大指出,科学发展观是对党的三代中央领导集体关于发展的重要思想的继承和发展,是马克思主义关于发展的世界观和方法论的集中体现,是同马克思列宁主义、毛泽东思想、邓小平理论和"三个代表"重要思想既一脉相承又与时俱进的科学理论。科学发展观,是立足社会主义初级阶段基本国情,总结我国发展实践,借鉴国外发展经验,适应新的发展要求提出来的。

科学发展观的核心是以人为本。对此我们必须有深刻的理解:

1. 以人为本借鉴了国际社会关于"人类发展"的最新理念

进入20世纪90年代以来,国际社会关于发展的理解,也有了新的飞跃。联合国提出的"人类发展"(Human development)的概念,正为人们普遍接受。"人类发展",即倡导"人民是各国的真正财富。发展的目的是实现民众所珍视的生活进而扩大他们的选择"。每个人都可以通过自身能动性的实现,增进自身的幸福、自由、尊严、安全、公正、参与。人类发展,"坚决将民众置于发展的中心位置"。(《科学发展观党员干部学习读本》,中央文献出版社2008年3月)

2. 人民当家做主是社会主义民主政治的本质和核心

我们党领导人民推翻剥削阶级统治、建立人民政权,就是要组织和支持人民当家做主,实现最广大人民的意志和利益。

社会主义国家一切权力属于人民，一切为了人民、一切依靠人民是社会主义政治和法律制度的根本特征。

3. 全心全意为人民服务是党的根本宗旨

党的十七大报告指出，"党的一切奋斗和工作都是为了造福人民"，要"尊重人民主体地位，发挥人民首创精神"，要"促进人的全面发展，做到发展为了人民、发展依靠人民、发展成果由人民共享"。

4. 以人为本需要法制保障

依法治国是党领导人民治理国家的基本方略。"民主是法制的前提和基础，法制是民主的体现和保障。"建设社会主义法治国家，"归根到底也是为了实现社会主义民主政治制度化、规范化、程序化，为人民当家做主提供政治和法律制度保障"。

二、从城市"管理"到城市"治理"，凸显以人为本世界潮流

1. 从"统治"到"治理"，追求"善治"的政府

20世纪90年代以来，不论在政治学领域，还是在具体的政治行为中，"治理"（governance）的观念被更多地运用，以有别于传统的"统治"（government）。按照著名学者俞可平的理解，所谓"治理"，就是指"公共权威为实现公共利益而进行的管理活动和管理过程"。与"统治"比较，"统治"的主体是政府权力机关，着眼点是自身；而"治理"的主体可以是政府组织，也可以是非政府的其他组织，或政府与民间的联合组织，强调政治行为的技术性，更好的公共服务和公民支持，以达到"善治"的目的。（俞可平：《中国治理变迁30年》，《新华文摘》2008年第18期）

俞可平指出，"中国的政治改革在很大程度上就是一种治理改革"。改革开放以来，中国政府通过以行政管理体制为核心内容的政府治理改革，勾勒了一条清晰的路线图：从一元治理到多元治理，从集权到分权，从人治到法治，从管制政府到服务政府，从党内民主到社会民主，成果斐然，为经济体制改革提供了坚实的政治基础。（俞可平：《中国治理变迁30年》，《新华文摘》2008年第18期）

2. 城市，从"管理"到"治理"的嬗变

"治理"的观念也广泛应用于城市特别是大都市管理中。各国城市政府在行政管理体制方面努力推进"积极公民"（Active Citizen）和"它是我的城市"（It's my city）等举措，力求公众和非政府组织发挥更大的效力来支持政府的管理。过分依赖行政管制的城市"管理"逐渐转向多方共治的城市"治理"。"大都市区的治理实际上是一个政府权力变化的政治过程，是一个集权与分权、公

众参与管理、市场化等政府体制和机制运作的变化过程,其目的是追求最佳的城市—区域管理和控制。"(黄鹂:《国外大都市区治理模式》,东南大学出版社2003年1月)

3. 分权、综合执法、社会化和信息化:上海城市治理 30 年主线

上海在 30 年改革开放实践中,适应国际化大都市管理的要求,与时俱进,在城市管理体制方面进行了大胆的改革探索,实际上是实践了"治理"的诸多内涵。就其主线,则大体概括为:"组织体系构架逐步由集权到分权;执法体系构架逐步由分散到集中;管理运行模式逐步由政府包揽到社会化运作;管理手段逐步由传统方法为主到利用信息化手段创新。"(《上海城市管理体制改革专题研究报告》,上海城市发展信息研究中心 2008 年)由此可以看出,上海在改善城市管理方面,更多认识到了社会化力量的作用,更加重视调动基层群众的积极性。

三、信息化,助推上海城市管理量变到质变

1. 信息化推动城市管理取得积极成效

上海作为特大型城市,城市管理工作纷繁复杂。长期以来,上海城市管理的突出问题表现为:一是职责不清,管理部门上下级之间、同级不同部门之间管理边界模糊;二是信息不畅,城市管理问题复杂多变,难以掌握全面及时的信息,影响判断;三是预见不够,很难预见到问题或者第一时间发现问题;四是社会化不足,调动广大社会组织和市民的积极性不够;五是效率低下,办事手段落后。为此,上海进行了积极的改革探索。尤其是 20 世纪 90 年代以来,积极运用信息技术,推动城市管理信息化,对城市管理中的顽症,进行认真清理,取得了极大的成绩。

首先,政府网站建设增强了城市管理行为的透明度,为广大市民反映自身诉求、参与和监督城市管理提供了便捷的平台。其次,城建服务热线通过整合不同行业、部门热线资源,加强督查,形成了为民办事、为民解忧的整体合力和综合优势,为市民参与城市管理拓宽了渠道。最后,通过万米单元网格化管理的建立,实现了对城市管理对象的精细掌握与主动监控;同时建立"闭合"的管理流程,实现了管理对象数字化、管理流程数字化、管理评价数字化,形成了自我发现、主动解决的长效管理模式,使上海的城市管理迈向精细化。(《上海城市管理体制改革专题研究报告》,上海城市发展信息研究中心 2008 年)

2. 信息化不代表也不能必然带来城市管理从量变到质变

信息化,使上海的城市管理呈现新气象,让人精神一振。但信息化能否为上海的城市管理带来质的飞跃呢?我们认为不能,信息化再先进,也很难超越其作为一种"手段"的本质。信息化背后,起决定作用的是人,是人的意愿和主动

性。信息化的流程再造，不可能必然改变人为的体制机制模式，它最多是呈现一种状态，让人们意识到体制机制改革的必要性和合理模式。而且，到一定程度，人为的体制机制，将决定信息化是一种奢侈的装饰，还是一种强大的改革武器。

比如政府网站，信息公开的程度掌握在政府有关部门手里，有些部门可以根据自身利害决定上网信息取舍，甚至可以借"涉及国家机密或安全"等理由不公布给自己工作带来不便或不利的信息。城建热线的接收和处理，也掌握在有关部门手里，外界很难有一个成效的评估。网格化管理建立了一个"闭合"流程，采取的是内部监督模式，对社会的开放度不高，监督和指挥中心名义上是互相监督的关系，但往往挂靠同一单位，起码到最后归一级领导负责，类似兄弟，其互相牵制，将大打折扣，一方面"兄弟"间不可能"相残"，另一方面上面的"父母"也不会希望子女间撕破脸皮。网格化虽然可以及时发现问题，但到了具体解决问题时，仍然面临传统体制困境，比如机构功能交叉，不知道找哪家，具体实践中往往是，影响太坏得上诉到高级行政层面（区长甚至市领导层面），行政强制执行，但一些"小"的问题只好高高挂起，还有的区为了避免难看，干脆私下"少发现问题"，少报问题，网格化的意义，由此大打折扣了。

信息化，是解决城市管理顽症的优良武器，但对城市管理的体制机制，提出了新要求。如果有关行政管理部门，因为体制机制问题，在意识上没有主动起来，甚至担心信息化影响自身利益，采取消极态度，信息化难免不成为奢侈的装饰品。

四、立足以人为本，继续推进城市管理信息化

城市管理水平高低，事关一座城市的核心竞争力。上海要建成"四个中心"，实现自己国际化大都市的伟大目标，必须努力提高自身的城市管理水平。为此，必须深入贯彻落实科学发展观，用先进的思想武器指导自身的工作，锐意创新。

以人为本，是科学发展观的核心，是我们搞好城市管理的核心指导思想。依靠人民，发挥人民的创造精神，调动广大人民的积极性，广泛深入地接受人民的监督，最大限度服务人民，是我们搞好城市管理工作的出发点和落脚点。上海在新中国成立后相当长时间里，在行政管理能力有限的情况下，充分调动广大市民积极性，共同维护社会治安，戴红袖章，摇着铃铛走在弄堂里的老阿姨，给上海带来了一片宁静的天空。今天，信息技术的大力推广，为我们搞好城市管理工作，提供了强大的技术支撑，以人为本，继续推进上海的城市管理信息化，必将开创上海城市管理的新局面。为此建议：

1. 行政管理资源的有效整合，进而带动行政管理信息资源的有效整合

贯彻党中央国务院大部制改革精神，配合上海市新一轮政府机构改革，大力整合有关组织机构，分级分类明确有关部门管理职能。在此基础上，将相对分散

的信息资源进行整合。比如整合建设交通系统各局办信息，共同做好"建设交通网"。比如实现建设交通系统热线真正意义上的整合。

2. 行政管理监督权的上移和执行权的下放，进而形成科学的管理效能评估监督体系

建议将城市管理监督权统一到市级层面，把具体的处理权进一步下放到区县和街道（镇）。比如可以充分利用网格化管理系统，强化市级平台的整合和监督功能，并通过市级平台信息，建立各区县执行情况的评估制度；各区县网格办进一步突出执行功能。

3. 自我加压，探索体制外人民和社会参与途径，进而为信息化作用的实现提供坚实的制度基础

首先，尊重人民的知情权，不折不扣地落实信息公开；其次，建立民意反馈制度，对人民的申诉和建议要认真处理，及时反馈；再次，鼓励媒体和社会监督，委托独立媒体或者社会组织进行满意度测评或者民意测评；最后，简政放权，进一步发挥人民和社会组织的管理作用。

结语

一座城市的精细管理，最终是由人民（包括有关行政管理人员）能动性的充分发挥来实现的。为此，制度的设计至关重要，人民积极参与，行政部门恪尽职守，城市管理必将良性发展。如果再配合一些先进的技术手段，更将锦上添花，更上层楼。

04
垃圾治理

上海生活垃圾管理进入精细化治理时代

《城投研究》：本次《上海市生活垃圾管理条例》新的亮点有哪些？

乔延军：2019年1月31日《上海市生活垃圾管理条例》（以下简称《条例》）在市十五届人大二次会议上获得高票通过，是上海生活垃圾管理上的一件大事，上海的生活垃圾管理终于有了自己的地方性法规（之前只有政府规章和规范性文件，层级明显不够）。通过地方立法加强生活垃圾综合治理，作为破解特大城市垃圾管理难题的根本途径，在法治化的道路上，迈出了新的步伐。

《条例》在指导思想、管理理念、推进路径方面，都有诸多"亮点"：

一是在指导思想上体现了更高的站位。之前的政府规章，目的是"维护城市市容环境整洁，保障市民身体健康"（2008年）；是"改善人居环境"（2014年）。本条例则是立足全面贯彻落实习近平新时代中国特色社会主义思想，特别是生态文明思想，把垃圾治理提升到了"维护生态安全，保障经济社会可持续发展"的新高度。标志着上海的垃圾管理，进入了综合治理和精细化治理的新历史阶段。

二是在管理理念上体现了系统化和精细化。本条例充分总结垃圾管理历史经验教训，提出了"全生命周期管理、全过程综合治理、全社会普遍参与"的精细化管理新理念。把垃圾治理看成一项系统工程，着力强化"分类投放、分类收集、分类运输、分类处置"的全程分类体系建设，系统推进生活垃圾"减量化、资源化、无害化"，构建以法治为基础的生活垃圾管理体系。

三是在推进路径上，做到了分类明确、责任清晰、系统完善、保障有力。

——分类标准明确。固化沿用2011年以来确定的可回收物、有害垃圾、湿垃圾、干垃圾的"四分法"，同时做了适度优化。注明湿垃圾即易腐垃圾，干垃圾即可回收物、有害垃圾、湿垃圾以外的垃圾；对可回收物、有害垃圾、湿垃圾的常见种类，化繁就简进行列举，便于识记；规定本市可以根据经济社会发展水平、生活垃圾特性和处置利用需要等对分类标准予以细化调整。

——治理责任清晰。明细政府管理职责，依托两级政府、三级管理的管理体制，确立了条块结合、以块为主的管理模式。规范各类责任主体分类投放行为，强调产生生活垃圾的单位和个人是分类投放的责任主体，确立分类投放管理责任人制度，区分单位、居住区、公共场所的不同情况确定相应的管理责任人，并明确其权利义务。广泛发动群众，建立"方便大家分、引导大家分"的垃圾分类机制，激发群众对垃圾分类的参与热情。

——强化分类收集、运输、处置监管。明确生活垃圾的分类收运方式，对可回收物、有害垃圾实行定期或者预约收集、运输，湿垃圾实行每日定时收集、运输，对干垃圾实行定期收集、运输。严格规范收运和转运行为，明确收运单位必须使用专用车辆和船舶实行密闭运输，不得混装混运。建立"不分类、不收运，不分类、不处置"的监督机制，保障全程分类效果的实现。

——积极促进源头减量。确立"源头减量优先、从消费领域突破"的思路。针对特定领域的垃圾源头减量提出了强制性要求，积极推进产品包装物、快递包装物减量工作，促进快递包装物的减量化和循环使用；规定农贸市场、标准化菜场应当按照要求配置湿垃圾就地处理设施；推动绿色办公、绿色消费，党政机关、旅馆、餐饮场所减少一次性用品使用。

——明细法律责任。将生活垃圾分类推进模式逐步由试点阶段的激励性为主向强制性为主转变，作为提升生活垃圾分类实效的突破口。坚持"硬约束、软引导"相结合，着重加强了"硬约束"制度，体现"环环相扣、相互监督"。对于违反源头减量、分类投放、分类收集、分类驳运、分类运输（转运）、分类处置规定的行为，按照违法行为的事实、性质、情节以及社会危害程度等因素，对处罚的种类和幅度做出了系统性规定。

《城投研究》：2019年上海的生活垃圾分类工作如何开展？在已经开展新的垃圾分类工作的社区里，运行的情况怎么样？存在哪些问题？

乔延军：

一、召开万人动员大会。上海市委市政府高度重视上海垃圾分类推进工作。2019年2月20日，举行了上海市生活垃圾分类工作动员大会。会议在全市各区及各街镇设分会场，以视频形式直接面向街镇居村，各层各级万余人参加会议，规模可以说史无前例。市委书记李强在会上强调，垃圾分类事关群众生活环境改善，事关绿色可持续发展大局，要凝聚全社会共同推进的强大合力，打赢打好生活垃圾分类的攻坚战、持久战。

二、明确三大目标。按照市委、市政府"三年计划两年完成"的要求,2019年生活垃圾分类工作明确三大目标:一是生活垃圾分类全面覆盖格局基本成形。全市实现居住区、单位、公共场所生活垃圾分类全覆盖,70%以上居住区实现垃圾分类实效达标。二是生活垃圾全程分类体系基本建成。建成"两网融合"服务点8000个、中转站170座。全市干垃圾日均控制量不高于21000吨,湿垃圾分类量日均高于5520吨,可回收物回收量日均高于3300吨。三是《条例》贯彻实施社会氛围基本形成。举办以垃圾分类及《条例》普法为主题的"十、百、千、万"系列活动,即成立10支志愿者队伍,举办100场宣传活动,覆盖约5800个居(村)委,发放800多万份宣传海报和资料,基本形成人人知晓、普遍参与的社会氛围。

三、多方强力推进。

——法规宣贯及宣传动员。市区联动、行业协同,全面开展《条例》分类分级宣贯和培训工作。市绿化市容、城管执法系统成立了《条例》宣讲团,团市委、市妇联组建《条例》及分类知识宣讲志愿者队伍;长宁、杨浦、黄浦、徐汇、虹口、普陀、闵行、奉贤、青浦、松江等区成立宣讲团;新江湾城等20余个街镇成立社区宣讲团,全市宣讲师达到1200余名。市委办公厅、市建交工作党委、市委党校、市城管执法局等党政机关举办《条例》培训。通过电视、广播、报纸、门户网站、微信公众号、行业杂志等多种形式全方位解读《条例》;邀请市人大法制委专家接受专访;配合市法制研究所翻译形成《条例》英文版;组织起草形成了《条例释义(初稿)》。宣贯培训形式灵活多样。集中培训、送教上门、网络直播、视频教学相结合,形成了在线学习模式。截至5月14日,举办集中培训3600余场,培训30万余人次;市党员干部现代远教平台"垃圾条例及分类知识"网课播放数达到1.5万次。

——科普活动和入户宣传。市委宣传部加强统筹指导,全市各主要媒体滚动播放垃圾分类的公益宣传片及公益广告,电视、广播、报纸等主要媒体积极开展垃圾分类宣传,一季度正面宣传报道1100余篇(次);《新闻透视》《市民与社会》《法眼看天下》等栏目播出专题节目;垃圾分类查询功能入驻"上海发布"微信公众号;市委组织部(党建中心)、市住建委、市民政局、市教委、市房管局、市府新闻办、市机管局、团市委、市文明办和市绿化市容局等市级机构,分别或联合开展各类大型社会宣传动员活动20场,现场参与人次约5000人,辐射人数50余万人。全市已开展入户宣传500余万次,发放宣传资料682万次;开展宣传活动8800余场。

——法规配套文件纷纷出台。为贯彻落实《条例》,市政府年初发布的《实施意见》要求各部门于6月底前制定完成18项配套性制度文件。目前,《生活垃圾分类收集容器配置规范》《分类目录及投放要求》《生活垃圾设施专项规划》《可回收物回收体系规划实施方案》《可回收物目录》《收集设施配置标准》《宾馆不主动提供一次性用品目录》《社会监督员制度》8项文件已向社会公布;《单位生活垃圾处理费征收管理办法》《生活垃圾总量控制制度》《不符合分类标准生活垃圾拒收操作规程》《公共机构限制使用一次性用品目录》《餐饮服务业不主动提供一次性餐具目录》《菜场湿垃圾就地处理设施配置标准》6项配套文件已完成意见征求和报批工作，进入文件审签程序；《大件垃圾管理办法》《快递业绿色包装标准》两项配套文件正在征求意见；《湿垃圾资源化产品用于农业标准》《循环经济扶持政策》两项配套文件尚在起草阶段。

——全程体系建设不断进展。一是全市居住区分类投放点改造完成约1.03万个，其中静安、长宁、杨浦、松江、崇明、奉贤6个区已全面完成改造任务。全市垃圾60%投放点完成容器、标志、收运体系规范配套。同时更新完善全市道路废物箱标志4万余只，并正在加贴贯彻《条例》的相关宣传标语，加强街头垃圾分类氛围营造。二是分类收运中转体系不断完善，截至4月底，全市配置及涂装湿垃圾车799辆、干垃圾车3049辆、有害垃圾车31辆以及可回收物回收车24辆。全面完成41座中转站分类改造，市集运码头配置50只湿垃圾专用集装箱。三是可回收物"点站场"体系逐步建立。截至4月底，已建成可回收物服务点4091个、中转站109个、集散场6个，实现可回收物分类量2580吨/日（全年平均指标量3299吨/日），比去年12月1353吨/日多出1200多吨/日。在可回收物服务点建设方面，长宁、崇明、松江3个区已提前完成三年行动计划；黄浦、静安、虹口、金山、青浦几个区进展相对缓慢，其余各区推进进度与三年行动计划预期进度相适应。

——末端设施建设全面提速。

全市末端分类处理设施建设全面提速，处理能力有效增长。目前全市已建成生活垃圾处理设施18座，其中焚烧厂9座（13300吨/日），填埋场5座（15350吨/日），大型湿垃圾处理设施4座（1030吨/日）。另有中小型就地就近湿垃圾处理能力3863吨/日。

截至2019年4月底，16座生活垃圾处理设施中已有11座实现开工目标。湿垃圾项目6座已开工，分别是闵行二期（400吨/日）、浦东二期（700吨/日）、松江（500吨/日）、嘉定（500吨/日）、老港（1000吨/日）、金山项目（250吨/日）。其中闵行项目正在设备安装调试，计划2019年6月底投产试运行；松江项目已完成场地平整与总平布置，一体化厂房桩基基本完成，土方开挖完成70%，计划今年底建成投产；老港项目桩基部分基本完成，计划明年二季度建成投产；金山项目3月底开工；浦东和嘉定项目施工进度有所滞后，正在按目标全力推进。焚烧/填埋项目5个已开工，老港再生能源利用中心二期工程（6000吨/日）、老港综合填埋场二期（5000吨/日，飞灰280吨/日）、上海天马二期（1500吨/日，松江、青浦合建）、崇明二期（500吨/日）、金山二期（200吨/日+500吨/日）。其中老港综合填埋场二期已于2019年3月全部建成；老港能源中心二期项目总进度完成约95%，主要工艺设备安装基本完成，焚烧炉完成烘煮炉工作，调试工况良好，将于2019年6月投产试运行；上海天马、崇明焚烧项目尚处于单体施工状态；金山项目先行启动一期扩能改建，计划2019年9月完成。

此外，尚有湿垃圾宝山项目（500吨/日）、普陀项目（800吨/日）两个仍未明确选址及后续推进方案，有待推进。3个待开工生活垃圾焚烧设施中，奉贤二期（1000吨/日）、浦东海滨（3000吨/日）已进入环评公示阶段，但进度已滞后原计划，已督促两区加快后续工作推进力度，力争按照2019年6月开工建设目标推进。宝山项目（3000吨/日）后续建设方案尚未最终明确，实际进展难以满足6月开工目标，已督促宝山区会同城投集团于本月完成最终决策，加快后续规划、立项等工作推进。

——全过程信息化监管。依托城投公司，基本建成从分类运输、分类中转至末端处置的全程信息化监管平台，正在结合平安社区建设，逐步向居住区延伸，目前在市经信委支持下，正在虹口区开展源头分类投放智能化监管手段的试点工作，力争将分类投放、分类收集环节也纳入该信息化系统，使其具备对垃圾分类全程各环节（分类投放、收集、运输、中转、处置）分类质量的监管以及责任追溯的功能。通过信息化平台的建设和应用，有效实现各个环节双向监督，提升全程分类质量。落实双向监督机制，在投放、收集、运输环节逐步推行"定时定点"投放和"不分类，不收运"的双向监督机制；在中转、处置环节着手建立混运退回及处置加收等监督机制。

——各部门合力明显增强。市政府各部门都积极行动，推进垃圾分类工作，部门合力明显增强。市教委组织开展中小学"新学期第一课——垃圾分类是新时尚"主题活动；市机管局开展党政机关生活垃圾分类工作月度巡检；市城管执法局将垃圾分类作为重点执法内容，执法范围逐步从单位向居住区覆盖；市民政局举办"社区分类治理助推垃圾分类新时尚"研讨会；市卫生健康委、市国资委推进医院、大型国有企业垃圾分类工作。群团组织也纷纷发力，团市委发布了共青团助力生活垃圾分类五大行动计划。市妇联组建志愿者队伍开展宣讲活动。同时执法保障力度空前。4月，全市城管执法部门开展生活垃圾分类专项整治行动，共出动执法人员1.05万人次，开展执法检查3438次，针对分类投放环节，共检查各类单位6227家次，其中检查居住区物业服务企业2601家次，检查党政机关、国企、事业单位927家次，检查商业楼宇、大型商场423家次，共教育劝阻相对人3446次，督促整改1871起，依法查处生活垃圾分类案件262起，罚款13.32万元，浦东、徐汇、虹口、杨浦、闵行、松江等区办案数量位居全市前列。

——分类实效逐步显现。一是湿垃圾、可回收物分出量明显增长。截至目前，湿垃圾分类量5659吨/日，比去年12月4550吨/日多出1100多吨/日。可回收物分类量2580吨/日（全年平均指标量3299吨/日），比去年12月1353吨/日多出1200多吨/日。1—4月，全市干垃圾量控制在20693吨/日，比计划量（20986吨/日）低1.4%。长宁、杨浦、奉贤、静安、嘉定、黄浦等区减量明显。总体来看，崇明、长宁、虹口、嘉定、徐汇、杨浦、静安等区源头分类实效提升明显，奉贤、松江、青浦、浦东、闵行、黄浦、宝山等区正在按计划推进，普陀、金山区分类实效有待提升。

四、暴露出的一些问题。

一是推进力度不平衡。总体来看，16个区委、区政府都高度重视垃圾分类工作，基本都由区委、区政府主要领导召开了全区动员大会。但在具体工作推进上还不够平衡，特别是部分区、街镇对基层、村居发动不够，存在"上头热、中间温、下头冷"的现象。

二是分类实效尚待提高。居民区实行定时定点后，群众感受度较大，但存在覆盖范围有限、部分人群不适应等情况，分类质量实效还不明显。如湿垃圾投放问题，设计过于"精细"，需要破袋等，不方便，尤其对上班族，许多小区花钱雇人操作。再如小区垃圾撤桶问题。没有经过业主充分讨论，存在急于求成现象，产生负面影响。单位普遍靠专业物业保洁保障，工作人员对垃圾分类的参与感不强。一季度，市区两级绿化市容局、机管局、卫健委、教委、国资委、城管局等部门抽查了近500家单位，结果显示，大多数单位都重视了，但仍有部分单位存在不少问题，特别是菜场的垃圾分类质量有60%左右未能达标。

三是硬件配置仍有短板。垃圾投放点、垃圾房、垃圾车、垃圾场等，或多或少存在不足。有的垃圾箱房环境质量还亟待改善、环卫清运车辆还存在跑冒滴漏、少数处置设施防污标准不高等。全市未改造的分类垃圾箱房还有49.3%。特别是部分湿垃圾处理设施建设，在市对区的环保督察中，暴露了明显问题，由于近两年对环保标准的严格要求，大量"一镇一站"、过渡性湿垃圾处理设施面临关闭，如嘉定环兴、宝山科林等餐厨垃圾处理厂，松江佘山、九亭小型设施等纷纷收到了搬迁整改通知，全市在运营的湿垃圾设施可能面临大幅度短缺。

《城投研究》：条例在哪些方面还有进一步细化深化的空间？

乔延军：条例中一些内容，依然有进一步细化深化的空间。特别是围绕条例的实施，进一步制定完善相关配套文件，尤其是可操作性的标准规范。主要包括：

一、在指导思想上，在强调"环境友好型"社会的同时，进一步强调建设"资源节约型"社会的重要意义，在生活垃圾精细化治理中，进一步推动循环经济发展，进一步为循环经济相关产业发展提供更好的法制环境。

二、在主体责任上，在遵循"政府推动"基础上，进一步发挥市场对垃圾综合治理的"主体作用"（发挥市场在资源配置中的决定性作用）。如学习借鉴浙江杭州的"虎哥模式"，由市场主体推进垃圾分类投放，做到"需要什么分什么，需要多少分多少"的精准分类投放，减少无效劳动。同时，政府做好监管，进一步加强托底保障。如加快制定"低价值可回收物回收扶持政策"；加快推进"互联网+回收"、智能回收等新方式，培育新型的资源化回收利用市场主体。

三、在城乡统筹方面，处理好统一和差别化的关系。一方面，在总体规划和财政投入方面，实现城乡并轨；另一方面，最终城乡不同的地理和建设条件，精准分类施策，比如设施的规模、垃圾的分类回收和处置方式等。

四、在"新垃圾"处理方面，尽快明确科学合理的收集、清运和处置利用路径。《条例》"附则"中提到的废旧家具、废弃电器电子产品以及不断大量"混入"的拆房废弃物、装修废弃物，甚至部分工业固体废物、危险废物等。纳入生活垃圾处置体系，还是与其他专业体系协同，都需要进一步明确主体责任、处理流程、设施保障等。

《城投研究》：对于城投集团特别是环境院来说，从垃圾处置的技术或机制上有什么建议，还有哪些工作可以开展？

乔延军：城投集团是上海生活垃圾运输和处置的主力军，位置无可替代。同时，作为功能性国企，还承担重要的社会使命，在垃圾治理模式创新、产业培育、文化营造、技术突破等方面，责无旁贷。城投环境院是城投集团的重要技术创新主体，也是重要的决策研究机构。结合上海生活垃圾治理的新形势新要求，从技术和机制创新等方面，应该着力开展的研究探索可以包括：

一是进一步开展关键技术和标准深化研究。如湿垃圾就地就近处理技术、湿垃圾生产有机肥用于土壤改良技术和标准、混合垃圾分拣技术、垃圾处置设施渗沥液安全处理和土壤修复技术、垃圾焚烧厂飞灰再利用技术以及生活垃圾与农业垃圾、底泥污泥管泥、建筑垃圾等其他固体废弃物的混合处理和利用技术等。

二是进一步深化开展垃圾综合治理智慧平台系统和相关技术研究。包括垃圾治理全过程信息整合与资源共享、安全风险预警与管理联动、大数据研判、个性化与精准化管理服务等。

三是进一步细化开展垃圾收运、处置流程优化研究。如进一步提升分类收运中转能力，加快完成运输车辆配置，实现分类运输车辆全面标识规范。加快区级中转设施的改造，保障分类后干湿垃圾的分类中转需求。

四是进一步探索国有公益性企业产业化路径，优化市场化资源配置路径和模式。探索多性质主体混合经营模式。

《城投研究》：搞好生活垃圾治理，您个人还有哪些感想？

乔延军：2017年10月24日，中共上海市委、上海市人民政府发布了《关于加强本市城市管理精细化工作的实施意见》，提出了"三全四化三美丽"着力点和目标。2018年1月31日，《贯彻落实〈中共上海市委、上海市人民政府关于加强本市城市管理精细化工作的实施意见〉三年行动计划（2018—2020年）》正式发布。加强垃圾综合治理成为上海推进城市管理精细化工作的重要内容。着眼于工作的有效落实，除了上面提高的条例需要完善的内容，感觉还要强调几点：

一是进一步厘清政府、市场和社会的边界。更加强化垃圾产生者的责任，"谁产生，谁负责"。更加强调市场化的作用，提高效率和治理。更加突出政府综合监管职能，制定好市场规则，做好政策托底保障；加强宣传和教化，做好社会动员；推动法规标准建设，完善制度体系。企业要按照契约的规定，加快技术创新，提高操作效率，不折不扣做好收集运输和处置工作；社会要树立责任意识，主动担当，积极改变传统生活习惯和方式，贡献智慧力量。

二是对标国际，进一步加快技术研发和应用创新，进一步加快机制创新。对标东京、纽约、伦敦等国际化城市，加快垃圾治理和资源再生利用相关绿色技术、智慧化技术的研究和突破。形成中国特色的生活垃圾处置利用标准体系。进一步突出精准化立法，如日本有专门针对纸张的回收再利用法规，有利于精细化的分类处置和专业化产业培育。

三是主动融入长三角一体化高质量发展，研究长三角城市生活垃圾治理协同，并共同做好风险防控，特别是在设施布局、产业培育、再生产品利用、技术标准编制等方面，发挥区域优势，提升集约节约水平，减少浪费和重复建设。

四是实事求是，因地制宜，循序渐进。各区、街镇根据实际情况制订更加明细的可操作方案，做好与企业、社会和市民的充分沟通，稳妥推进，边实践、边巩固。

（本文系上海城投集团《城投研究》创刊号访谈稿）

环境共保 污染联治 市场共建
——长三角垃圾治理一体化的初步思考

一、生态环境建设是长三角一体化高质量发展的重要内容

1. 长三角一体化发展上升为国家战略

长三角地区包括上海、江苏、浙江、安徽三省一市，地域面积35.92万平方公里，是全国的3.7%；常住人口2.25亿，是全国的1/6；2018年经济总量约21万亿元，是全国的近1/4，是我国经济增长的重要引擎，在我国经济社会发展建设中具有举足轻重的影响和地位。

区 域	面积（平方公里）	地级市数量（个）	人口数量（万人）（2018）	GDP（亿元）（2018）	人均GDP（元）（2018）
上海市	6340.5	16（市辖区）	2423.78	32679.8	13.50万
江苏省	10.72万	13（省辖市）	8050.7	92595.4	11.5万
浙江省	10.55万	11（地级市）	5737	56197	98643
安徽省	14.01万	16（地级市）	6323.6	30006.8	47712
总 计	35.92万	41（市）	22535.08	211479	
全国比例	3.7%		17%（1/6）	24%（1/4）	

2018年11月5日，习近平总书记在首届中国国际进口博览会开幕式上的主旨演讲提出，支持长江三角洲区域一体化发展并上升为国家战略，着力落实新发展理念，构建现代化经济体系，推进更高起点的深化改革和更高层次的对外开放，同"一带一路"建设、京津冀协同发展、长江经济带发展、粤港澳大湾区建设相互配合，完善中国改革开放空间布局。

2019年3月5日，十三届全国人大二次会议，李克强总理向大会做政府工作报告提出，将长三角区域一体化发展上升为国家战略，编制实施发展规划纲要。长江经济带发展要坚持上中下游协同，加强生态保护修复和综合交通运输体系建设，打造高质量发展经济带。

2019年5月13日，中共中央政治局召开会议，审议了《长江三角洲区域一体化发展规划纲要》。会议强调，把长三角一体化发展上升为国家战略是党中央做出的重大决策部署。要树立"一体化"意识和"一盘棋"思想，深入推进重点领域一体化建设，强化创新驱动，建设现代化经济体系，提升产业链水平。上海、江苏、浙江、安徽要增强一体化意识，加强各领域互动合作，扎实推进长三角一体化发展。

2. "绿色美丽"是长三角一体化发展的关键目标之一

2018年6月1日，在上海举行的2018年度长三角地区主要领导座谈会审议并原则同意《长三角地区一体化发展三年行动计划（2018—2020年）》（以下简称《三年行动计划》），进一步明确了长三角一体化发展的任务书、时间表和路线图。《三年行动计划》指出，到2020年，长三角地区要基本形成世界级城市群框架，建成枢纽型、功能性、网络化的基础设施体系，基本形成创新引领的区域产业体系和协同创新体系，绿色美丽长三角建设取得重大进展，区域公共服务供给便利化程度明显提升。

2019年7月2日，上海市市长应勇在国新办发布会上介绍，由国家发改委牵头，会同国家有关部委和上海市、江苏省、浙江省、安徽省拟定的《长江三角洲区域一体化发展规划纲要》（以下简称《纲要》）已正式审议通过并印发。《纲要》明确了长三角"一极三区一高地"的战略定位，长三角通过一体化发展，使其成为全国经济发展强劲活跃的增长极，成为全国经济高质量发展的样板区，率先基本实现现代化的引领区和区域一体化发展的示范区，成为新时代改革开放的新高地。

应勇市长提出，"上海将紧紧抓住两个关键词和三个重点区域"，即围绕一体化与高质量两个关键词，重点建设长三角生态绿色一体化发展的示范区、建设上海自贸试验区的新片区、建设虹桥商务区。应勇市长特别提出，在长三角一体化背景下，上海将增强科技创新的策源能力，共建协同创新的产业体系。加强生态环境的共保联治，共筑绿色美丽长三角。强化政策协同的制度衔接，共享公共服务的普惠和便利。深化对内对外的开放联动，共促全方位开放新格局。建设统一开放的市场体系，共创国际一流的营商环境。

3. 生态环境问题是当前长三角一体化发展面临的突出短板

根据国家层面的权威评估，长三角面临"生态系统功能退化，环境质量趋于恶化"的突出矛盾。生态空间被大量蚕食，太湖、巢湖等主要湖泊富营养化问题严峻，内陆河湖水质恶化，近海水域水质下降。区域性灰霾天气日益严重。城市生活垃圾和工业固体废弃物急剧增加，土壤复合污染加剧，部分农田土壤污染严重。

小结：长三角一体化发展，"绿色美丽"的愿景和生态恶化的现实，形成了明显的矛盾冲突。改善生态环境，是绿色美丽的基础。环境保护任重道远。其中垃圾是环境污染的重要因素，是水和大气污染的重要诱因。垃圾的科学处置，是改善生态环境的重要内容和关键。在大力治水、治气的同时，垃圾治理也需要尽快纳入长三角一体化治理的议程。

二、长三角垃圾治理基本情况——以上海市为例

1. 上海垃圾治理情况

（1）种类和规模。垃圾是固体废弃物的俗称，是人类生产生活和城市代谢的产物。垃圾根据其性质、品种成分、生物特征、源头等，有多种分类方法。目前，一般按产生源头分类，大致可分为生活垃圾、建筑垃圾、工业固废、农业垃圾、市政污泥、危险废物六类。另外，在生活垃圾、建筑垃圾和工业固废中，另有一部分可进入废旧物回收渠道，形成废旧物回收类垃圾。这"6+1"大类垃圾又可细分为近40小类，处理规模从"十二五"初期的约1亿吨，逐步上升到"十二五"末（2015年）的1.8亿吨和2016年的2亿吨。

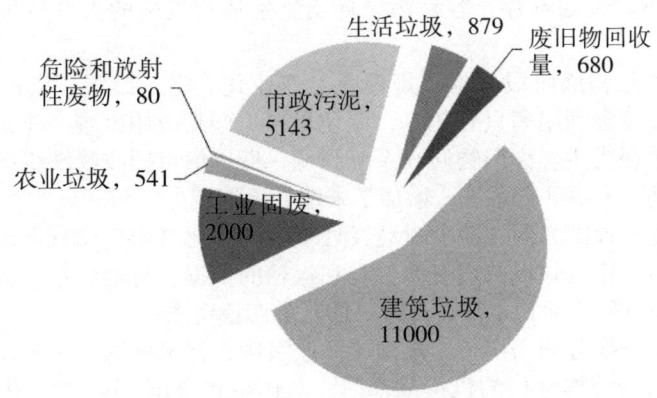

2016年本市各类垃圾处理规模（万吨）

（2）处置情况。目前，上海各类垃圾处理路径和处理体系主要有以下四种：一是在政府主导下建立较完整的收运处置体系（如生活垃圾、危险废物、市政污泥）；二是部分垃圾在政策扶持下形成资源化利用路径（如工业固废中的粉煤灰）；三是具有一定市场化特征的企业参与收运处置机制（如建筑垃圾、农业垃圾）；四是完全市场化社会运行机制（如废旧物回收）。

（3）管理情况。经过多年发展，本市在垃圾治理方面取得了以下成效：一是建立了各类垃圾的专业管理覆盖，并形成了各自的政策、法规、监管等体系，从收运到处置利用，基本实现了"监管覆盖"。二是规划建设了老港基地及一批处置设施，运行卓有成效，基本解决了"垃圾围城之困"。其中生活垃圾设施作为全市的托底保障，较为完备，渐成体系，设立了6个大型生活垃圾压缩中转站，建立了两个中转码头；建成了"一主多点"共14座末端处置设施。危险废物末端处置设施11处。另外，具备建筑垃圾转运功能的码头13座，27家污水处理厂建设了自己的污泥处理设施。

2. 存在的问题

（1）无害化技术含量低，处置设施压力大。生活垃圾处理系统的平衡已经被打破，系统风险不断积聚，一些无法及时得到处置的建筑垃圾、河道底泥、低附加值再生资源等进入生活垃圾处理系统，应急状态向常态化发展。建筑垃圾每年的产生量超过1亿吨，但至今缺少稳定的消纳处置场所。工业固废尚缺少相对稳定的无害化处置设施或场所。市政污泥随着中小河道整治力度加大，平均每年有4000万吨的产生规模，但基本以简单地堆放填埋为主。危险废物现有终端处置点11个，处理能力严重不足。另外，垃圾分拣设施和场所缺少，分类不充分，再利用困难。再生资源回收虽然规划了一些交投站和大型分拣点，但临时设施多，且正逐步减少。建筑垃圾虽然布设了拆房和装修垃圾分拣点，也都是临时性简单分拣点，长期堆存，容易污染环境。生活垃圾中的大件垃圾，缺少集中分拣。

（2）资源化初级阶段，难以规模化、产业化，举步维艰。资源化利用水平低。生活垃圾综合利用率只有25%，湿垃圾再生产品应用困难。建筑垃圾和市政污泥以简单填埋为主。废旧物回收系统脆弱，低价值可回收物缺少政策支撑，大量沦为垃圾进入末端处置系统，增加了末端处置的压力。

（3）综合处置能力弱。缺少对垃圾处理的一体化考虑，没有把末端利用的实际需求和能力，作为垃圾前端有效分类和运输的依据，打通收集、运输和处置利用各环节。没有以企业为主体，打造一体化的产业链条。

（4）管理条线分割。在布局规划、产业引领、技术标准、法制建设、社会参与等方面，缺少统揽全局的机构或部门，具体负责全市"6+1"大类垃圾处理的整体设计，明确主体责任、操作路径和行动计划，并协调组织各项工作的推进。

3. 面临的新形势新任务

（1）卓越的全球城市建设需要卓越的垃圾治理。上海市城市总体规划（2016—2040）提出，实现令人向往的创新之城、人文之城、生态之城的愿景目标，到2040年建成卓越的全球城市。上海"十三五"规划也提出，要坚守包括生态环境、城市安全在内的四条底线，实现绿色发展，建设美丽上海。垃圾治理工作作为城市管理的基础和底板，正成为承载生态文明建设的一项现实、具体而重要的事业。本市要响应党和国家生态文明建设的号召，不断提升完善垃圾治理的水平和能力，与绿色、低碳、可持续发展的全球卓越生态之城相匹配。

（2）城市管理精细化对垃圾治理提出更高要求。习近平总书记多次指示，上海这种超大城市，管理应该像绣花一样精细。上海市委贯彻指示精神，提出要在深化上下功夫、向高标准看齐、以求实效为根本的具体要求。垃圾治理工作是体现城市管理精细化程度的重要内容，面临更高要求。要通过推进制度创新、模式创新，强化从严从细管理，形成常态长效管理机制，将提高垃圾水平作为提高上海城市精细化管理水平的重要突破口。

（3）垃圾治理进入资源化利用实现突破的新阶段。上海将从过去的无害化处置为主向减量化、资源化、无害化并重并以资源化为新的突破口阶段转变。对标国家先进城市，要求资源化利用，最大化地循环利用垃圾，将垃圾作为各类资源的生产原料。

（4）垃圾产生数量将继续延续增长的趋势。预计随着上海人口数量不断增加、物质消费水平不断提高、城市建设和城市更新速度不断加快、产业发展和产业结构不断调整完善等，未来本市各类垃圾总量将不断增加，特别是生活垃圾、建筑垃圾、工业固废、市政污泥、危险废物等种类，今后几年将持续增长。

小结：和上海一样，长三角城市普遍面临垃圾不断增长与治理困难的矛盾，设施建设难，循环利用难，技术创新难，综合管理难。需要进一步开拓创新，提高综合治理能力。长三角一体化，为垃圾综合治理提供了更高的平台、更宽的视角、更多的选择，需要把握机遇，开创垃圾治理的新局面。

三、长三角垃圾治理一体化的必要性、紧迫性和可能性

长三角一体化上升为国家战略，为长三角治理一体化指明了方向，明确了路径。垃圾治理作为一项基础性和迫切性强的工作，应率先在一体化的理念指导下，进行科学合理的设计。

1. 长三角垃圾治理一体化的必要性

随着垃圾治理进入新阶段，精细化分类处置利用逐渐成为主流。现有的"6+1"类垃圾，初步细分，又可以分成近40个小类，甚至更多。每一类垃圾性质不同，处置的方式和路径也不尽相同。有的可以直接利用，有的需要特别处理

后利用，有的不适合利用。垃圾精细化治理，首先需要分门别类，明确具体的处置利用策略。

上海市 2015—2016 年垃圾处理情况表

大　类	小　类	2015（万吨）	2016（万吨）
生活垃圾		790（清运量）	879（清运量）
	居民日常生活垃圾	600	603.6
	饮食店餐厨垃圾和废弃油脂	35	40.5
	集贸市场垃圾	35	36.6
	大件垃圾	8	9.1
	绿化垃圾	7	6
	河道水面垃圾	71.8	2.5
	水生植物	60	60
	船舶生活垃圾	2.5	0.5
建筑垃圾		11000（申报量）	11000（申报量）
	工程渣土	8900	6915.5
	工程泥浆	620	283.3
	工程垃圾	700	700
	拆房垃圾	1000（1392 平方米）	4000（5146 平方米）
	装修垃圾	217	175.9
工业固废		2000（产生量）	1669.44（产生量）
	冶炼渣	1100	707.27
	粉煤灰	404	345.27
	脱硫石膏	88	74.48
	其他	400	542
农业垃圾		540（产生量）	541（产生量）
	农作物秸秆	140	140
	禽畜粪便	200	200
	病死禽畜	1.2	1.2
	塑料薄膜	/	/
	蔬菜废弃物	200	200
危险和放射性废物		75（处理量）	80（处理量）
	工业危险废物	57	62.17
	医疗废物	4.1	4.6

（续表）

大　类	小　类	2015（万吨）	2016（万吨）
	社会源危废	0.75	0.9
	焚烧飞灰	9	9
	放射性废物	3吨	3吨
市政污泥		4100	5143（产生量）
	底泥	4000（疏浚量）	5000
	自来水厂污泥	13（产生量）	13
	污水厂污泥	109.5（产生量）	110
	通沟污泥	30	30
废旧物回收		669.5（回收量）	680（回收量）
	废钢铁	410.86	411.41
	废有色金属	55.66	54.5
	废纸	96.28	95.11
	废塑料	2.74	21.73
	废玻璃	45	65.23
	电子废弃物	22	5.11
	报废汽车	40713（辆）	40000（辆）
合　计		18000	20323

同时，从一个城市讲，进行更加细致的垃圾分类，各类垃圾从规模数量上有大有小，有些年产生量达数千万吨，如工程渣土、底泥、工业冶炼渣；有的数量甚至很少，全年只有几万吨，如废弃油脂、医疗废物等。数量过少，不论从设施配置角度，还是产业化利用角度，都不经济，容易造成浪费。其中许多垃圾小类，从规模化处理的角度，更适合跳出一个城市，在更大的区域范围统一处置利用。以上海的废弃油脂处置利用为例，每年上海产生的废弃油脂只有约6万吨，用这点油脂生产生物柴油，综合油脂运输、工厂生产、柴油运输、加油站配置等各种因素，很难产生经济效益，也难以可持续发展。

2. 长三角垃圾治理一体化的紧迫性

近年来，长三角水、大气、固废复合污染、跨区域污染、跨管理行业污染日益加重，区域生态系统功能退化，环境质量趋于恶化。如上海生活垃圾太湖偷倒事件、浙江嘉兴病死猪污染黄浦江事件、江苏化工企业污水污泥直排长江事件等，迫切需要各省市管理部门联合行动。

3. 长三角垃圾治理一体化的可能性

（1）既有实践。实践中，长三角各类垃圾的收集、运输和处置利用已经跨出市界、省界。以上海餐厨废弃油脂为例，2016年全市收运量约6.7万吨，处置量约4.3万吨，其中上海市内末端处置0.9万吨，市外应急处置3.4万吨。同时，上海建筑垃圾中的渣土，一度运送到江浙等地填埋矿坑等使用。上海部分工业固废和危险废物，跨市联合处置。上海的可回收物，如废纸、废塑料、废玻璃等，大部分收运和简单处置后，输送到安徽等地加工再生产。

（2）发展需求。从近年来三省一市资源再生利用产业培育实践看，要形成产业体系和市场体系，再生资源的规模化配置要求越来越高。有些产业基地因为区域分割限制，面临"吃不饱"难题。让各类垃圾作为再生资源"自由流动"，实现长三角垃圾治理的一体化体系化，是资源化发展的必然。

四、长三角垃圾治理一体化的若干思路建议

推进长三角一体化高质量发展，提升长三角一体化垃圾治理能力，需要充分发挥长三角要素集聚和空间集中效应，在垃圾资源化利用体制机制上实现突破，形成完整的产业体系和市场体系，以及与之匹配的制度和技术创新环境，为美丽绿色长三角建设提供生态支撑。

1. 指导思想

以习近平新时代中国特色社会主义思想为指导，贯彻落实创新、协调、绿色、开放、共享的新发展理念，以长三角一体化高质量发展为契机，以治理体制机制现代化和科技创新为支撑，坚持垃圾治理生态安全建设和循环经济发展相统一，构建网络化、开放型、包容共享的长三角垃圾治理新格局，为全国区域性垃圾治理提供先行先试的经验。

2. 基本原则

（1）市场主导、政府引导。充分发挥市场配置资源的决定性作用，增强全区域可再生垃圾资源配置内生动力，更好发挥政府在环境建设规划、基础设施布局、产业政策扶持等方面的作用，有效提高垃圾治理的整体水平和质量。

（2）协同发展、创新驱动。从提升区域整体垃圾治理水平出发，依据环境承载力和现有基础条件，充分发挥各地的比较优势，协调处理好地区之间的关系，统筹规划、合理布局、协同发展、互利互惠。坚持科技创新和制度创新并进，整合区域科技创新资源，强化科技成果转化，共建技术创新链和区域协同创新体系。

（3）示范引领、复制推广。构建绿色化的垃圾治理模式和体系，推进区域生态共保环境共治，加快走出一条经济发展和生态文明相辅相成、相得益彰的新路

子。以长三角生态绿色一体化发展示范区为抓手,循序渐进,逐步形成可复制可推广的成果。

3. 思路建议

(1)联合编制长三角一体化环境治理和循环经济发展规划,一盘棋考虑区域水、大气、垃圾治理整体布局和实施举措。在垃圾治理方面,采取协调一致的回收再利用政策、技术和应用标准、法规,推动垃圾治理信息集成共享。

(2)联合培育跨区域固废收集处置企业、产业。充分尊重市场的选择,立足已有的垃圾治理市场化发展基础,打破地域壁垒,进一步创造要素自由流动的制度环境。联合扶持和培育若干垃圾收运、处置和利用企业实体、基础设施、循环经济园区等。

(3)依托长三角一体化示范区建设,推出一批垃圾治理示范基地,综合垃圾再生利用产业、前沿技术实验室、循环经济和绿色经济宣教平台、生态文明教育基地等,助推长三角成为全球区域一体化绿色发展的先行者。

(本文系作者在 2019 年 11 月 16 日
"上海城市发展创新论坛"上提交的论文)

上海生活垃圾分类
工作需要循序渐进

2019年1月31日，上海市人大高票通过了《上海市生活垃圾管理条例》，以全程分类体系建设为核心的生活垃圾综合治理工作，开启了新的历史阶段。按照上海市委、市政府的要求和部署，有关部门开展了声势浩大的生活垃圾分类推进工作。一是加强宣传培训。到5月，全市举办的集中培训达到3600余场，培训30万余人次；开展入户宣传500余万次，发放宣传资料682万次；开展社会宣传活动8800余场。二是推进分类设施建设改造，改造完成1万多个居住区分类投放点，完成41座中转站分类改造，建成可回收物服务点4000多个，11座生活垃圾处理设施开工建设。三是多部门形成合力，如市教委组织开展中小学"新学期第一课——垃圾分类是新时尚"主题活动；市城管执法局将垃圾分类作为重点执法内容，执法范围逐步从单位向居住区覆盖，等等。垃圾分类实效逐步显现，据统计，湿垃圾、可回收物分出量明显增长，5月湿垃圾分类量5659吨/日，比去年12月4550吨/日多出1100多吨/日；可回收物分类量2580吨/日，比去年12月1353吨/日多出1200多吨/日。

但在推进的过程中，也暴露出一些问题和不足。一是推进力度不平衡，部分区、街镇对基层、村居发动不够，存在"上头热、中间温、下头冷"的现象。二是分类实效尚待提高。如湿垃圾投放设计过于"精细"，需要破袋等，不方便不卫生，尤其时间紧张的上班族不适应，许多小区只能花钱雇人操作。再如小区楼道撤桶问题，一些没有经过业主充分讨论，存在急于求成现象，产生负面影响。单位垃圾分类普遍靠专业物业或保洁公司保障，职工对垃圾分类的参与感不强。三是硬件配置仍有短板。垃圾投放点、垃圾房、垃圾车、垃圾场等，或多或少存在不足，全市未改造的分类垃圾箱房还有49.3%，特别是部分湿垃圾处理设施建设，社会安全疑虑多，落地困难。

这些问题，既有具体工作经验上的不足，也有制度设计上的不足，需要我们在下一步工作中，进一步改进完善。

第一，继续加强宣传教育，提高认识，转变观念，凝聚共识。在强调垃圾治理"生态安全"的基础上，进一步强调建设"资源节约型"社会的重要意义，全社会形成高质量发展的共识。同时，进一步强化全社会的责任意识，尤其强化垃圾产生者的责任，谁产生，谁负责；谁污染，谁负责。

第二，研究更好地发挥市场的作用。进一步发挥好市场在资源配置中的决定性作用，通过市场化运作，强化激励机制，培育垃圾分类的内生动力，提高治理效率和质量，避免政府"越俎代庖"。

第三，实事求是，因地制宜，循序渐进，制定更切合实际、更具操作性的推进措施。各区、街镇和社区根据实际情况，制订更加适合自身的可操作方案。管理部门切实做好与企业、社会和市民的充分沟通，稳妥推进，边实践、边巩固。

第四，进一步开展关键技术和标准深化研究，为垃圾无害化、资源化和减量化提供基础支撑。如湿垃圾就地就近处理、湿垃圾生产有机肥用于土壤改良、混合垃圾分拣、渗沥液安全处理和土壤修复、垃圾焚烧厂安全排放和飞灰再利用以及生活垃圾与农业垃圾、底泥污泥管泥、建筑垃圾等其他固体废弃物的混合处理和利用等方面的技术和标准。可充分发挥大型企业和科研机构的作用。通过技术创新，提高垃圾处理品质，消除社会对处置设施安全的"疑虑"。

第五，运用智慧化手段提升监管水平。进一步深化开展垃圾综合治理智慧平台系统和相关技术研究，包括垃圾治理全过程信息整合与资源共享、安全风险预警与管理联动、大数据研判、个性化与精准化管理服务等，加快建设统一的信息化监管平台。

上海生活垃圾治理基本历史情况

新中国成立之前,上海的生活垃圾处置,主要是和粪便一起,由农民进城收集运送到郊区做农肥或者堆放处理,环卫设施简陋,清运工具落后;新中国成立之后,市人民政府积极改善环卫设施,增强垃圾收集清除能力,改善了城市的基本环卫条件。改革开放后,伴随上海城市发展进入新进程,上海的垃圾治理水平不断提高:改革开放到20世纪90年代初,城市发展相对缓慢,垃圾治理主要围绕城市环卫保洁展开,侧重生活垃圾末端处置。环卫工作实现了从办环卫到管环卫的转变,从"清运扫"到"宣教管"的跨越,建立了国内较为先进的环卫作业体系,环卫行业作为"城市美容师"得到社会普遍认可。90年代初到世博筹办期间,城市发展日新月异,各种垃圾大量产生,贯彻落实国家《固废污染防治法》,垃圾治理成为环境污染防治的重要工作,各类垃圾处理逐步规范化。环卫改革提出了"三大"(大环境、大卫生、大行业)和"三全"(全过程、全社会、全覆盖)的理念,生活垃圾处理监管向源头延伸,综合运用行政的、经济的、法制的、社会的以及科技的手段。上海逐步建立了生活垃圾专业管理体系。进入21世纪,社会不断发展,"城市,让生活更美好"等世博理念得以传播,生态文明建设逐步深入人心,垃圾治理开始进入"减量化、资源化、无害化"阶段。生活垃圾分类持续推进,再生资源利用促进措施得到加强,社会参与日趋活跃,垃圾治理水平普遍在社会系统、政策系统、技术系统得到提升。

一、上海生活垃圾治理发展进程

1. 1949年以前，早期的收集清运管理

上海早期的垃圾清运，是由农民进城收集运送的。抗日战争前，租界地区的环境卫生分别由工部局及法公董局所属机构管理，在周家嘴路海门路曾建有一座垃圾焚化处理厂。华界地区的环境卫生则由当时的市政府卫生局管理，清除和销售全部由私商经办。抗战胜利后，于1946年4月成立隶属市卫生局管理的清洁所，卫生局设有清洁总队，下设8个中队，负责市区的道路清扫和垃圾清运。

新中国成立前，环卫设施简陋，清运工具落后。直至新中国成立前夕，上海市区的垃圾码头也只有8座，其中能用汽车起卸垃圾的仅新开河、山东路和淮安路3座。清运工具也极简单，垃圾车有35辆塌车、25辆马车、900多辆人力羊角车和40多辆破旧卡车。由于设施简陋和工具落后，当时每天至多只能清除垃圾2500吨；且其服务地区仅限于原租界地区和其他少数商业繁华地段。每天清除的垃圾中，仅有1500吨送往郊外的垃圾滩，其余的1000吨转运到市内的偏僻小巷或劳动人民聚居地区堆集，因而，这些地区经常垃圾成堆、蚊蝇成群，生活环境十分恶劣。

2. 1949—1978年，设施机械化，堆场分散化

改进环卫设施，改善城市环卫条件。新中国成立后，上海市人民政府卫生局负责管理全市环境卫生工作，着手改善环卫设施，增强垃圾的收集、清除能力。改善工人住宅区和棚户区的卫生条件，1950年起，在市区各工人住宅区和棚户区陆续增设垃圾箱4000多只。以后，在爱国卫生运动中，又设计制造废物箱分别设置于市区各主要街道。

提高清运机械化程度，加强技术后方基地建设。1958—1959年两年，调拨购置了垃圾卡车75辆，逐步淘汰了解放前遗留下来的40辆破旧卡车和一部分人力车，并在此基础上成立了环卫汽车队。20世纪60年代前期，加快了清运机械化的速度。到1965年，粪便和垃圾卡车已增至228辆，自卸垃圾车陆续装备起来，基本上实现了机械运输作业。

完善管理机构，广泛发动群众。解放初期，上海市区垃圾和粪便的清运、处理由市卫生局负责。当时，对生活垃圾采取国家清运和农民自运相结合的方法进行清运，并集中堆放在市郊农村几处。1958—1962年，这项工作划归农业局管理，原属市农委的肥料公司与市卫生局的清洁所也归并农业局，共同组织"送肥支农"。1963年，本市建立环境卫生局，全市环卫工作统一由环境卫生局主管。这样，加强了行政管理，促进了环卫水平的提高。

依靠和发动群众来管理是搞好环境卫生的基本环节。1950年1月，全市开展了第一届清洁卫生运动，陈毅市长为此做了"普遍开展清洁卫生运动，保持市民健康，希望全体市民作共同努力"的重要题词。从此，依靠和发动群众管

理环境卫生蓬勃持久地开展起来。1952 年，又确定将道路的清洁卫生工作交由沿路的单位负责包干，这一制度沿用至今。

3. 1978—1995 年，改革体制机制，落实无害化处置（填埋）

（1）1978—1985 年，管理新起点

清运垃圾进一步向机械装卸和封闭式运输发展。1979 年起，机械装卸和封闭式运输开始逐步投入应用。垃圾装车先后采用叉车和铲车，运输则使用密封车。

加快进行环卫基础设施建设。新建全市最大的龙水路、吴淞垃圾码头；改建东新路、兰州路垃圾码头和凯旋路粪码头；扩建军工路、淮安路综合码头等，还配套建造垃圾临时堆场 5 处。

加强管理和立法。1983 年，环境卫生局重新恢复，成为市人民政府全面负责环境卫生的主管部门。1979 年，颁发了《上海城市市容卫生管理的试行规定》。对市容卫生、环境卫生、公共卫生设施以及奖惩办法等提供了管理和执法的依据。

（2）1986—1990 年，建章立制，理顺体制

编制专业规划。上海按照国务院关于"解决好城市垃圾问题，是建设清洁优美的城市，保护人民基本生活环境的重要条件""要使垃圾的产生、收集、运输、处理到回收利用，都能衔接配套，落到实处"的要求，编制了《上海市环境卫生 1986—1990 年专业规划》和《上海市城市环境卫生主要设施发展布局规划（1986—2000 年）》，重点抓好城市垃圾的消纳、处理。5 年中，共完成固定资产投资 2.64 亿元，几乎等于"六五"期间投资的 3 倍。

以垃圾处理场（厂）建设为重点，逐步实现垃圾集中处置。从 1985 年 12 月 28 日起，在东海之滨的南汇老港建设一座大型废弃物处置场，为上海城市生活垃圾由分散堆放逐步过渡到集中处置为主创造条件。

妥善安排码头、停车场建设，使垃圾运输、中转系统畅通。上海利用水网河道运送垃圾到农村处置，占垃圾总量的 80% 左右，连接陆上车运与水上船运的中转设施是设在黄浦江、苏州河两岸的垃圾码头。"七五"期间，针对原有码头比较陈旧简陋的状况，在中心区抓好码头改造，使码头的布局渐趋合理，中转运输衔接更加紧密。

新增、改造环卫专用车、船，增强垃圾清运能力。对环卫专用车辆，结合环卫作业的实际加以改装、改造，试制成后装式压缩车、2 吨和 5 吨拉臂式垃圾车、处置场专用的 8 吨倾卸车。垃圾运输车辆的机械装车率达到 76.66%，封闭率达到 58.5%。更新了 70% 的专用运输驳船，其中一部分驳船还改制成 100 吨级的集装箱垃圾船，从根本上改变了垃圾敞开式运输中污染环境的问题，也改善了船上职工的生产和生活条件。1988 年，环卫水运公司建成无线电话调度大楼，使水上运输全部实现无线电话调度，加速了船舶的周转运输。

建设环卫职工生产、生活设施，增强环卫职工凝聚力。"七五"期间，上海

环境卫生主管部门十分重视改善第一线工人的作息问题，把道班房建设列入计划，作为重要建设项目来抓，共建成了供第一线环卫工人作息、活动用的道班房2.27万平方米，为清道工人休息创造了条件。新建的道班房很多与公共厕所建造相结合，在公厕上面加建道班房。道班房生活设施齐全，有的还附设淋浴设备，较好地解决了一线工人的作息问题。建成了环境卫生中等专业学校，全校建筑面积达8900平方米。环卫中专的建成，使上海环卫系统基本形成了以环卫技校、环卫中专、环卫电大为主体的环卫教育体系。上海环卫系统共建成近8万平方米的职工住宅，累计解决了3100多户职工的住房困难。还扩建庐山环卫职工疗养院，成为一个具有160个床位，每年可疗养1.3万多人次的职工疗养场所。

理顺管理体制，完善立法。理顺环境卫生管理体制，下放部分事权，建立三级环卫管理机构。从1986年1月1日起，市环卫局将部分事权和与之有关的人、财、物下放各区，各区环卫部门主要承担区域范围内的环境卫生管理和道路清扫，粪便、垃圾清除，环卫公共设施的保洁、修建，垃圾滩地、码头的使用管理等。市、区分工后，随即组建街道（镇）的环卫管理机构；与此同时，各区政府积极筹建主管环境卫生的职能部门。普陀区首先成立区环境卫生管理局（筹），至1990年8月，各区环境卫生管理局相继成立，市、区、街道（镇）三级环卫管理机构基本建成，全市形成了统一领导、分级管理的完整的管理体系。组建环卫作业（服务）单位，黄浦、普陀、闸北、长宁、静安等区按政、事分开，即管理与作业（服务）分开的原则，对原环卫管理、环卫作业混为一体的体制实行改革，组建了各区的清洁服务公司、环卫运输公司、清道专业分所等环卫专业作业单位，它们隶属区环卫局，承担全区垃圾、粪便的清除、运输和主要道路的清扫保洁业务，街道（镇）环卫所负责地区的环境卫生管理工作，并对环卫专业作业单位的服务、作业、保洁质量进行监督、管理，提高了作业效能和保洁质量，也发挥了规模经济效益。

健全环境卫生管理法规体系。为适应环境卫生管理的需要，早在1984年市政府就颁布了《上海市市容环境卫生管理规定（试行）》，1986年3月又颁布了《禁止随地吐痰、禁止乱扔杂物的通告》和《实行门前环境"三包"责任制管理的规定》，对治理城市环境卫生起了积极的作用。

（3）1991—1995年，成立专业机构，完善管理机制

续建垃圾处置基地，实现生活垃圾集中处置。老港废弃物处置场于1990年7月部分建成试产。1991年起即实施配套完善工程，达到和超过了日均消纳垃圾3000吨的设计能力。该场当年共接纳生活垃圾105万吨，占全年生活垃圾总量的35%。老港废弃物处置场在1991年被国家环保局和建设部评为全国城市环境整治优秀工程。扩建江镇生活垃圾堆场。老港废弃物处置场二期和江镇垃圾堆场扩容工程的建成，使全市区80%的生活垃圾得到集中填埋处理，基本上扭转了上海城市生活垃圾长期分散堆放、影响市郊和邻近地区农村环境的状况，也使垃圾的无害化处理有了更好的基础。

建造职工住宅，改善生活设施和工作条件。一大批环卫职工住房解困。1993年，环卫直属单位424户住房困难户乔迁新居，使行业凝聚力大为增强。1991年，重点进行职工食堂、公厕、浴室建设，大部分单位解决了"吃饭难"和用厕、洗澡问题。

成立专业管理机构，改革生产、经营机制，完善管理体制。成立县环境卫生管理所。在市政府的支持下，按照环卫管理法规的要求，至1990年市区形成了市、区、街道三级环卫管理体系。继而各郊区建设局都设置了负责管理全县城镇环境卫生工作的县环境卫生管理所，具体负责环境卫生的管理、指导、协调。

成立环卫专项管理机构。市环卫局为加强环境卫生专业管理，按专项管理的需要和组织专业生产的原则，从1991年起，先后成立了负责建筑垃圾、工程渣土处置管理的市渣土管理处，负责机动车清洗保洁管理的市机动车清洗管理处，管理废弃物处置的市废弃物处置管理处，连同原有的负责郊县环境卫生管理的市环卫局郊县（环境卫生）管理处和负责水域环境卫生管理的市环境卫生水上管理处，从而使各项环境卫生的专项管理都有了专业管理工作机构。

4. 1996—2000年，加强科学研究，推进多元化处置

城市废弃物处理手段从单一填埋向填埋、焚烧、生化处理并举转化，城市生活垃圾无害化处置率达到85%，浦东、浦西各有一座千吨级的生活垃圾焚烧厂破土动工。城市废弃物源头管理进一步加强，城市垃圾减量化和资源化利用已结合生活垃圾分类收集开始试点，环境卫生小型设施建设体现以人为本思想。

生活垃圾焚烧厂建设。位于浦东北蔡镇御桥工业小区内的御桥生活垃圾焚烧厂，是上海引进法国焚烧关键技术和设备建造的第一座现代化千吨级生活垃圾焚烧处理工厂。该项目于1996年12月经国家计委批准立项，于1999年12月18日正式开工建设。工程总投资6.8亿元，其中利用法国政府混合贷款3000万美元，国内配套资金4.2亿元。浦东生活焚烧厂设置3条生活垃圾焚烧生产线，配备两套8500千瓦的汽轮发电机组，以及烟气净化装置、废水综合处理装置。每年通过焚烧生活垃圾余热发电，除满足御桥焚烧厂生产生活使用，还可上网售电1.1亿度／年。

江桥生活垃圾焚烧厂位于嘉定区江桥镇，厂区占地面积13.6公顷，工程设置日处理能力为500吨的焚烧线3条，设计处理能力是迄今国内最大规模的生活垃圾焚烧厂。焚烧技术引进德国的先进技术。余热发电配置两台额定功率为12兆瓦的凝汽式汽轮发电机组。一期工程先实施两条焚烧线处理，日处理生活垃圾能力为1000吨。总投资为7.486亿元，其中西班牙政府混合贷款3270万美元。

改革管理体制，增强综合管理。2000年5月，市政府实行机构改革，把市容管理职能和环境卫生管理职能归并，组建了上海市市容环境卫生管理局，全面承担了城市市容景观和环境卫生管理职责，依法对市容环境卫生实施监督检查，并对执法监察实行监督和管理；协调市容管理、环境建设的综合性问题；负责本市

◎ 上海老港再生能源利用中心　胡鹰　摄

景观灯光、户外广告、生活废弃物和特定污染的管理；指导区、县开展市容环境卫生管理等。

5. 2001—2013 年，推动系统化治理，培育作业服务市场

（1）2001—2005 年，"三化"方向和市场化运行

环卫设施建设。2002 年，利用国外政府贷款建设的江桥生活垃圾焚烧厂 12 月 30 日试点火成功，焚烧厂运营管理面向国际招标。餐厨垃圾处置直接走市场化道路，由台商投资的首家有机废弃物资源化处置合资企业于 10 月投入运营。闵行、徐汇等区和部分社会企业相继建成堆肥生产线，初步形成独立管理的餐厨垃圾收运、处置、监管系统。2004 年 12 月 23 日，市市容环卫局与法国奥绿思集团、香港中信泰富组成的联合体，签署《上海市老港生活垃圾卫生填埋场特许经营协议》，特许经营期 20 年。这是我国第一个垃圾处置特许经营项目。2005 年 12 月 12 日，上海老港生活垃圾卫生填埋场四期主体工程正式投入运营。

规划和法规建设。2001 年，市容环卫"十五"规划纲要编制完成。纲要提出政府指导、社会参与、事权下放、重心下移的小政府、大行业管理框架设想和构建城市固体废物收运处置、市容市貌管理、日常保洁管理三大系统；并对推进作业服务体制转变和社会化运行，逐步培育和形成规范有序、充满活力的市容环境

卫生作业服务市场等提出具体目标。

2001年11月14日，上海市第十一届人大常委会第三十三次会议通过并颁布《上海市市容环境卫生管理条例》（以下简称《条例》）。重新制定的《条例》着力解决市容环卫改革和发展中面临的实际困难和突出问题。《条例》分为总则、市容环境卫生责任区制度、市容管理、环境卫生管理、废弃物管理、作业服务管理、环境卫生设施管理和其他规定等8章63条，2002年4月1日起施行。2002年，环境卫生管理以《市容环卫条例》为依据，有序推进废弃物处置"减量化、资源化、无害化"和生活垃圾的分类收集。

2004年，上海按照"减量化、资源化、无害化"的要求和生活垃圾处理市场化运行、产业化发展的政策，认真组织编制《上海市固体废弃物处置发展规划》，并推进实施。2005年，基本完成《上海市环境卫生"十一五"规划》和《上海市市容景观"十一五"规划》的编制工作。

管理体制机制改革。2001年，上海市容环卫管理体制、机制改革继续深化，政事、政企、事企、管养的"四分开"有序推进。各区、县结合区县政府机构改革，进一步理顺关系、强化职能、提高管理效率。市、区两级承担养护作业的单位，相继改制为独立的企业法人，市容环卫作业的市场竞争机制逐步形成。生活垃圾和粪便的运输经营业务，开始面向社会公开招标；组建了生活垃圾称重管理公司，在部分垃圾码头和垃圾处置场建立电子地衡，以准确统计固体废弃物总量；餐厨泔脚垃圾处置于年内启动，以"资源利用、政策倾斜、市场运作"和"谁产生，谁负责；谁投资，谁得益"为原则，建立市场运作机制，收到较好效果。

生活垃圾分类收集。2002年，生活垃圾分类收集年内得到积极推进。按照主管部门提出的废弃物"减量化、资源化、无害化"处置精神，基本形成源头分类投放、中间分类收运、末端分类处置的过程管理。2005年，上海在固体废弃物处理管理中，按照"大分流、小分类"原则，探索推进餐厨垃圾、装潢垃圾、大件垃圾、集贸菜场垃圾、清道垃圾等大分流模式，加强垃圾源头分流、分类管理。以推进焚烧厂服务地区的生活垃圾分类为重点，逐步提高居住区分类质量。

（2）2006—2013年，强化设施布局，探索分类治理

设施建设。2006年，建成崇明生活垃圾综合处理场一期。崇明县生活垃圾综合处理场一期工程位于崇明县堡镇港北闸东侧，占地305亩，工程总投资人民币1.1亿元，设计填埋库容量267万立方米，处理能力400~600吨/日，服务范围覆盖崇明岛全岛。

上海市发展改革委于2009年12月批复（沪发改环资〔2009〕104号）老港垃圾焚烧厂一期工程项目建议书。根据《老港固体废弃物综合利用基地规划》，按一次规划、分期实施，一期工程建设规模为日处理生活垃圾3000吨。部分共用设施按远期规模预留。2010年8月30日，上海老港再生能源利用中心开工仪式在上海老港固体废弃物综合利用基地举行，工程一期建设规模为日无害化处理垃圾3000吨。

2012年，围绕生活垃圾处理"减量化、资源化、无害化"总体目标，按照国务院、上海市工作要求，大力推进"一主多点"末端处置设施布局建设。2013年，末端处置设施建设快速推进。基本建成老港再生能源利用中心，老港填埋场填埋气利用项目并网发电，金山焚烧厂建成投入试运行，浦东黎明焚烧厂项目基本建成，松江、奉贤开工建设，其他郊区末端处置设施建设积极推进。闸北环卫基地已开工建设，闵吴码头筹备环评二次公示，上海国际旅游度假区、长兴岛生活垃圾中转设施建设加快推进。

垃圾分类。2009年，以社区居民为对象，开展了"绿色账户"活动。2011年，生活垃圾分类减量实现历史最大降幅，圆满完成"以2010年为基数，人均生活垃圾处理量每年减少5%"的工作目标。生活垃圾"大分流"体系稳步推进。逐步将装修垃圾、餐厨垃圾、绿化枯枝落叶、大件垃圾等从日常生活垃圾中分流出来。基本确定居民户内"厨余果皮（湿垃圾）""其他垃圾（干垃圾）"分类投放，居住小区"有害垃圾""玻璃""废旧衣物"专项收集的"2+3"分类模式。

管理体制机制。2012年，市级联席会议办公室实现实体运转，17个区县均建立由分管区长牵头的区级联席会议，会议协调、信息简报、督促检查等制度相继建立。4月11日，上海市市政府召开市生活垃圾分类减量推进工作联席（扩大）会议，部署全市生活垃圾分类减量推进工作任务。

6. 2014年至今，系统化、精细化和制度化

新背景和形势。党的十八大以来，党中央、国务院充分认识到生态文明建设的重要意义，正式提出"五位一体"总体布局，专门出台《关于加快推进生态文明建设的意见》以及《生态文明体制改革总体方案》，在全国范围掀起生态文明建设高潮。垃圾分类作为生态文明建设和绿色发展战略中的重要抓手被多次提及。

设施建设。2014年，生活垃圾处理"减量化、资源化、无害化"能力不断增强，"一主多点、就近消纳、区域共享"生活垃圾处置设施规划建设加快推进。浦东黎明项目基本建成，开始点火试运行；崇明、嘉定、闵行、奉贤、松江等区（县）处置设施建设也已顺利完成节点目标。

分类减量。生活垃圾分类标准再次调整。2014年2月22日，《上海市促进生活垃圾分类减量办法》（以下简称《办法》）由上海市政府颁布，同年5月1日开始施行。《办法》确立了垃圾"四分法"基本分类标准，即可回收物、有害垃圾、湿垃圾、干垃圾四类，并设分拣员辅助分类。这是上海继20世纪末以填埋为主、本世纪初以焚烧为主、2007年在居住区实行"有害垃圾、玻璃、可回收物、其他垃圾"分类方式、2011年在居住区推进以"干湿分类"为基础的"2+X"模式后，生活垃圾分类标准第五次发生变化，是由垃圾末端处置和资源化利用的途径和能力决定的，体现了"末端处置决定前端分类"的理念。

管理体制机制。2015年，农村生活垃圾全面推进。强化组织领导，在"上海

市生活垃圾分类减量联席会议"中增设"上海市农村生活垃圾治理推进办公室",市绿化市容局局长任主任,环卫、城建、农业、环保、商务、财政、文明办、爱卫会、妇联9部门分管领导任副主任。建立项目化推进机制,实施6大类28项销项式管理措施。建立实效评价机制,聘请第三方对全市乡镇和行政村随机抽查。探索湿垃圾就地沤肥利用,农业秸秆粉碎堆肥利用。

制度建设。2014年2月11日,市政府第39次常务会议审议通过了《上海市促进生活垃圾分类减量办法》(以下简称《办法》),2月22日,市政府第14号令正式发布,5月1日起施行。《办法》旨在通过法治方式改变和规范垃圾收集行为,提高本市垃圾处理水平,其实施标志着上海垃圾分类减量工作从试验性探索到确定性的法治化迈上了新起点;有助于促进和提升作为国际化大都市的上海的国际形象,有助于党的十八大报告关于生态文明建设目标在上海的落实;通过立法明确生活垃圾分类减量工作所涉及各方权利、义务和责任,能够更好地促进上海市民良好行为习惯的尽快养成,提高上海城市文明的整体水平。

2014年,制订《上海市湿垃圾处理实施规划(2014—2020年)》,"市级大型设施集中处置和区县中小型设施分散处置相结合、分散处置为主"的湿垃圾处置格局逐步形成,湿垃圾日均末端处置能力达到1900吨以上。湿垃圾处理后加工产物用于绿化林业土壤改良试点研究取得进展。拓展餐厨废弃油脂资源化利用渠道,推进餐厨废弃油脂制生物柴油公交车应用试验六方合作课题,并在老港及部分焚烧厂试点应用。

2016年8月13日,市政府办公厅发布《关于进一步加强本市垃圾综合治理的实施方案》。全面贯彻落实中央加强生态文明建设的新要求和中央城市工作会议精神,按照市委、市政府有关要求,坚持依法治理、源头治理、综合治理,坚持提升源头分类质量、促进资源回收利用与增强末端处置能力并重,着力完善生活垃圾全程分类体系,重构建筑垃圾收运处置体系,健全垃圾综合治理体制机制。

2017年10月24日,上海市委、市政府制定《关于加强本市城市管理精细化工作的实施意见》,持续精准补短板,加强垃圾综合治理。

二、上海垃圾治理的成效和经验

第一,形成了精细、系统化的垃圾分类治理格局,基本满足了当前处理的要求。本市生活垃圾主要采用区(街镇)分类收运管理、市(中心城区)区(郊区)末端处置和利用管理方式。居民日常生活垃圾按照干垃圾、湿垃圾、有害垃圾和可回收物进行分类收集:干垃圾由区属环卫公司通过水陆联运等方式,运送至市末端处置场所;湿垃圾部分运送至专门的处置场所,或者进入湿垃圾综合利用场所,做堆肥等处理,大部分与干垃圾混合运送到末端处置场所;有害垃圾由专门的回收企业收集运输和集中处置;可回收物通过个体或回收企业回收后,进入街镇或区里的再生资源集中收集分拣场所，然后销售至本市和江苏、浙江、安徽、山东等地的再生产品生产基地。

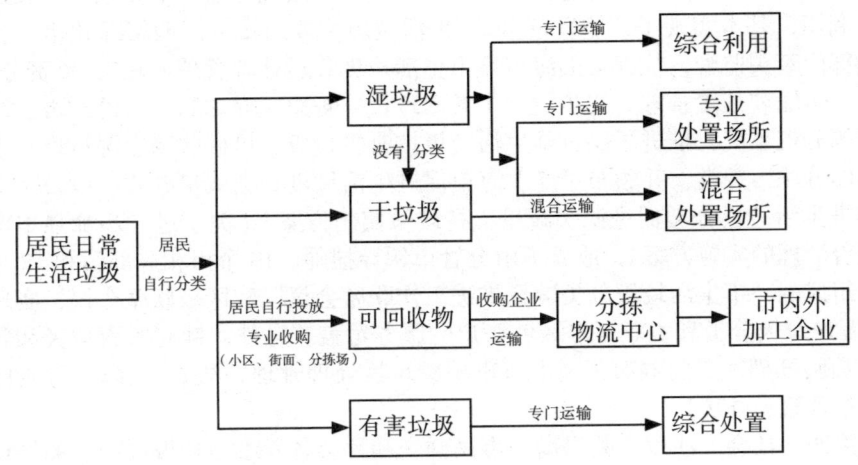

饮食店餐厨垃圾和废弃油脂由专门的保洁公司上门收集，约75%进入餐厨垃圾处置厂资源化利用，主要用于生产有机介质土和生物柴油，另外约25%进入生活垃圾末端处置设施进行无害化处理。集贸市场垃圾由保洁公司收集清运，最终纳入生活垃圾终端收运处置系统。大件垃圾部分通过个体或回收企业回收再利用，大部分进入生活垃圾终端处置系统。绿化垃圾由专门的保洁公司收集，主要采取自行处理办法，包括粉碎后覆盖、堆肥产品、生物质燃料，其中又以堆肥产品为主。另外，河道水面垃圾（水域保洁垃圾）经专门清洁公司打捞后，最终纳入生活垃圾收运处置系统。水生植物（水葫芦、绿萍、蓝藻等）经打捞后，末端处置主要依靠简单填埋、集中堆放等简易处置设施。船舶生活垃圾包括外港和内河水域，主要通过专门的接受服务企业收集后进入生活垃圾末端处置系统。

2016年，本市生活垃圾清运量为879万吨，其中，居民日常生活垃圾约603.6万吨，饮食店餐厨垃圾和废弃油脂约40.5万吨，集贸市场垃圾约36.6万吨，大件垃圾约9.1万吨，绿化垃圾约6万吨，河道水面垃圾约2.5万吨，船舶生活垃圾约0.5万吨。另有水生植物约60万吨。生活垃圾无害化处理率达100%，主要采取焚烧和填埋方式，其中，卫生填埋381.7万吨，焚烧处理319万吨，堆肥处理27万吨，餐厨垃圾、厨余垃圾、废弃油脂资源化利用及其他回收利用等152.2万吨。

第二，规划建设了老港基地及一批处置设施，运行卓有成效，基本解决了"垃圾围城之困"。形成了中心城区由区收集运输市中转处置，郊区村收镇运区处置设施网络；在浦东、虹口、黄浦、静安、杨浦、长宁等6个区设立了6个大型生活垃圾压缩中转站，建立了两个中转码头；建成了"一主多点"共14座末端处置设施，设计处理能力 23150 吨/日，"一主"老港成为综合能力在亚洲名列前茅的处置基地，处理能力 13000 吨/日。

第三，建立完善了专业管理，并形成了政策、法规、监管等体系，从收运到处置利用，基本实现了"监管覆盖"。生活垃圾主要由市、区两级绿化市容行政管理部门牵头监管，依据《上海市城市生活垃圾收运处置管理办法》，负责分类、收集、运输和处置管理。初步建立了餐厨垃圾、餐厨废弃油脂、大件垃圾、绿化垃圾等分流系统；推进居民日常生活垃圾按有害垃圾、可回收物、湿垃圾、干垃圾"四分法"分类，并颁布了《上海市促进生活垃圾分类减量办法》以及《上海市推进生活垃圾分类促进源头减量支持政策实施方案》《关于进一步加强本市垃圾综合治理的实施方案》，成立了由分管市领导挂帅、19 个市相关部门和 17 个区政府组成的"市生活垃圾分类减量推进工作联席会议"和区级联席会议，实现了 400 万户垃圾分类和 100 万户绿色账户的服务覆盖。另外，针对餐厨垃圾和餐厨废弃油脂处理，专门颁布了《上海市餐厨垃圾处理管理办法》《上海市餐厨废弃油脂处理管理办法》。

第四，社会关注度不断提高，市民群众和社会各界参与垃圾治理、关注垃圾治理、监督垃圾治理的热情与日俱增。随着环保意识的提升，社会各界对垃圾的关注度不断增强，参与范围逐渐扩大。

（本文系 2018 年作者为上海交通大学中国城市治理研究院垃圾研究专题提供的资料稿）

主要参考资料：
1.《上海建设》1949—1985、1986—1990、1991—1995、1996—2000
2.《上海建设年鉴》2002、2003、2004、2005—2006、2007、2008、2009、2010、2011、2012、2013、2014、2015、2016、2017
3.《上海绿化市容行业年鉴》2017
4.《上海统计年鉴》2016、2017
5.《巨变——上海城市重大工程建设实录》（市容环卫）2012
6.《上海垃圾综合治理调查资料》"成果汇编""资料汇编""文件汇编"（上海市城乡建设交通发展研究院）2017

以用促分，推进本市生活垃圾分类体系建设研究

生活垃圾，是指人们在日常生活中丢弃的各类固体废弃物的总称，种类繁多，内容复杂。上海作为现代化国际大都市，随着城市的不断发展、人口的不断增加和广大市民生活水平的不断提高，生活垃圾产生量逐年攀升，垃圾处置面临的压力不断增加，终端处置设施普遍满负荷运转。

生活垃圾的有效分类和综合利用，是缓解终端处置设施压力的重要手段，是推进上海垃圾治理精细化的基础性工作，是贯彻国家方针政策，努力实现垃圾减量化、资源化和无害化目标的着力点，意义重大。

近年来，本市在推进生活垃圾分类方面，做了一些探索，取得了一定的成效。但与社会的期待，仍然有很大的距离；对标境内外先进城市，还没有形成相对成熟的分类路径和模式。其根本的一点在于，没有实现生活垃圾前端分类和后端综合利用的有效衔接，为分类而分类，背离了分类的初衷。

实现生活垃圾的有效分类，需要贯彻分类收集、分类运输和分类处置利用一体化的指导思想。要从末端的处置利用实际出发，"倒推"前端分类收集，实现收集—运输—利用的协同发展。要充分发挥市场机制的作用，构建完整的收集、运输和利用利益链条，解决内生动力问题。要发挥政策法规的支撑保障作用，实现相关设施的合力布局，相关再生产品的有效利用，相关责任主体的尽职尽责，形成循环经济发展的良性环境。

一、本市生活垃圾分类的意义

（一）生活垃圾分类可以减轻终端处置设施的压力

目前，本市的生活垃圾，仍然以终端填埋和焚烧为主。以 2015 年为例，全年生活垃圾清运量约 790 万吨，其中 600 万吨进入终端处置设施填埋和焚烧。目前，本市终端处置设施，普遍面临满负荷甚至超负荷。14 处终端处置设施，设计处置规模为每日 23000 吨，2015 年实际处置垃圾每日 21000 吨，2016 年达到每日 24000 吨，2017 年更是超过 30000 吨（其中 5000 吨是非生活垃圾混入）。终端处置设施长期超负荷，安全隐患大，环境影响不可小觑。

今后，随着本市经济社会的不断发展和市民生活水平的持续提高，生活垃圾的产生量将持续增加，快递包装、外卖包装、废弃单车甚至汽车等"新"垃圾不断涌现。根据市绿化市容部门的预测，本市生活垃圾产生量，将从目前的每年 800 万吨，增加到 2020 年的 1000 万吨以上。即使已规划终端处置设施全部落实，也会有上百万吨的缺口；同时，生活垃圾的成分更加复杂，单体体量更大，有害程度更高，大大提高了终端填埋和焚烧的难度。

随着上海土地的紧约束，终端处置设施也不可能无限制建设。通过分类，把部分可再生利用的垃圾进行资源化利用，是缓解终端处置设施压力的重要手段之一。

（二）生活垃圾分类可以变废为宝，节约宝贵的自然资源

"垃圾是放错了地方的资源。"生活垃圾从内容上看，大部分其实是可再生利

◎ 生活垃圾填埋区　　胡鹰　摄

用的资源，如干垃圾中的纸张、塑料、玻璃、金属、布料、橡胶、电子零部件等，可以作为加工原料或者经处理直接利用；湿垃圾中的菜皮、果壳、米面和鱼肉剩余等，可以通过生物手段制作有机肥种植花草或者用于农田增肥。一些大件废弃物，如旧电器、旧家具、旧交通工具等，更是可利用性强。境内外发达城市，生活垃圾回收利用都达到80%以上水平，甚至超过90%。本市公布的综合利用率只有25%。

（三）生活垃圾分类可以提高公民环境意识和文明素质

通过垃圾分类活动，让广大市民了解自身废弃物排放对自然和社会的影响，提高环境保护意识，提升个人生态文明素养，培育良好的生活观念和习惯。

（四）生活垃圾分类是上海实现卓越的全球城市的一把标尺

从世界范围看，生活垃圾分类处理，已经成为现代化城市文明程度的重要指标，是大势所趋。

习近平总书记强调，普遍推行垃圾分类制度，关系14亿人生活环境改善。总书记把垃圾分类，提到了新高度。

上海提出了建设生态之城和卓越的全球城市的2040年愿景目标，需要在垃圾分类治理、精细化治理上对标国际，实现突破，形成示范。

目前，市委、市政府已明确要补齐垃圾治理的短板，大力推进垃圾分类收集利用工作。

二、本市生活垃圾前端分类的实践和困局

（一）分类推进情况

"十二五"期间，本市有关部门积极推进居民日常生活垃圾分类工作，按有害垃圾、可回收物、湿垃圾、干垃圾"四分法"分类收集；颁布了《上海市促进生活垃圾分类减量办法》以及《上海市推进生活垃圾分类促进源头减量支持政策实施方案》；建立了"绿色账户"制度，对分类较好的市民进行积点奖励，实现了100万户绿色账户的服务覆盖。

另外，为推进生活垃圾分类减量工作，成立了由分管市领导挂帅、19个市相关部门和17个区政府组成的"市生活垃圾分类减量推进工作联席会议"和区级联席会议。

（二）突出问题

市民参与度不高。据科研机构2015年抽样调查，虽然90%以上的市民认为分类有必要，但只有20%的市民参与垃圾分类投放，其中只有10%不到的市民

能够准确投放。"十二五"末,绿色账户覆盖户数仅占总户数的20%左右。目前的分类推进工作中,市民的热情仍然不够高,呐喊者多,参与者少;要求者多,自律者少;埋怨者多,实干者少。

分类利用成效有限。环卫部门生活垃圾清运量的85%以上最终填埋或者焚烧处置,其余20%通过多种方式消化或分类利用。湿垃圾用于堆肥,每天使用量约1000吨,实际产生量在7000吨以上。

(三)原因分析

本市生活垃圾分类存在的问题,固然有市民认知和素质问题,但从当前情况来看,症结首先在于:

一是分类收集和分类运输利用脱节。垃圾分类收集、分类运输和分类处置利用是一个完整的系统。目前,前端分类缺少中间运输和末端利用的有效呼应,分类收集和分类利用环节薄弱。分好类的垃圾,到了运输环节只能混装,谈不上分类利用。即使有一部分分类运输,但缺少利用设施,其结果只能是填埋焚烧了之。缺少分类运输和利用渠道,前端的分类不可避免走向形式主义,而且造成人力物力的极大浪费。

二是缺少有力的推进主体。目前,垃圾分类主要靠政府推动,精力有限,人力物力有限,手段有限,往往吃力不讨好。如绿色账户,基本是老年群体呼应较多。其他社会参与和志愿者活动,往往是一阵风,热闹过后难长久。在本市工作和生活节奏比较快的现实环境中,市民养成分类习惯,不是一日之功。分类收集利用,缺少更有力的主体和机制来支撑和推动。

(四)境内外借鉴

发达国家和地区普遍重视生活垃圾分类,有的精细到上千种之多。随之发达的是它们的回收利用体系。普遍建立了多样、便捷的回收网络,培育了收运处置一体化、规模化的再生资源利用企业(集团)。作为支撑,建立了完善的全过程垃圾治理法规和标准体系。

我国内地城市生活垃圾分类推进起步较晚,但已经取得了初步成效。其基本经验是,在资源化利用环节着力,培育资源化利用市场主体,由市场主体"串联"分类收集、运输和利用环节,打造完整的产业链。如杭州市试点推行的"虎哥模式",由市场化主体虎哥公司负责小区居民垃圾分类的指导工作,提供专业的回收袋,标明需要回收的废物种类,并提供上门培训,上门回收。达到分类要求的,虎哥公司给予积分,市民可以凭积分到虎哥公司开设的超市领取奖励物品。虎哥公司不回收的垃圾,环卫部门统一收运到终端设施无害化处置。虎哥公司建设有自己的大型分拣和加工利用基地,实现回收物的科学处理和利用。政府在设施场地、税收和补贴方面给予支持。"虎哥模式"的优点在于,根据市场需求,有效分类收集,有效利用。分类的主体,以市场化主体为主,带动市民参与。

成都市在餐厨垃圾利用方面，也体现了有效利用推动有效分类的原则。他们在推进湿垃圾生产有机肥综合利用的过程中，有意识避开居民小区厨余垃圾过于分散收集困难的现实，选择单位食堂、大型餐饮企业等餐厨垃圾量大、集中的对象，开展收集运输和处置利用一体化试点，对有关单位提出明确的分类要求，不合格不收运。收集的餐厨垃圾统一委托国内外技术领先的企业，加工生产可以销售国内外的土壤调理剂，运转良好。成都经验的优点也在于分类的有效性，有分就有运，有运就有加工利用，形成治理的闭环。

三、以用促分，形成生活垃圾分类一体化治理体系

（一）方向路径

1. 本市生活垃圾分类推进的指导思想是：实现生活垃圾分类收集、分类运输、分类利用一体化体系设计，努力推动生活垃圾的资源化利用，培育资源利用市场和规模化市场主体，以资源化利用的实际需求和能力，推进前端有效分类，"用什么分什么，用多少分多少"。

2. 本市生活垃圾分类推进的基本原则是：政府引领保障，市场组织实施，社会参与协同，形成共治格局。系统治理，循序渐进，引逼结合，务求长效。

3. 本市生活垃圾分类推进的工作路径是：落实全过程系统治理，打通收集、运输和处置利用环节，形成管理闭环；采取市场化手段，形成收集、运输和处置利用完善利益链条；培育规模化的资源化利用企业。同时，通过长期宣传教育，不断推动社会市民的分类积极性，提升责任意识。

（二）对策建议

1. 以资源化利用企业为主导，培育生活垃圾分类收集、运输和综合利用一体化产业。预设一定门槛，以特许经营的方式，选择具有高技术水平和管理能力的资源化利用实体，整体组织实施约定区域内生活垃圾分类收集、运输和综合利用工作。区域划分可以以一个区为单位，也可以几个区协商联合。

2. 以政策制度为支撑，形成生活垃圾资源化利用设施布局完善、产品应用畅通、补贴扶持准确及时的市场培育环境。

（1）完善生活垃圾分拣回收点、分拣回收中心、综合利用产业园三级设施布局。给予相关设施基础设施定位。从空间集约利用的角度，尽可能依托环卫设施资源，给予必要的拓展补充。其中，大型分拣回收中心建设，可实现生活垃圾与其他垃圾（如建筑装修垃圾）共建共享。对综合利用产业园，可以借各区产业园转型的契机，增加循环经济产业功能。在老港，建设规模最大、技术含量最高的综合性示范园。

（2）制定落实生活垃圾再生产品强制使用制度。政府和公共部门、公共项目

带头使用。对使用再生产品的企业和组织，给予税收等优惠。制定再生产品推广利用目录。进入政府采购绿色通道。

（3）科学设计资源化利用企业的市场盈亏点，应补尽补。加大对低附加值回收物收集利用的扶持。补贴资金来源可以是财政资金，可以是专门向产品生产和流通主体收取的委托回收费，也可以是民间的环境发展基金等。

3. 以法规规范为依托，不断强化居民生活垃圾分类的责任。引逼结合，以市场化机制引导分类，以法规规范强化推进分类。加快制定《上海市生活垃圾管理条例》，强化生活垃圾分类收集、处置和综合利用的引逼机制，依法确定居住区物业和居委、单位法人、市民个人生活垃圾分类的法律责任。

4. 以综合协调为保障，形成垃圾分类治理合力。强化市绿化市容管理部门统筹协调作用，牵头制定全过程垃圾分类治理相关政策，综合平衡各类设施规划布局，协调完善相关法规标准。加强不同管理部门环节上的相互衔接和支撑。如再生资源回收环节，加强绿化市容部门和商务部门的衔接。餐厨垃圾生产土壤护理肥料，加强绿化市容部门与农业部门的应用衔接等。深化落实各区属地管理责任，细化落实各区垃圾治理中设施建设和处置利用管理责任。依靠基层，推动街镇、居委会、物业公司等作为不同责任人积极参与垃圾分类和处置利用工作。

最后，通过广泛持久的生态文化宣传教育，不断增强社会市民的环保意识和责任意识。通过各种渠道和手段创新，努力营造全民参与垃圾分类治理的环境。从娃娃抓起，从义务教育阶段开始，以垃圾分类治理为教育重点，进教材、进课堂、进实践，深化教育实效。

（本文写于2017年）

生活垃圾分类不畅的症结在利用薄弱

近年来，生活垃圾分类工作，受到了上至中央下到地方的高度重视，相关管理部门投入了大量人力物力，各种生活垃圾分类活动也一度搞得颇为红火，但实践结果却差强人意，甚至令人沮丧，以上海为例，据有关科研机构 2015 年抽样调查，虽然 90% 以上的市民认为分类有必要，但只有 20% 的市民参与垃圾分类投放，其中只有 10% 不到的市民能够准确投放。面对下一步的分类工作，管理部门焦虑的心情与日俱增。生活垃圾分类，似乎遇到了一个"死结"。

解开这个"结"，笔者认为要回答好三个问题。

第一个问题，为什么要分类？ 这个问题明白了，大家才能在情理上认可，行为上有主动性。生活垃圾分类的原因，主要是三个方面：一是可以减轻终端处置设施的压力。目前，生活垃圾的处置，以终端填埋和焚烧为主，由于生活垃圾量增长迅速，加上建筑垃圾、工业垃圾、市政污泥等其他种类垃圾缺少处置设施，混入生活垃圾处置体系，现有的生活垃圾终端处置设施压力巨大。上海每天生活垃圾终端处置能力约 23000 吨，近两年实际处置量都超负荷，极端情况每天处置量超过 30000 吨。二是可以节约宝贵的自然资源。"垃圾是放错了地方的资源。"生活垃圾从内容上看，大部分其实是可再生利用的资源，如干垃圾中的纸张、塑料、玻璃、金属、布料、橡胶、电子零部件等，可以作为加工原料或者经处理直接利用；湿垃圾中的菜皮、果壳、米面和鱼肉剩余等，可以通过生物手段制作有机肥种植花草或者用于农田增肥。一些大件废弃物，如旧电器、旧家具、旧交通工具等，更是可利用性强。境内外发达城市，生活垃圾回收利用都达到 80% 以上水平，甚至超过 90%。

上海市公布的综合利用率只有 25%。三是可以提高市民的环保意识。通过垃圾分类活动，让广大市民了解自身废弃物排放对自然和社会的影响，提高环境保护意识，提升个人生态文明素养，培育良好的生活观念和习惯。

第二个问题，如何分类？ 一般认为，如何分类是解决收集环节分几类的问题，实际上，如何分类，是解决分类收集、分类运输和分类处置利用一体化的问题。我们既有的分类工作，往往只侧重收集环节的分类，而忽视了分类是一个完整过程的闭环！现在大家反映的生活垃圾分类成效不佳，主要是指收集环节。症结其实是，利用环节的薄弱和缺失，让前端的分类收集失去了意义，失去了动力，也挫伤了市民的积极性。上海每年约 800 万吨的生活垃圾，600 万吨最终被填埋和焚烧，综合利用设施和技术跟不上，分类收集后又多数混装。良性循环的分类，一定是大力推动综合利用，用什么分什么，用多少分多少，实在不能用或者没有能力用的，就不用分类，直接终端填埋或焚烧。

第三个问题，谁来分类？ 目前主要是政府指导和引导市民进行分类，虽然借助一定的激励手段，取得了一些成效，但整体效果不好，市民消极应付多，积极性不高，尤其是长期坚持困难。我们要认识到，市民素质和意识的提高，需要一个较长的过程，从当前的实际出发，需要更有效的责任主体，并有效解决动力机制问题。让市场发挥作用，调动经济实体的积极性和能动性，正是治本之道。分类的症结在利用，解开这个"结"，需要发挥综合利用企业或实体的主体作用，实现分类收集、分类运输和分类利用的协同，杜绝前端分类的盲目性。政府的作用是做好制度支撑，包括设施规划和扶持政策的制定和落实、法规规范的完善、技术和应用标准的建设实施等，并打破部门管理的藩篱，形成综合管理合力。

总之，生活垃圾的分类，是一项系统工程，需要系统施策，体现全过程管理理念；同时，实事求是解决好动力机制问题，强化分类推进的科学性和有效性，是实现垃圾治理创新突破的关键。

（本文写于 2017 年）

成都市中心城区餐厨废弃物资源化利用基本情况和启示

一、基本情况

2012年开始,成都市积极开展了中心城区餐厨废弃物无害化和资源化利用试点,并与当地农业土壤改良紧密结合起来,取得了积极成效。基本情况梳理如下:

根据2012年正式实施的《成都市餐厨垃圾管理办法》,从2013年9月起,成都市城市管理委员会(原城管局)开始分批对中心城区的餐厨垃圾实行统一收运,集中无害化处理。

成都市区餐厨废弃物产生量约为每日600吨,由环卫作业部门收集和运输。其中,中心城区的省、市区党政机关、事业单位、医院、学校食堂以及大中型宾馆、饭店与环卫作业部门签订合同,约定餐厨废弃物的收运价格、品质要求(指其他生活垃圾掺杂量、废弃物含水率)等内容,由作业部门收集后送至餐厨废弃物循环利用厂。

该利用厂位于成都市郊区,占地30亩,一期日处理能力200吨,为北京某生物科技公司的BOT投资项目,不含土地费用的投资额为8300万元,运营期限15年,处置价格通过公开招投标方式确定,最新的中标价格为200元/吨。利用厂以餐厨废弃物为原料,以4:1的比例将农业秸秆、禽畜粪便作为辅料,通过其拥有发明专利的"采用餐厨废弃物制备生物腐殖酸的技术与工艺",生产用于土壤改良的农肥,产品拥有农业农村部颁发的全国唯一以餐厨废弃物为原料的"土壤调理剂"肥料登记证。

据厂家介绍，该产品具有安全性和性价比高两个主要竞争优势。从安全性而言，产品是全国首个通过国际、国内双重有机标准认证的有机类肥料，14项指标（包括9项重金属指标）全部达标，符合欧盟、美国和日本的有机标准。从性价比而言，该产品价格比同类产品低三分之一，见效时间少一半。产品主要销往成都市周边农场、农业合作社等单位，用于土壤改良。该公司还与包括中化化肥在内的央企有销售渠道的合作，产品可以全国销售。

二、突出特点

在成都市的餐厨废弃物处理过程中，有以下几点值得我们注意：

一是餐厨废弃物的资源化利用以末端处置能力决定前端的收运要求。从量而言，后端餐厨废弃物资源化处理能力为200吨，前端就只收200吨的餐厨废弃物，另400吨餐厨废弃物进入生活垃圾处置设施。从质而言，后端资源化处置对于餐厨废弃物的品质要求，由前端收运环节把关，后端处置与收运部门、收运部门与产生单位，都对废弃物的品质有合同约定。不符合要求的，后端处置厂可拒收，收运部门可要求基层管理部门对产生单位进行劝诫整改。

二是采用特许经营模式。成都市与处置厂签订的是15年的BOT合同，一方面降低了政府的投入；另一方面也鼓励处置企业进行长期投资，保证了处置厂的收益。

三是资源化产品应用有农业农村部和成都市农业部门的双重支撑。除了农业农村部对项目有扶持资金，成都市农委也出台协助推销、鼓励使用等各类扶持政策，产品销路畅通。

三、对上海的启示

上海餐厨垃圾逐年增长,近几年每年递增达11%。2016年,日均产生量达到1009吨,全年达到约37万吨,主要来自餐饮单位及单位食堂以及食品加工和流通企业。餐厨垃圾收运主要由各区环卫公司完成。处置场所有16家。资源化利用率75%,其他25%全部无害化处理。

目前,餐厨垃圾资源化利用整体质量不高,表现为:一是专业处置能力低,具备专业处置资质的场所只有6家,日处理量400吨,只占总量的40%,应急处理占到一半;2016年后随着邦旭公司停业,专业处置量低于40%,应急处置量达到60%。二是资源化利用企业规模小,基本在50~150吨/天;产品技术含量低,没有标准,销路不畅,靠企业自助消化;盈利能力弱,处于维持状态。三是扶持政策少,企业都是临时用地,随时面临整顿命运;没有环评支撑;设施建设缺少正规资金投入;补贴和税收扶持政策跟不上,没有盈亏保障机制。

上海正大力推进餐厨垃圾的资源化利用工作,借鉴成都市经验,应大幅提高餐厨垃圾处置利用的技术和工艺水平,提升处置利用企业的规模和能级,形成良性的收运、处置利用互动机制,完善科学的激励和保障措施,营造良好的产品应用环境。具体为:

1.明确餐厨垃圾处置利用的技术路径和工艺。采用国内领先和国际先进的技术和工艺,大幅降低环境影响,大幅提高产品标准,力争达到国内外销售水平。

2.通过整合、引进等打造规模化、示范型的资源化利用企业。扶持既有企业升级换代,积极推进企业整合归并;或者引进国内外先进企业集团,提高整体处理能力和水平。在全市形成3~4家日处理能力500吨以上的规模企业。为居民餐厨垃圾、农业垃圾和污泥等资源化利用预留一定空间。

3.收运处置一体化设计。首先明确资源化利用规模和特点,进而对餐厨垃圾分类收集规模和品质提出要求。动态调整,形成收集运输和处理利用的良性互动机制。

4.加大投入和政策保障。形成科学的收集运输和处置利用利益保障机制。设施应投尽投,产品应贴尽贴,亏损应托尽托。尝试BOT、PPP等多种政企合作方式。

5.结合土壤改良深化产品应用。积极与本市土壤改良衔接,发挥其应有作用。上海现代农业"十三五"规划提出了耕地质量(一二等地占比)从2015年的53%提高到2020年的60%目标值。2016年《上海市耕地质量保护与提升实施方案》提出,保护提升土壤肥力,提高土壤碳汇,每年实施土壤修复改良面积1.5万亩,推广商品有机肥不少于90万吨。有关绿化市容,农业部门要形成管理合力。

(本文与严德华合写于2017年6月)

深圳市拆房建筑废弃物资源化利用经验与启示

深圳市的建筑垃圾,主要分为工程弃土(相当于上海的工程渣土和泥浆)、拆建物料(拆房建筑废弃物,相当于上海的拆房垃圾和工程垃圾)两大类,由住房和建设行政主管部门监管。装修垃圾属于生活垃圾的范畴,由城市管理行政主管部门监管。

近年来,随着深圳市城市建设和城市更新步伐的不断加快,房屋拆除工程日益增多,每年产生的建筑废弃物(拆建物料)超过1200万吨。这些建筑废弃物不能充分综合利用,不但造成资源浪费,而且占用大量土地资源,给本来就紧张的收纳设施增加了巨大压力。为加强房屋拆迁工程施工及建筑废弃物处置管理,保障城市公共安全,促进循环经济发展,深圳市积极发挥经济特区先行先试优势,通过政策法规、激励机制、试点示范等措施,大力推进建筑废弃物减排与综合利用。自2010年以来,累计处理利用建筑废弃物超过2000万吨,生产再生建材产品(含骨料)达1200万立方米,节约填埋土地2000亩,实现产值15亿元,环境效益和经济效益较为显著,初步实现了建筑废弃物综合利用产业化和规模化发展。其主要做法和启示是:

一、主要做法

1.坚持政策引领,依法推进。通过不断完善政策法规,推动工作的开展和深化。目前已先后完成政策法规和规范性文件7项:

(1)《深圳市建筑废弃物减排与利用条例》(2009年10月

印发）。条例规定了"建筑废弃物的管理遵循减量化、再利用、资源化的原则"。条例还明确了监管主体和实施主体的责任，规定"市、区人民政府建设行政管理部门是市建筑废弃物减排与回收利用的主管部门"。"建设单位编制项目可行性研究报告或者项目申请报告，应当包含建筑废弃物减排与回收利用的内容，因此产生的费用列入投资估算"；"新建工程项目的建设和既有建筑物、构筑物、市政道路的拆除，建设单位应当编制建筑废弃物减排及处理方案，在工程项目开工前报主管部门备案"；"鼓励施工单位在施工现场回收利用建筑废弃物。施工单位应当优先将施工现场产生并且可以利用的建筑废弃物作为填充物回用于建设工程。鼓励回收利用企业进入施工现场，利用建筑废弃物移动处理设备回收利用建筑废弃物"。

（2）《关于在政府投资工程中率先使用绿色再生建材产品的通知》（深建字〔2010〕126号）。

（3）《关于进一步加强建筑废弃物减排与利用工作的通知》（深府办函〔2012〕130号），大力推动政府投资工程使用再生建材产品，同时要求具备条件的拆除重建类城市更新项目在现场实施建筑废弃物综合利用。

（4）《深圳市绿色建筑促进办法》（市政府令第253号，2013年7月颁布），在绿色建筑中全面使用绿色再生建材产品。

（5）《深圳市建筑废弃物运输和处置管理办法》（市政府令第260号，2013年11月印发），主要规定了如何对建筑废弃物排放、运输、中转、回填、受纳、利用等处置活动及其监督管理。

（6）《关于开展建筑废弃物综合利用信息统计工作的通知》（深建节能〔2015〕20号）。

（7）《深圳市房屋拆除工程管理办法》（深建节能〔2017〕6号）。该办法主要针对原有拆除工程中房屋拆除、建筑废弃物综合利用分离，拆除施工和综合利用企业间利益不一致的矛盾，提出在确保施工安全的前提条件下，实行房屋拆除、建筑废弃物综合利用及清运一体化管理。明确"房屋拆除工程承包单位应具有相应施工资质及建筑废弃物综合利用能力。不具备建筑废弃物综合利用能力的施工企业，应与具备该能力的企业联合承包房屋拆除工程"。如果综合利用企业

具备相应拆除工程施工资质,可单独承接房屋拆除工程。办法还强化了各区建设行政管理主管部门属地管理责任和规划国土、城管、环保、交通运输、水务、公安、安监等部门职责内的监管责任。强化了拆除工程信息统计报告制度、备案制度。

另外,还制定了技术规范两项:《深圳市建筑废弃物减排技术规范》(2011年9月21日发布),《深圳市再生骨料混凝土制品技术规范》(2013年12月28日发布),综合利用有"规"可循。

2. 依靠规模企业推进,通过示范项目突破。通过公开招标,引进和扶持规模化综合利用企业。建筑废弃物综合利用在政府投资项目、城市更新类项目中先行先试。

《深圳市房屋拆除工程管理办法》明确,现场处理利用的,移动式现场处理设备应具有分拣、破碎、筛分、除尘等功能。处理能力应不小于1000吨/天,资源化利用率≥95%。固定厂处理利用的,处理能力应不小于100吨/天,资源化利用率≥95%。按照要求,建成绿发鹏程、汇利德邦、申佳原环保、永安环保、钰杰环保、鼎浩建材6家固定式综合利用厂,设计处理能力700万吨/年。同时开展了9个移动式现场处理项目。

示范项目积极探索移动式现场处理。先后完成了南科大校园建设项目、鹿丹村旧改工程、南山建工村改造(二期)、落户棚改等35个建筑废弃物现场综合利用,近400万吨就地绿色消化和循环再利用。2017年,在罗湖棚改项目中,进一步得到推进。

案例一:深圳市绿发鹏程科技环保有限公司

作为深圳市6家建筑废弃物综合利用固定式生产企业之一,是龙岗区"特许经营项目",注册资本2000万元,实际投资6500万元,占地50000平方米,拥有循环经济园区,融研发、处理、生产、运输、销售和服务为一体。专门回收处理建筑废弃物并生产再生骨料、各种市政砖石、轻质墙板、干混砂浆等系列规格产品,用于市政道路、广场建设。获得13项实用新型专利、1项发明专利,制定4个再生产品企业标准,自主创新的生产线技术成果行内先导,国际先进。

目前,在龙岗区投资运营年处理能力100万吨以上建筑废弃物综合利用项目;2011年中标九窝综合利用项目,目前在施工建设中,是绿色循环利用的示范性生产线,代表世界资源循环利用与低碳产品制造最新潮流,市场前景广阔。作为深圳循环经济示范项目和建筑废弃物回收利用典型示范企业,公司项目已经推向伊朗、中国香港等,创立了中国建筑废弃物再生利用的"深圳模式"。

案例二:罗湖棚改

罗湖棚改是深圳首个棚改项目,罗湖"二线插花地"棚改体量十分巨大,情况极其复杂,被业界称为"中国棚改第一难"。经初步估算,罗湖棚改项目将产生约160万吨建筑固体废弃物。若将这些建筑固体废弃物装入单次运输能力为 20 立方米的"泥头车",车辆首尾相连可达 500 公里。

2016 年 3 月进行承接主体招标时,罗湖区便设置了 70% 以上建筑固体废弃物必须现场"吃进去"的指标,即将建筑垃圾综合处置后变成循环建材,并明确写入招标要求中。作为罗湖棚改的承接主体,天健集团针对项目建筑固体废弃物的实际情况,制订了相应的综合利用方案,投入 6000 多万元购置各类建筑拆除及移动设备,形成了节约资源和保护环境的新型生产方式,从源头上扭转拆迁造成的生态破坏。天健集团的施工团队会首先通过分步拆除、分步分拣的方法对建筑废弃物进行预分类。如先清理待拆除建筑中的生活垃圾,并进行检查确认清理干净后开始下一步工作;再拆除建筑门窗、管线、装修等,组织力量分类清理,并进行检查确认清理干净后开始下一步工作;最后拆除建筑物,并将建筑物中的钢筋、管线等进行机械分拣和人工分拣。由于罗湖及周边较近区域无法提供建设固定式建筑废弃物生产线的场地,天健集团此次采购了德国生产的"克磊镘"移动破碎设备,对建筑固体废弃物展开现场处理与综合利用,由拆除而产生的建筑材料经过破碎与筛分,直接用于道路垫层回填及其他大型工程项目,基本上可以实现百分之百的循环利用。理论上,"克磊镘"每小时可"吃"掉 350 吨建筑垃圾。目前,罗湖棚改项目共配备了 3 套"克磊镘"设备。

天健集团制订的综合利用方案中,将建筑废弃物资源化利用分为三个级别:一是初级利用,即现场分拣破碎,将建筑废弃物处理成的石粉或砖粉(0 至 10mm 尺寸的材料),用作一般性管沟、基坑回填,约占总处置量的 50%;二是中级利用,即将建筑废弃物处理而成的再生骨料(10 至 31.5mm 尺寸的材料),经过处置加工成骨料,用于低标号道路垫层、水稳层、低标号混凝土等,约占总处置量的 30%;三是高级利用,按照一定的工艺,将建筑固体废弃物加工成透水砖、路缘石、内隔墙等再生制品,将项目废除的沥青路面生产再生沥青混合料用于道路建设。

截至 2017 年 5 月中旬,罗湖棚改房屋已拆除近 800 栋,占比过半;已完成了 70 万吨建筑废弃物的破碎,其中石粉计划生产量为 30 万吨,骨料计划生产量为 40 万吨。据估算,该项目消纳城市建筑垃圾 160 万吨,可节省因放置垃圾而占用的土地约 100 亩;项目生产的骨料代替天然骨料,可减少对不可再生矿产的开采,部分再生建材产品取代黏土砖,每年可节省取土 20 多万立方米,节省耕地约 100 亩。此外,还将大量减少二氧化碳、二氧化硫等有害气体排放。

罗湖棚改建筑废弃物综合利用的实施能起到很好的示范带动作用,为建筑垃圾的"减量化、资源化、无害化"和建筑垃圾综合利用"产业化"探索合理的运行模式。

3. 加强组织保障,整合管理职能。从市级层面高度重视,加强组织,落实责任,积极推动管理职能的有效整合。

(1)成立了由市委常委挂帅的建筑废弃物综合利用推进领导小组,定期召开会议研究问题，督导工作开展。

（2）将建筑废弃物综合利用纳入全市每年生态文明考核评价。从重点考核建筑废弃物综合利用量，逐步向移动式现场处理、再生建材产品应用、预拌混凝土企业使用再生骨料情况等指标延伸，促进各区扶持和发展建筑废弃物减排与综合利用。

（3）落实激励措施。通过循环经济与节能减排专项资金和建筑节能发展资金等，累计对企业（项目）补贴资金超过3000万元；先后对塘朗山、部九窝、新屋围（在建）等综合利用项目实施"零地价"政策，对相关项目象征性收取每年1元地租。环保部门积极引导和帮助相关企业和项目提高环境保护能力。

（4）整合优化管理职能。强化建设行政主管部门综合利用管理职能。2016年3月，把原属于市城市管理主管部门的建筑废弃物受纳管理职能、原属于市应急办的建筑废弃物运输专项治理职能，划归市建设行政主管部门，与原建设行政主管部门内科技工业处的综合利用职责合并，成立单独的市建筑废弃物管理办公室，统筹建筑废弃物排放、运输和综合处置工作。市建废办成立后，先后制订了《深圳市建筑废弃物综合处置工作方案》和《2017年度深圳市建筑废弃物处置工作实施计划》。

下一步，深圳市的工作主要突出以下几点：一是解决综合利用设施用地问题，计划在所有具备条件的受纳场均配建综合利用项目。二是直接对废弃物综合利用企业进行常态化资金补贴。三是制定施工图审查要点，明确新建、扩建或改建的建筑工程、市政工程、水务工程和景观工程中应用建筑废弃物再生产品的施工图设计文件技术审查要求。四是扩展再生建材销路，要求新建政府投资工程在指定工程部位全面使用再生材料，其中房屋建筑项目及配套市外工程（含基坑回填、基础和地下室砌筑等）再生建材使用总量原则上不应低于同类建材需求总量的50%，市政项目不低于80%。五是借鉴香港经验，研究制定建筑废弃物分类排放收费标准，对未经分类的废弃物收取高额排放费。六是由大型国企牵头成立深圳市建筑废弃物综合利用行业协会，建立符合科学的评估体系。

二、对上海的启示

上海和深圳一样，近年来受建筑垃圾处置难的困扰。就拆房垃圾来讲，近两年来，因为环境综合整治的强力推进，拆房垃圾数量剧增，2015—2016年，共计拆除房屋6000多平方米，约5000万吨，由于终端消纳场所有限，加上外地消纳渠道关闭，只能在各区临时堆放，必然带来一系列环境和民生问题。另外，每年建筑工地产生的工程垃圾，主要是混凝土块，也有近700万吨。综合利用方面，拆房垃圾综合利用非常有限，工程垃圾虽然开展了综合利用探索，每年约300万吨，但4家企业5个处置点普遍规模小，技术含量低，产品缺少标准，环境影响大，场地都属于临时用地，随时面临被取缔的命运。不论拆房垃圾还是工程垃圾，均需要加大综合利用力度，减轻终端消纳场所的压力，提高资源利用效率。对此，深圳的探索有诸多启示：

1. 各级领导高度重视，把建筑废弃物处置作为提高全市环境质量的重要内容，把循环利用作为废弃物处置的重要方向。从市级层面加强组织推进，层层落实各级政府的责任，作为生态文明建设考核的内容。适当整合相关管理职能，强化主管部门的统领作用。

2. 出台政策法规，明确建设单位综合利用第一责任人职责，减排和综合利用产生费用列入投资预算；项目设计方案纳入再生建筑材料使用计划；项目施工方案纳入建筑废弃物综合利用计划。明确能现场处置利用的，必须在现场处置利用；不能现场处置利用的，联合综合利用企业进行成品加工。对不分类不分选建筑废弃物外运大幅提高排放费。

3. 扶持高水平综合利用企业发展。预设技术和处置能力门槛，通过项目招标选择综合利用企业，明确企业综合利用技术、工艺、产品标准要求，明确政府土地、资金、税收、采购优先及其他扶持政策保障。

4. 鼓励大型建筑科学企业牵头组建建筑废弃物综合利用行业协会。充分发挥行业协会作用，形成团体标准，力争成为行业标准。政府在自身投资项目、城市更新项目及重点区域开发项目中，明确使用再生产品的部位和比例（数量）。

（本文与严德华合写于2017年6月）

05
房屋土地管理

上海 10 年，"房""产"争位？

房，为人所居；产，追求最大化经济效益。

房产，通过商品手段提升居住，但过度的房产投机影响居住。

上海，居住解困促成了住房的商品化。房产作为一种产业产生了神奇的联动效应。但"支柱产业"的过分强调淡化了促进居住的初衷。手段一度成了目的。

房产的宏观调控，是向居住功能的理性回归。

从计划经济条件下捉襟见肘的"公房廉租"，到社会主义市场经济鼓舞下的"住房商品化"，再到和谐社会倡导的"以居住为主、以市民消费为主、以普通商品住房为主"，概念的演绎，似乎正在印证否定之否定的辩证法规律。只有这样，才能维护公共利益与发展市场经济并行不悖。

——作者感怀

一、"空梅"上海

2005 年 6 月底的上海，梅雨似乎久等不来，提前到来的酷暑折磨着马路上的行人。经常因为预报不准而受到质疑的气象学家，创造性抛出"空梅"一词，难为他们了，气候似乎已经没有规律可循。

同样郁闷的还有上海的房市。自年初国家和上海市政府连续"组合拳"调控房产，连续一个月成交量萎缩，市场笼罩着浓厚的疑云，政府、开发商、投机客、购房客，多方的角力白热化了。

二、谁在喊房价高

张小姐在一家事业单位工作，地点在徐家汇地区的宛平南路上，也算上海的黄金地段。1998 年她刚来上班时，望着隔壁的 A 公寓羡慕地说，能有一天住进那种房子就好了。当时只是笑话，因为该公寓的房价据说是 6000 元一平方米，一套房子就是 50 万元，天价呀！1999 年结婚，她用父母的钱付首期，在漕宝路上的 B 花园购买了一套住房，单价 3500 元，总价 35 万元，在年轻的同事中引起一阵惊叹。

到了 2002 年，张小姐悄悄搬进了 A 公寓，单价在 8000 元左右，总价近 100 万元。B 花园的房子出租，租金每月 2000 多元。

张小姐为何如此神通广大？她说是赶上了好时候，抓住了好时机，在上海楼市低迷，政府着力推动的时候，"听了党的话，借了银行的钱，买了卖不出去的房"。买 B 花园时，许多老同志都来提醒她，当心风险，吃不了兜着走。当时 A 公寓边上正在建造徐家汇花园，定价 4500 元左右，因为临街，卖得不好。

时间回到 2005 年 6 月。上海内环以内的房价达到了平均 17000 元一平方米。徐家汇作为黄金地段，房价自然可知。连张小姐也说，做梦也难想，自己住在价值超百万的房子里，而且有两套房。每月的还款压力也不大。

和张小姐同时或者稍晚购房的同事，虽然没有张小姐的"财大气粗"，但一个个都坦然，眼看着房价井喷，庆幸之余是后怕。而那些瞻前顾后的同事，只剩下后悔，进而愤怒了。

和张小姐一样"任凭风浪起，稳坐钓鱼台"的，还有早期的动迁户。20 世纪 90 年代初，上海为了发展经济，改造城区，进行了大规模的动迁。从最初的实物补贴（配房）到货币补贴，不论是"数人头"还是"数砖头"，因为房价较低，动迁户都得到了极大的实惠，很多家庭一下子拥有了几套房，过起了靠房租生活的安逸日子。

根据有关统计，上海拥有两套住房的家庭比例在 23%，拥有三套住房的比例为 3%。

同样的幸运就不会降临到乔先生身上。乔先生毕业于南开大学金融系，2002 年来上海，在一家有名的房地产投资公司工作，年薪 10 万元，但面对节节高的房价，还是一筹莫展。粗略计算，一套 80 平方米（实际上很少有这种"小"房型）住宅，60

万元就要住到郊区，首付20万元，每月还按揭，加上养家糊口，实在是紧紧巴巴。乔先生还算中层，其他进公司的年轻人年薪不过六七万元，购房就只有做梦了。加上过高的生活成本，实在是非常艰难。从2004年开始，乔先生很多年轻的同事都选择了离开上海。

一些上海长大的年轻人，只要是近两年毕业的，也是一头茫然。好在有爷娘，靠一靠，但还是希望以后能单独生活。

据统计，每年上海大中专、技校毕业而新增的就业人口（包括新进和本土）在5万左右（2002年为5.01万人，2003年为5.71万人）。

苦了的还有部分动迁户。笔者的一个同事的父亲住在南外滩的石库门里，去年动迁，按照"数砖头"政策，30多平方米，每平方米补偿价10000元，总价30万元。但拿着30万元，老人却买不到合适的房子。上海比较偏僻的镇上的房子，一套都超过了30万元，何况交通不便，就医购物不便，对一个长期生活在市区的老人，无论如何不合适。上海近两年因拆迁造成的社会矛盾不断，这方面是一个重要原因。

表1　2005年6月底上海住宅大体均价（元/平方米）

内环以内	中内环间	中外环间	外郊环间	郊环以外
17000	12000	7600	6300	4400

注：根据《每日上海楼市数据》2005年6月21日—30日综合得出的价格范围

三、上海的房价究竟高不高

高不高，是相对而言的。

高不高，需要有正面和负面的评估来决定。

如果和历史比，上海的房价肯定是高的；如果横向与其他城市比，上海在中国也是最高的城市之一（如图1所示）。但这种比较是没有意义的。因为它并不必然传达合理性或不合理性。

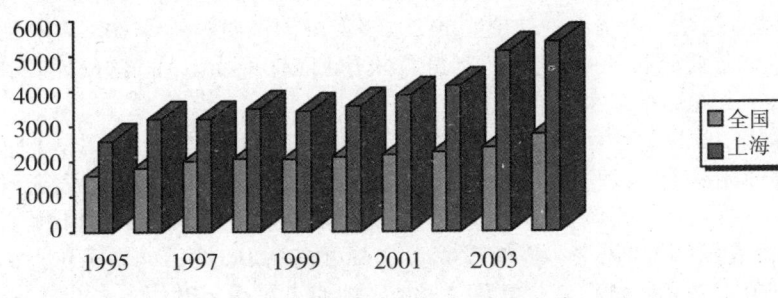

图1　近10年上海与全国房价走势

有一种评价房价高低的方法看似合理,其实是很偏颇的。就是凡事打通仗。比如说上海2004年人均可支配收入为17000元,三口之家为50000元,节余约30000元,而外环内房均价8600元,按照普通两居室70平方米计算为60万元,房价与节余比为20∶1,而国外一般为10∶1,由此断定上海的房价超出了普通市民的承受能力。实际上,平均往往不能说明问题,因为一家一户的情况是不同的。

按照我们前面的粗略分析,现在上海的房价对一部分人来讲,比如前几年购房者,不受直接影响;对另一部分,则是太高了,比如近两年入沪的"新上海人",或动迁户,以及现在仍然居住在旧式里弄没有能力改善居住的人群。

过高的房价,提高了上海的商务成本,对经济的发展将产生负面影响。人才外流,经济实体外迁,连联合利华之类的大公司也主动把制造车间撤离了上海。上海的招商也受到了影响。浙江温州某著名电器集团落户上海,随同来上海的员工因为意想不到的高生活成本暗暗叫苦,连管理层也感到生活压力增加。

担心房价过高的,还有政府和银行。房价过高背后有着市场的激烈投机行为,投机的最坏结果意味着市场的崩盘,进而引起经济的地震。

在上海,房产是经济的重要引擎之一。2001年,仅住宅产业一项,其增加值对GDP的贡献率就达到10%。2003年,全市房地产投资达900亿元,其中住宅投资694.30亿元,占到当年全部固定资产投资(2452.11亿元)的28.3%。对装饰、建材等行业的带动作用更是难以估量。房价的波动,对上海经济影响不言而喻。

同样紧张的还有银行。一方面,投入房地产市场中的大量资金,很大一部分是银行资金。我国开发商的入市门槛很低,为了活跃房地产市场,一开始仅要求他们的自有资金达到20%,大部分的钱靠贷款,国有银行盈利渠道少,房产是难得的"绩优股"。这种背景下,催生出一批有胆量的开发商,四两拨千斤,靠微薄的原始资金,杀进资金密集的房地产业,赚了钱的刺激又鼓励他们再大地投资,再大地贷款,实际上资金链相当脆弱,管理十分粗放,一旦一个项目卡壳,极有可能满盘皆输,最后把银行也拖入深渊。另一方面,大量的个人住房贷款也加剧了银行的风险。截至2005年2月末,上海市中资金融机构商业性房地产贷款余额3715亿元,占全部贷款余额的29.3%。中国工商银行到2004年11月个人住房消费贷款就超过4000亿元,利息收入达到250亿元,占该行总利润的四分之一多。(《上海房地》2005年第6期)

国际化了的上海还面临着国际投机资金的威胁。境外资金以人民币升值为赌注,也大肆购买上海的房产。据分析,一旦人民币升值,境外投资者将获得双重收益,一部分是人民币资产的升值利润,另外是汇率变动收益。根据测算,房价上涨5%,人民币升值5%,境外投资者收益可提高10.3%;如果房价上涨15%,人民币升值15%,收益率就提高到32.3%。即使人民币不升值,也能从房产价格上涨中获得收益。甚至有意炒高房价,把房地产变成自己的"提款机"。(张宇:

《当前"房地产热"背后的三重博弈》，上海证券报 2005 年 6 月 27 日）

房价高不高，还要看市场的投机程度。投资的非理性构成投机。1996 年，上海开始实行外地人买房可以获得蓝印户口政策。2001 年 8 月 1 日，内外销商品房正式并轨。政策推动了外来购买。一开始，是有意来上海定居的居住性购买，但随着上海生活和工作环境的改善，住房价值的提高，投资性购买逐渐增加。根据统计，2002 年，境外和外地人士购房占到总量的四分之一。2003 年一度达到 50% 以上，甚至出现了地区性购房团。有数据表明，目前上海商品房三分之二由外来者（国外、境外、市外）购买。香港第一太平戴维斯最新调查结果，上海新建高档住宅 70.4% 的购买者为境外人士。（《联合早报》2005 年 6 月 25 日）持续上涨的房价给购房客带来了丰厚的收益，也激活了投机的心态。通过银行贷款批量购房，甚至与开发商合作炒房，不少媒体也在利益驱动下为房产鼓吹，房市发生了扭曲，产生了所谓的"泡沫"。"泡沫"不是投资的产物，而是投机的产物，是经济发展的"出轨"，必然带来危害。

投机的严重程度，业界没有统一的声音，甚至分歧很大。但公认的是，投机已经存在，需要防范，尤其境外资金。

四、上海的房价为什么高

上海市统计局有关专家统计显示，1995—2004 年，上海商品房平均销售价格，10 年间平均涨幅为 8.5%，从每平方米 2572 元上涨到 5380 元。与全国城市比，也快于同期平均水平（6.3%）。四大直辖市比较，也以上海为最（上海于 2003 年开始超过北京）。

房价节节高升的背后，是上海人解决居住难题产生的一个传奇。市民住房质量极大改善，上海经济实质性跨步，上海城市化日新月异，上海初步树立了国际化城市的形象。当然，房价近两年（也仅仅是近两年）的不合理攀高，也反映了政策探索时期出现的偏差，呼唤理性的调整和回归。

1."逼"出来的商品化

1949 年新中国成立的时候，上海的人均居住面积为 3.9 平方米。以后历经努力，30 年后的 1979 年，也只提高到了区区 4.3 平方米。当时的上海，几代人挤在一间房司空见惯，笔者曾看到过当时的一些图片，简直是让人瞠目结舌。

政府为解决居住这个老大难问题绞尽脑汁。但当时实行的是统建、统配、统管、低租金的福利房制度，由于当时的政府经济实力很弱，根本没有太多的资金用于住房建设，而低租金制度使得房管部门入不敷出，住房维护只能维持在低水平。

1980 年，邓小平提出了住宅商品化的总体构想。接着，中央也确定了推行住房商品化的政策。上海市通过积极研究，打破传统的无偿分配制度，提倡"自食其力",树立"买"的观念。为此,上海市一方面提租促买,一方面引进公积金概念,提高广大市民的购买实力。1998年,上海市明确提出了"住房供应社会化、住房分配货币化"的思路,斩断了部分市民等、靠、要的旧思想;同时,相继出台已售公房上市、不可售公房差价换房、"365"危棚简屋改造和消化空置房"搭桥"政策,推动住房的市场化。银行系统也积极参与进来,为市民购房提供低息贷款(从1995年10年以上贷款利率14.76%下降到2004年的5.31%,1999年9月21日后贷款期限延长到30年)。市民可以通过"自己出一点,公积金补一点,银行贷一点",实现自己拥有住房的梦想了。为鼓励购房,相关部门也推出了各种措施,购房退税,财政补贴,再加上许多单位货币化补贴的陆续落实,买自己的房,在上海人心里终于由不敢相信,变成了巨大的热情。1999年,上海住房销售量第一次超过建设量,上海的房产业在经过一段时间的徘徊后,终于一发不可收(如图2所示)。

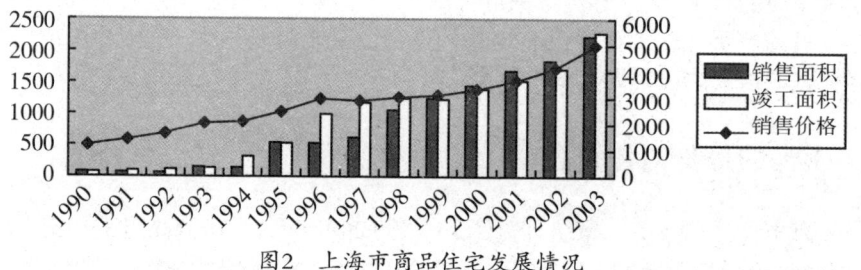

图2　上海市商品住宅发展情况
（左轴单位：万平方米　右轴单位：元/平方米）

2000年,上海市区人均居住面积11.8平方米,困扰了上海人几十年的住宅短缺得到根本缓解。2002年,市区人均居住面积超过13平方米。上海房价的温和走高,体现了上海人不断走高的购买力和生活水平。

2."神奇"的"商品化"

住房的商品化催生出现代意义上的房地产业。

而其实,房地产,对于有着不平凡近代史的上海,似乎并不是什么新鲜事物。早在19世纪中叶,随着上海的开埠,外国商人开始把资本主义的房地产经营移植到上海。最早的外商靠"两土"(烟土、土地)起家,依仗租界特权经营房地产业,获取暴利。而公共租界财政收入的75%来自房捐地税,他们用这些捐税进行城市建设。"外商从事房地产经营在攫取巨额利润的同时,加速了上海的城市化,使上海由一个50万人口的县城,发展成为400万人口的大都市,产生了一批中国房地产企业家。"[桑荣林:《上海房地产志(序言)》,上海社会科学出版社]

1996年,上海市为"解困"而商品化的实行过程中,似乎猛然有了新的发现：住房商品化是一根神奇的经济"魔棒"。当时恰逢我国"九五"计划第一年，国民经济强劲发展，市场兴旺，上海的发展也面临着千载难逢的机遇。如何保持经济的持续增长势头，关键问题是刺激消费，增加市场最终需求，形成新的经济增长点。当时上海市政府敏感地察觉到，上海人吃、穿、用等问题基本解决，今后最大的消费热点可能就是住房。加快住房制度改革，把居民的住房消费推向市场，是今后一段时期上海启动市场，增加有效需求的有效途径。而且，把居民的住房消费引向市场，能够把相当一部分消费基金转为建设资金，投入房地产，有利于加快把上海房地产业培育为上海国民经济的支柱产业，并加快与之相关的建筑、建材、装潢、家用电器等产业的发展。

1997年夏天的中央工作会议，提出住宅业作为今后主要的经济增长点，1998年又上升为国家基本政策提出。上海市在编制"十五"指导意见中，把房地产业作为上海市六大支柱产业之一。

实践证明，支柱产业的定位，带动了房地产业及相关金融、建筑、建材、装饰装修等产业的进步，进而为政府创造了巨大的财政收入，并为同时进行的城市基础设施建设提供了强大的物质支撑。

表2 六大支柱产业增加值占上海市生产总值比重（%）

产业/年份	2000	2001	2002	2003
总比重	43.7	44.5	44.8	47.5
信息产业	7.4	8.5	9.0	10.0
金融业	15.1	12.5	10.8	10.1
商贸流通业	9.5	9.9	9.8	9.1
汽车制造业	3.6	4.4	5.3	7.3
成套设备制造业	2.9	3.1	3.3	4.0
房地产业	5.5	6.4	6.9	7.4

3. 全面市场化埋下"隐患"

产业需要开放的市场。上海一旦确立房地产业的支柱产业地位，房产的"对外开放"就不可避免。1996年，上海市开始实行外地人来上海买房可获得蓝印户口政策，对那些在上海经商、就业以及有一定经济实力、想来上海定居的外地人，产生了极大的吸引力。2001年8月1日，上海市内外销商品房正式并轨，为全球来沪购房扫清了障碍。上海房地产业从生产到销售，跃升到了国际层面。

许多上海人都有这种经历，仿佛一觉醒来，发现身边多了许多外地人、外国人，口袋里有数不完的钞票，干净利落地吃下上海的一片片新开发的高档楼盘，让他们这些"土著"汗颜、震惊。而他们刚刚建立起来的购房信心,又一点点被打压下去了。

房产业的成就,培养了政策制定者对市场的迷信,而逐渐忽略或者轻视了房产发展的一个基本宗旨:改进居住。住房分配的全面市场化忽略了房产的特殊属性。房产,作为一种特殊的商品,有极强的公益性,存在着竞争的盲区。就如教育、医疗一样,是一种基本的人权,并不能完全用市场来衡量,来解决。

上海要发展,要吸引有钱人。但上海不仅是有钱人的上海,上海是所有上海人的上海。尽管上海延续了过去补助困难人群的一些基本政策,但随着房价的超常规提升,对普通上海市民的负面影响正在迅速扩大。有的人囤积住房,待价而沽,或者做"二房东",有的人找不到合适的住房,生活质量下降。

一种旨在推动居住改善的产业,却造就了新的"居不易"。2004年以来"房产泡沫论"的升温,正反映了社会对房产发展道路的质疑。

五、房地产"肥"了谁

1. 所谓"渔利"的政府

我的一个朋友,和我一起走过上海市某区的政府大楼,愤愤地说:"这么好的楼,还不是靠卖地赚的钱。一头卖地,一头收税,坐享其成,渔利人民。"类似的说法,在坊间不少,甚至说到"官商勾结",绘声绘色。其实,许多人是出于片面理解,或者以偏概全,而政府又缺乏必要的澄清。有专家指出,近年来收取土地出让金和房地产税等,确实成了政府财政收益的重要组成部分。上海某区发改委一位官员认为在30%左右。但人们只算了入账,没有算出账。政府需要支付环境改造、动迁等带来的一系列费用。"20世纪90年代中的10年中,上海市政府仅城市基础设施建设就投入高达10多亿美元。"何况地价飞涨也不过是近两年的事。2002年以前各地政府为刺激房产市场,往往实行低地价,不少地块半卖半送。

当然,少数政府部门财政上的不规范使用行为在社会上产生了扩大效应,理应引起高度重视。

2. 房产商都是"暴发户"?

"我运气好,是暴发户。"笔者的一个开发商朋友朱老板坦承。最早,他在上海很有名的国有建筑企业担任处长,20世纪80年代中期辞职下海。90年代,他顺应上海大力发展房地产业政策,用少量的自有资金,主要靠贷款,开始了自己房产"冒险"的道路。"不能输,"他至今仍然心有余悸地说,"一着棋输,满盘皆输。"他还算是个稳健派,做项目不求多。正因为如此,他躲过了90年代中期的房产低迷,撑了下来。从最初的几十万资产,到今天的数十亿身价,他完成了自己的"暴发"路。

实际上，像朱老板这样"暴富"的开发商并不在多数。和他同时代或者稍晚的大部分开发商，都没有如此幸运，相当一部分还十分凄惨。暴富的大约有几类，朱老板这种相对稳健加运气好是一类；早期买了便宜土地近两年开发的是一类；当然还有通过不正当手段违规操作，或者和投机客勾结哄抬房价谋牟取暴利的一类。而许多近两年才进场的企业，要么高价接盘，要么高价投标拿地，再赶上建材涨价、管理成本增加等因素，虽然利润可观，"暴利"就打了折扣。

房地产老板给人以暴发户的印象，一是因为少数暴发老板宣扬奢侈加上媒体胡乱渲染造成的发酵效应，一是因为房地产作为当红行当普遍较好的收益。实际上，当红行当都会有不错的收益，比如20世纪80年代的家电。房地产行当之所以为人关注，正是因为它为人居住的特殊属性。一位房产老总饶有兴味地说："大家都盯着房地产，有谁去算算盛大网络的利润？"

表3　某房地产开发公司某项目价格构成（单位：元/平方米）

销售收入（价格）9600比例：100%	完全成本4360 45.4%	工程费	1830	19.1%
		配套费	35	0.36%
		贷款利息	125	1.3%
		销售管理费用	195	2.3%
		土地	2120（2002年）	22.1%
		营业税及附加	55	0.57%
	利润总额5240元/平方米54.6%	所得税	1735	18.1%
		净利润	3505	36.5%

说明：（1）毛利率为5240/9600=0.55（55%），净利率为3505/9600=0.365（36.5%）；

（2）按照自有资本30%比例，实投资本4360×30%=1308，则实投资产毛回报率为5240/1308=4.01（401%），净回报率为3505/1308=2.68（268%）；

（3）政府所得，包括土地、营业税及附加、所得税，占到了销售收入（价格）的40.77%。

3. 投机者制造"不归路"

近几年稳稳当当赚钱的是房产的投资者。李先生是一个文字爱好者，一度经济不宽裕，造成了家庭分裂。愤懑的他毅然下海，先是开饭店，又开家庭辅导班，虽然小赚，但非常辛苦。20世纪90年代末，他看上了房产，没事就骑一辆"老坦克"四处转，从买最便宜的房子倒卖开始，利润的丰厚连他自己也不敢相信。逐渐，滚雪球一样，到2002年，他已经拥有了多套房产，有复式房，有位于瑞金路上的老式里弄（三层），2003年，他已经住进了浦东的汤臣社区，过上了上层人的日子。类似李先生这样的例子很多。笔者的一位上海社科院的学兄，用在股市赚来的钱及时地投到了房产上，也过上了"奢侈"的生活。这几年日子好过了，不再像前几年一样，是进了外企，拿了美元的所谓白领，他们说到底拿的是辛苦钱，生活上的牺牲很多。房产的投资者，只要睡醒了四下走走，签个单，后面就坐享其成，还上什么班啊？

其实，投资房产并非没有危机，但危机被政策鼓励下持续看好的房市遮盖了。有相当一部分投资客，本身没有很大的财力，他们用足了银行的钱。只要有个20%首付，80%的钱由银行出，然后用租房的钱还银行按揭，顺风顺水。剩下的事情，就是想办法把房价炒高，出手谋利。相当数量的投资客吃下大量的房源，哄抬房价，造成了房价的虚高，造成了房产业的"泡沫化"趋势。真正需要购房的被挡在了门外，或者忍痛接受二手市场"剥削"的现实，引起了他们的不满和社会的不稳定。被迫高位买房不但增加了他们的生活负担，也使他们的还款能力大打折扣，增加了银行的风险。

房市的投资一旦演化为投机，就把房市带上了"不归路"。中国的股市，因为丧失了通过融资推动企业发展的初衷，成了"赌场"，至今一蹶不振。我们的房市，理应从中吸取教训，不要让过分的投机毁了多数人改善居住的愿望。

六、打压不能"矫情"

"九五"后期，上海的房价直线上扬，和广大市民的购买力出现脱节现象。上海开始有意识地出台了一些调控措施。2002年4月1日，停止受理购房申办蓝印户口。9月1日，取消契税财政补贴。2003年5月31日，买房退税政策终止。2003年6月5日，中国人民银行也发出了"关于进一步加强房地产信贷业务管理的通知"，把购买第二套及以上住房的首付比例在20%的基础上适当提高，同时规定，购买高档商品房、别墅、商业用房或第二套以上住房的，商业银行按照人行公布的同期、同档次贷款利率执行。

2004年，宏观经济形势和房产业的进一步"加热"迫使中央政府加大了调控力度。包括出台《经济适用住房管理办法》，提高存款准备金率、提高房地产企业固定资产投资项目资本金比例、调高金融机构存贷款基准利率等。

一系列政策的出台，却没有实质性控制房产业过热的局面。2004—2005年上半年，房价仍然延续"井喷"之势，从而引发了2005年的"大较量"。2005年，国家对一个行业屡出"重拳"，也算历史上少有：

3月17日：央行调整房贷利率，个人住房贷款利率从2005年3月17日起再次上调。

3月26日：旧国八条：国务院下发了《关于切实稳定住房价格的通知》。《关于切实稳定住房价格的通知》共有八条意见。

4月27日：新国八点，国务院总理温家宝4月27日主持召开国务院常务会议，分析当前房地产市场形势，研究进一步加强房地产市场宏观调控问题。

5月11日：出台《国务院办公厅转发建设部等部门关于做好稳定住房价格工作意见的通知》。

5月27日：出台《国家税务总局 财政部 建设部关于加强房地产税收管理的通知》。

一系列政策的出台，给人一种"风向大变"的感觉。媒体、专家以及某些官员的讲话，使许多人得出结论：房价要跌了。理论依据丰富多彩。

有的人认为：房价关乎构建和谐社会。房产应该为民。房价起码跌30%~50%才能"和谐"起来。

有的人认为：开发商暴富，都是投机的结果，需要好好收拾一下才解恨。

有的人认为：中国是强势政府，心里不服，行动上要屈服，跌了吧。

和谐社会，共同富裕，遵守国法，打击投机，都是无可非议的。但某些仇富的心态却要不得。某些动辄"和谐社会"的口号，某些动不动"杀富济贫"的江湖义气，如果仅仅出于"秀"的需要，而不能理性看待一种经济现象，将是可怕的。

首先，"暴富"有其"合理性"。其实，房产界"暴富"也是少数，多数只能是"致富"。致富，正如我们前面分析的，是因为选对了行当，运气好。当然更重要的是有眼光，付出艰辛。大多数行外人不了解，总是从看来或者听来的表面的奢华来定义开发商，仿佛他们整天花天酒地，其实，真正了解他们的人知道，开发商大多数从事超负荷的工作，体力和精力的严重超支都是常人难以想象的。他们致富之路，和其他行业一样，是血汗路。

不少开发商告诉笔者，他们的形象被严重扭曲了。"比窦娥还冤！"

其次，因为有泡沫而去仇视一个产业是不理性的。房产业作为政府精心呵护起来、并为社会做出了巨大贡献的行业，各方都应该有自己理性的判断，不能被某些"亲民""爱民"的貌似伟大的论调扰乱了政策的科学性和长期的合理性。"亲民"不能作秀。就房价而言，不是一个"跌"字就解决了房市的根本问题。

仔细研究政府的一系列政策，从没有提出"降价"一说。其核心都在于规范行业，而打击点则是"投机"。

七、房产如何归位

1. 东亚三地的启示

先看香港楼市如何"唱衰"。

香港是一座土地极其稀缺的大都市，房地产业因此在经济中举足轻重。1985年，香港楼市开始复苏。此后香港政府推出一系列刺激措施，住宅价格开始飙升，1994年已经脱离了实际承受能力，港府在社会压力下推出压市措施。但到了

1996年，香港回归前景明朗，海外和内地资金大量涌入，房市迎来新高，深入广大民众生活各个环节，房价下跌对香港经济的影响将非常严重。许多开发商和民众借此认为，政府会竭力保护房地产业，房产投资没有风险。但1997年的亚洲金融危机打破了他们的美梦。政府即使有心也无力挽回，一年内房价下跌50%，数亿资产蒸发，香港经济陷入严重衰退。一直到今日未能恢复元气。

香港的教训告诉我们，"投机"的危害是致命的。在经济全球化的背景下，政府救市的能力是有限的。政策，应该防患于未然。

日本和韩国，都及时总结了教训，较快地从"周期律"的低谷中走了出来。

韩国的房市于20世纪70年代起步，且成长迅速。到80年代出现了较严重的投机行为，房价快速上升。90年代开始，政府采取了强有力的措施，使得房价明显下降，进入稳定发展期。主要措施包括：适当控制需求；扩大住房供应量，特别是公共住房用地供应量；加大国民租赁住房供应量等。针对低收入阶层，积极探索小型住宅建设，价格低廉化，并为购买者提供各种经济支援和税收优惠。对最低收入阶层，则鼓励租赁用住宅建设。

日本的住宅制度则更加明确，政府和市场各负其责，政府制造公共住宅，针对中低收入阶层。少数中高收入阶层面向市场，购买私营住宅，或者是小地主自建住宅。公共住宅又分为公团住宅和公营住宅。前者由国家和地方政府共同投资的住宅整备公团建造，面向都市区中等收入家庭；后者由地方政府利用中央提供的补贴建造的低租金住宅，面向低收入居民出租。另外，个人自建住宅中有大量公共补贴的私人出租住宅，日本政府积极鼓励合理租金下的优质私人出租住宅的提供。

从日、韩经验可以看出，住宅关系每个民众的切身利益，不可以完全用市场化的手段解决，甚至因为"产业化"而偏离了居住的原意。针对不同的需求，政府可以制定不同的策略。

2. "房""产"争位？

2005年1月18日，时任上海市市长韩正在他的政府工作报告中，提出了"坚持以居住为主、以市民消费为主、以普通商品房为主"的"三为"调控方针，是上海官方高层对房产业调控的一次明确表态。由此传达的信号是，市政府开始认真考虑十几年来的房产发展道路，把"居住"和"普通商品房"放在了第一位，与一味追求经济效益的产业化的精神做了区别。这次报告还传达了一个重要的信息，上海将优先发展先进制造业，"加快发展电子信息、汽车、石化、精品钢材等支柱工业"，而房地产业的"支柱"地位，却没有专门提及。

房地产业作为"支柱产业"的历史，确实应该考虑有一个明确的结点了。房地产业拉动上海关联经济的能力正在弱化，与房地产直接关联的行业大多属于粗放型产业，技术含量较低，能耗较高，不符合上海"推进产业结构优化升级，积极发展循环经济"的目标。上海经过十余年基础设施建设，城市硬件初现规模，正努力改进管理水平，推进各项软件建设。另一方面，房地产"支柱"的产业导向，不利于政策更多地向"公共居住"倾斜，不利于为上海创造和谐的创业环境。

但房地产业作为一种产业将长期存在。国内外人士的不断加入，上海市民不断改善居住质量的要求，今后一段时间仍然构成强大的市场购买力。上海是一个年轻的城市，它的不竭的发展活力就是房产业不会衰竭的强大预期。

与之相随的房产的投资或投机也不会消失。前几年房产上的投资和投机，也反映出了我国民众投资渠道缺乏的强烈尴尬。投资活跃了房产市场，甚至投机对行业的发展也起到了积极的激励作用。投资和投机的界限本来就不那么清晰。实际上，完全有可能把投资或投机的资金，通过积极引导，成为房产业健康发展的正推动力。

3. 有房住，还是有房产

年初，正当许多人忙忙碌碌实现自己购房梦的时候，席先生却把自己位于莲花路附近的房子卖了。他和太太都在徐家汇工作，每天挤地铁上班成了一大负担，不如到徐家汇来租一套小房子，轻轻松松上下班。"说有房产，其实房子也不是我的。每月近2000元的按揭，还上15年，其实等于给银行打工。"席先生认为。

客观上，席先生体现了一个现代人的居住意识。其实在发达国家，因为工作的变动频繁，更因为生活自由的追求，人们都像"候鸟"一样追求迁徙，很少有在一个地方、一栋房子里终老的想法。中国人传统上却把房子看得很重，有房才有家，有房才能安身立命。实际上，随着市场化发展，中国人的移动也逐渐频繁起来。固定变得很难。这时候，固守一隅就会面临许多问题。有一位许小姐原来在徐家汇工作，买了松江九亭的房子，但后来重新找了份工作，却是在浦东，每天上班要横穿整个上海，耗费四个小时不说，微薄的工资也花在了路上。

上海社会科学院的张泓铭研究员认为，我国在住房体制改革思想上有偏差，一是改革理论上误认为住房商品化就是自有产权住房；二是提"居者有其屋"，就认为为百姓谋福利，就是每一个家庭都买得起房。实际上，像上海这样一个大城市，租赁永远是必不可少的。一是总有一部分人买不起房；二是一部分暂住人口，不愿意、不需要或者买不起房。上海市房地产行业协会副会长屠海鸣也指出，即使在发达国家，居民住房自有率也仅为50%左右。如美国是65.5%，瑞士是42%，英国是46%，只有新加坡达到80%，而我国及上海都达到70%。

当然，上海租赁市场的不规范也造成了人们对租赁居住的"不踏实"感。屠海鸣指出，目前大多数市民需求的小房型可供量小，月租金在1500元以内的很难找到，而120~200平方米之间的，月租金在4000~8000元之间的，供过于求。这样，使一些买不起房子的市民或"新上海人"，包括大学毕业生、青年公务员、青年教师等找不到合适的房子。另一方面，住房租赁专业化、集约化不够，设施不全，治安无保证，租金额难以预期等，也增加了市民租房的顾虑。为此，有关专家建议，鼓励房产商开发商品房用于出租，采取私房出租优惠政策，增强租赁市场的透明度，加大困难家庭的补贴，推动租赁市场的完善。

八、新"双轨"，破解"泡沫"的良药

1. 公权必胜

新中国成立初期，新成立的上海市政府为打击少数奸商哄抬粮价，曾短期内集合全国的大批粮食投入上海市场，击溃了奸商，维护了政府作为公共权利代言人的尊严，成为共和国历史上的佳话。

今天，面对来自全球的投机客，上海市将重叙佳话。泡沫不是一天生成的，就别希望一天内破灭。其实政府已经掌握了破解泡沫的关键。韩正市长的工作报告中体现了清晰的思路。

——"加大配套商品住房建设力度，扩大普通商品住房供应量，适应广大市民的住房需求，努力实现供求总量基本平衡、供应结构不断优化。完善房地产市场调控措施，满足消费，规范投资，抑制投机。"

随之而来，2005年，上海市通过政府控制地价、控制房价"双控"手段，建设1000平方米配套商品房和1000平方米中低价商品房，总量近20万套。以配套商品房为主的中低价普通商品房将占房产供应量的65%。两个"1000万"，将大大缓解部分市民的购房困难，对整个房市起到一定的"稀释"作用。

——"积极发展房屋租赁市场，探索建立面向低收入家庭的住房租赁新机制。"

随之而来，上海市房地局提出进一步完善住房租赁体系的四项措施：扩大廉租住房受益面；继续实行公有住房低租金和租金减免政策；加快建立住房租赁新机制，规范和发展市场化租赁新机制。

2005年3月5日，上海市人民政府发布《关于当前加强房地产市场调控 促进房地产业持续健康发展的若干意见》，对"调整供应结构，完善供应政策"，"完善住房保障体系，满足基本居住需求"的调控原则进行了细化。

在抑制房产过热的过程中，上海市表现出了难得的理性。没有单纯依靠行政指令去武断地打压房价，而是紧密结合中央政策，综合利用财税、金融、法律等多种手段解决市场问题，通过公共权力的强大介入，通过解决最迫切需求者的需求，来打击和瓦解投机联盟。

2. "新双轨"

2001年之前，上海实行的是内外销房区别对待的"双轨"制。这年的8月1日，上海内外销房并轨，房产向全世界开放。现在，我们提出新的"双轨"制，把房地产市场分为完全的市场和有限制的市场，用市场化的精神（而不是计划经济精神）解决公共居住问题。

完全的市场。主要针对中高层次收入人群。他们有很强的经济实力,对居住的要求也高,完全可以通过市场选择需求。由于这部分人是塔尖上的少数,即使投机,影响面也很有限。

有限制的市场。主要针对中低收入的大多数。又可以分为普通商品房市场和租赁市场。

普通商品房市场解决中低收入市民的购房问题。与完全市场化条件下的商品房比较,他们在土地审批、贷款、税收方面享受优惠,同时定价受到限制,有固定的盈利空间。

租赁市场面对两类人。一类为中低收入群体,买房困难或者不可能,政府提供或通过优惠政策鼓励民间资金投资建设经济租赁房。对最低收入群体,提供廉租房。一类为新就业的年轻人、"新上海人",为他们提供经济租赁房,解决他们的一时困难。另外,考虑为大批的外来民工提供集中居住的廉租房。

这种分级消费模式,将带来房产市场的良性发展。当然其中的具体操作还要大量的研究和探索。

3. 房地产,迎接"精耕细作"时代

经常看到一些乐观的分析,认为上海的房产市场潜力巨大,举出的理由都是大概念,比如上海的 GDP 将达到多少美元,购买力会多么强;上海城市化会增加多少人口,这些人需要多少房;世博会将会有多大的效应,等等。其实,这些粗线条的分析并不具有多少参考意义。宏观对一个产业固然有影响,但行业自身也

必然有其特殊的规律。

其一，正如前面分析的，上海人的住房自有率已经达到70%，相当多的家庭拥有了两套、三套房，他们的消费需求极可能转移到购车、旅游等方面，随着房市的理性化，投资的愿望也会减弱。经济发展并不一定意味着房产消费的增加。

其二，未来房产需求的一大块是市政动迁引起的，而现在的动迁前提是有固定的房源，即配套商品房，数量是算得出来的。近两年动迁的速度已经降了下来。

其三，市场上实际积累了不在少数的存量房，相当一部分在投资客或者投机客手里，一旦房市理性，这批房源必然入市，满足相当一部分居民的居住需求。

其四，随着产业的升级换代，"先进制造业"对技术的要求增加，而对劳动力的需要减少。

总之，认为房地产依然是强劲的买方市场，只要有的造就有的卖、有的丰厚利润的年代恐怕会逐渐过去了。真正热爱这个行业的开发商，应该更多地研究如何提高房屋的质量、服务，在谋利上学会精打细算。

（本文发表于《上海城市发展》2005年第4期）

上海住房制度改革评析和未来政策建议

　　新中国成立以来的 50 多年里，上海市的住房制度经历了多次的变革，但主要分为两个阶段，即完全计划经济下的公房分配制度和改革开放以后逐渐形成和完善的住房分配商品化制度。公房分配制度虽然体现了一定的公正性，解决了不少特困户的居住困难，但由于机制的僵化，不能调动多方面的建房积极性，严重制约了广大居民住房质量的提高，而且使当时并不富裕的人民政府背上了沉重的包袱。改革开放和市场经济观念的树立，为上海人民破解住房难题找到了理论依据，仅仅 20 多年的时间，上海人的住房条件不论是数量和质量，都有了很大的飞跃。进入 21 世纪的上海，只要继续保持开放的头脑，坚持制度的科学性和公正性，上海人的居住质量将会更上一层楼。

　　本文对上海市 1949 年以来的主要住房政策进行了梳理和归纳，对这些政策带来的社会和经济效益（正面和负面）进行了评估，提出了未来上海的住房政策应该坚持和发展的方向。

一、 新中国成立以来上海市住房政策的历史回顾

　　上海的住房制度改革，走过了一条不断探索和实践的稳健道路。从最初的政府统建统分，到鼓励单位自建或合作住房，再到逐步引进商品化的概念，鼓励职工花钱购房，实现了住房观念的根本转变。公积金概念的引进，成为"一大创举"。抵押贷款购房，买房退税，蓝印户口，内外销并轨，一系列政策的设计和出台，极大地推动了住房商品化步伐。而 2002 年以来一系列宏观调控措施的实施，体现了政府在市场经济下的理

性和成熟。

1. 1949—1979 年，公有住房的统建统配

新中国成立前，上海的公有住房的数量很少，大部分的房产集中在官僚资本、社会显贵和外国人手中。新中国成立后，人民政府通过接受、清理接管、代管等手段，对私营房产进行社会主义改造，再加上历年投资兴建，逐步形成了庞大的公房体系，全市公有住房占全市房屋的比重达到 80% 以上，而政府房管部门直接经营管理的居住用房占到全部公有住房的 94% 以上。

新成立的人民政府决心改变新中国成立前住房严重不均的局面，对公有住房进行统建、统配、统管，实行低租金和福利制，不以营利为目的，受到了广大市民的欢迎。市民的居住质量得到了一定的提高。1950—1979 年，人均居住面积从 3.9 平方米提高到了 4.3 平方米。直管公房的租金收入和其他收入，作为预算外特种资金，由市房地局自行平衡，以租养房，以非居住用房租金补贴居住用房维修支出。房地产业职工形成一支除房租外不再收费的专事管理和维修服务的庞大队伍。这些政策措施的实施，使广大的市民充分体会到了新社会、新制度的优越性。但是，随着时间的推移，这种只有投入没有产出的体制弊端日益显现，以租不够养房，更谈不上促进住房建设。而公房绝对数量十分有限，统一由政府包下后，供需矛盾更为突出。现在看来，这种高福利的住房制度是一种脱离了当时生产力实际的美好幻想。

2. 1980—1991 年，初期改革实践，统建和自建结合

尽管自新中国成立以来，上海采取了许多措施解决市民的居住困难，但因为住房建设远远跟不上人口的增长，住房紧缺问题始终存在。10 年"文革"，受"少建房"思想的影响，上海的住房矛盾非常尖锐，加上几十万"上山下乡"知识青年和落实政策人员回到上海，住房成为上海重大的社会问题。

据统计，20 世纪到 80 年代初，要解决的困难户达 90 多万（指人均居住面积 4 平方米以下，12 岁以上男女同室的困难户和不方便户），其中最困难户 1980 年初有 69000 多户，到 1981 年 6 月又增加 5600 多户（指人均居住面积 2 平方米以下；25 岁以上男女双方家庭住房扣除结婚用房 10 平方米以后，平均不足 4 平方米的结婚无房户；16 岁以上成年男女或双对夫妻同室；全家从外地调沪的无房户等）。在这种情况下，住宅投资由政府统一安排并实行统建统配、全部包下来的办法已经难以为继，要求进行新的探索，这样，住宅制度改革被提上议事日程。

1980 年春天，上海市召开了住宅建设工作会议，改革住宅建设体制，提出"在统一领导和统一规划下，实行国家统建和企业自建相结合"的方针，明确企事业单位职工的住房问题由本单位负责解决，凡是有条件的部门和单位，都要从内部挖掘潜力，自建职工住宅；同时，"积极鼓励和支持爱国人士、华侨及其眷属筹集资金、材料，在本市建造住宅"。新措施的出台，极大地调动了各系统、

各单位自建职工住宅的积极性,加快了住宅建设的步伐,解决了一大批居民的居住困难问题。全市居住房屋从1979年底的4216.4万平方米增加到1990年底的8901万平方米,增幅11.1%,其中系统公房居住房屋从196.9万平方米,增加到1144万平方米,增幅481%。

系统公房的迅速增长,打破了直管公房"一统天下"的局面,到1996年系统公房和直管公房之比达到1∶1.04,形成了平分秋色的态势,为解决居民的居住困难做出了重要贡献。

3. 1991—1996年,住房商品化的初期探索和实践

（1）《上海市住房制度改革实施方案》的出台

早在1980年4月,邓小平就提出了住房制度改革的总体构想,走住宅的商品化道路。他强调,城镇居民个人可以购买房屋;新老房子可以出售;逐步提高房租,对低工资的职工给予补贴。接着,中共中央、国务院正式确定推行住房商品化政策,从此,住房制度改革有了理论和方针政策的指导。

上海在住宅制度改革方面,走了一条稳健、务实的道路。从最初的理论和实践准备,到最终改革方案的出台,经过了10年的探索,做了大量扎实的工作。早在1981年,上海就开始了理论方面的研究。上海市房地局与新华社上海分社共同进行了《上海住房问题的调查》,提出了解决上海住房问题的八项措施。1985

年，上海市计划经济研究所委托市房产经济学会等单位对实施住宅商品化进行可行性研究，历时一年完成了比较系统的《上海市推进住宅商品化实施办法的研究报告》，提出了分步提租、超标加租的基本思路，并对建造适销对路的商品住宅、旧公房出售以及建立房地产交易市场提出建议。

与此同时，上海市在解决住房困难方面进行了进一步的探索。首先，为解决众多青年的结婚无房难题，建造过渡性住房"鸳鸯楼"（青年公寓）。待单位正式分配后迁出。这种"鸳鸯楼"都是一室户，配有专人管理和服务，月租金比一般住房提高4倍，租赁期为1~2年，到期不迁走，租金再加50%。建造"鸳鸯楼"，解决了许多青年的燃眉之急，受到了他们的拥护。其次，试行组织住宅合作社，合作建房。规定公司住房苦难的职工可自愿参加合作社。合作社建房资金由社员承担总造价的三分之一，其余由单位资助和向有关部门贷款。住房的建造、分配和管理由合作社负责。到1986年，上海的住宅投资大量增加，住宅建设不断扩大，每年竣工的住宅面积大幅上升，居住困难有了一定程度的缓解，但供需矛盾仍然十分尖锐。至1989年末，上海人均居住面积也只有6.4平方米，全市还有124万平方米棚户简屋和14.6万平方米危险住房需要改造；住房成套率仅有31%，住房煤气、卫生设备拥有率只有50%左右。这表明，无偿分配和低租金住房制度必须改革，要走住房商品化的道路。

1988年1月，国务院召开全国住房制度改革工作会议，确定了《关于在全国城镇分期分批推行住房制度改革实施方案》。上海市贯彻这次会议精神，于同年3月成立了上海市住房制度改革领导小组并下设上海市住房制度改革办公室。从7月开始，用8个月的时间，对全市的住房情况进行了全面调查，摸清了住房制度的现状，掌握了问题的关键。1990年3月，上海市政府抽调有关委、办、局和科研部门的专家，成立上海市住房问题研究小组，对房改方案进行决策研究和优化设计。同年9月，拟订方案通过新闻媒体直接与群众见面，并组织全市市民大讨论。经过认真听取和采纳讨论中的合理意见和建议，反复酝酿，制订了《上海市住房制度改革实施方案》。1991年2月8日，上海市九届人大常委会第二十四次会议通过了这个历史性的方案。2月28日，国务院办公厅批准了这个方案，并于同年5月1日正式实施。

（2）《上海市住房制度改革实施方案》的主要内容和积极意义

《上海市住房制度改革实施方案》开宗明义："要加快解决上海的住房问题，必须进行住房制度改革。通过改革，逐步把住房的生产、交换、分配、消费纳入有计划的商品经济轨道……"同时提出，"到本世纪末，使上海市区的居住目标达到：人均居住面积8平方米以上；住房成套率60%以上"。

房改方案的基本原则是："逐步实现住房商品化和自食其力，改变低租金、无偿分配住房的制度；建立国家、集体、个人三结合筹资建设住宅的机制，改变由国家、集体包下来的建房办法；建立公正、权威的推行住房制度改革的决策研究、管理和监督机构，纠正住房分配中的不正之风。"

具体方案包括了推行公积金，提租发补贴，配房买债券，买房给优惠，建立房委会等内容。《上海市住房制度改革实施方案》是上海住房制度改革的指导性文件，是以后一系列深化改革政策的源头，可以说是承前启后。承前，是因为它延续了过去鼓励的公房公建、实物分配的原则，立足现实，循序渐进。启后的意义，其一，指出了未来的必然道路——商品化；其二，各项具体方案都旨在推进商品化进程。推行公积金是基础，通过个人与单位长期储蓄，既支持单位建造职工住宅的融资，又提高个人自住其力的能力，实际是解决"用什么买"的问题，为住房商品化打下了坚固的物质基础。提租发补贴既是目的也是条件，只有把低租金提高到商品租金水平，形成"租不如买"的格局，才能激发个人积极购房。配房买债券已经是"买"的概念。买房给优惠是"鼓励买"，尽管是不完全的商品化，却有利于商品化的推广——"买"的认识就是商品化的认识。《上海市住房制度改革实施方案》的发布，是对广大市民住房观念的强烈冲击。

（3）住房制度的进一步深化和明显成效

上海住房制度改革自 1991 年 5 月起步以来，进展顺利，效果良好。1994 年国务院做出了《关于深化住房制度改革的决定》，上海市政府积极响应，于 1995 年颁布了《至本世纪末上海市深化住房制度改革的规划》，提出了巩固完善公积金制度、继续推进租金改革、稳步出售公有住房、加快安居工程建设四个方面的目标任务，推动房改的不断深化。值得注意的是，新的规划中把原来的"提租发补贴"变为"提租不补贴"，旨在推动居民的购房热情。

经过 5 年多的实践，上海的房改取得了丰硕的成果。建立了公积金制度，至 1996 年末，全市累计净归集公积金 94 亿余元，为单位建房和职工购房提供了重要的融资渠道；住宅规模不断扩大，1991—1996 年累计住宅竣工 5000 多万平方米；住房解困加快，1992 年完成 31000 多户人均居住面积 2.5 平方米特困户解困，1995—1996 年又完成 30000 多户人均 4 平方米解困；1996 年末，市区人均居住面积达到 8.66 平方米，住房成套率 58.2%；市民的住房消费观念转变，个人购买商品房占商品房出售总量的比例，由 1990 年的 12.3% 上升到 1996 年的 48.7%，全市住房制度改革正朝着住房商品化方向迈进。

4. 1997—2002 年，住房商品化的逐步实现和走向全面开放

（1）住房供应社会化，分配货币化的推行

"八五"的 5 年中，尽管上海的住房制度改革取得了很大的进展，但住房商品化的程度仍然很低，而住房商品化，是住宅改革的最终方向。一方面，已售公房仅占可售公房总量的一半，且这部分房屋也还没能进入市场；另一方面，提租力度太小，房租仅占职工家庭收入的 0.7% 左右，还不够房屋的维修管理费，连住房的简单再生产也维持不了。就增量住房来看，住房福利性体制与商品化体制双轨并存的局面还没有根本改变，到 1996 年，系统建房占整个住宅建设量的 60%，同时，市场商品房也有 50% 以上由单位购买，这两部分住房基本上无偿

分配给职工，即80%以上的新增住房仍然沿用旧体制，真正由市场配置的比重很小。尽管有些单位也试行一些有偿分配，但不能突破旧体制的框架。实现住房商品化的关键，在于改革多年沿袭的福利化分房制度，这成为住房制度改革的难点。

实际上，到1996年，住房商品化的客观条件也逐渐趋于成熟。1996年是我国"九五"时期的第一年，国民经济强劲发展，市场兴旺。上海的发展也面临着千载难逢的机遇，如何保持经济的持续增长势头，关键问题是刺激消费，增加市场最终需求，形成新的经济增长点。当时上海市政府敏锐地察觉到，上海人吃、穿、用等问题基本解决，今后最大的消费热点可能就是住房。加快住房制度改革，把居民的住房消费推向市场，是今后一段时期上海启动市场，增加有效需求的有效途径。而且，把居民的住房消费引向市场，能够把相当一部分消费基金转为建设资金，投入房地产，有利于加快把上海房地产业培育为上海的支柱产业，并加快与之相关的建筑、建材、装潢、家用电器等产业的发展。

另一方面，住房制度改革是经济体制改革的重要组成部分，与企业改革相互依存，相互促进。加快企业改革，建立现代企业制度，一个重要内容是减轻企业的负担，分离企业的社会职能，其中就包括企业建房、分房的职能。

鉴于以上原因，上海市在1996年8月明确提出了"住房供应社会化、住房分配货币化"的思路，为住房分配的全面市场化制定了原则。在1996年8月8日召开的"上海住房制度改革全面实施五周年暨市房委会换届大会"上，当时的上海市市长徐匡迪提出，一要加快住房分配从实物福利化向货币化、商品化的转变，逐步切断职工与就业单位的住房"脐带关系"，把住房的需求推向市场。二要建立社会化的住房供应体系，各行业住宅建设机构要结合控股公司改革，逐步转变成社会化建房组织。积极引导内外资投资普通住宅建设。三要大力发展住房金融，没有金融的支持，一般的居民住房消费是难以进入市场的，住房金融是商品化的引擎。要推动住房金融的重点由生产转向消费，从开发转向购房环节，同时鼓励商业银行扩大居民购房抵押贷款业务。四要推进物业管理向社会化、专业化发展。这是与住房的商品化相适应的。要转变住房管理的行政性、福利性，成为社会化、专业化和全方位的物业管理。

这些措施的逐步落实，极大地激发了广大市民的个人购房热情，放弃了等、靠、要的思想。上海的商品住房消费迎来了一个高潮。同时，上海以消化空置房为动因，放开搞活房地产二、三级市场，相继推出了扩大已售公房上市试点政策、不可售公房差价换房试点政策、"365"危棚简屋改造和消化空置房"搭桥"政策，推动住房的市场化。

（2）上海住房市场的"对外开放"

上海新时期的高速发展，最根本的一点是坚持了改革开放的政策，是经济、金融、贸易和人才的全面开放，是"海纳百川"。随着大量的人才和资金进入上海，许多旧制度越来越不相适应。尤其是严格的户口制度，使很多优秀的外地人才不能拥有购买住房的权利，制约了他们到上海创业和工作的积极性。为解决外来人才的购房问题，同时也为了促进上海住房消费能力，加快住房市场建设，上海市采取了开放的住房政策。1996年，上海市开始实行外地人买房可以获得蓝印户口政策，受到了广泛的欢迎。1998年又规定，凡中央各部、委、办、局和外省、市各种经济成分的企业在沪投资，注册成立的企业，2000年之前在本市购买房地产开发经营公司投资新建的商品房，减半收取交易手续费。户口与购房之间关系的逐渐分离，为外地人来上海购房创造了政策环境，加快了住房的销售。

（3）住房商品化再烧"三把火"

随着住房商品化观念的深入人心，上海市继续推出各种有力措施，为日渐红火的住房市场推波助澜。1998年是不平静的一年，一方面，上海市果断决策，全面停止住房福利性实物分配，斩断了实物分配的后路；另一方面，出台个人所得税冲抵房价政策，规定个人购买商品房可以抵扣个人所得税的计征税基。同时规定，个人购买空置商品住宅减半收取交易中的各类费用；公积金贷款年限从15年延长到20年，首付比例从30%降到20%。

1999年，上海市为鼓励个人购房，刺激房市消费，决定由地方财政补贴0.75%的契税。同时规定，个人购买商品住房每次交易过户时，其交易价格在30万元以上的，按每套（别墅按每幢）500元收取，由交易双方各支付250元；交易价格在30万元（含30万元）以下的，按每套250元收取，交易双方各支付125元。

2000年，鼓励政策继续出台。《上海市房屋租赁条例》开始实施，该条例扩大了可用于租赁的房屋范围，并对租赁行为有更为明确具体的规范。按规定，上海人可以把使用权公房上市转租，依法纳税后获取利益。同时，调整公有住房租金：甲、乙级地段的独用成套职工住宅和公寓住房上调25%，丙、丁、戊地段独用成套职工住宅和公寓住房上调15%，乙级地段部分区域的独用成套职工住宅和公寓住房上调15%，不可售公有住房和上述住房中卫生或厨房不在户内的独用成套职工住宅维持原有租金水平。

住房商品化改革达到了一个高潮，走向全面开放。自2001年2月15日起，上海市放宽二手房住房公积金贷款政策，上海市二手房住房公积金个人购房贷款额度由按房价的50%调整为按房价的70%计算，贷款年限由最长不超过10年调整为15年，每户最高贷款额度10万元不变。8月1日起，上海市内外销商品住房正式并轨。此次并轨包括土地供应的并轨和商品住房交易的并轨两个方面。土地供应的并轨，一是统一地价体系，取消原有的内、外销商品住房项目土地使用权出让金价格的差别；二是推行土地使用权的招标拍卖。商品住房交易的并轨则包括统一租售对象，统一交易示范合同和手续，统一交易收费、统一交易信息和房地产权证上注明土地使用年限五方面内容。

一系列强劲政策的出台，极大地推动了上海住房市场的发展。尽管经历了1997年东南亚的金融危机，上海的住房销售还是基本上一路攀升。1999年，住房销售量达到 1243 万平方米，首次与建设量（1229 万平方米）基本持平。以后连续四年，住房销售超过竣工面积，显示了旺盛的市场潜力。

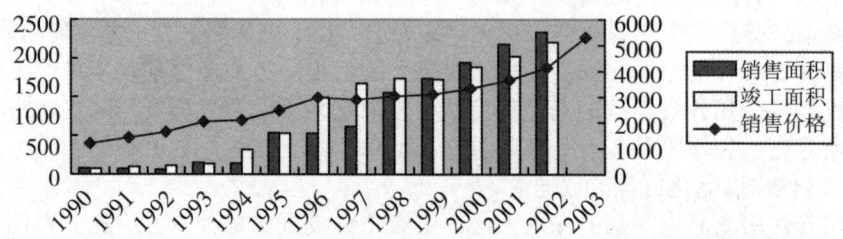

上海市商品住宅发展情况
（左轴单位：万平方米　右轴单位：元/平方米）
（根据《上海统计年鉴2003》有关数据绘制）

5. 2002 年至现在，住房政策的理性调整和逐渐成熟

由于"九五"期间一系列鼓励政策的出台，上海的住房市场出现购销两旺的局面，房产投资节节盘升，房价直线上扬，上海市民的实际购买力并没有同步。上海的住房市场出现过热的趋向。上海市及时地出台了一些调控措施。

2002 年 4 月 1 日，上海停止受理购房申办蓝印户口，对外地来沪工作人员推行暂住证制度。同年 9 月 1 日，取消契税财政补贴。2003 年 5 月 31 日，买房退税政策终止。

2003 年 6 月 5 日，中国人民银行发出了《关于进一步加强房地产信贷业务管理的通知》（以下简称《通知》），对个人住房贷款做了调整，《通知》规定："对借款人申请个人住房贷款购买第一套自住住房的，首付比例仍执行 20% 的规定；对购买第二套以上（含第二套）住房的，应适当提高首付款比例。"《通知》还规定："对借款人申请个人住房贷款购买房改房或第一套自住住房的（高档商品房、别墅除外），商业银行按照人民银行公布的个人住房贷款利率（不得浮动）执行；购买高档商品房、别墅、商业用房或第二套以上（含第二套）住房的，商业银行按照中国人民银行公布的同期同档次贷款利率执行。"

根据央行的通知精神，上海市出台了相应措施。一方面，调控住房市场过热局面，规范土地市场；另一方面，加大对中低收入家庭购房的支持力度。规定购买单价在 3500 元以下、总面积不超过 90 平方米、房屋总价控制在限定额度以内的居民，实行贷款利息财政补贴的新政策。

上海市的低价住房建设也加快速度。2002 年开工的 100 万平方米重大工程配套商品房陆续上市，售价 3500 元左右；2003 年 7 月启动的 441 公顷中低价"四高"示范居住区项目 10 月正式动工。同月，上海市房地局一次性推出 38 个地块公开招标，全部用来建造 3500 元以下普通商品房。

二、10年改革的重要收获

20世纪90年代初开始的上海住房制度改革，经过10多年探索，不论在上海市民的认识上，还是现实需求上，都取得了丰硕成果。上海知名房地产研究专家张泓铭教授写道："如果粗略地将1991—2000年上海住房发展的各项绝对量和增长速度指标，同上海自身的发展历史，同同期国内同类型的大城市的发展，同国际上同类型的大城市的发展历史相比较的话，可以初步得出以下三个结论：近10年，上海住宅发展创造了上海城市发展史上的奇迹，创造了中国城市发展史上的奇迹，创造了世界城市发展史上的奇迹。"

1. 居住条件大为改善，住宅质量大为提高

新中国成立初期，上海人均居住面积3.9平方米。1949年到70年代末的30年中，人均居住面积仅增加了0.4平方米。1981—1990年，全市住宅竣工面积3460万平方米，是前30年的1.72倍，人均居住面积上升为6.6平方米。1991—2000年，竣工面积11590万平方米，是前10年的3.35倍，是1980年前30年的5.77倍。2000年市区人均居住面积11.8平方米。困扰了上海市几十年的住宅短缺问题得到根本缓解，2002年，市区人均居住面积超过了13平方米。

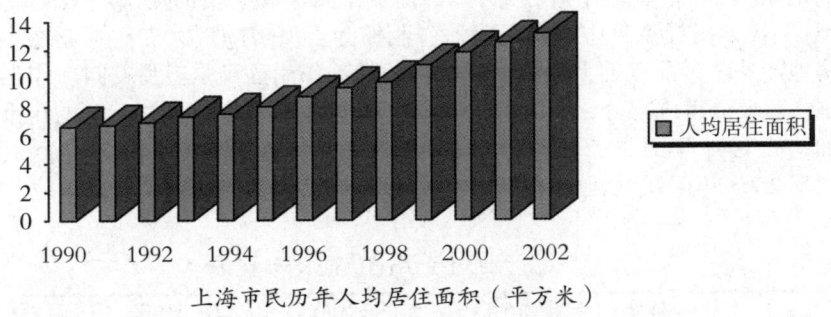

上海市民历年人均居住面积（平方米）

与此同时，上海市的住宅质量也大幅度提高，公寓、花园住宅比1980年增长了一倍，棚户简屋则减少了80%。下图表明了上海市民居住房屋的构成。广大市民对住房的要求也越来越高。过去考虑的是有没有房，现在则是考虑面积是不是够大、房型是不是合理、环境质量如何、小区智能化条件怎样、物业管理是否周到，甚至追求小区的生态化标准和文化品位，可以说，上海住宅10年发展，浓缩了西方一个世纪的历史，如今，有相当数量的住宅向着国际化标准迈进。国际化社区不再是梦想。

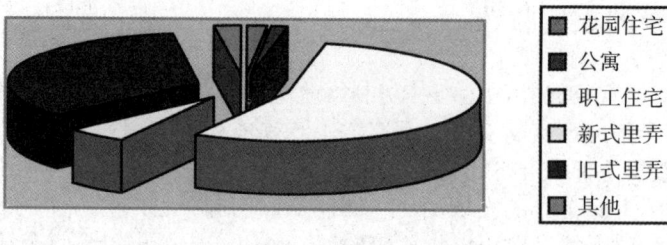

1990年上海市居住房屋构成

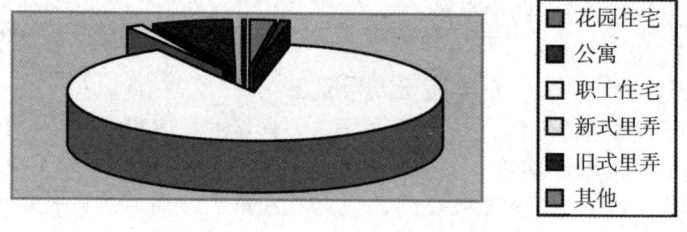

2002年上海市居住房屋构成

2. 房地产业对国民经济的带动效应巨大

1997年夏天的中央工作会议，提出将住宅业作为今后主要的经济增长点，随后的1998年计划工作报告中将其作为国家的基本政策提出。上海市在编制"十五"计划指导意见中，也把房地产业作为上海市的六大支柱产业之一。上海的房地产业经过几年的大发展，对经济的带动作用已经是有目共睹。作为房地产业中最重要的组成部分，上海的住宅产业增加值持续增长，占GDP的比重也逐步增加，从1995年到2001年增加了2.4个百分点，达到5.7%，住宅产业占GDP的贡献率2001年达到10.1%，表明住宅产业在国民经济中占据了重要地位。

住宅产业对经济的贡献率一览表

年 份	住宅产业增加值（亿元）	占房地产增加值比重（%）	占GDP比重（%）	对GDP的贡献率（%）
1995年	87.93	87.74	3.25	
1996年	105.10	83.73	3.58	6.6
1997年	111.46	85.00	3.73	4.4
1998年	149.98	81.01	4.07	7.7
1999年	177.02	82.34	4.30	6.0
2000年	223.44	84.60	4.68	6.3
2001年	281.46	88.92	5.67	10.1

◎ 新凯家园一期全景　胡鹰　摄

随着改革的深入，上海房地产业形成了一个独立的新产业，截至 2001 年，上海市房地产开发企业 4000 多家，中介咨询企业约 2000 家，物业管理企业 2000 多家，房地产也从业人数 20 万人，形成了完整的住宅建设、流通和管理链条。房地产业的繁荣，带动了建筑、建材、装饰装修等相关产业的进步。根据上海市装饰装修行业协会的资料显示，2001 年，上海建筑业的施工产值达到 700 多亿元，装饰业产值达到 470 亿元。该行业还预测，以后的装饰装修产值将达到 600 亿元，实现增加值 180 亿元左右。

在住房消费政策的吸引下，住宅金融业迅速发展，到 2002 年 8 月底，商业银行个人购房消费贷款余额约 910 亿元，住房公积金贷款余额 310 亿元。

3. 做事观念和行为模式的现代化

上海市的住房制度改革，是思想解放的产物。从市场经济的理论出发研究和解决问题，成为住房制度改革各项政策出台的理论基础。

首先，土地和住宅的商品属性得以恢复。

它们有它们固有的价值和价格，而不是计划经济年代认为的"一大二公"。既然是商品，就必须进入市场交换和买卖，由此导致了上海土地走向批租、拍卖和有偿转让，也使住宅通过等价交换成为市民的私有财产成为必然。上海住宅制度改革的过程，正是一个逐步市场化和完善市场化的过程。2003 年，商品房个人购买率达到 99% 以上。

其次，政府的角色转移，由"划桨"到"掌舵"。

上海的住房制度改革，也生动体现了上海市政府管理模式的革新和现代化。过去，政府是"父母官"，直接负责市民的吃喝拉撒住，是大包大揽。由于牵扯的内容太多，政府管理部门实际上管不了，更管不好。随着市场化的推进，政府逐渐认识到，自身职能需要重新定位，管自己应该管的事情，把自己管不好的事情转移委托出去。"政府的职责是'掌舵'而不是'划桨'。直接提供服务就是'划桨'，可政府并不擅长于'划桨'。""德鲁克早就指出，成功的组织者是高层管理和具体操作分开，这样就可以使高层管理者集中精力进行决策和指导。"上海市政府在管理革新上，积极吸收了西方"公共政府"和现代管理理念。在住房制度改革中，逐渐从过去的统建统分中摆脱出来，利用市场手段解决广大市民的住房问题。逐渐淡化行政干预，而是通过创新金融工具，借助政策法规干预市场游戏，达到促进住宅建设和销售市场健康发展的目的。

4. 制度创新，探索适合自身的道路

从计划经济转向市场经济需要一个较长的过程，要有一个艰难的转型期。不能冒进，急于求成。上海人一直有着温和和理性的气质，不容易走极端，喜欢在现有的道路循序渐进。在住房制度改革方面，上海人也体现了这方面的优良素质。他们制定政策的每一步，都力争符合当时的市情和民情，烧慢火，褒靓汤。在改革开放的初期，由于市民的经济条件十分有限，上海市在推进住房的商品化方面，先是立足现实，在已经尝试的单位自建住房、职工合作互助建设住房的基础上，推出了一项重要的制度：公积金制度。这是一项承上启下的制度，既保留了过去合作互助的特点，同时剥离了依靠单位建房的僵化体制，推向社会和市场，并且引进了金融工具。

（1）公积金制度

上海的房改，特别是公积金制度，曾经得到了全国第二次住房制度改革工作会议的充分肯定："上海市的公积金制度，开辟了一条单位和个人相结合筹集住房基金的新路子。""关于房改资金的筹集，上海给我们提供了一个好经验。"

住房公积金是上海市职工及其所在机关、企业、事业单位和社会团体按规定缴纳的一种长期住房储金。通过公积金的长期归集，可以提高职工家庭自己解决住房的能力，也扩大了住宅建设资金的融通。1991年房改方案确定的公积金缴交率为基本工资的5%，凡具有上海市常住户口的机关、团体、企事业单位职工，按月缴纳自己基本工资的5%公积金，职工所在单位也每月缴纳相同金额的公积金，两者均归职工所有，可用于购买住房、自建住房、私房翻修和大修；职工离退休或离开上海市、出国定居，可领取节余部分。1993年7月1日起公积金缴交基数由基本工资调整为工资全额，并规定以后每年7月1日起，按上一年职工月平均工资总额调整缴交基数。同时，不断扩大公积金制度的覆盖面，坚持新建单位和"三资"企业都要推行公积金。随后，公积金缴交率不断提高，进一步扩大了公积金规模。

上海市历年（补充）住房公积金缴存基数、比例上下限一览表

年　度	缴存基数	缴存比例		上　限	下　限
		个　人	单　位		
1991年5月—1992年6月	上年末月基本工资	5%	5%	无	10元
1992年7月—1993年6月	上年末月基本工资	5%	5%	无	10元
1993年7月—1994年6月	上年月平均工资	5%	5%	71.2元	10元
1994年7月—1995年6月	上年月平均工资	5%	5%	100元	20元
1995年7月—1996年6月	上年月平均工资	5%	5%	125元	37元
1996年7月—1997年6月	上年月平均工资	5%	5%	154元	46元
1997年7月—1998年6月	上年月平均工资	6%	6%	214元	54元
		1%~9%	1%~9%	无	无
1998年7月—1999年6月	上年月平均工资	6%	6%	228元	54元
		1%~9%	1%~9%	无	无
1999年7月—2000年6月	上年月平均工资	7%	7%	282元	84元
		6%	6%	242元	72元
		5%	5%	200元	60元
		1%~8%	1%~8%	无	无
2000年7月—2001年6月	上年月平均工资	7%	7%	330元	100元
		6%	6%	282元	84元
		5%	5%	236元	70元
		1%~8%	1%~8%	无	无
2001年7月—2002年6月	上年月平均工资	7%	7%	540元	108元
		6%	6%	462元	92元
		5%	5%	386元	78元
		1%~8%	1%~8%	无	无
2002年7月—2003年6月	上年月平均工资	7%	7%	622元	124元
		6%	6%	532元	106元
		5%	5%	444元	88元
		1%~8%	1%~8%	710元	无

（资料来源：上海公积金网）

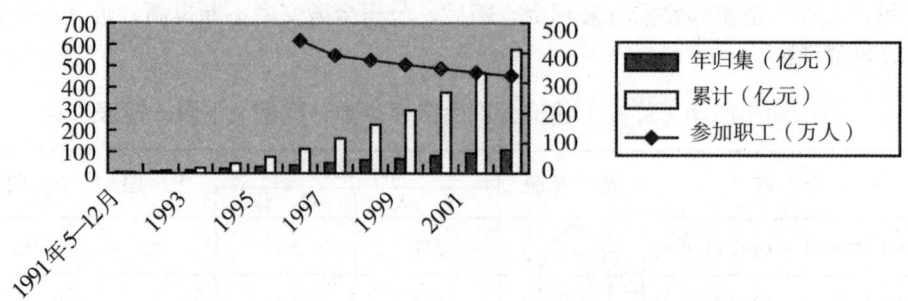

上海市历年公积金归集和累计情况

上海公积金中心从 1992 年 5 月起，根据低存低贷的原则，率先进行了政策性职工购房抵押贷款的探索，制定了《职工住房抵押贷款办法》，还贷年限为 15 年。1996 年修订了贷款办法，将可贷额度放宽，但贷款最高限额 10 万元，这样限制了高收入家庭政策性贷款额度，保证了中低收入职工家庭的使用。1997 年 1 月 1 日起，职工公积金购房贷款利率多次下调，为广大市民购房提供了极大的帮助。

住房公积金个人购房贷款历年利率调整表
（以贷款 15 年为例，年利率 %）

1992/ 5/1 起	1993/ 8/1 起	1996/ 4/1 起	1996/ 5/1 起	1997/ 1/1 起	1997/ 11/1 起	1998/ 7/15 起	1999/ 6/15 起	1999/ 9/21 起	2002/ 2/21 起
8.64	11.16	12.96	11.16	9.030	5.760	5.760	4.86	4.59	4.05

自 1992 年上海实行住房公积金制度以来，住房公积金贷款成为百姓购房贷款的首选，有力推动了居者有其屋的实现和上海房地产业的繁荣。至 2002 年底，住房公积金贷款放款超过 480 亿元，支持购房面积超过 4800 万平方米，放款户数 577170 户。

历年公积金购房贷款发放及支持情况

年份	1992	1993	1994	1995	1996	1997	1998	1999	2000	2001	2002
放款（亿元）	0.91	0.40	1.09	4.94	13.58	27.49	51.85	73.53	86.45	104.51	119.55
支持户数（户）	1571	2766	5044	15031	22344	36661	62265	87296	99752	116390	128320
支持购房面积（万平方米）	/	/	/	/	/	/	/	721	877	1020	1143

（资料来源：上海市住房公积金执行公报 1991—2002）

（2）抵押贷款担保新机制

随着公积金发放额度的加大，风险问题提上日程。上海的个人住房公积金贷款，为降低风险，采用保险抵押贷款方式，其基本特征是，住房公积金管理机构委托银行受理、审核、发放住房公积金贷款，受托银行承担贷款风险，借款人将所购住房抵押给贷款人，为避免抵押房屋灭失风险，借款人向保险公司投保财产险，贷款人为受益人。这种模式的局限性表现在：一是与国家法规冲突，《中华人民共和国商业银行法》规定，商业银行对委托贷款不承担贷款风险，而住房公积金管理中心因为自身难以落实风险承担，委托给银行管理。二是制度缺陷造成贷款风险。受托银行既承担住房公积金贷款审核工作，又承担贷款发放工作，两位一体，造成公积金管理机构实施监督困难，银行的外部约束不足。

2000年7月，市公积金管理中心按照现代企业制度的要求，以多元化投资方式发起组建了上海市住房置业担保公司，注册资金3亿元。同年9月1日，正式对外营业。短短两年，担保贷款超过100亿元。它的基本特征是：一是受公积金管理中心委托审核住房贷款申请，承担贷款风险管理，受托银行发放贷款，实现审核和发放的分离。二是为借款人承担连带保证责任，借款人逾期偿还公积金贷款，由担保公司向债权人公积金管理中心偿付欠款。三是借款人将所购住房抵押给担保公司，并向担保公司支付担保费。四是担保公司为借款人提供三项服务，即抵押物灭失债务免除、借款人意外事故债务免除、借款人生活特困停息减免。

担保机制的建立，显示出三个方面的优势：一是理顺了住房公积金贷款各方法律关系。住房公积金管理中心、受托银行、担保公司是贷款新机制的三方主体。受托银行的职责主要是发放贷款，审核的职能交由担保公司，有利于双方互相监督，确保贷款的规范运行；受托银行不承担贷款风险，避免了与相关法律法规的冲突。公积金中心工作由微观转向宏观，直接转向间接，集中精力加强政策研究、指导帮助和具体运作，实现管理层与作业层分离。二是实现专业化管理，构筑风险防范体系。担保公司采取有限责任公司组织形式，具有法人地位，承接了住房公积金贷款的全部风险，实行专业化管理，在组织机构、体制机制上逐步完善，化解贷款风险，初步形成了覆盖全市的贷款风险管理网络。三是坚持市场化运作，降低借款人贷款成本。住房公积金采取担保方式，无须保险，打破了个人购房贷款必须保险的垄断局面；同时，担保公司还提供抵押物灭失债务免除、意外事故债务免除等，使借款人有更大的权益保障。

三、实行过程中的问题

1. 住房供应结构不够合理

住宅建设应该适应多样化的要求。虽然上海的住宅建设在总量上有了飞跃，但不论从价格结构还是面积结构上，都存在许多不合理的地方。以2002年住房供应的价格结构为例：

每平方米预售价格	比重（%）	同比增长（%）
3000 元以下	14.4	3.4
3000~5000 元	51.9	42.2
5000~7000 元	22.2	97.9
7000 元以上	11.6	131.0

而同期上海市民家庭年可支配收入结构：

家庭年收入	占收入比重（%）	购房单价	家庭购买比重（%）
30000 元以下	39.2	3000 元以上	16.25
30000~60000 元	54.3	3000~5000 元	55.65
60000~75000 元	3.8	5000~7000 元	20.85
75000 元以上	3.6	7000 元以上	7.24

（主要数据来源：《上海统计年鉴2002》）

按照上海城市发展信息研究中心张华平的分析，假定理想状态下，家庭可支配收入的多寡与所购买住房的价格高低，可以看出：可支配收入在30000元以下的家庭中，只有不到一半的家庭购买了与其可支配年收入相适应的住房（3000元/平方米以下），将近100万户家庭［以上海1300万户籍人口，户均3人计算，则为1300/3×（39.2-16.25）%=99.45万户］或没有能力购房，或"被迫"购买3000甚至5000元/平方米以上的住房。可支配收入在30000~60000元的家庭中，收入结构比与购房价格档次比相当，当考虑到该档次住房有部分被30000元以下的家庭所购买。因此，大约有同样数量的家庭"被迫"购买5000~7000元甚至7000元/平方米以上的住房。可支配收入在60000~75000和75000元以上的家庭支付能力较强，他们或者购买了相应档次的住房，或者向低端市场转移，从而也就意味着有更多低收入家庭没有能力购房。

从各档次住房供应的同比增幅看，价格越高的住房，增加幅度越大。这违背了价格档次越高，市场容量越小的常规，意味着商品房市场存在相当程度的泡沫成分。

再从住房供应的房型面积结构上分析：

面积分类	预售面积（平方米）	同比增长（%）	比重（%）
70 平方米以下	571313	54.5	2.2
70~100 平方米	4266280	21.1	16.3
100~150 平方米	14134465	42.0	53.9
150 平方米以上	7258015	70.6	27.7

从表中可以看出，与价格结构相比，套型面积的结构更加偏离了家庭的收入结构。100~150平方米以上的房型占53.9%以上，150平方米以上占27.7%，两者合计在80%以上。另外，套型面积70平方米以下有54.5%的增长速度，这说明市场对70平方米以下的住房仍有较大需求，目前2.2%的比例与其应有地位并不相符。

上海市房屋土地资源管理局局长蔡育天在2003年新年特稿中也承认："目前，商品住宅供应的结构方面尚存在阶段性的结构矛盾。一是全市已批别墅项目用地量较多，别墅项目供应规模较大；二是随着新一轮旧区改造的快速推进，中心城区已认定地块的数量较多，高档商品住宅项目供应节奏太快；三是适合动迁居民购买的中低价位房源少了些，特别是低价位房源出现短缺。"

2. 追求产业发展和广大市民受益之间的不协调

自从上海市把房地产业定位为支柱产业之后，房地产业的发展就受到的空前的关注，有了不同寻常的意义。但产业发展和市民需求之间，并不必然是一种正相关的关系。特别是近几年，随着上海市房地产市场的全面开放，房地产业对GDP的贡献率逐年上升，但住房供应与上海普通居民的购买力之间，距离也越来越大。

上海居民工资逐年上升，但总体收入水平仍不高。家庭消费能力不断增加，但绝对数仍较低。城市居民年人均可支配收入，1996年为8185.74元，2002年为13250元，增加62%。按家庭平均人口2.8人计算，2002年上海家庭年平均收入37100元。2002年内销商品房平均成交价4143元，若以平均每套住房90平方米计算，房价为37万多元，是家庭年均收入的10倍左右。世界银行的研究数据表明，住宅价格一般应为家庭年收入的3~6倍。

上海市民工资一览表

年 份	1996	1997	1998	1999	2000	2001	2002
年人均工资	10663	11425	12059	14147	15420	17764	19473
国有单位	11051	11733	12361	14419	15737	17820	19777
集体单位	7051	7329	7138	7935	8041	8525	8707
其 他	13186	14313	14430	16736	17942	20865	21886

（根据《上海统计年鉴2003》，单位：元）

上海市民家庭人均可支配收入一览表

年 份	1996	1997	1998	1999	2000	2001	2002
家庭人均可支配收入（元）	8185.74	8438.89	8773.10	10931.64	11718.01	12883	13250

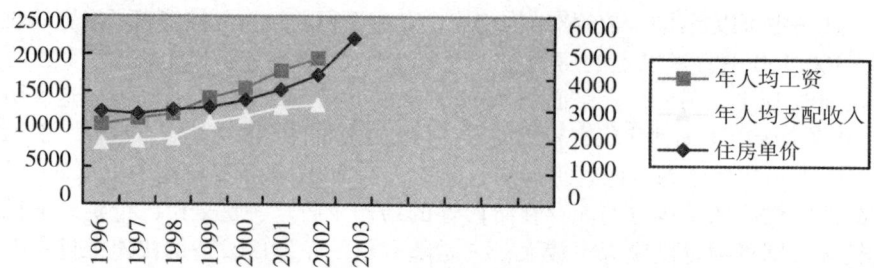

上海市民收入与房价增长图（单位：元）

上海市民的消费结构有较大变化，食品支出降到50%以下；医疗保健、娱乐教育文化消费不断攀升，由1996年的2.2%、12.2%上升为7.0%和15.9%；居住消费绝对值增加明显，比例总体上升，但不稳定。原因有三个方面，一是相当数量企事业单位转轨，社会保障机制不健全，医疗改革、教育投入增加；二是对未来的预期信心不足；三是住房货币化即使顺利实施，一次性补贴相当有限，按月支付更难以在短时期内形成强大的购买力。

上海市民消费结构一览表

年 份	1996	1997	1998	1999	2000	2001	2002
人均年支出（元）	6763.08	6819.94	6866.41	8247.69	8868	9336	10464
食 品	11051	11733	12361	14419	15737	17820	19777
比重（%）	3429	3526	3477	3731	3947	4056	4120
家庭设备、用品及服务	614	525	453	772	683	579	653
比重（%）	9.1	7.7	6.6	9.3	7.7	6.2	6.2
医疗保健	147.72	197.09	260.78	346.93	501	558	734
比重（%）	2.2	2.9	3.8	4.2	5.6	6.0	7.0
交通通信	496	397	406	583	759	958	1115
比重（%）	7.3	5.8	5.9	7.1	8.6	10.3	10.7
娱乐、文化、教育	827	828	893	1094	1287	1422	1668
比重（%）	12.2	12.1	13.0	13.3	14.5	15.2	15.9
居 住	416	605	674	842	794	796	1189
比重（%）	6.2	8.9	9.8	10.2	9.0	8.5	11.4
杂项商品、服务	243	190	230	328	330	390	372
比重（%）	3.6	2.8	3.4	4.0	3.7	4.2	3.5

（续表）

年 份	1996	1997	1998	1999	2000	2001	2002
衣 着	589.68	551.58	472.27	550.74	567	577	613
比重（%）	8.7	8.1	6.9	6.7	6.4	6.2	5.9

（根据《上海统计年鉴 2002/2003》）

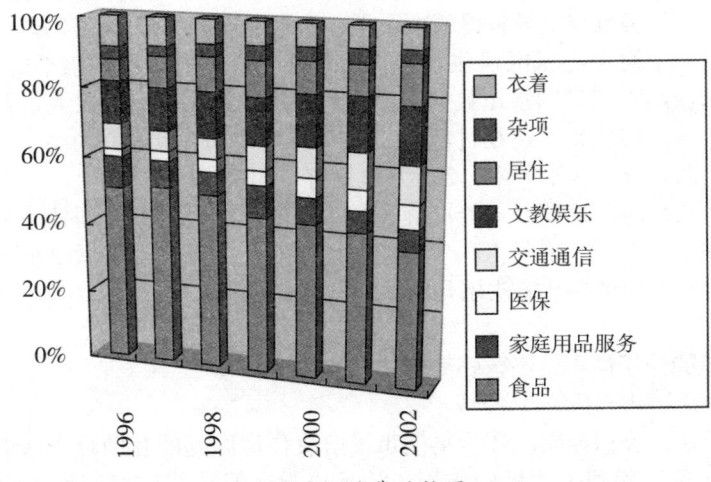

上海市民消费结构图

同时，高收入家庭消费重点有所转移。根据高低中收入家庭消费支出分析（如下图）：第一位都是食品；第二位都是娱乐教育文化服务；第三位，中低收入家庭为居住，高收入家庭为家庭设备用品及服务。中低收入家庭将成为以后住宅消费的主体。

	10% 最低收入家庭		20% 中等收入家庭		10% 最高收入家庭	
	构成（%）	排 序	构成（%）	排 序	构成（%）	排 序
食 品	54.5	1	45.0	1	35.0	1
衣 着	4.8	6	6.0	6	7.4	6
家庭设备、用品及服务	4.1	7	7.5	4	13.6	3
医疗保健	5.9	4	5.6	7	4.7	8
交通通信	5.2	5	7.3	5	9.5	4
娱乐教育文化服务	13.3	2	13.7	2	15.4	2
居 住	9.7	3	9.3	3	7.3	5
杂项商品、服务	2.5	8	5.6	8	7.1	7

（根据《上海统计年鉴》）

目前住房供应的价格比重偏离市居民收入比重较远，而且同比增幅的供应结构尤其偏离严重。这主要是因为：其一，在市场需求十分强烈的情况下，平均价格水平有逐步攀升的内在动力。房地产商实行的不是成本加成定价法（比如，按10%的固定比率在综合造价的基础上加成），而是需求定价法（通俗地讲，单位价格能卖到5000元的，决不会只卖4000元，即使成本只有3000元），以将价格水平推至市场能接受的极限，实现利润水平的最大化。其二，上海市民的年收入增长速度与上海经济增长，特别是GDP总量增长速度相比，明显地处于滞后局面。上升较快的房价与上升较慢的市民年收入水平形成了强烈的反差。

实际上，上海中心城区居住水平仍然较低。市民人均居住水平的较大提高，是将近郊和新纳入市区的集镇数据合并以后平均的结果。第五次人口普查的结果显示，中心城区居住水平还是过低。2000年，全市530万家庭户中，有230万人口人均居住面积低于8平方米，208万户只有一间房。

另外，人均居住面积并不能准确衡量一个城市居民的总体居住质量，它掩盖了个体居住上的差别。实际上，上海的房地产业在为国民经济做出重要贡献的背后，住房受益方面也是几家欢乐几家愁。

3. 政策的公正性不足伤害弱势群体

（1）公积金制度正在"变质"？

不可否认，公积金制度作为早期市民解决住房问题的互助合作性组织，为他们改善居住条件起到了积极的作用，功不可没。但随着住房商品化的成熟和完善，公积金制度的优越性变得越来越有限。

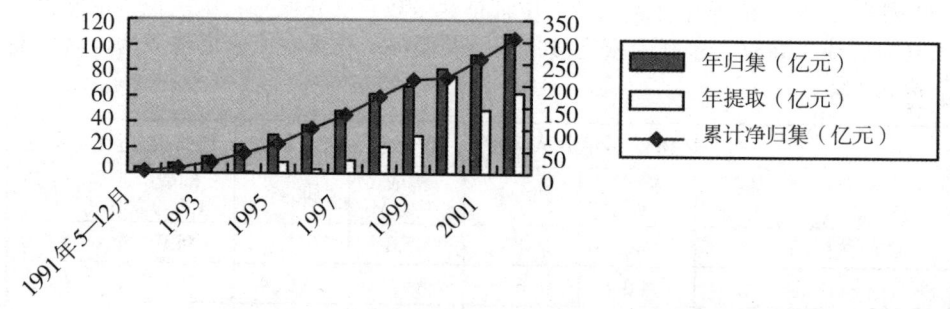

上海市历年住房公积金归集、提取及累计净归集情况

如果把上表和上海市的平均房价（平均单价×90平方米，约数）以及家庭年均可支配收入（每户2.8人，约数）比较，可以看出，公积金归集与提取的比，与房价和家庭可支配收入比，成正比关系。20世纪90年代末到21世纪初，房价和家庭可支配收入之比处于相对合理状态，控制在10之内，这时公积金提取旺盛，说明公积金在市民购房中起到了很大的作用。相反，90年代初以及2002年

以来，两者比接近或远远超过 10，公积金的提取就很低，说明公积金在解决市民购房方面作用不够明显。

上海市平均房价和家庭年均可支配收入比较

年 份	1991	1992	1993	1994	1995	1996	1997	1998	1999	2000	2001	2002
平均房价（万元）	12.5	15	18	19	22.5	27	26	27	28	30	33	36
家庭年均支配收入（万元）	0.7	0.9	1.2	1.7	2.0	2.3	2.4	2.5	3.1	3.3	3.6	3.7
比 率	17.9	16.7	15	11.2	11.3	11.7	10.8	10.8	9.0	9.1	9.2	9.7

（资料来源：《上海统计年鉴》）

　　而以公积金提取比例最高的 2000 年为例，房价与家庭可支配收入比也接近最小，表明房价最合理，市民可以承受。这时的房价是大约 30 万元，公积金贷款 10 万元，占到了三分之一，贷款利率低于商业银行贷款一个百分点，应该说意义很大。

　　20 世纪 90 年代初公积金贷款的意义难以显现，是因为市民普遍收入太低，即使是还公积金的优惠贷款也难以承受，何况那时公积金的年利率还相当高。2002 年以来，公积金的作用再次削弱，并可能一直持续，是因为房价的增幅已经远远超过了 30 万元的合理底线，一方面房价与家庭可支配收入比上升，超过了普通市民的承受能力；另一方面，随着房价的大幅度攀升，公积金贷款相对于商业贷款的优越性逐渐"稀释"，尤其是 10 万元（缴纳补充公积金的为 13 万元）的最高限价，使许多市民觉得公积金带来的实惠越来越"微不足道"。真正想靠公积金解决买房难题正成为一句空话（比如一套 50 万元的住房，公积金贷款只能占到五分之一，一个百分点的优惠就显得无足轻重）。

　　应该说，公积金制度的优越性正在远离低收入的购房者。

　　（2）买房退税

　　1998 年开始实行的买房退税政策，虽然在鼓励广大市民购房方面起了一定的推动作用，但在实际运转中，确实受益不均。因为居民的收入水平有很大的差距，也就代表了受益方面的差距。一个月收入 1500 元（扣除四金）的市民应缴纳的个调税是（1500-1000）×5%（税率）=25 元；一个月收入 5000 元的市民应缴纳（5000-1000）×15%（税率）-125（速算扣除数）=475 元；一个月收入一万元的市民应缴纳（10000-1000）×20%（税率）-375（速算扣除数）=1425 元；一个月收入 4 万元的市民应缴纳（40000-1000）×25%-1375=8375 元。不言而喻，收入高的市民完全有能力靠所得税返还购买新的住房，而收入低的市民受益非常有限，并不能因为返还而提高自己的购房能力。许多穷人因为手续烦琐而退税寥寥而没有办理手续。退税政策客观上成了一种富人政策，使许多富人受益，购买了本应该属于穷人的住宅，再通过转卖、转租或其他投资手段操纵拉动房价，在穷人身上再剥一层。

4. 住房金融政策的局限性

上海以住房公积金和商业性住房抵押贷款为主体的住房抵押贷款一级市场已经形成，住房抵押贷款担保制度逐步建立，但与美国、加拿大等国家几十年的发展历史相比，尚处于初级阶段，还有许多问题需要解决。

（1）置业担保制度还很不完善。首先，置业担保公司定位不明确。置业担保公司运行已三年，对防范公积金贷款风险进行了初步探索，但担保的推出、担保费率的设计、对借款人三项保障责任等基本运作框架，都是结合上海的特点，考虑借款人的承受能力。借款担保主要功能是探索公积金贷款风险管理新机制，而不是提升借款信用。通过担保，保护公积金资产安全。实际上，担保公司是住房公积金制度创新的产物，从一开始就承担着部分社会职责。作为一家有限责任公司，利润的最大化是股东的追求，如何处理好股东利益和社会效益之间的矛盾，成为担保公司面临的首要问题。目前，在担保公司的股东中，市公积金管理中心占控股地位，作为市民的代表，能够较好地处理两者关系。随着股权的转让，新股东必然有所选择，担保公司体现的两种利益的矛盾，需要有一个制衡的机制。其次，担保公司缺少法规的支持。住房公积金贷款可以采取保证担保的方式，虽然经过了实践，但并没有以法律法规的形式明确。另外，担保公司在实践中一些成功的做法，如担保的形式、担保费率的设计等，也应该得到法律的认可。

（2）缺乏完整的贷款信用体系。市场经济是以信用作为基石，住房贷款需要非常严密的信用系统，重要数据包括贷款信息、房屋信息、借款人信息和中介机构信息等，建立完整的数据库。在此基础上对住房抵押贷款的风险规律进行研究，把握不同的风险类别，进行系统分析，进而采取不同的风险防范方法。而上海在这方面还十分欠缺。

（3）商业银行的风险防范能力不足。随着房地产市场的发展，商业银行的作用越来越突出。根据新华社的消息，截至2019年6月末，上海中资商业银行各项房地产贷款余额呈高速增长态势，达到2427.27亿元，比年初新增456.17亿元；同时，房地产贷款成为银行的优质资产，不良率按"一逾两呆"口径为2.99%，其中个人住房按揭贷款不良率为0.25%。房地产贷款目前已经成为上海商业银行最主要的贷款投向。个人住房贷款增长快于房地产业开发类贷款的增长，说明目前商业银行房地产贷款在继续向购房者倾斜，总的贷款形态和导向符合市场发展方向。目前商业银行个人住房按揭贷款抵押率为99.97%，风险全覆盖并有较好的控制。但央行上海分行的专家认为，上海商业银行发放的绝大部分个人住房按揭贷款和新发放的房地产开发贷款始于1997年，与上海房市新一轮发展由低谷走高的运行态势一致，还未真正经历过价格波动的考验。如果现在就断言个人按揭贷款和房地产开发贷款低风险还为时尚早，因此，有必要提醒商业银行在开展个人住房按揭贷款和发放房地产贷款时，须时时警醒，规范操作。

5. 全面开放的负面效应（外来购房的冲击）

由于上海住房政策方面的不断开放，随着上海生活和创业环境的不断改善，市外和境外购放比例不断上升。2000年，非上海市民购房比例为8%，2001年为19%，2003年突破了50%。温州市出现了专门的购房团，到上海批量购买住宅。

（1）富人进城，穷人下乡

2003年中期，上海市区平均房价为5300平方米，平均面积90平方米，一套住宅基本要在50万元上下。远远超过了大多数上海居民的实际购买能力。按照2002年底统计，人均可支配收入13000元，户均36000元，购买力在30万元左右。根据调查，市民的可承受能力在30万~40万元。但市区住房仍然供不应求，外来购买力的因素比重很大。原来市区的低收入居民，正通过动迁、购买廉价房等渠道迅速流向郊区。出现了"富人进城，穷人下乡"的现象（少数富人到乡间住别墅除外）。穷人下乡，但乡下的各种服务设施非常缺乏，就医、购物等活动还要到城里，不但非常不便，交通费的支出对他们脆弱的经济能力更是雪上加霜。

（2）加重的老龄化城市

上海是我国最早进入人口老龄化的特大型城市（1979年），现有老年人246多万，60岁以上老年人口占总人口的18.6%，而联合国和世界公认标准为10%。2020年到2030年老龄化的顶峰期间，老龄化的比重将上升为32%。据有关调查，外地到上海购房，不少是买的"养老房"，或者年轻的外地人接自己的长辈到上海来养老，利用上海较优越的环境条件安度晚年。这批人不可能带来新的生产力，这对已经进入老龄化社会的上海会造成一些新的压力。另外，到上海郊区买房的外来人口冲着蓝印户口来，大都是小商小贩，个人素质并不高，这些"新上海人"也会带来新的社会问题。

（3）投资性购房带来的泡沫风险

根据住房购买者的区域比重分析：境外人士所购住房，以中高价位房为主，占77%以上。外地人士所购住房，以居中价位房为主，占56%以上。境外人士所购住房的档次结构迥异于本市居民的购买结构，这与境外人士的高收入特征相符，表明他们购房多是为了居住。而外地人士购房的价格结构与本市居民的结构相仿，与其较高收入特征不相符（本文认为，有能力在上海购房的外地人士当具有较高的收入水平），这表明有相当多外地人士购房是为了投资。

购买者区域	3000元以下		3000~5000元		5000~7000元		7000元以上	
	面积（平方米）	比重（%）	面积（平方米）	比重（%）	面积（平方米）	比重（%）	面积（平方米）	比重（%）
本　市	3305855	16.25	11321543	55.65	4242274	20.85	1473363	7.25
境　外	25127	1.68	315404	21.12	430049	28.80	722337	48.38
外　地	529202	10.53	2301836	45.80	1286321	25.59	909025	18.08

（根据《上海统计年鉴2002》）

购买者的区域比重中，境外和外地人士在上海购房的增加，2002年约占总量四分之一，2003年一度达到50%以上，甚至出现了地区性的购房团，一方面，表明上海具有良好的投资和居住环境；另一方面，他们对中低价位房屋的购买，增加了政府解决本市市民居住困难及提供动迁房的难度。

四、国外住房政策借鉴

1. 美国

美国大部分房产属于私人所有，除军队和大学有宿舍安排及低收入者有补贴，都要靠自己解决居住问题。美国人一生的理想就是拼命赚钱，为首先买到一套舒适的住宅奋斗。美国住房政策的着力点，是为帮助低收入家庭解决住房问题。政府只对无能力的人进行帮助，对中上收入者不予帮助。因此，美国政府管的是10%~15%人的住房，85%~90%的人住房靠市场解决。不过，由于购房款额大，一次性支付有困难，美国对富裕家庭及上中层家庭购房，采取了银行贷款实行利率优惠和分期付款，以及减免税收等手段，鼓励私人建房和买房。

在美国，购房贷款很容易，只要年满18岁，就可以申请各种政府贷款。向银行贷款，首先必须拥有支付首期20%~30%的现金能力，此外，银行要调查贷款人工作资历是否满两年，全家每月固定收入必须超过每月分期付款的4倍。购房贷款可贷到总价的70%~90%，贷款年限长达30年。中等收入的家庭还可以找联邦住房管理局做担保，这样购房人首期自备付款只需房价的5%。

美国的金融证券市场发达，政府还通过建立二级抵押市场，运用金融调控手段，促进住宅政策的实施。二级抵押市场的建立和发展，有利于资金密集地区资金的流动，支援资金紧缺地区住房市场。

美国对低收入者自有住宅提供补助，规定收入不超过当地平均收入95%的家庭，只要有良好的信用，能支付房价6%的预付款，且有能力以家庭收入20%支付每月分期还款，都可申请补助，政府给予抵押贷款保证和贴补利息。另外，地方政府还建设国民住宅，以出租方式提供给低收入家庭、年满62岁者或者残疾者。

2. 新加坡

新加坡从 20 世纪 60 年代起，就着手推行"居者有其屋"计划，成立建屋发展局，作为国家唯一的公共住房机构，承担新加坡组屋的建设发展任务。经过 30 多年的发展，大部分居民拥有了自己的组屋，基本实现了居者有其屋的目标。其成功经验一是建立了公积金制度，一是严格控制社会个人收入。

新加坡的中央公积金是一项储蓄和保险兼备的社会保障计划，成立于 1955 年，规定新加坡人从参加工作开始，必须把自己薪金的 20% 连同雇主或供职机构提供的相等款项缴纳到自己公积金户头名下。公积金一开始是一种储蓄，后来扩展到社会保障的多个方面，如退休、医疗保健、购买房屋、家庭保险以及增值资产。其中利用公积金购买房屋，可占本人公积金总份额的 75%。如果公积金存款不够购房，可向建屋发展局贷款，以本人今后缴纳公积金按月偿还分期付款。新加坡人利用公积金购买房屋，甚至不用动用手中的现金。公积金也可贷给建屋发展局，建设更多质优价廉的组屋。

新加坡建屋发展局对于低于规定标准收入的家庭提供政府定价的组屋，保障了中低收入居民能享受到政府政策倾斜的优惠。为了保障政策的落实，新加坡对社会收入严格控制，每个人或家庭的收入必须从金融磁卡上得到，政府从金融磁卡上了如指掌。另外，建设发展局统一组建组屋，专供每月收入低于额定基数的家庭。这些组屋的价格由国家统一制定，如果成本与价格倒挂，由财政给予补贴。

3. 德国

德国政府住房政策的目标是"所有平民有足够的住房"。政策的核心是大力发展社会住宅和住房储蓄体系，促进居民自己积累资金建房和购房。德国住房储蓄体系的宗旨是"通过互相帮助，达到自我帮助"，是一个建房筹资的互助体系。该体系由专业住房储蓄银行经营运作，是封闭运行的金融体系。参加住房储蓄的储户都要与储蓄银行签订"建（购）房储蓄契约"（"存贷总额合同"），逐月按契约金额存钱，一般存储 7 年左右，就可取得全部契约金额的贷款权。政府对住房储蓄施行奖励、免费政策，还规定雇主必须为雇员缴纳一定的储蓄金。住宅储蓄体系对国家来说，奖励小，收益大，国家拿出 1 马克奖励，可收到居民 20 马克建房资金。德国住宅建设融资的三分之二由住房储蓄银行提供。

4. 总结

通过对以上国家的分析可以看出，世界上住房政策比较成功的国家都有几个特点：第一是政策的制定和实施立足全体人民的利益，而不是少数人的利益；第二，政府的首要任务是帮助弱势群体，解决他们的居住困难；第三，政府较少直接干预住房市场，而是利用政策杠杆进行调控，尤其是充分发挥金融杠杆的作用。

五、未来的政策走向

1. 继续推进住房消费，不断提高市民的住房水平

进入21世纪，上海的住宅需求全面增长，政策上应该积极推进。

（1）上海经济增长进入加速周期，带来了住宅市场的全面兴旺。上海在21世纪也明确了定位，建成"国际经济、金融、贸易、航运"四个中心。2001年3月，上海市人民代表大会通过了"十五"社会经济发展规划。无论是产业发展布局，还是城市基础设施计划布局，都是世界级的、世纪性的。未来7年，仅固定资产投资就要达到16000亿元人民币。黄浦江两岸开发、上海新一轮旧区改造的启动、一城九镇的开发等，必将推动经济增长和繁荣，必然带来上海企业和居民增长速度的提高，推动国内外人才和资金流向上海，也必然带动住宅市场的增长和繁荣。

（2）继续对外开放和中国进入WTO，申博成功，为上海住宅市场发展无疑增加了巨大的推动力。一方面，海外客商继续大量进入上海，需要经商；另一方面，由于上海政治安定、治安良好、环境改善，房价相对海外、境外偏低，对于香港、台湾、澳门同胞及海外华侨、华裔返土归乡，落叶归根购租住宅具有较大的吸引力。

（3）城乡居民的居住条件有待进一步改善。一方面，市区居民的生活条件需要进一步改善。目前，市区人均居住面积13平方米，在全国同类城市中处于中下水平，深圳市2000年已经达到17.4平方米。与国际城市差距更大。目前，上海居民的居住水平只相当于20世纪80年代末美国等国水平的不到一半，和国际化大都市距离尚远。

另一方面，"十五"期间，城乡一体化速度加快，城乡住宅整体水平联动提升。可以说，现在城区正在做的，也将是郊区下一步要做的。根据联合国对世界40多个国家的统计，当人均GDP超过8000美元时，住宅发展才趋于平缓。上海2002年是5000美元，将来的几年将是住宅持续稳定发展的时期。

2. 彻底落实货币化分配政策，重新定位公积金，创新住房金融体系

（1）继续推进公有住房的出售和上市，通过降低流通费用、简化交易程序来促进公有住房的上市流通，提高住房的自由化率。落实住房分配货币化改革方案，抓紧住宅分配货币化资金来源的落实，除了福利，可考虑大部分纳入工资基金，使住房市场的扩大建立在可靠的收入来源基础上，并且继续增加职工工资，提高广大市民的购买力。

（2）住房公积金贷款和置业担保制度的实践，给上海的住房市场带来了强大

的活力，成为进一步发展住房政策的制度基础。但市场经济变幻莫测，新的需求会不断产生，要求体制上的不断完善。根据发达国家的经验，住房贷款风险主要集中在中后期。而上海住房公积金尚处于贷款前期阶段，尚未经历经济衰退等系统性风险考验，要实现房地产金融市场的持续、健康发展，应该进一步完善住房公积金贷款新机制。

① 提高资本金运作效益，增强长期抗风险的能力。新加坡政府的做法是，由中央财政负责担保公积金价值，偿付公积金贬值损失。公积金部分用于购买政府长期公债、股票以及投资，股票、债券以政府持有的资产储备做保证，有稳定的利息或股票收益，安全无风险。

② 公积金作用的重新"归位"

根据上文的分析，公积金贷款"撒胡椒面"式的助房政策作用越来越小，实际上，就最近的情况看，公积金中心对低收入者的帮助已经难有成效，他们并不能因为有10万元的公积金贷款而增加能力购房。公积金如果再有大的作为，只能提高贷款底线，而公积金积累的大幅度提升又似乎不太可能。一方面，过高提取公积金会影响大多数居民并不宽裕的生活（新加坡由于富裕，缴纳的公积金占到收入的36%，这在上海是不可能的）；另一方面，某些专家建议的证券化融资，因为其低利率难以吸引投资者，可操作性差。

在商业性贷款成为主流的新形势下，公积金完全没有必要再去争银行可以做的事情。计划经济的住房制度通过公积金"过渡"到商品化的目的已经达到。而公积金的另一宗旨，低收入者的"互助合作"，却应该继续发扬下去。

因此，公积金应该充分发挥住房保障功能，解决低收入家庭的住房困难。有的人提出建造比经济适用房更加经济的公积金住宅小区，这样，既解决了低收入家庭的居住问题，用活了公积金，使公积金的优越性看得见，摸得着，也使公积金制度成为一种全民的义务助困制度，成为一种住房福利制度。建议如下：一是重新设计公积金制度，只针对低收入阶层征收一定比例的公积金（低收入的界定、征收比例由政府研究决定）；二是通过政府财政担保大力实现公积金的保值增值；三是通过公积金贷款完成或基本完成低收入市民的购房，贷款利率在他们的承受范围之内；四是对最贫困的少数市民，用公积金支付廉租房的房租。

（3）适时推进住房抵押贷款证券化试点

上海房地产市场正处于一个大发展时期，住房抵押贷款需求十分旺盛，主要应该通过银行来实现。商业银行在提供大量贷款的同时，也将面临更大的风险。谁来为银行风险买单？如何用活巨量的贷款？开展住房抵押贷款证券化，建立住房抵押贷款二级市场，对完善上海住房抵押贷款市场结构，促进房地产业发展，越来越迫切。

"住房抵押贷款证券化，是资本证券化的一种，指银行等金融机构发放住房抵押贷款后，把所持的抵押贷款债券出售给一家特别机构，该机构在资本市场上发行以其收购的抵押贷款为基础的证券的行为。"当今世界各国住房金融模式主要有三种：以英国住房合作社和德国住房储蓄为代表的合同储蓄；以新加坡公积金制度为代表的强制储蓄，以及以美国为代表的资本市场融资，发行住房抵押贷款证券。英、德等国因为人口少，福利高，银行体系外资金少，传统存贷结合的住房合作社基本能够解决住房抵押贷款资金问题。新加坡人口仅300万，国家富裕，强制储蓄和国家贴补都比较容易。美国地域广阔，政府对国民住房的福利不高，但金融市场发达，通过金融市场完全可以解决住房资金问题。上海的情况有点类似美国，人多，福利差，住房贷款缺口大，走证券化道路能体现它的优越性，有助于拓宽抵押贷款资金来源渠道。抵押贷款证券化实质是把资本市场上的资金引入抵押贷款一级市场。有助于改善银行资产质量，防范金融风险。随着住房抵押贷款发放量的不断增加，银行除了要有足量贷款资金，还要面对贷款风险和资产与负债的匹配问题。同时，大量资产长期被沉淀，流动性差。效益性、安全性和流动性是商业银行的经营原则，改善和提高银行资产质量，防范金融风险，是目前银行面临的迫切任务。抵押贷款证券化将银行独立承担的支付能力风险和利率风险分散给那些愿意承担而且能够承担风险的投资群体，同时提高资金的流动性。

3. 创造合理的住房供应结构

一方面以大多数人的利益为本，关注弱势群体，体现政策的公正性；一方面构筑多元化的国际城市社区，为不同层次的消费者提供服务。

（1）当前上海房价的不合理，表现为中、高档商品住宅偏多，大众化的中低档商品住宅偏少。这主要是因为开发商在经济利益的驱动下，期望从中高档楼盘中获取高额利润。另外，各区政府也想通过房价调整本区的人口结构，吸收有较高消费能力的人士进入本区，拉动本区的经济发展。尽管如此，但高收入的人群在上海还是少数，按照权威资料给中产阶级的定义"户均月消费2万元左右"，上海的比例大约在10%，达到30%也需要5~10年，而真正使中产阶级成为"橄榄体中间部分"的比例，至少需要50%~70%。所以，近期内能够对消费市场做出贡献的还是中低收入阶层。针对房价的结构不合理，政府不应该听之任之，因为住宅投资是巨型投资，周期长，风险大。但市场经济条件下，政府不能用过多的行政指令手段，而应该利用宏观的经济调控手段，其中，通过财税政策是一种有效手段。

① 加大人口导入因素财政转移支付力度。当前，在分税制财政管理体制中，市与区的财力结算中有一块建立在人口导入因素基础上的转移支付制度。这在一定程度上解决了各区人口多寡造成的经济不平衡问题。但随着大量中心城区低收入人口导出中高档住宅地区，进入中低档地区，原先的财政转移支付力度明显不够。为调动建造中低档商品住宅建设的积极性，应该加大转移支付的力度，使建造中高档商品住宅的地区，不得不建造一定的中低档住宅，以保持一定的人口密度，留住部分财政收入，避免"空心城"的出现。

② 制定适应不同房价的不同财税政策。比如土地增值税，按不同的销售均价，采用不同的税率，鼓励开发商建造大众化住宅。凡建造一定均价的中高档商品住宅，各政府不再实行变相的"先征后返"财政扶持政策，对建造中低档商品住宅的开发商，不论地块如何，实行减免部分契税、营业税等；对购买一定均价的中高档商品住宅人士，除了契税严格按税法规定征收，不再享受减半优惠，还可以考虑开征高档消费税。

③ 部门联手平抑房价。除了财税政策，联合计划、城建、规划、商贸等众多部门形成合力。实施就地安置优惠政策，动迁户获得优先购买原地区建造的住宅，并获得减免交易契税、房价折扣、贷款贴息等多种优惠，鼓励有经济能力的居民回搬；降低房地产二、三级市场交易税费收取标准，重新考虑部分恢复购买空置房的优惠政策，以激活"总价较低"的房产交易，对中高档商品住宅价格造成一定冲击。

（2）积极倡导梯度消费，形成多品种、多档次的住宅供应体系和多样化的需求体系，促进市场的全面繁荣。

首先，保证中低收入者有足够的市场空间。健全廉租住房保障体系，通过货币补贴或住房供应，使最低收入家庭住房得到保证，建立起面向全市的社会保障制度。

其次，推动住宅品种的多样化，即高档、中档、低档住宅品种全面发展，各个档次内又有高低之分。适用于不同使用对象的住宅多样化，如老人、学生、单身、单亲、伤残等人群的特殊需要。设计风格多样化，江南风格、西洋风格、现代派、古典，创造万国博览会的盛景。

例一：随着社会的进一步转型，老龄工作从单位到社区，由条向块转移的速度加快，住宅建设和供应对这一潜在的弱势群体的适应压力越来越大。据调查，老年人选择居家养老的占95.8%，进养老机构的占2.3%，住养老公寓的占1.9%。如何勾画老龄住宅建设，将是今后的一个重要研究方向。特别是积极探索"老少居""三代同居一区"等适合社区养老、居家养老的新模式住宅，并按照老年人生活、社交、活动、医疗特点，组织制定标准，落实示范试点，逐步达成共识。

例二：别墅项目在上海房地产市场有一定需求，特别是境外人士。2000年以来，上海的中高档别墅项目有70%被境外或者外省市人士吸纳。上海作为国际性大都市，应当按照规划建设一批高品位的别墅，不仅满足国内外人士居住、休闲的需要，也提高城市的建筑档次，增加城市景观美，是上海投资环境不可缺少的组成部分。

（3）谨慎处理外来购房问题。外来购房，活跃了上海的房地产市场，推动了上海经济的发展，提高了上海的人才素质，作用巨大。如何更好地化解它的负面效应，需要积极地研究。首先，不能走回头路，"闭关锁国"，搞限制措施；其次，要提防外来资金的楼市炒作。

4. 强化市场规范建设，保护消费者的切身利益，提高房地产的服务质量

（1）健全和完善土地一级市场调控机制

继续加强土地规划和管理，推行以土地公开招标出让为主要方式的市场化供应机制，通过市级土地利用规划与城市规划的协调一致，调控好土地供应的总量、结构和布局。通过严格控制别墅和低密度高档住宅供应用地，改善商品住宅供应结构。

（2）做好房地产市场信息资源的整合工作，建立科学、合理的预警体系

着力于完善房地产市场信息和基础数据的整合、动态监测、分析研究，全面反映土地供应、房地产开发投资、商品房买卖、存量房交易等市场运作的动态情况。建立房地产市场信息定期发布制度，准确、及时、全面地向社会发布，引导生产和消费。在培育和发展房地产市场的过程中，多渠道探索住房社会保障体系。

（3）规范销售行为，加大打击力度

完善住宅消费服务机制，进一步规范市场经营行为，加强对销售过程的规范管理，结合新的房地产登记条例，推进房地产登记体制改革。加强对物业管理企业的管理，全面推行新建商品住宅小区物业管理招投标，建立以质论价的收费服务机制。

5. 以适合人的居住和生活为本，促进生态化、信息化建设

（1）主体设计的人性化、细化。住宅的一个方面、一个角度，尤其是住宅的内部，在适度面积的前提下，还要从人的各种需要出发，仔细安排，不仅满足人的饮食、起居、休息的需要，而且拓展和深化住宅功能，如室内学习、工作、娱乐需要，操作现代信息设施需要。

（2）住宅环境设计以生态优先，向生态、美化、人文的需要全面发展。

（3）综合科技的广泛推广。以电子科技为代表。如引入专线宽带光缆为基础的小区公共电子信息平台。在此基础上大量采用各种电子装置，如周界报警、室内报警、远程抄表、IC卡一卡通等消防、安保、交通、物管、通信、视听、饮食起居的智能装置。其他如新材料、新设施、新工艺的综合性科技成果，如高层住宅的钢材框架、微型预制砼装基础、污水生化处理、太阳能热水供应等。

（本文写于 2003 年 8 月）

参考文献：

1.《上海房产志》第 194 页，上海社会科学院出版社 1993 年第一版

2.《上海改革开放二十年／城建卷》第 226 页，上海人民出版社 1998 年 11 月第一版

3. 邓小平谈话的要点是："要考虑城市建筑住宅、分配房屋的一系列政策。城

镇居民个人可以购买房屋，也可以自己盖。不但新房子可以出售，老房子也可以出售，可以一次付款，也可以分期付款，十年、十五年付清。住宅出售以后，房租恐怕要调整。要联系房价调整房租，使人考虑到买房划算，因此要研究逐步提高房租。房租太低，人们就不买房子……将来房租提高了对低工资的要给予补贴。这些政策要联系起来考虑。建房还可以鼓励公私合营或民建公助，也可以私人想办法。"

4.《上海改革开放二十年／城建卷》第231页

5.《徐匡迪市长在上海住房制度改革全面实施五周年暨房委会换届大会上的讲话》，《上海住宅》1996年第9期第4-6页

6. 张泓铭，李战军：《上海住宅发展的过去、现在和未来概述》，《上海房地》2003年第1期第12页

7. 王涌，吴婕：《上海住宅产业对经济增长的贡献》，《上海住宅》2003年第7期第37页

8.《上海市装饰装修行业四年发展纲要》，《上海城市发展》2003年8月第4期第54-55页

9. 戴维·奥斯本，特德·盖布勒：《改革政府》第1页，上海译文出版社1996年6月

10.《改革政府》第12页

11.《上海改革开放二十年／城建卷》第230页

12. 张华平：《上海住房供应的结构分析》，《信息与研究》2003年第5期，上海城市发展信息研究中心编辑

13. 蔡育天：《上海房地产市场面临新的发展机遇和挑战》，《上海房地》2003年第1期第5页

14.《央行上海分行提醒不能轻言房贷低风险》，《新闻晨报》2003年7月21日

15. 赵平：《新加坡访问印象》，《上海住宅》1996年第4期第46-47页

16. 吴政同：《德国住房政策和住房金融给我们的启示》，《上海住宅》1996年第3期第42-43页

17.《上海城市发展研究论集》第一辑第2页，上海城市发展信息研究中心编

18. 沈正欣，韩曙：《用财税政策促进房价结构趋向合理》，《上海住宅》2003年第6期第53页

农村土地流转问题之探讨

土"名片"悄悄在换——农村土地流转试点

改革开放以来，我国经济快速发展，我国的农村也经历着巨大的变革。随着市场经济的完善和我国一系列鼓励城市化政策措施的出台，涉及农村和农民的两个根本性问题——户籍和土地，其适应新形势进行变革的迫切性愈加明显。关于户籍，许多地区已经迈出了实质性步伐，逐步改变过去的城乡二元论结构。伴随着城市各种福利制度的变革，用货币直接解决各种生活问题越来越现实，户籍的重要性正在削弱。而土地作为农民的"身份"，其变革就显得复杂得多。

回顾新中国成立以来我国农村土地流转的历程，大体可以分为三个阶段。新中国成立初，我国政府实行耕者有其田的政策，农民分到的土地属于个人私有，因为众多的无地或少地农民得到了土地，生产积极性高涨，中国的农村经济快速发展。后来，出现了农业生产合作社，农民以自己的土地入股，分享收获的红利，是社会主义农业合作化的早期尝试。到1956年，农村的初级合作社上升为高级合作社，农民土地私有的性质发生了根本变化。特别是1958年以后，人民公社包揽一切，"一大二公"，农民对土地的掌握进一步减弱。由于脱离了生产力发展的实际，"一大二公"的人民公社并没有给农民带来理想中的美好生活，反而极大挫伤了农民的生产积极性。1978年党的十一届三中全会后，对人民公社时期的土地制度进行了调整。1986年我国颁布的第一部专业法律《中华人民共和国土地管理法》（以下简称《土地管理法》）明确规定："农村和城市郊区的土地，除由法律规定属于国家所有的以外，属于集体所有；宅基地和自留地、自留山，属于集体所有。"这一时期一次重大的土地变革就是联产承包责任制的实行，农民重新拿到了可以自己支配的土地，出现了中国农村新一轮的大发展。但与第一阶段不同的是，土地的所有权属于国家或集体，而不是私有。

按照我国《土地管理法》的规定，属于集体所有的农村土地，"任何单位和个人进行建设，需要使用土地的，必须依法申请使用国有土地"。如果因为城市建设需要，必须占用农用耕地，必须首先通过政府征用，把农村集体所有的土地变为国有土地，用地单位和个人再通过向政府申请获取国有土地的使用权。

征用，是我国农村土地"身份"转变较早、也是国家立法规定的实施办法，是政府强制性取得集体土地所有权的一种方式。在此过程中，土地权利的转移是一种行政行为，农民集体不得阻碍，但可以获得补偿。

随着我国经济的发展，一种新的土地转变方式悄悄诞生，由自发而为政府参与指导，并一度成为农村实现新飞跃和城镇化的热门话题，这就是流转。流转，是在农村土地使用权不变情况下经营权的转让。流转的背景是：其一，发达地区农民大量进入二、三产业，不发达地区农民苦于土地收入微薄，进入城市打工，出现抛荒。其二，农村因为人均土地稀少，难以形成规模。其三，城市化建设需要扩充土地。流转的目的正是，让需要种地的农民或经济实体获得土地，实现农业规模化和现代化。让不再利用土地的农民实现身份转变，变农民为市民。让城市化获得需要的土地资源。让抛荒的土地获得最大的经济效益。

正如1978年，安徽凤阳小岗村农民率先搞承包一样，土地流转也是中国民间创造力的结晶。从自发到有序，体现了中国基层干部群众的创新精神。浙江的一家报纸干脆把它称为"第三次土地革命"。根据农村土地用途，流转分两大类，即农用地流转和非农集体建设用地流转。农用地流转有使用权转让、使用权租赁、委托转包、土地使用权反租倒包、土地互换等形式，其中比较常用的是反租倒包；而非农集体建设用地流转则有使用权入股、使用权合作、使用权转让等形式，使用权入股方式在许多地方受青睐，让农民变"股民"也成了热门话题。在中国发展精彩纷呈的今天，农村土地使用上的花样翻新是否也有一种"合久必分，分久必合"的暗示？一种新型的土地制度是否即将来临？

附文：
第一类，农用地之间的流转，有以下5种形式：
1. 使用权转让。农户之间通过协议方式，转让土地使用权。
2. 使用权租赁。土地使用者可以将土地使用权在承包期限内约定期出租，由承租人以货币或提供服务形式支付租金。
3. 委托转包。承包农户自愿将承包土地的经营权，在一定时期内委托村经济合作社转包给他人经营，原应缴纳的农业税及有关费用全部由村负责。

4. 土地使用权反租转包。按自愿、有偿、互利的原则，由村、镇集体经济组织以一定的租金向农民反租土地，并缴纳农业税及有关费用。反租土地经改造、开发后，再由经营者招标承包或租赁。

5. 土地互换。因开发经营的需要，在规划连片的土地范围内个别农户要求保留承包权的，其地块与其他农户承包田或村集体的机动田进行互换。

第二类，非农建设用地的流转（不使用于商业性房地产开发），有以下各种形式：

1. 使用权入股。原建设用地使用者可以将土地使用权作价折股，参与项目开发商的经营活动，以土地使用权作为股权，按所持股份享受经营收益。

2. 使用权合作。原建设用地使用者可以将一定年限的土地使用权作为条件，与其他单位或个人合作、联营，共同举办企业。原在该企业务工人员可以优先享受劳动就业，或在经营收益中享受保底分红。

3. 使用权转让。集体土地所有者将一定年限的土地使用权让渡给用地单位，并向其收取该年限内的土地收益。

4. 鼓励农民将原宅基地复垦后进行有偿置换。

5. 除了上述流转形式外，在遵循集体土地使用权流转的目标和原则，维护农民的合法权益前提下，可创新和探索其他流转形式。如在深水港等土地大开发地区，可尝试"自征自用"等模式。

一、由浙江绍兴说开去

近两年，浙江省绍兴市因为农地流转出了名。人均不满半亩地的窘迫，让绍兴的农民很早就寻找新的致富门路。20世纪80年代中期开始，绍兴市的二、三产业已经蓬勃发展，柯桥镇成了中国最大的纺织品批发市场，农民靠非农走上了小康，人均年收入达到了5000元（其中70%来自非农产业）。同时，该市的农地却出现了大面积的抛荒，该市350万农业人口，真正从事农业的不足40%。村干部动脑筋雇人"开荒"。90年代中期，浙江省政府提出，一些经济发达县市可以推进农田适当集中，规模经营，绍兴市顺水推舟，提出"两田制"，农田分成口粮田和商品田，农户留口粮田，商品田由种粮大户经营。2000年初，浙江省政府再出台文件，进行粮食体制改革，农民的粮食订购任务被彻底取消，为农地的完全流转铺平了道路，农地流转速度加快。2000年底，绍兴市的流转率已经达到了近20%，2001年，绍兴县的流转率达到近50%，许多村庄已达100%。

绍兴市农地流转是在政府部门的指导下有序进行的。绍兴县推出了一个全新的名词——土地信托，按照该县的文件，"土地信托是指土地信托服务组织接受土地承包者的委托，在坚持土地所有权和承包权不变的前提下，按照土地使用权市场化要求，通过运用一定的方法，实施必要的程序，将其拥有的土地使用权在一定期限内依法、有偿转让给其他单位或个人的行为。土地信托是深化农村土地经营机制的必然要求，是促进土地使用权规范有序流转的必由之路"。该县建立了县、镇、村三级信托服务体系，县级为土地信托服务中心，20个乡镇全部建立了土地信托服务站，774个村的土地信托服务由村经济合作社承担，所有人员都是兼职不收费，纯粹地无偿服务。服务内容包括：土地流转前的土地使用权供求登记和信息发布，登记、汇集可流转土地的数量、区位、类别等情况，接受土地供求双方的咨询，多渠道、多形式向辖区内外及时发布土地储备和可开发土地资源的信息，推荐可开发项目；土地流转中的中介协调和指导鉴证。协调流转双方提出的有关事宜，在平等协商并取得一致的基础上，落实契约关系，办理合同鉴证手续；土地流转后的跟踪服务和纠纷调处，主动帮助土地经营者进行开发项目的可行性论证，在信贷、技术、物资等方面开展横向联系，并在法律和政策范围内协助调处土地经营中引起的纠纷，维护土地所有者、承包者、经营者三方的合法权益。通过流转，农户在不投入、不担风险的情况下，得到土地出让金；村集体通过土地倒包服务，得到土地增加值；而承包者可以获得较低租费的服务，进行规模经营，一举三得。正因为如此，绍兴县的农地市场异常活跃，许多经济实体纷纷投资现代农业观光园，搞养殖、种植产业。

附：新风村的"土地股份合作社"

虽然大多数关于土地流转的制度设计都尽可能不去触及现有的土地制度，但也有的地方在小心翼翼地做一些尝试。在绍兴县柯桥镇新风村，成立了"土地股份合作社"，合作社设置了农户承包权股、村集体所有权股和现金股三种股份。通过这种折算方式，农民的承包权、村集体的所有权这两种叠加在同一块土地上又互相分离的权益，与土地之外的现金权益一样，成了可量化、可变现、可交易的股权。而农民与土地的关系，也悄悄发生着变化，农民由一块土地的部分占有（指承包权）者，变成了自己股份的所有者，由一个被捆在土地上的人，变成了自由之身的股东。绍兴县的柯桥镇新风村离县城只有数公里之遥，全村296户，894个农业户口，男女劳动力478个，全村拥有水田面积352.8亩，人均0.4亩。而新风村478个劳动力中，已有461个全部转向二、三产业，从事农业的只有17人。农民人均收入中，来自二、三产业的比重已达76%。

2001年，新风村组建了土地股份合作社，全村土地100%实现流转，结构调整面积达60%。

土地股份合作社的股份设置：分农户承包权股、村集体所有权股、现金股三种股份。农户承包权股，根据农户入股申请和土地承包权证的承包面积（每人0.4亩），依照上年人均征农补贴水平，每100元（0.4亩）为一股，计88200元，合882股；村集体所有权股，参照本地土地征用补偿办法，为农户土地承包权的两倍，计176400元，合1764股；现金股以现金投入计股，按照农田基础设施现有水平和追加投资预测，尚须投入资金73.54万元，其中，村集体投入13.54万元，浙江新风热电有限公司（原村办企业，现已完成股份制改造）投入60万元，每100元一股，合7354股，其中村1354股，热电公司6000股。

最后的股权结构是：总共10000股，其中，农户股占8.82%，村集体占31.18%，浙江新风热电有限公司占60%。三方推荐产生股东代表20人，其中，企业代表10人，村经济合作社代表5人，农户个人代表5人，农户代表由全体村民推荐产生。在股东大会上选举出了5人组成的董事会，其中，企业3人，村集体2人，设董事长1名。

土地经营和使用方向：选定浙江新风热电有限公司和3户大户为承包经营土地的对象，浙江新风热电有限公司经营土地149亩，建设一个叫"现代园艺园区"的高效农业园；3户大户承包经营土地203.8亩。（《南方周末》2001年）

当然，浙江绍兴土地流转不是特殊现象，许多地方都在进行类似的尝试。福建省的明溪县也很典型。以该县沙溪乡为例，沙溪乡仅有人口6500多人，可出国人员却近1200人，特别是乡所在地的沙溪村，1100多人口中就有300多人出国。这些出国人员全是青壮年，他们的离开使土地的耕种成了问题。而其他县市甚至邻省劳力很愿意来经营耕作土地。民间自发的土地流转就开始了。其主要形式有转包、互换与转让。后来，自发的流转出了一些问题，如粗耕滥种，不舍得投资，破坏了地力。这种分散的、低水平的种植，阻碍了农业产业化进程。对此，沙溪乡成立了土地使用权流转工作领导小组，组建起相应的中介机构——"乡土地信托服务中心"，各村则由村土地代管服务站具体操作。流转的方式可以多种多样，如小户向大户转包、集体反包转租、承包户原地自种、公司统一经营、股份合作制等形式等，取得了很好的效果。现在，沙溪乡60%的土地是由外地人耕种的。

于都县是江西省的农业大县，是拥有15万打工人员的劳务输出大县，同时土地弃耕撂荒和效益低下等问题日趋严重。为了解决这一问题，该县依法建立和完善土地流转机制，采取租赁、联营、反租倒包、股份、调换和招标等多种土地流转形式，鼓励农民突破原有经营形式的限制，实现生产要素的优化组合和合理配置。他们将土地集中到种养能人手中，创办集中连片的农作物基地，已经建立了商品蔬菜、肉奶牛、青梅、蛋鸭等8大新型农业商品生产基地，新增生态农庄、果园、林场380个，涌现出年创收入5万元以上的农村经济大户4610户。

二、看他们如何突破"瓶颈"

1. 华新镇的土地入股

上海市青浦区华新镇，因为二、三产业发展较快，建设土地不足的矛盾愈加突出。单靠征用土地面临不少矛盾，一方面征用成本过高，开发商望而却步；一方面政府对降低地价难以承受，更重要的是征用是一次性经济补偿，农民缺乏长远利益保护，影响农村的社会稳定。对此，华新镇遵循国家有关政策和上海市有关规定，进行了灵活的尝试，形成了《华新镇农用地转为非农建设用地采用入股方式暂行办法》。

《华新镇农用地转为非农建设用地采用入股方式暂行方法》对"采用入股方式"的范围、运作方式、股权确定、股红分配、资金保障等方面做出了明确规定。

2. 杭州农村的土地股份合作制企业

2000年11月，浙江省杭州市诞生了首家新型农村土地股份合作制企业。这家由农户的土地承包权、村民小组的集体所有权、村级土地流转经营管理权等形式共同入股的企业，成立于余杭市乔司镇泥桥村。集体构成是：泥桥村285户农户以259.8亩承包地入了股；村民小组以水渠、道路等农业生产公共设施的集体所有权形式入股；村里则以土地流转经营管理权和1000多万元的村级集体积累入股企业。按照每亩土地折1000股方式计算，农户共拥有土地承包股259885股，村民小组拥有60027股。因采取股红定额分配、村级集体保底的分配方法，村级集体未确定具体股份；每股每年分红为1元，企业确保这一股红分配，其余经营利润留作村集体积累，如果利润不足农户和村民小组股份分红，不足部分则从村集体积累中提取并支付。

3. 机场镇的流转模式

上海市浦东新区的机场镇地处浦东国际机场的周边，交通便捷，同时位于上海市滨江临海经济发展带的核心部位，堪称上海市和浦东新区的"门户镇"。但机场镇发展也面临不少困难，底子薄，人才缺乏，如何把握好地理条件优势，加快发展？他们的思路是在土地上做文章，通过土地开发，招商引资，带动一方经济起飞。为了降低土地开发的初始成本，机场镇和华新镇一样，采取了土地流转的办法，实行农民集体土地使用权有偿流转和所有权固定回报机制。

并不轻松的"土变"
—— 土地流转和征用中的突出问题

一、《焦点访谈》的震惊

2001年9月21日，中央电视台《焦点访谈》节目播出了标题为《如此土地流转》的节目，在观众中引起了强烈的反响。江西省南昌县蒋巷镇借口发展经济，致富村民，强行"流转"了村民的土地，村民生计无着，走投无路了。这个镇共有耕地12.5万亩，而镇政府和广东一家公司一下就签署了5万亩，把三分之一多的耕地租了出去，涉及全镇17个村的11个村，农民几万人。按照镇干部的说法，一是租地得到了绝大多数农民的同意；二是可以解决农民温饱，让他们有机会外出打工或从事第三产业。实际情况却不是这样，所谓的农民自愿是镇政府假造了他们的签名，"流转"实际是"圈地"；农地租出去后，每亩200元的租金怎么也流不进农民的口袋，光村里就留下150元；这个镇的农民世代种田为生，文化浅，没技术，根本无法出门打工，只能靠捡破烂为生，家庭生活和子女教育陷入困境。是什么让镇和村的干部那么热心于土地流转呢？《焦点访谈》报道："去年仅土地流转一项，镇财政增长70万元。看来蒋巷镇镇政府的口袋还是实实在在鼓了起来，蒋巷镇强迫农民土地流转的结果是许多农民变穷了，镇政府变富了，同时蒋巷镇的领导也有了工作政绩。"

无独有偶，同年，新华社记者在湖南省津市市白衣镇莲花村领教的所谓"搞活土地流转"就更加可怕，农民不但拿不到钱，还要拿出钱购买"土地经营权"，不出钱，不能下地干活，谁对抗，派出所就抓谁。以国家的电视台和通讯社报道这样的话题，可见有许多的地方"土地流转"是变了味。

土地流转的目的是什么？恐怕连这些强行圈地的地方政府也明白，是通过土地流转实现农业的规模经营，或者推动城市化进步，根本的目的是富民，使更多的农民变市民，实现国家的现代化。但在实际的流转中，却往往把这个目的搞得模糊不清。有些是出于美好的愿望，或者赶时髦，却急躁冒进，欲速不达；有的为了出政绩，不顾农民的承受能力和主观愿望；更有的是浑水摸鱼，借流转之名，兴渔利百姓之实。

二、盲目流转

土地流转中的盲目性同样产生了不少问题。安徽省芜湖市就曾经有过类似的经历，2000年前，该市非法转让炒卖集体土地一度猖獗，达到了1234宗，面积101.88公顷，按评估价计算流失资产1721.9万元，这其中有乡镇、集体经济组织收购农民承包的土地进行交易，土地商贩低价买，高价卖，集体或个人以办企业为名取得集体土地出租、转让、参股，以及乡镇企业低价买进农民土地，开发商品房转卖给农民，农民自己在承包土地上建房出售等。后来，芜湖市经过规范化的集体建设用地流转政策，才扭转了局面。在全国范围内，违法用地和土地无序利用现象也很严重。非法转让、出租现象突出，价格混乱不一。有的地方为了短期利益，耕地保护意识淡薄，为占用耕地大开路灯。有些地方为了招商引资，建设工业园区，拼命降低门槛，"对上征用，对下使用"。有些地方为建设形象工程突击"圈地"。这些都不同程度地侵犯了农民的利益，有的地方甚至是对农民的无情"剥夺"。

土地流转不规范，暴露出有关部门的管理薄弱，其症结却是无法可依。土地流转缺乏必要的规范性文件，有关部门针对具体问题往往感到无所适从。更根本的原因是产权的不统一。农村集体土地使用权流转由镇人民政府和村委会具体操作,作为集体土地承包者的农民及作为集体土地所有权主体的各级农村集体经济组织,在流转中的主体地位没有充分体现,有的地方为了明晰产权,"快刀斩乱麻",把集体土地所有权上收,简化为镇或村集体经济组织所有。因为产权的混乱,导致了土地流转收益处置的不规范,有的采取县、镇、村分成,有的采取镇、村分成,却忽略了农民的主体地位,侵占了属于他们的利益。

三、补偿农民成了最紧迫的问题

在全国的土地流转中,补偿不合理、不到位成了迫切需要解决的问题。许多地方之所以采用流转而不是征用途径取得农民的土地,主要是看中流转的一次性成本较低,先用较低的成本拿到土地,至于以后的逐年补偿,是以后的事情,所谓"走一步看一步"。农民虽然成了"股民"或"股东",却要支付生活和就业转型的成本,如果补偿太低,转型就成了一次灾难,农民就成了"流民"。另外,许多地方的逐年补偿标准是根据收益决定的,农民作为"股东"必须共担风险,却难以奢求超额利润分配,成了标准的"垫脚石"。

即使在土地的征用中,补偿问题也成了突出问题,一些地方因为措施不利,影响了农村稳定。据有关资料显示,我国各地群众上访案件中,涉及土地问题的占到40%,其中60%左右涉及征用问题。

我国法律在明确了土地征用的强制性的同时,也规定了具体的补偿标准,目的在于确保被征土地使用主体的合法利益。虽然这些标准现在看来有一些过低的缺陷,但基本上合理的。问题是,这些补偿并不完全属于失去土地的主体,农民或集体经济组织。而是有多头参与了利益的分配,真正需要补偿的却成了分配中的次要角色。据有关资料显示,农民在土地出让中只能得到成本价的5%~10%,村级集体得25%~30%,而县、乡镇政府得60%~70%。征用土地成了增加财政收入的法宝。县、乡镇参与土地转让利益分配,固然有别于农民的"优势",同时也反映了农村集体土地产权上的模糊性。按照《土地管理法》第10条:"农民集体所有的土地依法属于村农民集体所有的,由村集体经济组织或者村民委员会经营、管理;已经分别属于村内两个以上农村集体经济组织的农民集体所有的,由村内各该农村集体经济组织或者村民小组经营、管理;已经属于乡(镇)集体所有的,由乡(镇)农村集体经济组织经营管理。"集体土地产权到底花落谁家,难以确定。利益分配上只能谁有"发言权"按谁的意见办。

不论是流转或征用,补偿的不利带来了农民安置的困难。对农民来说,失去了土地,就失去了过去安身立命的根本,要想成为一个市民,需要经过艰苦的转变,衣、食、住、行、就业、入学、医疗、养老,都和农村有质的不同。这一切,即使有足够的补偿也需要扶上一把,如果连补偿也不足,后果可想而知。中原地区某市,为了建设大学城,把大学附近的土地征收过来,当地的农民只得到了几千元人民币的赔偿,成了无根的草。上海市的某镇,为被征土地上的农民建设了住宅小区，安排他们居住，但由于没有处理好他们的就业问题，造成上千青壮年无事在家，最后上访到政府。

四、保护口粮田

谈流转或征用，不能忘记耕地在我国的极端重要性。我国的人口已经接近13亿，到2010年将达到14亿，目前内地人均耕地只相当于世界人均耕地的43%。同时，因为自然条件的恶化和人为影响，水土流失严重沙漠化每年吞噬2000多平方公里的土地，相当于一个中等县的面积。在这种背景下，保护每一寸土地，保护我们的口粮田，显得至关重要。

但耕地的浪费在中国的许多地方触目惊心，有些地方盲目扩张城市，小城市向中等城市迈进，中等城市拉成大城市，大城市追求特大城市或城市圈、带，脱离了经济发展的实际，造成大片城区的浪费；有的地方发展乡镇企业、搞开发区，批地动辄"大手笔"；有些地方追求一夜致富，把农民的地圈起来开发房产，少数人发财致富。

经济发达的苏南地区就有过这样的教训。一段时间，他们把城市化简单理解为地域的扩张，一味求大，城市结构松散，"摊大饼"式蔓延。同时乡镇企业遍地开花，"镇不像镇，村不像村，镇中有村，村中有镇"，畸形发展。1990—1995年，无锡市城镇面积扩展90%，人口仅增加30%。农地被大量侵占，江阴市1988—1998年耕地减少2000公顷。城中土地闲置严重，达到5%~10%，工业用地占到城镇用地比重的25%~30%，集约利用差。

农村土地怎么"转"
——浅谈城市化与农村土地制度创新

一、"流""征"之析

2002年2月26日，苏州市国土资源局局长张文根接受笔者采访时，针对征地成本问题，说了一句话："过去，在投资主体姓'公'的情况下，拆迁中感情因素很大；现在，都是经济实体、民营企业投资，应该允许农民条件提高一点。"笔者由此感到，"征用"的内涵也许正发生着一些微妙的变化。按照传统的定义，征用是指："国家为了社会公共利益及实施规划的需要，依据法律规定的程序和权限批准，依法给予农村集体经济组织及农民补偿，将农民集体所有土地变为国有土地的行为。"其中"为了社会公共利益及实施规划的需要"，过去是一种纯粹的政府行为，而市场经济的今天，即使是为了这个目的，也更多采取了市场化手段,演变成了经济实体的投资行为。比如开发房产,已经不是政府出钱为市民建造福利房,而是政府指导下发展商品房。再比如建设小城镇,搞开发区、工业园区,无不渗透着市场的气息,政府的作用是调控,甚至有"中介"的意味。"征用"如果演化为一种类似于"投资"的行为,农民的让地也就不应该过分强调"感情因素"。

流转,按照定义,与征用的区别在于:其一,使用权主体不变;其二,分年偿付。这也是普遍认为流转优于征用的地方。但这种近期奏效的方式也隐含着长期的忧虑:其一,农民对土地的法定使用权是30年,30年以后呢?其二,偿付的实现问题,流转土地作为一种投资行为,必然有风险,是否让农民共担风险,还是"旱涝保收"?其三,也是当前突出的问题,农民的初始补偿标准是多少?每年的补偿标准是多少?是否保障农民正常生活?农村剩余劳动力由谁安置?

市场经济条件下,征用和流转的功能实际正在接近,通过市场化手段,实现农村土地的最大效用,实现城市化,达到富民的目的。至于采取哪种方式,是一个因地制宜的问题。在一些不发达地区,一般采取流转的方式;但一些发达地区,大部分农民已经不再种田,实际已经是市民了,征用是顺理成章的事情。上海市正在积极规划和建设"一城九镇",在"一城九镇"的土地利用方面,上海市开始考虑的是流转,但现在有所转变。据上海市政府有关专家透露,"一城九镇"的土地利用方面,正考虑部分"流转征"。

二、农民的利益高于一切

农村土地需要制度创新,但创新的出发点是农民的利益高于一切。原上海市土地局局长、上海市土地学会会长蒋如高深知这条原则的重要性。这位老局长在分析当前为什么一些地方热衷于"流转"代替"征用"时提出,应该考察一下为什么征用费用高,因为有些流转不安排劳动力,而劳动力安置费用占到征地补偿费的三分之二。国务院发展研究中心研究员陈锡文提出,检验耕地流转有三条标准:一是看耕地流转、集中后,当地农村是否稳定,农民是否安居乐业;二是看耕地集中后是否提高了使用效率;三是看耕地集中使用后最终收益在各当事人之间分配是否合理。

笔者在苏州市采访时深切感到,苏州市的土地征用工作做得"实""细",处处为农民考虑。苏州市的城郊,真正种田的农民已经不多,征用比流转更符合实际。但他们在征用的过程中,还是相当谨慎。拿张文根局长一句笑谈:"我是农民出身,就要争取农民的利益。"实际上,征用对政府也是划算的,"农民放心,政府也放心",农民对每户平均35万元的拆迁成本是满意的,但一旦转化为城市建设用地,招标拍卖,在苏州这个黄金宝地,又何止35万元?政府也是满意的,后面有许多经济实体排队,不愁找不到用户。征用工作怎么叫到位?就是保证农民出了村进得了城。每户的拆迁成本约35万元,而苏州市2001年平均房价为

2060元，农民进城不但买得起房，而且有创业和生活的成本。人的安排就更细致，16岁以下的被抚养人实行一次性货币补偿6500元，帮助完成学业；16~35岁女性和16~45岁男性为劳动力，一次性补偿13000元，负责职业培训；对30~35岁女性和40~45岁男性向保险公司投保，保证每月有一定数额的医疗保险金；对男45岁，女35岁以上的被保养人实行一次性保养，保证每人每月不少于170元的养老金和约定数额的医疗保险费。城郊拆迁工作也非常细致，在笔者考察的路南村，原有农民500户，已经顺利拆迁160多户。村党支部书记周解良说："几乎没有什么困难。市里制定的标准对农民有利，都盼着搬。这里的三间房，和市中心观前街的三间房是一样的。拆了拿30万元，到市里靠边的地方买一套花10万元，净赚20万元。"这位书记还说："拆迁不细不行，一棵树、一个粪缸、一个墓穴、一个灶头，农民都要补偿。他们都是政策专家，会一条条举给你看。"事后，笔者查阅了《土地管理法》中有关征地补偿的规定，苏州市几乎都是参照了最高的补偿标准。

三、"条件、自愿、有偿、规范、有序"

首先，自愿最重要。征用虽然仍然属于行政手段，但也不能不充分考虑农民的利益。至于流转还是征用，以及流转的具体形式，要根据地方条件，不能搞"一刀切"，要以农民"拥护不拥护，赞成不赞成，高兴不高兴，答应不答应"为出发点和归宿。

其次，规范要保障机制。苏州市土地流转的经验是，要流转，制度先行。从1996年起，制定了大量政策性规定，如《关于印发〈苏州市农村集体存量建设用地使用权流转管理暂行办法〉的补充通知》《关于执行〈苏州市农村集体存量建设用地使用权流转管理暂行办法〉的通知》和《关于严格保护耕地实现耕地总量动态平衡的意见》等。上海市浦东新区机场镇则建立了土地流转的监管机制。2001年，上海市在沪青平高速公路建设中，实行了集体土地使用权合作的新政策，紧紧围绕"土地确权、三权分离、价值显化、市场运作、利益共享"方针，经过规范化运作，取得了较好效果。

在沪青平高速公路建设中试行集体土地使用权合作的新政策

陈耀铨　陆瑞彪

按照市计委、市财政局、市政府法制办、市建委、市市政工程局、市房地产资源局、市劳动保障局7个部门《关于加快本市高速公路网建设的若干政策意见》中关于"采取土地使用权合作方式，由被用地的集体经济组织土地使用权参与项目合作，被用地农民身份不变。参照当地从事农业生产平均收入水平，由项目公司每年支付土地合作汇报"的用地政策的精神，在上海到平望青浦段27.63

公里高速公路项目用地涉及5镇20村，拆迁民房220户，动迁楼房约25500平方米，平房12000平方米，棚舍约5000平方米，水泥场地约12000平方米，占地4000多亩建设供地中采取土地使用权合作的新政策，收到了一定的效果，主要做法：

一、围绕一个目的

农村集体土地在不改变所有权的前提下，遵循"土地确权、三权分离、价值显化、市场运作、利益共享"的20字方针，在征得承包农户同意的条件下，围绕"降低基础设施建设首期成本，确保农民长期利益得到兑现"的目的，有偿进行流转。

二、按照两个合理

高速公路建设用地中采用集体土地使用权合作，主要涉及两个方面：一个是使用农村集体土地问题和农村集体非农建设用地流转问题，另一个是如何确保农民的土地财产权利，做好农民的补偿、安置、生活工作。解决这些问题总的指导思想应该按照"合理配置土地资源，合理分配土地收益"进行，由建设项目公司按年支付农民合作回报，确保农民在不改变身份的条件下，每年获得相应的回报，不会因项目本身的经营周期发生变化，并保证回报标准每三年进行适当的调整，这种方针可以较好地保证农民的利益，使农民离土后的生活有保障。做到现实利益有着落，即期利益可预期，长远利益有保障。

三、坚持三个原则

1. 坚持"三个不变"的原则

对土地使用权合作后尚未转为城镇户口的离土农民，要坚持"三个不变"的原则，即集体经济组织成员身份不变、集体经济组织内部待遇不变、土地合作后的收益权不变。保障合作后农民的合法权益和长远利益，维护社会的稳定。

2. 坚持保护耕地的原则

在土地合作中，要坚持保护耕地的原则，探索多途径的补充耕地形式，耕地总量平衡可从异地区际平衡、质量平衡、年际平衡等多角度考虑，严格保护耕地，确保农用地占补平衡。

3. 坚持规范运作的原则

在坚持规范运作中，既应遵循《土地管理法》确定的基本原则，保证农村土地政策的延续性，又要结合实际情况，力求在制度上有所创新。要坚持规范运作的原则，解决集体土地使用权合作的主体、范围、方式、利益分配和管理主体等问题，做到用地方式合法，合作方式规范，产权主体明确。

四、贯彻五个有利于

在实施集体土地使用权合作的过程中，要积极贯彻五个有利于：一有利于促进农业和农村经济战略性调整；二有利于发展农业适度规模经营；三有利于转移农村富余劳动力；四有利于降低高速公路基础设施建设的首期成本；五有利于促进农民收入水平持续增加，同时，注重相关配套措施的研究和创新，推动土地管理工作上新台阶。

五、做到八个明确

1. 明确土地使用权合作的主体

由区政府指定一个高速公路土地使用权代表单位，参与土地使用权合作的农村集体经济组织将土地使用权委托该代表单位参与高速公路建设。由该代表单位与高速公路项目公司签订协议，在该代表单位向土地管理部门办理改变用途的手续，取得土地使用权后，以合作方式向公路建设项目公司提供建设用地。

2. 明确土地使用权合作的方式

高速公路项目公司与土地使用权代表单位签订土地使用权合作协议，项目公司第二年1月底前向土地使用权代表单位支付当年土地合作回报。涉及高速公路项目用地的各村应当通过村民大会决议等形式认可以土地使用权合作形式参与本市高速公路建设，并制定合作回报的使用章程，各农村集体经济组织将有关权益委托给土地使用权代表单位后有权取得土地合作回报。代表单位应把土地回报支付到各参与合作的农村集体经济组织。

3. 明确土地使用权合作回报的标准

项目公司以项目所涉及乡镇每亩农业生产产值前三年的平均值（1100元／亩年）为基准支付回报，相比种植业的平均亩产值400元，合作协议中土地合作回报标准（元／亩年）每年按前三年平均值调整一次，保证农民基本生活的稳定。

每年农业生产数据由区物价或统计部门提供，由市物价部门审核后正式确定。土地的实际亩数以市房屋土地资源管理局测绘中心实际勘丈的数据为准。

4. 明确土地使用权合作流转的程序

在自愿的前提下，农民及村民小组将土地使用权流转给村集体经济组织的程序为：

（1）在征求村民意见的基础上提出土地使用权合作方案；

（2）依法召开村民代表大会，通过土地使用权合作方案；

（3）按照通过的使用方案，与农民签订协议，并经公证部门或法律事务所办理公证、鉴证；

（4）对不愿将土地使用权交集体经济组织参与合作的，镇村集体经济组织可通过调整承包耕地给予解决。

5. 明确土地使用权合作回报收入的分配

为确保农民利益，保证合作回报全额支付农民。每年的土地使用权合作回报收入应全部分配至各村民委员会，不得克扣截留。各村民委员会应制定这笔收入的分配、使用章程，并实行村务公开，接受村民监督。土地使用权合作方案主要采取以下四种方式，由各村根据实际情况从事选择一种：

（1）根据项目占用土地涉及的承包经营户，按照"占谁补谁"的原则，由实际被占用承包的农民参与使用，获得使用回报，经济组织内其他成员不参与使用收益分配。

（2）合作回报由全体村民平均分配，不考虑承包地、农业人口等因素。

（3）项目使用回报按照全体农业人口比例分摊，非农人口不参与合作。

（4）综合上述方案，综合计算分配方案。另外，在合作回报支付上，尽量减少环节，减少不必要的开支，在操作上，由代表公司直接将合作回报划入村民个人的银行卡。

6. 明确土地使用权合作的时间

以集体土地使用权合作参与高速公路建设，占用农民自留地、承包地的，由农村集体经济组织对各农民间的承包地进行调整，使各村民平均分享合作收益。具体时间应在项目公司与土地使用权代表单位签订的土地使用权合作协议中明确，并报区政府备案。

7. 明确土地使用权代表单位的责任

负责入股土地的档案资料管理；接受农民的财务查询、有关政策的解释和土地回报标准的调整等事项。

8. 明确区政府的责任

区政府的具体责任：一是负责高速公路用地工作和相关费用，及时落实交地工作，完成项目用地范围除市属单位之外的动迁工作；二是组织有关乡镇妥善安排高速公路项目用地范围内农民的生产和生活，采取切实措施，保证将合作回报全部分配、支付给农村集体经济组织，以保障农民切身利益，确保稳定。

最后，土地利用要有科学规划。苏南地区因为乡镇企业发展较早，曾出现土地利用上的混乱。20世纪90年代后期，他们开始制订地区土地利用总体规划，统筹布局，集约利用土地，切实保护耕地资源。1. 制订土地利用总体规划，统筹苏南地区空间布局，调整土地利用空间结构，将苏锡常地区作为一个整体来规划，根据苏锡常内部特征进行分工协作，通过产业结构升级和采用市场办法调整一些不合理的用地结构，为适宜产业腾出空间，实现经济结构和空间结构的同步优化。合理划分城镇空间、农业空间和生态空间，并根据开发情况科学确定鼓励开发空间（用于城镇和产业土地扩展）、限制空间开发（分散和疏散城镇空间）、控制开发空间（防止城市无序扩展）、保护空间（保护农地和重要的生态区域）和特殊开发空间（保留供将来使用），实现空间的可持续利用，使城镇和产业空间在地域上实现集约利用。2. 制订城市土地利用规划，提高城市土地利用强度。在土地利用总体规划确定的城镇用地规模范围内，制订详细的城市土地利用规划，调整用地结构和用地功能。

四、靠制度点"土"成金

靠制度把农地点化成"金地"，最基本的是"确权"，明确土地的产权主体。如今，农地要流转，要牵扯多方利益，如果没有明确的产权，后患无穷。按照现有《土地管理法》，农村集体土地的所有权地位是不明确的，基本上还是"三级所有，队为基础"，但队的控制力最差，造成集体土地的无谓流失。2001年，国土资源部副部长李元在一次座谈会上讲道："我们过去没有把农民集体土地使用权当作一种财产权。英国的法学词典认为：'能够抵偿他人债务的财物为财产。'就是说，是财产必须有处置的权能。"

在我国，农民拥有承包土地的使用权是法定和明确的，"延包30年"明确也是使用权，但使用权如果能以经营权的形式流转，或者通过获得补偿而被转让，从概念上讲已经不是使用权范畴了，因为只有个人的财产才能抵押和转让。这就成了一个所有权问题了。我国已经有专家提出，要重新界定土地的"承包权"和"使用权"。他们认为，"承包使用权"与集体成员身份紧密相连。拥有农村集体成员身份，就能获得平等的土地承包权。而且，承包土地通过土地部门登记、发证，农民获得的是物权而非传统意义上的债权。"承包使用权"这一概念能够准确表达这一含义。"经营使用权"概念是为土地流转而设置的。过去我们是用"使用权"和"经营权"这两个概念来表现土地流转中的"两权分离"。这里的"使用权"其实就是指"承包使用权"，而"经营权"是指土地利用权。但现实中土地承包使用权长期不变，农民在土地流转过程中有可能将土地经营使用权长期让渡，由此引出经营使用权内涵的扩大。它不只是土地的利用权，在让渡期内应该拥有土地利用、收益分配和部分处置权。因此，经营使用权也具有物权性质。

关于土地制度的未来，美国农业发展协会的律师施瓦茨瓦尔德的建议是，中国提高农业竞争力，不一定要把农业用地所有权私有化，而是改善现有的制度，要加强对农民30年承包权的保障，停止任何土地调整；还要向农民提供贷款，允许农业用地的抵押，让农民有能力筹集资金，用于生产投资。美国得克萨斯农工大学经济系教授田国强则提出"永佃制"，让农民更长时间拥有土地。无论如何，以中国国情，恐怕没有现成和统一的模式，每一次的进步都是创造性劳动的果实。

（本文发表于《上海城市发展》2002年第2期）

上海商品住宅可持续发展要解决的几个问题

一、"九五"商品住宅情况分析

1. 一个百分点的背后

"九五"是上海房地产业大发展的时期,房地产业增加值从 1996 年的 4.3% 增加到 2000 年的 5.3%,达到 240 亿元,增加了一个百分点(见表 1)。

表 1

年 份	1996	1997	1998	1999	2000
GDP	2902.20	3360.21	3688.20	4034.96	4551.15
房产增加值	124.26	147.51	185.40	210.53	240
比重(%)	4.3	4.4	5.0	5.2	5.3

(根据《上海统计年鉴》,2000 年数字来自上海市房土局,单位:亿元)

房产销售是房地产业增加值的主要部分(见表 2)。

表 2

类别	房产销售	私房折旧	租 赁	物业管理	房产服务
比重(%)	47.5	27.4	8.58	11.5	3

商品住宅销售又占据了房产销售的大头，收入逐年大幅增加，1999年较之1996年增加146%。占房产销售总额的比重达到83%（见表3）。商品住宅销售在房地产业增加值中的比重达到40%。

表3

年份	1996	1997	1998	1999	2000
房产销售总额	183.49	219.56	409.32	454.66	4551.15
商品住宅	156.90	178.35	329.73	385.64	409.34
写字楼	18.16	30.38	58.99	39.40	240
商用房	3.10	2.44	17.36	26.94	5.3

（根据《上海统计年鉴》，单位：亿元）

在肯定商品住宅产业巨大成绩的同时，不能不看到其背后的两个重要因素，一个是动迁带来的"被动购房"，一个是单位集体购买的"福利房"。

（1）20世纪90年代以来，上海市为了彻底改变城市面貌，实现"大变样"目标，进行了大规模的动迁，动迁拉动了上海住宅市场的发展。据统计，1991年到2000年，共拆迁3794.95万平方米，65.32万户，其中住宅拆迁2830.24万平方米。"九五"住宅拆迁面积1594.3万平方米，占全部拆迁面积（2233.6万平方米）的71%。"九五"商品住宅销售4780.79万平方米（见表4）。按最保守的估计，拆迁带来的住宅销售也有1594.3万平方米（1∶1），占到全部商品住宅销售的33.3%，即三分之一左右。住宅拆迁户是商品住宅的重要购买对象。

表4

年份	1996	1997	1998	1999	2000	合计
房产销售	573.50	686.45	1150.77	1328.67	1558	5127.77
住宅销售	528.56	617.02	1065.24	1243.33	1326.64	4780.79

（根据《上海统计年鉴》，2000年数字来自上海市房土局，单位：万平方米）

（2）"九五"期间，住房分配的货币化还没有充分展开，有条件的企事业单位、政府机关除了自己建造公寓房，还购买了大量商品住宅，分给职工作为"福利房"，虽然购买量持续下降，从1996年的53.5%降低到1999年的20%和2000年的6.4%，但数量不可低估。

个人住房消费远低于集团购买力。有能力分房的单位大多已经在1998—1999年基本解决单位职工的住房。随着集团购买的逐步退出，完全依靠个人购买，房产市场的发展不能过于乐观。

2. 空置房是一大隐忧

上海市曾采取了许多措施消化空置房，存量房销售逐年攀升，由 1996 年的 82 万平方米上升为 2000 年的 778.52 万平方米，增长 850%，但绝对数量不够大（见表 5）。

表 5

年 份	1996	1997	1998	1999	2000
面积（万平方米）	82	162	315	511	778.52
增长率（%）	34.43	97.56	94.44	62.22	52.4

空置房数量逐年攀升（见表 6）。

表 6

年 份	1996	1997	1998	1999
总 量	629.90	968.80	1238.33	1297.14
住 宅	507.26	729.21	901.62	922.23
办公楼	45.99	117.84	188.80	174.20
商用房	29.46	40.64	94.78	114.24

（根据《上海统计年鉴》，单位：万平方米）

截至 1998 年底，上海全市商品住宅空置量累计达 901.62 平方米，积压资金 200 亿元，空置率超过 20%。到 1999 年达到 1297.14 万平方米，其中住宅 922.23 万平方米。国际公认的商品房空置率为 3%~10%，相当于一般商品的合理库存。我国房地产业处于初步发展阶段，市场发育不够成熟，可掌握在 5%~14% 区间。现在的空置率超过了 6 个多百分点。其原因，有开发规模过大因素，土地供应缺乏控制，或者住宅自身基础设施不配套、房价高、销售体制不畅通等。

3. 租赁市场方兴未艾

一方面是大量空置房闲置，一方面是租赁市场狭小，发展缓慢。1999 年，租赁收入仅占房产增加值的 8.58%（见表 2），其中大部分收入又来自办公楼和商用房，住宅比重很低。发达国家，房产开发在出售的同时进行租赁经营，甚至只租不售。在住宅化程度很高的国家,住房自有率也不过50%~60%。上海"九五"末期住房自有率已经达到45%。

4. 房价高于购买力

(1)居民工资逐年上升,但总体收入水平仍不高,2000年人均年工资15439元。外资及其他经济成分远高于国有、集体经济。以2000年为例,国有单位人均年工资14974.64元,集体单位9474.95元,外资及其他经济成分达到22934元(见表7)。

表7

年 份	1996	1997	1998	1999	2000
年人均工资	10663	11425	12059	14147	15439
国有单位	11051	11733	12361	14419	14974.64
集体单位	7051	7329	7138	7935	9474.95
其 他	13186	14313	14430	16736	22934.75

(根据《上海统计年鉴》,2000年数字来自《上海统计快报》,单位:元)

家庭消费能力不断增加,但绝对数仍较低。城市居民年人均可支配收入,1996年为8185.74元,2000年为11718.01元,增加43%(见表8)。按家庭平均人口2.8人计算,2000年上海家庭年平均收入32810元。2000年内销商品房平均成交价3500元,若以每套住房90平方米计算,房价为30万元左右,是家庭年均收入的10倍左右。世界银行的研究数据表明,住宅价格一般应为家庭年收入的3~6倍。

表8

年 份	1996	1997	1998	1999	2000
家庭人均可支配收入(元)	8185.74	8438.89	8773.10	10931.64	11718.01

(2)消费结构有较大变化,食品支出降到50%以下;医疗保健、娱乐教育文化消费不断攀升,由1996年的2.2%、11.5%分别上升到1999年的4.2%、12.5%;居住消费绝对值增加明显,比例总体上升,但不稳定(见表9)。原因:一是相当数量企事业单位转轨,社会保障机制不健全,医疗改革、教育投入增加;二是对未来的预期信心不足;三是住房货币化即使顺利实施,一次性补贴相当有限,按月支付更难以在短时期内形成强大的购买力;四是二级市场待售房屋逐渐增加,

卖不出或低价出售不利于提高新的购买力。

表9

年 份	1996	1997	1998	1999
人均年支出（元）	6763.08	6819.94	6866.41	8247.69
食品	3415.56	3510.04	3467.96	3712.31
比重（%）	50.5	51.5	50.5	45
家庭设备、用品及服务	637.72	590.15	466.84	893.37
比重（%）	9.4	8.7	6.8	10.8
医疗保健	147.72	197.09	260.78	346.93
比重（%）	2.2	2.9	3.8	4.2
交通通信	467.88	379.19	384.49	527
比重（%）	6.9	5.6	5.6	6.4
娱乐文化教育服务	779.28	784.04	843.24	1034.98
比重（%）	11.5	11.5	12.3	12.5
居 住	392.64	539.79	659.59	720.33
比重（%）	5.8	7.9	9.6	8.7
杂项商品、服务	333.24	268.06	311.24	462.03
比重（%）	4.9	3.9	4.5	5.6
衣 着	589.68	551.58	472.27	550.74
比重（%）	8.7	8.1	6.9	6.7

（根据《上海统计年鉴》）

（3）高收入家庭消费重点有所转移。根据高低中收入家庭消费支出分析：第一位都是食品；第二位都是娱乐教育文化服务；第三位，中低收入家庭为居住，高收入家庭为家庭用品和服务（见表10）。中低收入家庭将成为以后住宅消费的主体。

表 10

	10% 最低收入家庭		20% 中等收入家庭		10% 最高收入家庭	
	构成（%）	排序	构成（%）	排序	构成（%）	排序
食品	54.5	1	45.0	1	35.0	1
衣着	4.8	6	6.0	6	7.4	6
家庭设备、用品及服务	4.1	7	7.5	4	13.6	3
医疗保健	5.9	4	5.6	7	4.7	8
交通通信	5.2	5	7.3	5	9.5	4
娱乐教育文化服务	13.3	2	13.7	2	15.4	2
居住	9.7	3	9.3	3	7.3	5
杂项商品、服务	2.5	8	5.6	8	7.1	7

5. 外来购买力的利弊

外地和国外购房量增加。1998年11月，上海市人大通过并颁布了修改过的上海市蓝印户口政策，大大放宽了外地人在上海购房的申报标准，外地人在上海的购房比重也迅速上升。上海欣广房地产咨询有限公司是上海市房地产企业百强之一，连续多年占据浦东新区商品房销售头把交椅。根据该公司热销楼盘金桥湾清水苑分析，外省市的购房比例达到24%；2000年6月开盘的绿景苑，半年的销售面积中，外省市的比重已经达到12%。虽然欣广公司不能代表上海，但也反映出一些共同特征。再以1999年内销商品房交易过户为例，单位行为8610套，其中外资218套，占2.5%，外地388套，占4.5%；个人行为110876套，其中外地个人13108套，占12%。

外来购买力，对上海市住宅产业起到了积极的推动作用，但另一方面，也带动了房价，不利于本土低收入居民购买。如果超过一定限度，则引发新的问题。另外，据有关调查，外地到上海购房，不少是买的"养老房"，利用上海较优越的环境条件安度晚年，不可能带来新的生产力，这对已经进入老龄化社会的上海会造成一些新的压力。另外，到上海郊区买房的外来人口冲着蓝印户口来，大都是小商小贩，个人素质并不高，这些"新上海人"也会带来新的社会问题。

6. 投资比重过大

综合上述分析，可以发现，上海的住宅市场存在着一定程度的"过热"反应：住宅销售的巨大成绩得益于"特定历史阶段的特定推动作用"；空置房数量的居高不下和租赁市场的狭小表明住宅市场供求关系还有待理顺；大多数居民购买力的不足则表明住宅投资有一定的盲目性。"九五"期间，上海的房地产业虽然经历了严峻的考验，但总体投资情况仍然高于国际经验，房产投资占全社会固定资产的比重平均达到33.3%（见表11），即三分之一左右。这一时期，房地产业尚没有被列入支柱产业行列，但投资比重往往要超过一些支柱产业。

表11

年份	1996	1997	1998	1999	2000	备注
房产投资	657.79	614.23	557.12	514.83	566.17	2915.83
全社会固定资产投资	1952.06	1977.59	1964.83	1856.72	1861.17	9612.37
比重（%）	33.7	31.1	29.4	27.7	30.4	33.3

（根据《上海统计年鉴》，单位：亿元）

在房地产业投资中，商品住宅投资又占首要地位。商品住宅投资占房产投资的比重1996年为54%，2000年达到71%（见表12）。商品住宅是房地产业中的主导产业，占全社会固定资产投资的比重达到了20%左右。

表12

年份	1996	1997	1998	1999	2000
商品住宅	356.01	334.07	320.66	324.49	398.96
别墅、高档公寓	40.64	26.17	28.69	34.54	/
安居工程	16.12	7.74	18.21	21.59	/
写字楼	150.83	140.03	121.91	81.26	51.44
商用房	62.71	54.20	61.10	60.42	38.32
其他	88.24	85.93	73.54	48.66	63.14

（根据《上海统计年鉴》，2000年数字来自上海市房土局，单位：亿元）

国际上习惯根据商品住宅投资占当年国内生产总值的比重来衡量其高低。1996—2000年，商品住宅投资占GDP的比重分别为5.4%、9.9%、8.7%、8.0%、8.8%，平均为8.2%。按照国际经验，住宅投资相当于GDP的比例在3%~8%之间，发展中国家一般占5%~6%，发达国家2%~3%。

投资"过热"，一方面影响了其他行业的投资；另一方面，势必造成住宅产品的积压，经营困难，不利于住宅市场的可持续发展。

二、可持续发展的利好因素

1. 预期的经济利好

根据《上海市国民经济和社会发展第十个五年计划纲要》,"十五"期间,预计国内生产总值年均增长 9%~11%,到 2005 年按 2000 年价格计算达到 7300 亿元左右,人均 54000 元左右。全社会固定资产投资累计达到 10000 亿元。到 2005 年,预计城市居民家庭人均年可支配收入达到 15000 元。

2. 房产政策性利好

根据"十五"计划,房地产业将成为六大支柱产业之一,房地产业增加值预计年均增长 14% 以上,到 2005 年占到国内生产总值的 7% 以上。城镇居民住房人均 18~20 平方米。预计新建商品住宅 6000 万平方米。

3. 潜在需求

1999 年底,上海停止福利分房。

上海人均居住面积已经达到 11.8 平方米,但与其他省市比较仍属中游,比西方发达国家人均 30 平方米差距更大。如果 5 年后达到计划的 18~20 平方米,按市区 970 万人口(1999 年)计算,还需要新建 5800~7800 平方米,平均每年 1160~1560 平方米。上海有 300 万流动人口,按最低标准人均 6 平方米计算,需要租赁住宅 1800 万平方米。

4. 拆迁的推动作用把握

20 世纪 90 年代以来,上海市政动迁近百万居民,相当于一个中等规模的城市的人口。"十五"期间,新一轮旧房改造启动。各种重大工程导致的拆迁量也不在少数,如中心城区 3000 公顷公共绿地建设、"十字加环"轨道交通、越江工程,等等。这些项目的启动,必然带来新的动迁高潮,进而促进新一轮的住宅销售。

5. WTO 的影响

我国即将加入 WTO。入世后,国外厂商机构会大量增多,对商品住宅的需求也会随之增加。随着内销商品房和外销商品房的并轨,商品住宅的外来购买会显著上升。同时,上海经济的升温也必然吸引国内厂家和人才的会集,带动国内的购买力。入世后,住宅开发与国际接轨,国际范围内的竞争必然带来建筑成本下降,科技含量提高。住宅开发的融资渠道也会更加畅通。

三、几点建议

1. 增强购买力是基础

（1）在稳定提高收入的前提下，引导以住宅消费为基础的理性消费。（2）彻底解决公房问题。1994年全面推行公有住房出售。1996年进行已售公房上市试点。要通过种种措施，解决公房"私有"问题，让更多的居民享受到实惠，完成"原始积累"，树立改善居住条件的信心。（3）要彻底停止"福利房"，尽快落实住房分配货币化方案，提高工资中的住房消费含量。（4）简化购房手续，强化金融等服务。上海自1991年率先推行住房公积金制度以来，公积金个人购房贷款累计发放近280亿元，全市有36万多户中低收入家庭借助公积金圆了新房梦。今后，住房金融市场可以更加多元化，住房抵押贷款制度条件也日趋成熟。另外，要为居民购房提供更简洁、可靠的购房服务和环境，减少麻烦，避免各种损害购房者利益的不良行为。

2. 投资规模要控制，定位要科学，房价要适中

（1）正视上海住宅消费断层现象。中低收入阶层购房能力不足，高收入阶层通过福利分房和前一时期的买房，大多数自住房基本解决。因此，大部分住宅开发价格要适中。要对中低档住宅开发规模进行控制，其中控制土地供应是关键。对有雄厚实力的开发商，可以顺应未来要求，在近郊开发亲水亲绿、科技含量高、功能先进的豪华型住宅，满足未来金领阶层的需求。通过市场化整合，在上海形成阶梯形消费结构，并进一步激活二级市场。

（2）建立合理的住房价格体系，剔除不属于房屋本身价值的因素。世界银行的研究数据表明，住宅价格一般应为家庭年收入的3~6倍。上海目前接近10倍，需要合理调整，其中政府方面将起重要作用。目前商品房成本中各种费用所占比例，土地费用30%左右，建安工程30%左右，各种配套费用20%左右，管理费用10%左右，税10%左右。因此，降低房价，一要推行土地年租赁制，把一次性支付的土地出让金，改为缴纳地租形式分散支付。二要核减基础设施配套费。把本应由政府承担的基础设施配套费，从房价中剔除，由政府财政负责。三要规范税费。取消各种不必要的调节税、规费以及垄断性收费等。

3. 谨慎处理外来购买的带动效应

在这方面，政府应该发挥作用，不要一味迎合房产商的要求，片面追求一时红火。因为开发商是以逐利为目的的，关心的只是产品卖得出，不可能从社会全局来考虑。随着商品住宅市场向国内和国外的进一步开放，与本地居民购买力的矛盾也会增加。在这方面，关起门来，搞地方保护主义是不可取的。应该区别对待外来的生产力因素和非生产力因素，以优先引进先进生产力为主。

4. 多种方式处理空置房，大力发展租赁市场

（1）摸清情况，分析原因，对症下药，力促销售。环境差的改善环境；房价过高的想方设法降价出售；适合动迁的，改为动迁房；基础设施不全的，合理规划建设，尤其是交通建设。（2）难以改造或销售的，采取租赁的办法，用作过渡房或廉租房，或者租给外来的打工者。这都需要政府部门的支持和大力配合。上海有300多万流动人口，住房困难户、新婚无房户、拆迁户以及外资和外省市驻沪机构人员、外资、合资企业白领，构成了庞大的租赁市场队伍。1998年私房租赁税突破6000万元。要规范租赁秩序，变地下租赁为公开交易，化零星中介为集约经营。通过租赁，可以达到先有人气，再有生气，进而实现租售并举，相互融合。

（本文发表于《上海住宅》2001年第7期，感谢上海市建委政策法规室周竞先生对本文写作的帮助）

06
建筑业管理

我国建筑业改革发展的方向探析

2014年2月始,受上海城建(集团)公司委托,上海市城乡建设和交通发展研究院城市建设与管理研究所联合上海市城市经济学会城市建设经济技术咨询部,就未来我国建筑业市场发展前景、上海建筑业市场发展趋势进行了分析和判断,在此基础上,结合对城建集团现状和潜力的调研分析,有针对性地对集团未来改革发展的一些原则目标和拓展思路提出建议,为集团规划和制定下一步发展战略提供参考。课题历时两个月,其间经多方调研问计和多次研讨修改,形成本报告。本人和钟颖博士为主要撰稿人。

一、我国建筑业发展的趋势判断

(一)我国建筑业发展具有广阔的市场前景

1. 近年来我国建筑业的发展成果及评价

(1)建筑业作为支柱产业对国民经济贡献突出

改革开放以来,我国的建筑业发展迅猛。尤其是2001年以来,全社会固定资产投资总额增速持续在15%以上,带动建筑业总产值及利润总额增速也在20%高位波动。2013年,我国建筑业总产值159313亿元,同比增长16.1%。建筑业增加值占GDP的比重,从开放初的4%,到2012年的接近7%,建筑业在国民经济中的支柱地位突出。

图1　2005—2011年全社会固定资产投资、建筑业总产值及增长速度

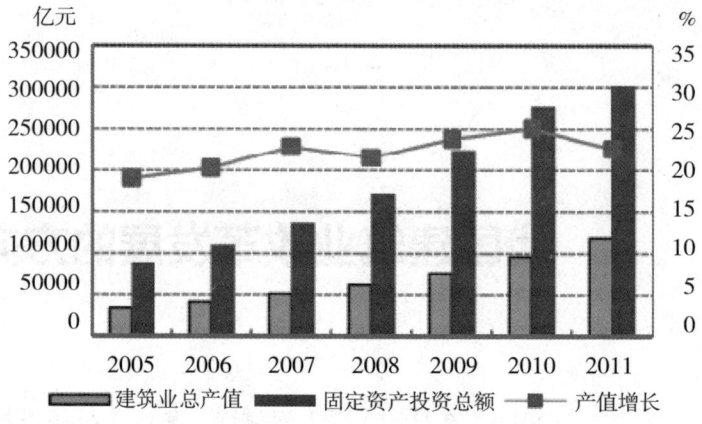

图2　2000—2011年建筑业增加值占GDP比重

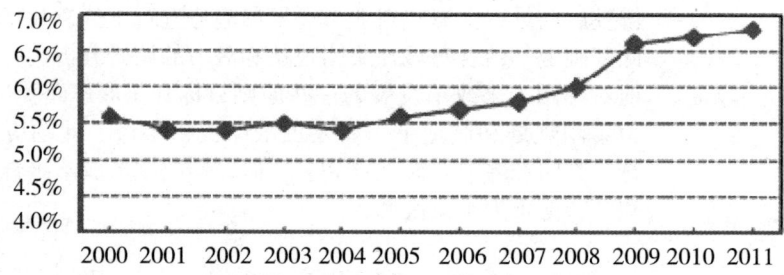

（数据来源：国家统计局）

（2）建筑企业利润稳步增长，劳动生产率稳步提高

2011年，全国建筑业企业利润继续稳步增长，比2010年增长831.9亿元，达到4241亿元，增幅24.4%。2005年以来，建筑业产值利润率历经上升与稳定两个阶段。2008、2009、2010连续三年稳定在3.5%的水平。2011年，产值利润率略有提升，达到3.6%。

图3 2005—2011年全国建筑企业利润、利税及产值利润率

2011年，全社会就业人员76420万人。建筑业从业人数4311.1万人，比上年同期增长3.6%，增速放缓。建筑业从业人数连续多年稳步增长。建筑业对拉动城乡就业，吸纳农村富余劳动力，促进城乡统筹发展贡献突出。2005年以来，按建筑业总产值计算的劳动生产率逐年提高，2011年达到229220元/人，分别是2000年的3.85倍、2005年的1.95倍、2010年的1.12倍，劳动生产率增幅变化呈波浪形。

图4 2005—2011年按总产值计算的建筑业劳动生产率及增速

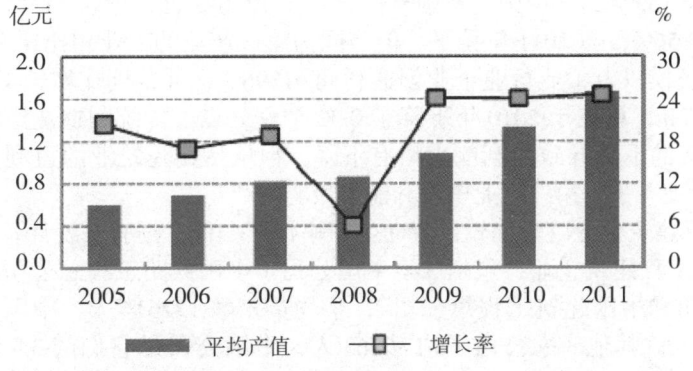

（3）房屋工程建筑业发展突出，保障性安居工程助力

建筑业发展中，房屋和土木工程建筑业总产值占到建筑业总产值的近90%，尤其房屋工程建筑业发展抢眼，总产值以每年约20%的增幅保持稳定增长，是同期土木工程建筑业总产值的两倍以上（占到建筑业总产值的60%以上），房屋工

程建筑业占据我国建筑业的重要地位。

表1 2008—2012年我国建筑业、房屋及土木工程建筑业总产值

年　份	2008	2009	2010	2011	2012
建筑业总产值（亿元）	62036.81	76807.74	96031.13	116463.32	137217.86
房屋工程建筑业总产值（亿元）	36720.74	44308.67	56117.76	71075.95	87133.84
土木工程建筑业总产值（亿元）	17040.10	22957.70	27955.98	31215.57	34784.08

2011年，中央出台了一系列关于保障性安居工程建设和管理的指导意见，完善财政投入、土地供应、信贷支持、税费减免等政策，着力提高规划建设和工程质量水平。全年新开工建设城镇保障性安居工程住房1043万套（户），基本建成432万套。全国建筑业企业完成房屋建筑竣工产值35440亿元。其中，住宅竣工价值21687.63亿元，比上年增加4019.22亿元，增幅22.7%，占整个竣工产值的61.2%。

（4）我国建筑业发展存在的问题

在取得重大成就的同时，我国的建筑业也存在一些问题，主要表现为以下几个方面：

① 建筑企业利润率和劳动生产率仍然偏低

2012年，全国具有资质等级的总承包和专业承包建筑业企业实现利润4818亿元，增长15.6%，其中国有及国有控股企业1236亿元，增长21.9%。建筑业产值利润率3.56%，与2011年持平，但与同为第二产业的工业相比还有较大差距。2011年，规模以上工业行业企业创造利润61396.3亿元，同比增长15.7%，产值利润率7.27%，相较于2010年下降了0.32个百分点，传统制造业产能过剩、成本竞争优势的下降导致盈利能力略有下降，但依然比建筑业的盈利水平高出近50%。建筑业几乎是第二产业中盈利能力最弱的产业。

与国际建筑企业巨头比较，劳动生产率仍然偏低。据有关统计，世界500强中有11家工程建筑企业，包括3家中国公司（中国铁路工程总公司、中国铁道建筑总公司和中国建筑工程总公司），平均员工数122614人，中国3家公司平均280055人，其他8家公司平均80263人，中国公司是它们的3.5倍。人均产值，11家平均人均产值384004美元，中国企业平均产值53085美元，其他企业508098美元，是中国公司的10倍。人均利润额，最大的美国公司为69527美元，是最小的中国铁道建筑总公司234美元的300倍。

表2 2000—2012年我国建筑业产值利润率

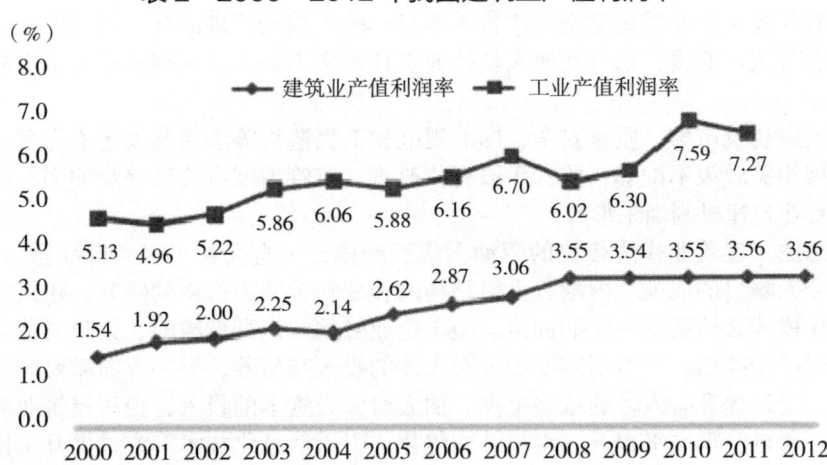

② 建筑企业用工荒推升人力成本

2011年开始不久，从东南沿海直至中西部，用工缺口连环出现。国家统计局发布的《新生代农民工的数量、结构和特点》报告中显示，新生代农民工从事建筑业的意愿在不断下滑，新生代农民工从事建筑业的仅有9.8%，是上一代农民工的三分之一，照此速度发展，中国建筑工人可能面临后继无人的尴尬。除了一线的农民工，建筑业的技术工人、高素质的综合型、专业型人才也很稀缺，成为建筑业转型升级的重要瓶颈，甚至影响到建筑业的日常运营，技术工人出现断层、青黄不接，高层次专业技术人才队伍和高技能人才匮乏的现象屡见不鲜。

随着用工荒和近年来通货膨胀水平的不断提升，建筑企业用工成本不断攀升。2011年初，江苏省宣布上调最低工资标准，之后各地陆续提高最低工资标准。从7月1日起，北京、河南、深圳、陕西、安徽、海南等多个省市提高最低工资标准，平均增幅在20%以上。人社部表示"十二五"期间要争取实现职工工资增长翻番，即年工资上涨幅度须达13%以上。人才的缺失、CPI的高涨，建筑业人工成本急速上升。

③ 管理水平和技术水平不够高

行业可持续发展能力不足，建筑业发展很大程度上仍依赖于高速增长的固定资产投资规模，发展模式粗放，工业化、信息化、标准化水平偏低，管理手段落后；建造资源耗费量大，碳排放量突出；多数企业科技研发投入较低，专利和专有技术拥有数量少；高素质的复合型人才缺乏，一线从业人员技术水平不高。

④ 市场主体行为不规范，政府监管有待加强

建设单位违反法定建设程序、规避招标、虚假招标、任意压缩工期、恶意压价、不严格执行工程建设强制性标准规范等情况较为普遍；建筑企业出卖、出借

资质、围标、串标、转包、违法分包情况依然突出；建设工程各方主体责任不落实，有些施工企业质量安全生产投入不足，施工现场管理混乱，有些监理企业不认真履行法定职责，部分注册人员执业责任落实不到位，工程质量安全事故时有发生。

政府建筑市场、质量安全、标准规范和工程造价等法规制度还不完善，建筑业发展相关政策不配套；监管手段有待改进，监管力度有待进一步加强；诚实守信的行业自律机制尚未形成。

总之，建筑业作为传统的劳动密集型产业，一直受益于"人口红利"，也取得了令人瞩目的成就。但随着人口结构的转变和劳动力价格的攀升，建筑业传统的运作模式必然遭受一定的冲击。施工企业必须认识到低廉的、无限的劳动力供应时代已经终结，一方面需要加大对人才的投入与培养，另一方面需要向管理要效益。通过提升对人才的战略重视，加大对人力资本的投入，提高建筑业劳动生产率；通过管理水平提升、组织结构优化、引入信息化技术等方式提升工作效率和管理协同效率，缓解人力资源不足的困境。

2. 我国建筑市场潜力分析
（1）城镇化发展的机遇

◎ 胡鹰 摄

党和国家高度重视城镇化工作。2014年中央城镇化工作会议提出，城镇化是现代化必由之路，推进城镇化是解决"三农"问题的重要途径，推动区域协调发展的有力支撑，扩大内需和促进产业升级的重要抓手，对全面建成小康社会、加快推进社会主义现代化具有重大现实意义和深远历史意义。

目前，我国常住人口城镇化率为53.7%，户籍人口城镇化率只有36%左右，不仅远低于发达国家80%的平均水平，也低于人均收入与我国相近的发展中国家60%的平均水平。尤其其中被统计为城镇人口的2.34亿农民工及其随迁家属，未能在教育、就业、医疗、养老、保障性住房等方面享受城镇居民的基本公共服务，城镇化空间巨大。城镇化发展作为一项国策，必然会给我国的建筑业带来持久的机会。2014年《国家新型城镇化规划（2014—2020）》提出，到2020年，常住人口城镇化率达到60%左右，户籍人口城镇化率达到45%，努力实现1亿左右农业转移人口和其他常住人口在城镇落户。如果按照人均30平方米的住房需求，仅住宅一项就有30亿平方米的需求。

综合国家政策，建筑业市场近期主要集中在：一是乡镇村庄建设。包括农村住宅和居民点建设，农村危房改造和国有林区（场）、棚户区、垦区危房改造，实施游牧民定居工程。二是中小城市和中西部城镇（东部地区常住人口城镇化率62.2%，中西部地区分别为48.5%和44.8%）。三是保障房建设和城市更新。包括保障性安居工程建设，各类棚户区改造，经济适用住房建设等。2014年全国两会上，国务院《政府工作报告》强调，新型城镇化着重解决好"三个1亿人"问题，促进约1亿农业转移人口落户城镇，改造约1亿人居住的城市棚户区和城中村，引导约1亿人在中西部地区城市就近城镇化。

表3 我国部分省市近期城镇化重点布局

	城镇化重点布局
上海	黄浦江两岸开发，郊区新城建设
江苏	打造南京、苏锡常、徐州都市圈，宁镇扬同城化，淮安苏北中心城建设
浙江	绍兴、湖州、台州县市一体化，美丽县城建设，全国美丽宜居示范村庄培育
广东	汕潮揭同城化，粤西、粤北城镇群建设
重庆	朝天门等十大商务集聚区，万州建设第二大城市
成都	天府新区建设，龙泉驿等7个卫星城建成大城市，金堂等6个区域建成中等城市
武汉	建设汉江湾生态新城，6个新城区"独立城市"建设

（2）固定资产投资前景乐观

首先，国家要保持经济稳步增长，即使在应对金融危机投资4万亿元以后，投资拉动经济增长的势头也不会减。2013年全社会固定资产投资完成436527.70亿元，同比增长19.6%，其中房地产开发投资86013亿元。随着国家级战略规划的相继实施，投资的力度会更大。从2000年实施西部大开发10年来，共开工建设120项重点工程，总投资约22089亿元，平均每年2200亿元。除了国家渠道投资，近20万家东部企业西进，总投资达3万亿元。

其次，民间资本雄厚，外资依然可观。2010年5月13日《国务院关于鼓励和引导民间投资健康发展的若干意见》（简称"新36条"）出台，允许民间资本进入垄断行业和基础设施领域，而现阶段仅温州民资就有7000亿元。2013年我国吸引外资平稳回升，实际利用外资金额1175.86亿美元（不含银行、证券、保险）。据联合国对236个主要跨国公司和116个投资促进机构进行的外国投资气候调查，在未来两三年间增加国际投资，其中大多数投向主要的新兴经济体，其中中国、印度和巴西是外国直接投资的前三大目的地，中国已是第二年成为位列第一的吸引投资国（多年来排名第一位的美国位列第四）。

最后，房地产市场仍然是建筑业发展不可或缺的重要市场。2009年中国已超越美国，成为全球最大房地产投资市场，投资总额高达1562亿美元，比2008年增长100%。虽然近几年我国在抑制房地产房价的增长，但在土地审批上还是出现了增长，房地产市场仍然富有潜力。

（3）国家"十二五"建筑业规模目标

以完成全社会固定资产投资建设任务为基础，全国建筑业总产值、建筑业增加值年均增长15%以上；全国工程勘查设计企业营业收入年均增长15%以上；全国工程监理、造价咨询、招标代理等工程咨询服务企业营业收入年均增长20%以上；全国建筑企业对外承包工程营业额年均增长20%以上。巩固了建筑业支柱产业地位。

（二）绿色建筑和建筑工业化是大势所趋

1. 建筑能耗将成为最大的社会能耗

今天，能源短缺成为中国经济发展的根本性制约因素，而中国建筑能耗占全国总能耗的比例，现在是27.5%，随着发展将快速上升到33%以上。中国建筑能耗水平是世界同类能耗平均数值的3~5倍，公共建筑能耗是普通居住建筑的10倍。按广义能耗统计，建筑能耗占国内全社会总能耗的42%左右，而且随着工业化和城镇化水平的提高，最终会达到50%左右。

当前，我国正处于工业化、信息化、城镇化和农业现代化快速发展的历史时期，人口、资源、环境的压力日益凸显。党的十八大报告首次专门论述生态文明，提出"推进绿色发展、循环发展、低碳发展"和"建设美丽中国"。《国家新型城镇化规划（2014—2020）》指出，我国的城镇化如果延续过去传统粗放的城镇化模式，将带来产业升级缓慢、资源环境恶化、社会矛盾增多等诸多风险，可能落入"中等收入陷阱"，影响现代化进程，城镇化必须进入以提升质量为主的

◎ 胡鹰 摄

转型发展阶段。就建筑业来讲，必须走节能环保的绿色建筑发展道路。

2. 绿色建筑是建筑业转型升级的必经之路

绿色建筑是指在建筑的全寿命周期内，最大限度地节约资源（节能、节地、节水、节材）、保护环境和减少污染，为人们提供健康、适用和高效的使用空间，与自然和谐共生的建筑。绿色建筑与生态文明建设内涵上根本一致。推动绿色建筑发展是国家的重大战略，也是传统建筑业向现代建筑业转型升级的必经之路。建筑业的转型升级包含很多方面，但是它主要表现在产业结构、增长方式的转型，还包括管理方式、施工方式、经营方式的转型。

2013 年 1 月 1 日，《国务院办公厅关于转发发展改革委住房城乡建设部绿色建筑行动方案的通知》（以下简称《通知》）以国办发 1 号文件出台，《通知》提出：城镇新建建筑严格落实强制性节能标准，"十二五"期间，完成新建绿色建筑 10 亿平方米；到 2015 年末，20% 的城镇新建建筑达到绿色建筑标准要求；政府投资的国家机关、学校、医院、博物馆、科技馆、体育馆等建筑，直辖市、计划单列市及省会城市的保障性住房，以及单体建筑面积超过 2 万平方米的机场、车站、宾馆、饭店、商场、写字楼等大型公共建筑，自 2014 年起全面执行绿色建筑标准。

我国一些重要省市在绿色建筑方面都进行了卓有成效的努力，提出了未来的愿景目标。如江苏省2013年制订了绿色建筑行动方案，提出：2013年起，四类重点（政府投资项目、保障性项目、大型公建项目、各类示范项目）全面执行绿色建筑标准，到2015年，全部新建项目按绿色建筑标准设计建造。

3. 建筑工业化将实现建筑行业的质变

建筑工业化指通过现代化的制造、运输、安装和科学管理的大工业的生产方式，来代替传统建筑业中分散的、低水平的、低效率的手工业生产方式。它的主要标志是建筑设计标准化、构配件生产施工化，施工机械化和组织管理科学化。建筑工业化，对我国建筑业有重要的现实意义和长远价值。

其一，提升经营效率的需求。针对建筑企业高消耗、低盈利、规模大但效益没体现出来，同质化恶性竞争的困境，建筑业工业化通过构配件的工厂化生产，工人熟练的技术，机械化的生产方式，并保障构配件质量，将在安全、效率、质量等多方面对传统建造生产方式进行极大改观。

其二，缓解劳务紧缺的需求。建筑工业化生产方式，构配件生产的工厂化操作主要采取机械化操作，将很大程度上缓解劳务的紧缺。

其三，促进资源节约的需求。建筑工业化的重点特点之一就是节水、节材、节能、节地。

推动建筑工业化，是绿色建筑行动的重要内容。行动方案提出，住房城乡建设等部门要加快建立促进建筑工业化的设计、施工、部品生产等环节的标准体系，推动结构件、部品、部件的标准化，丰富标准件的种类，提高通用性和可置换性。推广适合工业化生产的预制装配式混凝土、钢结构等建筑体系，加快发展建设工程的预制和装配技术，提高建筑工业化技术集成水平。支持融设计、生产、施工为一体的工业化基地建设，开展工业化建筑示范试点。积极推行住宅全装修，鼓励新建住宅一次装修到位或菜单式装修，促进个性化装修和产业化装修相统一。

我国许多省积极推进建筑产业的现代化，提出要创新建筑业发展方式，把建筑产业现代化作为促进建筑业转型升级的重要途径，继续推进新型建筑工业化和住宅产业化基地等相关试点示范工作。以住宅产业化为切入点，以保障性安居工程建设为突破口，积极鼓励大企业、大集团参与住宅产业化、建筑工业化国家级基地建设，加快形成该领域国家级产业集群。

（三）建筑企业的"平台化"趋势和利润中心转移

1. 我国建筑企业向综合管理要效益

改革开放以来，我国大力推进建筑业管理体制改革，建筑企业逐渐走上市场化、规范化、科学化道路。早在1987年，我国就提出，逐步建立以智力密集型工程总承包公司为龙头，以专业施工队伍为依托，全民与集体、总包与分包、前方与后方分工协作，互为补充的建筑企业组织结构。20世纪90年代，又进一步提出建立规范合理的综合总包、专业承包、劳务分包的工程建设总分包管理体系。经过多年的探索实践，我国大型建筑企业总承包管理水平逐步提高，形成了项目施工总承包、管理总承包、项目部总承包等。中小企业则根据自身特点，形成了分工协作、特许权经营专业化经营等模式，走专、特的道路。

新时期以来，随着国内建筑市场的开放和国际建筑市场的开拓，中国的建筑企业继续深化变革，向资金密集、管理密集、技术密集，具备设计、施工一体化，投资、建设一体化，国内、国际一体化的目标努力。2004 年，我国大型建筑企业开始推广设计、施工一体化总承包模式。随着投资主体多元化和国际承包模式的推广，一些基础设施项目采用了 BOT、BT 等模式。

近年来，中国的建筑企业不断变革，尤其在关键技术和企业管理水平的提高方面，进步迅速。许多大型建筑企业，逐渐向管理型企业过渡，提供建筑从设计、施工到运营全生命周期技术咨询和管理服务，搭建一个综合性的管理平台。具体的施工环节逐渐"弱化"，转而委托给专业施工公司或者队伍。如上海建工第一集团公司，掌握了国内先进的超高层建筑关键技术和管理能力，在输出技术和管理上迈出了坚实的步伐。

2."平台战略"和"优势聚焦"的国际建筑企业发展方向

在全球化日益深入、国际建筑市场竞争激烈的今天，国际建筑企业也积极求变，不断探索具有更强大核心竞争力的经营模式，众彩纷呈，特色鲜明。

（1）从建筑管理平台到利润管理平台

首先，利润中心由施工向产业链的前端和后端转移。如法国的万喜公司（VINCI），是一家有 120 多年历史的建筑公司，是全球最大的建筑工程承包商，2006 年营业额达到 256 亿欧元。该公司成功的秘密在于，巩固施工业务同时，以增强盈利能力为核心，扩大高附加值服务范围，最大限度获取高利润。2006 年，其建筑承包利润率仅 3.22%，而项目设计、成套工程、项目融资、工程管理、BOT 运作等净利润率达到了 16.17%。

其次，追求协同能力，实现整体价值。作为一个运营平台，集团保持巨大的建筑工程承包量，维持公司的稳定运行，在此基础上，更好地开拓特许经营业务。将特许经营业务和承包业务相结合，两者产生的巨大协同效应推动公司发展。

（2）特色优势构建企业核心竞争力

以最适合自身发展的形式，实现企业利润最大化。有的企业固守建筑业核心业务。如瑞典斯堪斯卡（Skanska）公司，1887 年成立至今，紧紧围绕建筑业核心业务，通过跨国收购、资源整合、价值创新、风险管理等战略，获得长期的价值提升和投资回报。

有的企业则完全不同。如法国的 Bouygues 公司除工程承包，还经营电信服务和电视传媒业务；美国的 Bechtel 工程承包领域涉及石油化工、航空航天、国防、电信、公共工程等领域，拥有冷反应堆技术、石化技术、火力发电技术等，是全球最大的技术输出型承包商。

核心技术往往是企业特色发展的基础。如VINCI公司是欧洲公路施工技术和材料市场领先者，日本鹿岛建设致力于具有自主知识产权的新材料新技术，中国上海隧道股份在地下隧道业务方面具有核心专长和自主研发的高精尖盾构设备等。

（3）融资能力地位突出

融资能力，越来越成为国际工程承包商获取项目的关键因素。许多国际企业采取银企合作模式，大力引进资本尤其是国际资本。如德国的比尔芬格伯格（Bilfinger）公司，作为一家国际性上市公司，投资者来自全世界，投资比例德国占22%，英国27%，美国19%。

（4）信息化和工业化手段的充分利用

充分利用信息化手段提高企业跨地区、跨国经营决策的科学性；采用先进技术、工艺和设备，科学合理组织生产，发展建筑构配件、制品、设备并形成规模经营，建立和完善产品标准、工艺标准、企业管理标准、工法，不断提高建筑标准化水平。

二、上海建筑市场趋势分析

（一）近几年基本情况

1. 建筑业总体规模增长由高速到平稳，房屋建筑业地位突出

改革开放以来，上海建筑业开放早，发展快，成就卓著。2002年上海申博成功后，更是迎来建设高峰期。2003—2010年，建筑业总产值年均增速达到20.1%，规模从1000多亿元上升到4000多亿元。世博会后，上海的建筑业进入低速平稳发展期，2011年、2012年、2013年分别增长6.7%、5.6%、5.3%，增速回落到个位数。

表4 近年上海建筑业发展主要指标

	2008	2009	2010	2011	2012	2013
建筑业总产值（亿元）	3245.77	3830.53	4300.19	4586.28	4843.44	5102.84
房屋和土木工程建筑业总产值（亿元）	2465.69	3058.84	3427.77	3616.28	2755.76（房屋）1162.00（土木）	暂缺

其中，在房地产业投资带动下，房屋建筑施工面积逐步扩大，总投资保持上升势头，而市政工程类项目总投资，世博会后一度大幅下滑。2012年，房屋建筑业总产值占建筑业总产值的比重达57%，是土木工程总产值的2.4倍；2012年房

屋建筑工程投资是市政工程的4.9倍，2013年也达到4.3倍，显示房屋建筑在整个建筑业中的重要地位。

表5 2009—2013年房屋建筑工程和市政工程投资情况

	房屋建筑工程			市政工程		
	项目数	总投资（亿元）	中标价（亿元）	项目数	总投资（亿元）	中标价（亿元）
2009年	1334	5088.7	1086.1	550	3041.4	292.7
2010年	1288	6059.6	1332.9	435	2625.3	243.2
2011年	1323	8239.8	1690.3	452	2265.0	259.8
2012年	1198	8492.1	1463.3	478	1743.3	212.8
2013年	1543	9363.1	2147.2	667	2178.2	251.7

2. 建筑业企业合同额保持增长，利润由增转降

世博会后，上海建筑企业签订合同额保持了两位数快速增长，2012年签订合同额11246.87亿元，比2011年增长14.1%，首次突破1万亿元规模。2010、2011、2012年新签订合同额分别为5277.63亿元、5652.05亿元、6211.69亿元。

2010年和2011年，上海建筑企业分别实现利润总额160.27亿元和168.96亿元，较上年分别增长16.5%和5.4%，2012年利润总额163.57亿元，比2011年下降3.2%，资产利润率仅为2.5%，反映建筑业企业盈利能力持续减弱。

3. 建筑企业数量多，竞争激烈，大型企业竞争优势明显

根据2013年底的统计，全市在建工程7500个，总投资达4900亿元；现有勘查、设计、施工、监理等企业11800多家，其中本市9300多家，外省市进沪2500多家。主要由社会资金投资的房建项目，投资总量和项目数都超过基础设施等土木工程，但市场化程度更高，竞争也更激烈。

表6 上海地区建筑企业施工资质分级统计表

施工资质企业	特级	一级	二级	三级	不分级	劳务
本市	16	516	1365	4403	104	1395
外省市	147	1334	396	106	13	286
合计	163	1850	1761	4509	117	1681

随着建筑企业改制的不断深化,上海建筑企业追求做大做强,产业集中度逐步提高。截至 2012 年底,全市共有建筑业特、一级企业 388 家,占全市建筑业企业总数的 12.2%,这些企业 2012 年完成建筑业总产值 3513.02 亿元,占全市建筑业总产值的 72.5%;拥有资产总额 4649.58 亿元,占全市建筑业资产总额的 70.1%;实现利润总额 110.79 亿元,占全市建筑业利润总额的 67.7%。大型建筑企业数量、市场份额、资产规模、经营效益逐年增长,表明其竞争力不断加强,对建筑业市场资源优化配置、企业管理水平提高和技术革新的推动起着重要作用。

表 7　上海地区房屋建筑工程施工总承包企业资质分级统计表

房屋建筑工程施工总承包资质企业	特级	一级	二级	三级
本　市	9	146	530	1314
外省市	104	567	228	105
合　计	113	713	758	1419

表 8　上海地区市政公用工程施工总承包企业资质分级统计表

市政公用工程施工总承包资质企业	特级	一级	二级	三级
本　市	3	77	415	1140
外省市	4	439	322	144
合　计	7	516	737	1284

4. 建筑业企业外省市拓展业务接近"半壁江山"

世博会结束后,上海大规模城市建设告一段落,工程数量减少,本市建筑业企业依托在超高层、隧道和桥梁建设等方面的技术和管理优势,向外省市拓展市场。2011 年,在外省市完成产值 1968.92 亿元,占当年本市建筑业总产值的 42.9%,2012 年完成 2273.74 亿元,占 46.9%。

5. 经营风险累积上升

(1)工程款拖欠问题逐年加重。企业应收工程款呈逐年上升趋势。2012 年,本市建筑业企业应收工程款 1237.46 亿元,比 2011 年增长 16%,占建筑业总产值的 25.5%,占比比 2011 年和 2010 年分别提高 2.2 个百分点和 4.8 个百分点,在提高企业资金风险的同时,也损害建筑业的健康有序发展。

(2)资产负债率高位运行。2012 年,上海市建筑业企业负债 5002.01 亿元,资产负债率75.4%，连续三年大于75%，高于全国平均水平。在企业盈利能力不断减弱的情况下，持续高位的资产负债率凸显了企业的财务风险。2010年、2011年和2012年上海市建筑业企业利息支出分别为13.67亿元、27.33亿元和42.37亿元，分别比上年增长52.5%、99.9%和55.1%。

（3）用工成本上涨挤压企业利润。近三年，主要建筑材料价格在经历2010年和2011上半年上涨后逐步回落趋稳，对企业利润影响不大。但随着我国进入老龄化社会，适龄的建筑劳动力人口不断下降，造成建筑业用工紧张的同时，也提高了用工成本。据上海市建筑建材业市场管理总站统计，2012年12月各工种工资较2009年12月均有不同幅度上浮，其中增幅最小的钢筋工日薪由80元上涨至111元，增长38.8%；增幅最大的抹灰工日薪由79元上涨至118元，增长49.4%。

（二）上海建筑业市场发展机遇

1. 城乡一体化发展的机遇

从现实需求分析，上海中心城区基础设施体系日益完善，商业、办公楼建筑基本满足需求，新的住宅建设空间有限，较大的建设项目限于虹桥商务区、世博园后续开发、迪士尼乐园建设等少量项目，建筑空间有限。贯彻党的十八届三中全会精神，上海重点是在郊区新城、新镇、新村建设，以此着力解决城乡差距问题，强化城乡一体化发展的统筹机制，率先走出城乡发展一体化新路。"十二五"规划提出了具体的建设目标，包括：

（1）优化中心城功能，推进城区升级改造

基本完成城中村改造。旧改完成中心城区350万平方米二级旧里以下房屋，5000万平方米旧住房综合改造。

（2）保障房建设

新增供应各类保障性住房100万套（间）左右（廉租住房7.5万户，经济适用房40万套，公共租赁房18万套或间，动迁安置房35万套）。

（3）城镇化建设

大力推进新城建设，优化提升嘉定、松江新城综合功能，加快青浦新城建设，大力发展浦东南汇新城，加快奉贤南桥新城发展，推动金山新城发展，支持崇明城桥新城特色发展；

提高小城镇建设管理水平，浦东川沙新镇、闵行浦江镇、金山枫泾镇、崇明陈家镇等全国小城镇发展改革试点按照中小城市标准适度超前配置基础设施和公共服务设施；

新农村建设加快编制村庄规划，推进自然村落保护和村庄改造。

2. 新政策助推转型发展

按照中央全面深化改革的要求，上海建筑市场管理积极求变，着力完善市场监管，创新建筑市场监管方式，着力完善法规制度建设，着力促进行业转型升级和推进行政审批制度改革。主要内容包括：

推进建筑市场法规建设。以修订《上海市建筑市场管理条例》为契机，出台《招标投标管理办法》《工程项目管理办法》等系列规章。

加强招标投标制度改革。优化招投标程序；规范招标标段划分，明确房屋建筑工程原则上只能进行一次施工总承包招标，但地基与基础工程、幕墙工程、钢结构工程、二次装修等专业工程科目单独招标；建设工程招投标分类监管，进一步加强和改进国有资金投资项目招投标行政监督工作，调整放开非国有投资建设工程招投标监管。

加强人才队伍建设。研究上海建筑业发展、转型升级的改革措施，鼓励大型建筑施工企业培育发展自有技术骨干工人队伍。

推进建筑业工业化、信息化发展。积极推广装配式建筑，制定推进发展实施细则，完善装配式建筑设计施工和验收技术规范。积极推进 BIM 技术在施工管理上的应用。

其中尤其强调，要以法治化、标准化、工业化、信息化推动产业发展，积极开展绿色建筑行动，是上海今后建筑业发展的政策着力点。

（1）建筑建材业"十二五"规划目标

上海建筑建材业"十二五"规划提出，要强化以技术创新为核心的市场竞争力，提高竞争层次，形成特色优势，提高建筑市场的附加值，成为建筑业持续发展的必然选择。

（2）绿色建筑行动

遵循国家有关政策，上海拟定了《上海市绿色建筑发展实施意见》（以下简称《意见》）。《意见》提出，"十二五"期间，上海要完成创建绿色建筑面积不少于 1000 万平方米，主要包括：

新建建筑。2014 年起新建的政府投资建筑、公益性建筑、大型公共建筑、保障性住房以及八个低碳实践区、七个郊区新城、六大重点功能区域（世博园区、国际旅游度假区、虹桥商务区、临港地区、前滩地区、黄浦江两岸）的新建项目率先执行绿色建筑标准。鼓励新建的商业房地产开发项目执行绿色建筑标准。2015 年起所有新建的民用建筑开发项目全面执行绿色建筑标准。

绿色示范区。到 2015 年末，创建不少于 10 个绿色示范城区或绿色建筑集中区域。

既有建筑改造。"十二五"期间，实现既有公共建筑节能改造 1000 万平方米，其中节能门窗、加装遮阳设施等单项节能改造建筑面积 500 万平方米。结合旧住房成套综合改造，实现既有居住建筑节能门窗、加装遮阳设施等单项节能改造建筑面积 1500 万平方米。

（3）大力推广装配式建筑

2013 年 8 月 15 日，上海市人民政府发布市府〔2013〕52 号文，提出：为切实转变上海城市建设模式和建筑业发展方式,进一步推进装配式建设发展若干意见。

首先,《意见》明确各区县政府是落实辖区装配式建筑项目的责任主体,应在每年建设用地供地面积中,落实一定比例面积的装配式建筑,并逐年提高落实比例。

其次,提出了明确的发展目标。2013年下半年,各区县政府在本区域住宅供地面积总量中,落实建筑面积不少于20%的装配式住宅,2014年应不少于25%,2015年应不少于50%。商业、办公供地面积中,混凝土结构装配式公共建筑的面积落实比例,参照装配式住宅执行。

再次,明确在政府和国有企业投资的项目中,应优先发展装配式建筑。鼓励保障性住房项目采用装配式建筑技术。

最后,明确监管责任。建设交通部门应加强对装配式建筑项目从报建、设计文件审查、施工许可、质量安全监督到竣工验收备案的全过程监督管理。规划国土资源部门应加强对装配式建筑项目的规划验收和土地核验管理。住房保障房屋管理部门应加强对装配式住宅项目预售和交付使用许可的管理。

据统计,2012年,上海装配式住宅落实122万平方米,2013年落实130万平方米。根据最新的政策,2014年将达到400万~500万平方米,2015年可能达到1000万平方米,如此几何式增长的机会,对建筑企业是非常难得的机遇。

三、关于今后我国及上海建筑业改革的方向及有关建议

我国的建筑业市场,正发生深刻的变革,不论是市场环境、产业形态、建筑理念、经营模式,都在市场化、国际化、专业化等时代背景下,发生根本性变革。其中,绿色建筑和建筑工业化,是现代建筑业的核心内涵和重要内容之一。适应建筑业市场的现代转型,我国的行政管理体制也必须积极变革,尤其是适时转变监管方式,为新型建筑业的发展提供良好的政策环境和支撑。

(一)加快建立统一、开放、竞争、有序的现代市场体系

1.彻底打破行业垄断和地区封锁

维护全国统一、开放、竞争、有序的建筑市场环境。进一步整顿规范市场秩序,依法查处工程建设领域各种违法违规行为。进一步完善建筑市场运行机制,创新市场交易规则,加快现代市场体系建设。

2.积极转变监管方式

建筑管理职能应由行业、企业为管理对象,转变为以行业、企业所从事的建筑活动为管理对象,集中力量强化对不正当竞争以及过度竞争带来的不公平交易手段的监管,强化对环境保护、建筑市场安全、工程质量等涉及第三方或公众生命及财产安全事务的监管;同时,积极营造社会化监管体系,与社会层面通过合

作、协商建立相互融洽的合作伙伴关系,更加有效地实施对公共事务的管理。

3. 依法保障市场公平公正

修改《建筑法》,把市场各方主体放在同一个天平上衡量,决不可顾此失彼,厚此薄彼;建立反过度竞争制度,明确规定各类建筑施工企业的不同盈利水平,保证产业市场利润率逐步回升;国家建设行政主管部门要牵头争取《招标投标法》《合同法》《劳动法》等法规结合我国建筑市场的实际做适当修订,以保证建筑施工企业和建筑职工享受公平的社会待遇,享受改革开放的政治、经济成果。

(二)分类落实国资国企改革措施

国有大型骨干建筑业企业一方面要按照区域性或专业化原则,归并重组子公司,缩短管理链条;另一方面,要加快股份制改造步伐,实现投资主体多元化,成为国有资本、集体资本和非公有资本等参股的混合所有制,进一步焕发生机和活力,更好地发挥在建筑业中的骨干带头作用。

地方所属中小型国有建筑企业可以改制为国有资本不占控股地位的混合所有制企业,也可以改制为民营企业。其中,以创造性智力劳动为主的设计咨询类建筑企业,可以主要由本企业职工按贡献、按岗位持股。

积极鼓励和支持建筑企业结合产权制度改革,加快兼并重组的步伐,鼓励企业跨地区、跨行业、跨中央与地方所属关系进行重组。

(三)推动信息化与建筑业深度融合

搭建政府监管信息化平台。实现政府管理由"静态"市场管理向"动态"现场管理转变。以诚信管理为核心,通过信息化手段,实现工地现场的实时、精细化监管,确保施工安全、文明。

搭建建筑节能综合服务平台。实时整合各类建筑施工运维全过程能耗信息,形成能源消耗大数据,并以此为基础,分析判别建筑节能的方向和路径,形成进一步推进建筑节能工作的决策依据。

积极扶持建筑企业运用 BIM 等信息化手段,提高建筑企业设计施工过程科学决策能力和工作效率,提高企业技术含量和核心竞争力,提升企业效益,并为后续建筑维护形成信息支撑。

(四)先行先试推动上海建筑工业化转型

上海是我国建筑业发达的地区之一,同时也是建筑业转型最迫切、条件最好的地区之一,努力推进上海传统建筑业向现代建筑业转型,大力推进建筑工业化,上海可以在行政管理和制度建设方面先行先试,为全国提供可复制的经验和制度。

1. 加大对绿色建筑和建筑业工业化的推进力度,对传统建筑业形成"倒逼"

或者"挤出"效应

着眼于从法律、财税、技术服务等方面构建完整的绿色建筑和建筑工业化技术创新体系,以预制装配式建筑为着力点,为新型建筑市场寻求政策的突破和支撑。如:

——在建设用地供应方面,建议在土地出让中不断扩大预制装配式建筑用地的比例,力争装配式建筑用地逐渐占据主导地位。

——在招投标管理方面,建议在招投标环节开设绿色建筑和装配式建筑设计施工一体化"绿色通道"。

——在企业资质管理方面,建议在建筑企业资质管理中设立专门的装配式建筑企业资质和管理办法,在招投标环节等与传统建筑企业资质要求进行区分,形成新的装配式建筑市场准入制度。

——在从业人员、从业单位以及建筑活动监管制度方面,积极探索适合建筑工业化的方向。

——在税收方面,建议对传统建筑业征收环境税,加大建筑工业化财税支持力度,取消预制构件生产环节(工业制造)税收。

——在节能减排方面,建议加大落实建筑节能减排力度,完善管理体制,实施多样化的经济激励政策。建立面向国际的低碳和绿色标准,突破国际有形壁垒(绿色壁垒、劳务壁垒、技术壁垒),推进ISO9000、ISO14000、ISO800以及国际工程管理规范认证,争取国际市场准入通行证。

2. 发挥标杆企业引领作用,推进上海装配式建筑高水平发展

针对当前项目规模迅速放大而不少开发和建筑企业不熟悉装配式建筑技术的情况,要培育并发挥标杆企业作用。一方面,支持企业通过标准引领、技术领先、项目示范、改制转型、联合重组等手段,成为装配式建筑开发、设计、施工、预制构件生产等方面的标杆企业;另一方面,建立动态的各环节优秀企业短名单并向社会定期公示,在政府投资的装配式建筑项目中推行总承包等工程实施模式,让好的企业在土地出让、项目承包、预制构件供应等方面有更多的机会,从而更好保障本市装配式建筑项目的质量和水平。

(本文与钟颖博士合写于2014年)

坚定方向，稳妥操作，
迎接建造师时代的到来

一、建筑企业，人力资源国际化、专业化迫在眉睫

2007年7月，炎夏，位于上海浦东陆家嘴黄金地段的建工大厦，世界知名的上海建工集团所在地。这几天，集团人力资源部门的员工，正挥汗如雨般忙碌着。2007年度500名建造师的培训工作，正紧锣密鼓地进行。工作压力，一方面来自前几年不俗的培训业绩，更来自每个人心中默念的一个DEADLINE（最后期限），2008年2月27日，实行了多年的建筑行业项目经理资质管理制度，将被建造师执业资格制度取代。作为上海滩赫赫有名的建筑施工企业，他们力争努力而且完美地实现这次"过渡"，因为他们明白，一个有抱负的企业，必须对自身有更高的要求，尤其在人才储备方面。国家推行建造师执业资格制度，他们要"顺水推舟"，虽然"推"起来并不那么轻松。

和上海建工集团一样，国内充满忧患意识的建筑施工企业不在少数。虽说自改革开放以来，特别是进入21世纪以来，我国的建设事业，不论在规模上还是在品质上，都实现了飞跃，为我国的建筑施工企业，提供了广阔的发展空间，但同时，来自同行的压力越来越大。尤其是在绝对规模、管理水平、施工技术等方面，都远远胜过自己的国外企业，从最初的虎视眈眈，到WTO过渡期的摩拳擦掌，再到近年过渡期结束后的"杀气腾腾"，都对国内企业的生存发展造成了强烈的冲击。

据统计，我国施工企业达到10万多家，从业人员达到

3500万,施工技术含量越来越高,完成了许多名副其实的世界工程。但我们必须清醒地看到,就整体而言,我们的施工企业技术手段还不够先进,尤其是工程管理方面,和国际企业还有很大的差距。我们现在实行的项目经理资质管理制度,由于客观条件和管理等,偏于粗放,面对国外企业的竞争,面对日益国际化的世界建筑大市场,显得越来越不适应,一些项目经理自身业务或者道德素质等方面的原因,导致的重大安全质量问题,为我们建筑业的可持续发展敲响了警钟!

市场和竞争的国际化,必然要求企业的国际化,而企业国际化的前提,是人才和管理的国际化。人力资源的国际化和专业化,迫在眉睫!

二、充当"推进器",政府加快人才制度建设责无旁贷

我国的建筑施工企业,已经成为我们经济发展的重要组成部分。它们在国际市场上的竞争,也同时反映出我国政府服务能力的高低。现代政府的作用之一,表现为政府"做企业想做又做不了的事",在宏观的制度层面上,服务企业,帮助企业,引导企业,培育市场主体,造就大型骨干企业。建立面向国际的施工企业管理人才制度,是政府义不容辞的责任。

应该指出,建筑施工,需要多方面的专业人才,技术的,管理的。改革开放以来,我国陆续建立了注册建筑师、注册结构工程师、注册造价师、注册房地产

估价工程师、注册规划师等执业资格制度,它们都是我国建设工程施工管理领域人才建设的重要制度,对我国建设事业的专业化、科学化和国际化产生了深远影响。但作为施工管理人才建设的建造师执业资格制度,却迟迟没有建立起来。

早在 1994 年,建造师执业资格制度就开始进入决策者的视野,并进行了大量和长期的研究。但建造师与其他专业技术资格又有所不同,其他技术资格比较集中于某一专业领域,偏于追求技术的深度;而建造师则是以专业技术为依托,同时必须懂管理、懂经济、懂法规,是综合素质较高的复合型人才,要有一定的理论功底,但更强调工程管理的实践经验和组织能力。正是因为门槛比较高,在相当长时间内,由于国内建筑市场的超常规发展,以及从业人员基本文化功底较低,工程项目管理并没有选择建造师执业资格制度,而是采取了门槛较低的项目经理资质管理制度。该项制度,为国家的大建设做出了突出贡献,并为今后推行建造师执业资格制度,积累了丰富的经验,打下了坚实的理论和实践基础。

进入 21 世纪以来,项目经理资质管理制度少法可依,管理乏力、不到位的弊端日渐明显,项目经理市场鱼龙混杂现象严重,不但干扰了正常的建筑市场秩序,而且非常不利于企业的长远发展。我国企业要做大做强,走向国际,必须努力提高自己的综合管理素质。正因为如此,建立我国的建造师执业资格制度,提上政府决策层的日程。

三、"单轨""双轨"?建造师登场正逢时

2000 年,温家宝同志在听取建设部关于深化建设体制改革汇报时指出:"调整和完善现行的专业技术人员注册分类,在现有注册建筑师、结构工程师、监理工程师、造价师的基础上,增设建造师。实行建造师后,大中型项目的建筑业企业项目经理须逐步由取得注册建造师资格的人员担任,以提高项目经理素质,保证工程质量。"他的讲话,为我国建立建造师执业资格制度指明了方向。2002 年 12 月 5 日,人事部、建设部联合下发了《关于印发〈建造师执业资格制度暂行规定〉的通知》(人发〔2002〕111 号),印发了《建造师执业资格制度暂行规定》,该制度有了实质性启动。

但从项目经理资质管理制度,过渡到建造师执业资格制度,不是短期可以完成的。当时,全国取得项目经理资格证书的人员有 40 万,其中一级就有 8 万多人,实现如此庞大群体的转型,需要一个较长的过渡期。2003 年 2 月 27 日,《国务院关于取消第二批行政审批项目和改变一批行政审批项目管理方式的决定》(国发〔2003〕5 号)规定:"取消建筑施工企业项目经理资质核准,由注册建造师代替,并设立过渡期。"建设部根据其精神下发通知:"建筑业企业项目经理资质管理制度向建造师执业资格制度过渡的时间定为五年,即从国发〔2003〕5 号文印发之日起至 2008 年 2 月 27 日止。在过渡期内,原项目经理资质证书继续有效。对于具有建筑业企业项目经理资质证书的人员,在取得建造师注册证书后,

其项目经理资质证书应缴回原发证机关。过渡期满后，项目经理资质证书停止使用。"

为了巩固前期的成果，人事部、建设部又于2004年2月19日，发布《建造师执业资格制度暂行规定》《建造师执业资格考核认定办法》，这些规定，得到了广大工程技术管理人员的响应，截至2007年，取得一级建造师资格的达到23万人，二级60万人。出于人性化操作，建设部还于2006年4月6日，发布了《关于做好一级建造师执业资格考核认定收尾工作的通知》，确保那些有条件、有实力的优秀项目管理人才，不错过考核认定的最后机会。

尽管我国的建造师已经有了一定的数量，但时至2007年中期，建造师执业资格制度与项目经理资质管理制度的衔接仍然让业内人士心有疑虑，其一，项目经理总数仍然较大于建造师数量；其二，相当数量的经验丰富、在重要岗位的项目经理，因为时间、精力、原来文化功底差等，没有取得建造师资格；其三，许多缺少甚至没有工程管理经验的年轻人取得了建造师资格，在实战中却难当重任。半年多以后，过渡期结束，走"双轨制"（延长过渡期），还是走"单轨制"（确立建造师制度在大中型工程建设中的地位，操作层面采取灵活稳妥的做法）？

我们认为，实行"单轨制"是比较合适的。

首先，"双轨制"，将是对既定政策的极大损害，将造成难堪的政策危机。何况，延长过渡期期限很难确定，最可怕的还是，无限过渡，政策失灵。所谓"一鼓作气，再而衰，三而竭"，社会预期会慢慢消退。

其次，需要明确，建造师针对的不是所有的项目，而是"大中型"项目，这些项目的施工，也必须是有较高资质的企业。"大中型"项目，对项目管理人员的要求必然高，同时，较高资质的企业，也必然要求较高素质的管理人才。建立建造师执业资格制度，应该是大中型项目或者大企业的内在要求，为什么还要延期呢？至于操作层面必然面临的一些问题，我们将在后面讨论。

四、"决断、稳妥"，看上海建工集团如何"顺水推舟"

上海建工集团以他们卓越的行动选择了"单轨制"。下辖全资、控股企业300余家，具有建设部核发的国内最高等级的房屋建筑和市政公用工程总承包双特级资质；在2004年"中国承包商、工程设计企业双60强"排名中列国内承包商第6位、地方首位；在2004年商务部公布排名的全国对外承包工程企业30强中列第5位。该集团从一开始，就对建造师执业资格制度，给予了积极响应，因为他们的目标很明确，成为国际一流的建筑企业。为此，对人才的培养，不遗余力。

据了解，该集团连续几年与同济大学合作，启动了大规模的建造师培训。近两年更是每年有500人参加培训；同时，还专门发出《关于做好一级建造师培训考试工作的通知》，提出："各单位党、政主要领导亲自抓好一级建造师的培训考试工作，并将此项工作纳入一年一度的业绩考核内容之一。""对参加培训考试合格的相关人员的培训费、报名费给予一次性报销。"同时还提出："对持有一级建造师资格证书，还不具备项目经理管理能力和素质的相关人员要加大培养力度，以老带新，力争用较少的时间达到岗位所必备的要求。"

该集团有关人士透露，集团对明年的过渡"大限"有了积极的准备，"能转过去"。因为按照现有的培训速度，要达到企业资质必备的一级建造师数目是没有问题的，大部分一级项目经理的过渡也没有问题。但他们也呼吁尽快在政策层面解决两大难题：

难题一，少量骨干项目经理没有建造师资格的问题。这部分人员占总数的7%~8%，他们要么是担当重要职务，没有精力和时间考试，要么是当初学历偏低，只有中专。针对此情况，他们建议是否"新人新办法，老人老办法"。

难题二，针对上海，尽快启动二级建造师资格认定。该集团在改革过程中，逐渐剥离出一些企业，它们需要二级资质，以便在以后承接业务，寻找生路，非常迫切。同时，很多民营企业也迫切需要。这方面，可充分发挥行业协会的作用。

上海建工集团几家重要下属公司项目经理和建造师情况略表

下属公司	一级项目经理（人）	一级建造师（人）	二级项目经理（人）	二级建造师（人）
市建一公司	91	130	125	43
市建二公司	44	40	78	23
市建四公司	97	46	124	138
市建五公司	56	42	56	22
市建七公司	79	40	83	16

由建工集团案例可以看出：其一，有抱负的建筑企业有强烈的人才意识，建造师执业资格，比较好地迎合了这种需求；其二，他们的完全转型，需要政策层面的积极跟进，解决他们一些操作层面的难题。

五、结论：要"着陆"，要"软着陆"

1."着陆"要求迫切，条件基本具备

建造师执业资格制度起源于英国，至今已有150多年的历史。世界上许多发达国家都建立了这项制度。"十一五"期间，我国的建筑企业既要面对外来的竞争，又要贯彻中央"走出去"发展战略，开拓国际市场，这迫切要求我们把高素质的人才队伍建设，尽快付诸实施。建立建造师执业资格制度，是企业与国际接

轨，做大做强的客观要求。五年的过渡期，通过政府、企业、行业组织的积极努力，我国的建造师队伍已经初具规模，一级建造师达到23万人（一级项目经理13万），二级建造师达到60万人（二级项目经理70万）。相关的培训工作正有条不紊地展开。建造师制度正逐步为企业和市场认可，因而在理论和实践层面都有了大量的积累。因此，2008年，项目经理资格管理制度向建造师执业资格制度的过渡，不仅方向正确，而且整体上具有了基础，不能延期，一方面是维护政策的严肃性；另一方面，如果一家企业连一定数目的建造师也不具备，它承接大中型建筑项目的能力就非常值得怀疑。所以在大局问题上不能有太多弹性。

2. "着陆"要"软"，稳妥操作

政府政策的着眼点，是企业的长远发展，最终目的在于提高人的生活福祉。项目经理资质管理制度向建造师执业资格制度的过渡，要稳妥操作，在细则上要人性化，有可操作性。

（1）"新人新办法，老人老办法"

建议设定一个年龄节点，节点下的"新人"，必须考试取得建造师资格才能任项目经理；节点以上，给予减免部分考试内容或者补充考核；对确实年龄偏

大，有突出贡献的老项目经理，采用考核的办法，有些可以规定他们不能担当项目经理，但可以担当顾问，以老带新。当然，对极少数无论如何不能获得执业资格的"老人"，可通过企业内部转岗，合理妥善安排。

该规定可以设定一个期限，期限一到，自动失效。

（2）企业短期"绿卡"

对部分优秀的建筑企业，特别是民营企业，在资质上设立一些"绿卡"。民营企业因为特殊的发展环境，在建造师培训和储备方面，与大型的国有企业相比，有一定的差距，短期赶上，有一定的困难。但它们又在建筑市场具有举足轻重的地位，而且也确实积累了丰富的实践经验。对这些企业，照顾到它们的发展，可以经过评定考核，对确实优秀的，给予行业"绿卡"，允许它们有一个过渡期。过渡期结束，与其他企业并轨。

另外，正如上海建工集团提出的，各地方要尽快开展二级建造师培训，这对广大的中小企业，显得非常紧迫。也为2008年的过渡，打下更广泛的基础。

（3）政府配套措施解决企业后顾之忧

项目经理资格管理制度向建造师执业资格制度的过渡，对每个企业都是一件大事，不但需要企业的精心准备，也需要政府有关部门的大力支持，比如劳动、人事、社保等部门，都应该采取积极的措施，为企业解决后顾之忧，保驾护航。

（4）行业协会积极组织培训教育

建造师执业资格制度的建立，还要充分发挥行业协会的作用，积极宣传该制度的重要意义，为企业人才培训提供各种服务；同时，深入企业，了解转型过程中企业面临的一些棘手问题，会同有关专家进行会诊，为企业提供合理化建议，争取更好的政策环境。

（本文与忻国梁合作，发表于《上海城市发展》2007年第5期）

以"短名单(承包商选优)"制度推进上海建筑市场诚信建设研究

响应中央和上海市政府积极转变政府职能的号召,上海的建筑市场管理部门决心以创新的精神,以市场诚信建设为突破口,大力提高上海建筑市场的管理水平。为此,进行了深入的市场调研,并在借鉴国内外先进经验的基础上,提出自己的解决方案。本文是方案前期研究的浓缩。

诚信建设是上海建筑市场规范发展的基础。市场经济条件下,政府对建筑市场的管理则需要完成由"事后惩戒型"向"过程激励型"的转变,这需要积极发挥社会组织,特别是行业协会的"自律"作用。

上海建筑市场"政府工程、重大工程承包商短名单(承包商选优)"制度,即遵照国家和上海市有关诚信建设政策法规,在上海市建筑市场有关行政管理部门的指导下,由建筑业有关行业协会具体实施,按照公开、公平、公正的原则,以及企业自愿的原则,对在沪建筑企业及相关执业人员进行诚信体系的自律综合评价,评定出一定数量的综合诚信建设优秀企业和个人,为上海市政府工程、重大工程遴选承包商提供重要决策参考依据的制度。该制度的推行,将有利于政府高效管理、企业努力自强从而使社会多方受益。

一、诚信建设是上海建筑市场健康发展的基础

上海的建筑市场经过多年的培育,已经形成了一个规模庞大、服务全面的综合市场。截至2005年三季度,在沪建筑企业总数8343家(本市企业6380家、中央部属企业122家、进沪企业1841家),囊括了施工企业、勘察企业、设计企业、监

理企业、造价咨询单位、招标代理机构等各类企业，为上海的建设提供全方位服务；同时，如此庞大而复杂的建筑市场，也给相关部门的管理提出了很高的要求。近几年，伴随着上海建筑市场的不断开放和国际化，企业竞争的白热化，各种问题也纷纷出现，其中一些已成为社会关注的焦点、热点问题，如拖欠工程款和农民工工资、转包、违法分包、挂靠、招投标弄虚作假、质量安全问题、违反法定基本建设程序等，给市场造成了严重的冲击，并可能引发市场信誉危机。

特别是 2003 年《行政许可法》颁布后，原来政府在建筑市场监管中所用的资质年检等规定已被取消，使管理部门对市场状况心中没底，对企业的监管出现一定的困难。同时，企业盲目跟着市场走，容易造成恶性竞争，少数企业乘机扰乱市场秩序。一些本来规范和有实力的企业也不得不屈从于市场"潜规则"，做一些违心的事情。在这种情况下，推进诚信建设显得至关重要！

二、国内外建筑市场诚信建设的实践和启发

国内外都有许多成功的例子，通过创造优良的政策环境，制定科学有效的评估办法，来保护和激励正当的建筑企业的发展，惩戒违反市场秩序的不良行为，从而推进整个建筑市场的诚信建设，达到建筑市场的长期繁荣。

为了切实提高建筑质量，新加坡建设局在 1989 年提出了一套体现准确性、科学性、公正性和可操作性的建筑品质评估系统，经过评估的项目其评估分数在网上公布。在此基础上，又于 1998 年 7 月 1 日开始实行"建筑质量额外津贴奖励计划"。如果承包商提供的建筑产品质量评估分数超过本年度同类型建筑所规定的基准分，那么承包商可以得到来自政府的额外现金奖励和加分奖励，并在下一轮招投标中获得因加分而体现的标价方面的支持。

2005 年 7 月，深圳市推出了自己酝酿已久的政府工程"预选承包商"制度，借鉴香港"政府工程牌"做法，预选出一批有资质、有实力、讲信誉的承包商，以后政府工程必须从这批"预选承包商"中挑选出来。通过这种制度，来激励企业间的竞争和自身能力的提高，从而在建筑行业倡导良好的诚信环境。

为了在全行业营造"守信者荣、失信者耻、无信者忧"的氛围，2003 年初上海市建委率先推出了"三色通道"制度。对大多数守法经营的建筑业企业，开辟"绿色通道"，当场做出年检结论；对初次取得资质、新升级、暂定资质的企业以及受过行政处罚但已整改完毕的企业，开辟"橙色通道"，实行严格审核，管理部门在 10 个工作日内做出年检结论；对正在接受处罚、被举报并须进行资质复查，以及有其他不良行为的企业，开辟"红色通道"，实行重点审核。"三色通道"为遵纪守法、规范经营的企业开出了绿灯，促使企业在市场竞争和利益诱惑中，更加重视培育在市场中的自律意识和守信意识，严格遵守国家法律法规，从经济指标和精神文明两方面入手，保证工程建设质量和企业的声誉。

通过国内外建筑市场诚信建设的一些成功经验我们可以看出，诚信建设都遵

循了下列原则：一是诚信激励原则，诚信建设必须有激励机制来推动发展和规范。二是市场管理高效原则。行业管理牵扯众多企业和从业者，涉及具体事项更是千头万绪，要善于找到工作的"抓手"，大大提高管理效率。三是业绩评价科学原则。对企业的诚信评价，必须建立在科学的基础上，才有说服力，才能在行业内形成威信。四是公开透明原则。诚信评价要得到社会认可，必须坚持公开、公平、公正原则，向社会公开，接受全社会的监督。

三、"短名单（承包商选优）"制度与建筑市场诚信建设突破

正如前文所述，上海建筑市场的突出问题也是面临诚信建设如何开展这个新课题。"三色通道"等制度一度取得了较好的效果。但伴随着资质年检等措施的停止，在管理上缺少了强制性的硬手段，对企业的诚信考核陷入被动。如何以激励性机制替代强制性机制，继续推进上海建筑市场的诚信建设，需要有新的"突破"。这方面可以借鉴深圳市的经验，把"三色通道"制度与政府重大工程"择优"联系起来。只有经过审核，处于"绿色通道"的建筑企业，才有资格申请政府工程或重大工程。"绿色通道"内的企业，再进一步根据具体的诚信标准打分排座次，排出一定数量分数居前的企业，作为政府工程优先考虑的"短名单"企业。

"短名单（承包商选优）"牵扯到许多企业的准入"资格"，为了维护公正、公平，其评价体系必然要求非常科学严谨，专业性非常强，而这又是政府"不擅长"的地方。由此，发掘和借助"第三种力量"——行业协会，是必要的。

应该说，上海建筑业相关行业协会已经有不少，但大部分协会作用的发挥还相当有限。这就需要协会本身的积极工作和服务；同时，政府管理部门的大力支持和推进不可缺少。

四、"短名单（承包商选优）"制度的具体操作思路

上海建筑市场"政府工程、重大工程承包商短名单（承包商选优）"制度，即遵照国家和上海市有关诚信建设政策法规，在上海市建筑市场有关行政管理部门的统筹并指导下，由建筑业有关行业协会具体实施，按照公开、公平、公正，以及企业自愿的原则，对在沪建筑企业及相关执业人员进行诚信体系的自律综合评价，评定出一定数量的综合诚信建设优秀企业和个人，为上海市政府工程、重大工程遴选承包商提供重要决策参考依据的制度。

1. "短名单（承包商选优）"制度针对的工程范围是政府投资工程，政府财政性资金以及国有企事业单位资金投资占控股或主导地位的建设工程。

2. 管理层：成立由上海市建筑业分管领导牵头，市建设交通、监察、法制等部门领导组成的监督委员会，负责对有关政策及重大原则问题的指导；负责对评

价公正性、科学性问题的监督；保证"短名单（承包商选优）"制度优越性的充分实现；负责对试点行业协会的选择和工作指导、监督。

操作层：有关行业协会及协会组织下的诚信评价机构和专家，负责具体行业诚信标准的制定；负责企业综合评价工作组织和实施。

3. 名录分类：根据工程类别及具体市场情况确定试点类别。以后可根据工程建设需要适当增加其他类别。在试点阶段要控制一定的分类别，待取得经验后逐步扩大。

4. 评估标准：国务院、建设部有关诚信标准，上海市政府、上海市建设和交通委员会也有各种专业标准。为了保证标准的公正和科学，评估标准须经过政府部门的审核和社会层面的认可。

5. 综合评分：对企业的纳税额、工程质量状况、施工安全状况、财务状况、工程履约评价、诚信记录、良好信息、特殊贡献等指标按规定的比例进行加权计算；对执业人员的业务能力、职业道德、工作成绩等指标的综合加权计算。

6. 录取程序：相关协会组织在上海建设交通信息网或有关公众媒体上发布通知，公布申请的条件和评选的方式、方法及其他有关事项；有意向企业或个人在规定的时间内向协会报送有关数据材料；协会组织有关专家对材料进行评价，计算综合得分；确定列入名录的初选名单。初选名单报相关管理部门认可，并由管理部门在上海建设交通信息网上公示。公示期满无异议的，确定列入名录的名单，上报监督委员会（包括外来企业所属省市相关管理部门），获准后在上海建设交通信息网及各媒体上公布。

7. 监督管理：进入"短名单（承包商选优）"的企业和执业人员，需要遵守诚实信用原则，提供优质、高效服务，并签订诚信承诺。申请过程提交的有关资料、数据隐瞒真相、弄虚作假的，将直接清除出名录；对被清除出名录的单位和个人，两年内不接受其加入名录的申请。

五、"短名单（承包商选优）"实现建筑市场管理和发展多赢

"短名单（承包商选优）"制度，将充分体现建设部关于加快建筑市场信用体系建设工作的"政府启动，市场运作、权威发布、信息共享"的基本原则，形成有力的诚信激励和失信惩戒机制，建筑市场各方主体做到守法经营，依法活动，综合信用评价市场化形成雏形。

1. 对政府，通过建筑业诚信化管理，达到市场的规范化

通过"短名单（承包商选优）"制度，有关建筑行业行政管理部门将获得一个有效的管理"抓手"。一方面，最大限度减少了对企业行为的事前干预，变过去的"应急惩罚性"监督为"常态的激励性"督促，大大减轻了政府部门的管理负担和企业的经营负担；另一方面评价权交给行业，也避免了一些行政腐败行

为。政府通过政策、法律等杠杆，在更高层面上推进建筑市场的健康发展。

2. 对企业，通过诚信化服务，提高自身的服务质量和竞争力

对企业，"短名单（承包商选优）"制度是一个市场导向的"风向标"。公开、透明、科学的评估体系使企业认识到，市场不再相信"潜规则"，只有老老实实提高自身的综合实力，有实力才有机会。自律和他律（政府、社会）达到了统一。

3. 对协会，通过提高自身业务能力，真正成为行业自律的力量

行业协会通过"短名单（承包商选优）"制度的具体操作，将真正实现"行内事行内人解决"的目标。通过内部的奖优惩劣，将极大净化行业环境，从而也树立起自身的威信。

4. 对业主，享受诚信服务带来的安全、舒适和文明

凡是登上"短名单（承包商选优）"的企业，各方面应该说经过了"真金火炼"。业主在进行选择时将大大节省精力和财力，同时享受到优质服务。

5. 对社会，将造就竞争而有序的市场环境，培育全社会的诚信意识

"短名单（承包商选优）"制度还将从建筑行业进而推动整个市场的诚信建设，从而在全社会形成诚信之风。

"短名单（承包商选优）"制度，将是上海建筑市场诚信建设的一块"试金石"，一方"试验田"，相信经过不断的完善，一定会结出累累果实。

（本文与忻国梁合作，发表于《上海城市发展》2006年第3期）